흡수하는정신

흡수하는 정신

초판 1쇄 발행	2018년 4월 20일
8쇄 발행	2023년 5월 20일

원제	The Absorbent Mind
지은이	마리아 몬테소리
옮긴이	정명진
펴낸이	정명진
디자인	정다희
펴낸곳	도서출판 부글북스
등록번호	제300-2005-150호
등록일자	2005년 9월 2일

주소	서울시 노원구 공릉로63길 14, 101동 203호(하계동, 청구빌라)
	(01830)
전화	02-948-7289
팩스	02-948-7269
전자우편	00123korea@hanmail.net

ISBN	978-11-5920-083-0 03370

흡수하는정신

The Absorbent Mind

0세-6세 아이를 둔 부모들이 읽어야 할 아동 교육의 바이블

아이가 세상에 태어나서 초등학교에 들어가기 전인 6세까지 스스로를 형성해가는 내면의 풍경을 아주 감동적으로 그린 책이다. 취학 전 연령의 아이를 부모들을 위한 자녀 교육서라고 규정하기엔 내용의 깊이와 폭이 정말 대단하다. 생명과 세상을 보는 눈까지 크게 열어줄 책이다. 과연 고전답다는 생각을 품게 만든다. 자연과학과 의학, 철학, 심리학, 인류학 등 다방면에 조예가 깊은 저자의 이해력이 유감없이 발휘되고 있다.

제목으로 쓰인 '흡수하는 정신'은 예를 들어 아이들이 언어를 배울 때의 정신을 의미한다. 아이들은 누가 가르쳐주지 않아도 환경 안에서 언어를 문법까지 정확하게 배운다. 이때 아이들은 이 단어를 배우고 그 다음에 저 단어를 배우거나 문법을 따져가며 배우지 않는다. 그냥 언어를 흡수한다. 크게 보면 주변 환경을 통째로 흡수한다. 따라서 환경 안의 좋은 것도 흡수되고 나쁜 것도 흡수된다. 그러기에 아이의 주변을 좋은 것이 풍성하도록 가꾸는 것이 아주 중요하다. 아이들이 이 시기에 이처럼 놀라운 정신의 힘을 보여주지만, 우리 어른들은 아이의 정신세계에 닿지 못한다. 그렇기 때문에 0세에서 6세 사이의 아이들에게는 어른이 아무리 애써 가르치려 해봐야 소용없다. 부작용만 커질 뿐이다. 아이들은 어디까지나 스스로의 힘으로 환경을 직접 경험함으로써 자신의 정신적 능력을 형성해간다.

오랜 세월 동안 아이들을 관찰하면서 얻은 경험을 바탕으로, 마리아 몬테소리는 이 연령대의 아이들의 교육을 맡은 선생이나 부모가 할 일은 아이를 가르치는 것이 아니라 아이가 많은 것을 습득할 수 있는 환경을 조성해주는 것이라고 강조한다. 한 마디로 요약하면, 아이의 교육을 맡은 것은 자연이며, 자연이 아이를 성장시키는 것을 방해하지 않는 것이 부모나 선생의 임무라는 것이다. 고개가 끄덕여지는 대목이다.

이 번역서는 1949년 인도에서 출간된 'The Absorbent Mind'를 옮긴 것이다. 이 책이 영어로 인도에서 먼저 나오게 된 데는 사연이 있다.

몬테소리가 이탈리아 로마의 산 로렌초 구역에서 저소득층 가정의 자녀들을 위한 학교를 처음 연 것은 1906년이었다. 2세에서 6세 사이 아이가 다닌 이 학교의 이름은 어린이의 집이란 뜻에서 '카사 데이 밤비니'(Casa dei Bambini)로 불리었다. 이 어린이의 집에서 몬테소리는 그 전에 자신이 지진아를 위해 개발해 두었던 교육법을 지적 성장이 정상인 아이들에게 적용했다. 이곳의 교육은 선생이 아이들에게 지식을 전하는 것이 아니었다. 아이들 스스로 삶의 기술을 배울 수 있도록 환경을 조성해 주는 것이 중요했다. 그리고 학급 안의 모든 것을 아이들 중심으로 바꿨다. 무거운 가구도 아이들이 충분히 옮길 수 있도록 가벼운 것으로 바꾸고, 선반이나 가구의 높이도 낮췄다. 그러면서 아이들에게 바닥을 닦고 먼지를 털고 정원을 손질하는 등, 환경과 가까워질 기회를 많이 주었다. 그랬더니 아이들은 선생이 글을 가르쳐 주지 않았는데도 어느 순간에 글을 쓸 수 있게 되었다. 무엇보다도 자제력을 발휘하는 등 아이들의 사회성이 크게 향상된 것으로 드러났다.

이 학교에서 거둔 성공이 전 세계로 알려지면서 몬테소리 학교는 1909년부터 세계 각지로 퍼져나갔다. 스위스와 영국, 프랑스, 아르헨티나, 호주, 중국, 인도, 일본, 한국, 멕시코, 시리아, 미국, 뉴질랜드 등에서 몬테소리 학교가 문을 열었다.

몬테소리가 인도를 찾은 것은 1939년이었다. 인도 각 지역을 돌며 대학에서 강연한 뒤에 유럽으로 돌아갈 계획이었다. 그러나 이탈리아가 1940년에 제2차 세계대전에 참전하면서 계획이 어긋나게 되었다. 영국은 자국과 자국 식민지 내의 모든 이탈리아인을 적의 시민으로 간주하고 '억류'했다. 몬테소리도 그 대상이 되었다. 그래서 몬테소리는 1946년까지 인도의 마드라스에 머물렀으며, 그런 가운데서도 인도 내에서 강연 여행을 계속했다. 몬테소리가 인도의 아흐메다바드에서 연 훈련 프로그램에서 한 강의를 토대로 쓴 것이 바로 이 책이다.

몬테소리의 철학은 간단하다. 인간은 본래 이성적이며 자유와 완벽을 추구함과 동시에 이 세상과 조화도 이루게 되어 있다. 그러기에 자연이 이끄는 발달 과정을 아이가 자연스럽게 따를 수 있도록 도와주는 것이 어른들의 의무이다. 그런 자연적인 발달 과정에 자연과 인류에 대한 사랑도 당연히 성장하게 되어 있다는 것이 몬테소리의 생각이었다. 그래서 그녀는 당시 분열상을 보이던 세계가 아이의 정신세계에서 희망의 씨앗을 찾아야 한다고 강조했다.

이 연령대의 자녀를 둔 부모 중에서 '혹시 우리 아이가 …' 하는 식으로 걱정이 앞선다면 이 책에서 양육 아이디어를 얻을 수 있을 것 같다. 몬테소리는 문제아는 없다고 했다. 아이의 문제는 곧 어른의 문제이며, 이 시기의 아이의 문제는 어떤 것이든 이 시기에 바로 잡아질 수 있다는 의미에서 하는 말이다. 그러나 이때를 놓치게 된다면, ……

차례

1장

아이와 세상 재건

이 책은 아이의 위대한 힘을 옹호하기 위한 캠페인의 일환으로 쓰였다. 오늘날 세계가 찢어지고 있는 한편에선, 미래를 재건하기 위한 계획이 여기저기서 마련되고 있다는 소식이 들려오고 있다. 미래의 재건이라는 목표를 성취하는 한 수단이 교육이다. 정말로, 교육 강화와 종교로의 회귀가 대체로 권장되고 있다.

나는 인류가 그토록 갈망하는 진화와, 평화롭고 조화로운 사회의 건설, 전쟁 폐지에 가담할 준비가 아직 되어 있지 않다고 느끼고 있다. 사람들은 그런 중대한 사건들을 통제할 수 있을 만큼 충분히 교육이 되어 있지 않으며, 오히려 사람들은 사건들의 희생자가 되고 있다. 교육이 인류애의 향상을 도모할 수 있는 수단으로 여겨지고 있음에도 불구하고, 어디까지나 교육은 정신 교육으로만 인식되고 있으며, 보다 우수한 종류의 보통 교육은 여전히 구상 중에 있다.

철학과 종교가 많은 기여를 했다고 하는데, 맞는 말일 수 있다. 그러나 극도로 문명화된 오늘날의 세계에 철학자는 과연 몇 명인가? 또 과거에는 철학자가 몇 명이었으며 미래에는 얼마나 될까? 숭고한 사상과 위대한 견해는 언제나 있었으며 또 후대로 전해졌다. 그럼에도 전쟁은 절대로 사라지지 않았다. 만약 교육이 옛날처럼 지식을 전달하는 것으로만 인식된다면, 인류 평화라는 문제는 해답을 찾지 못한 채 영원히 남을 것이다. 정말로 세상에 전혀 희망이 없을 것이다. 필요한 것은 지식의 전달이 아니다. 인간의 인격을 깊이 고려해야만 인류 평화를 구현할 수 있다. 지금 우리는 무수히 많은 개인들로 이뤄진 어떤 정신적 통합체를, 어떤 사회적 인격체를, 하나의 세계적 파워를 우리 눈으로 직접 보고 있다. 바로 그것을 고려해야 한다. 만일 인류를 위한 구원과 도움이 온다면, 그것은 분명 아이를 통해서 올 것이다. 아이들이야말로 어른을 건설하는 존재이기 때문이다.

아이는 미지의 힘을 타고나며, 이 미지의 힘이 인류를 더욱 밝은 미래로 안내할 것이다. 더 이상 지식을 전하는 것만이 교육이 아니다. 교육은 지금과 다른 길을 걸어야 한다. 인격을 고려하고 잠재력을 개발하는 것이 교육의 중심이 되어야 한다. 그렇다면 그런 교육을 언제 시작할 것인가?

인간의 인격의 위대성은 출생하는 순간부터 시작된다. 이는 현실로 뒷받침되는 주장일 뿐만 아니라 놀랄 만큼 신비하기도 하다. 하지만 이제 막 태어났거나 생후 1년 내지 2년 된 아이를 어떤 식으로 가르친단 말인가? 그런 아기에게 가르침을 전하는 것이 상상이나 되는가? 아기는 말도 하지 못하고 움직이지도 못한다. 그런 아기가 어떻게 배운단 말인가? 우리가 어린이 교육 운운할 때 뜻하는 바가 위생문제뿐인가? 절대로 그렇지 않다.

현대로 들어서면서 신생아의 정신생활이 대단한 관심을 불러일으켰다. 많은 과학자들과 심리학자들이 생후 3시간에서 5일 사이의 아이들을 관찰했다. 또 다른 과학자들과 심리학자들은 아이들을 대상으로 주의 깊게 연구한 결과, 출생 후 첫 2년이 인생에서 가장 중요한 시기라는 결론에 도달했다. 따라서 이 시기의 교육은 아이가 정신적 능력을 최대한 개발할 수 있도록 돕는 데 목적을 둬야 한다. 아이에 대한 교육은 가르치는 것으로 성취될 수 있는 것이 아니다. 아이가 선생이 하는 말을 알아듣지 못하기 때문이다.

개척되지 않은 자원

대단히 광범위하게 관찰한 결과, 어린 아이는 특별한 정신적 본질을 타고나는 것으로 확인되었다. 이는 우리에게 교육을 전할 새로운 길을 제시한다. 인간의 속성을 근거로 한 완전히 다른 형태의 교육이며, 지금까지 한 번도 고려되지 않았던 형태의 교육이다. 아이들의 건설적인 에너지는 생생하고 역동적임에도 불구하고 수천 년 동안 미지의 세계로 남아 있었다. 인간이 이 땅 위에 처음 등장해 땅을 경작하면서도 그 땅 깊은 속에 묻힌 거대한 자원을 몰랐듯이, 오늘날의 인간도 어린이의 정신세계에 묻혀 있는 자원을 알지 못한 가운데 문명의 진보를 꾀하고 있다. 정말로 인간은 인류 역사가 시작된 이래로 오랜 세월 동안 아이들이 가진 에너지를 억압하며 낭비해왔다. 몇몇 사람이 이 에너지의 존재에 눈을 돌리기 시작한 것은 겨우 20세기 들어서였다. 이제 인간은 지금까지 한 번도 이용된 적이 없는 이 자원의 중요성을 깨닫기 시작했다. 황금보다 더 소중한 이 자원은 바로 인간의 영혼이다.

삶의 초기 2년을 깊이 들여다보면 인간 정신의 구축을 지배하고 있는 법칙들이 드러난다. 이 법칙들은 지금까지 알려지지 않았다. 이 법칙들이 존재한다는 사실을 보여주고 있는 것은 아이의 외적 표현이다. 아이의 외적 표현을 보면, 아이의 심리는 성인의 심리와 완전히 다른 유형이라는 사실이 확인된다. 그래서 여기서 새로운 길이 시작될 수 있는 것이다. 교수가 심리학을 어린이에게 적용하는 것이 아니라, 아이들이 교수에게 심리학을 가르치고 있다. 모호하게 들릴지 모르지만, 조금만 세부적으로 들어가면 금방 명확해진다. 어린이는 지식을 흡수하며 스스로를 가르치는 그런 유형의 정신을 갖고 있다. 피상적 관찰만으로도 이 같은 사실이 쉽게 확인된다.

두 살짜리 아이는 자기 부모가 쓰는 언어로 말한다. 언어를 배우는 것은 대단히 지적인 습득이다. 그런데 누가 두 살짜리 아이에게 언어를 가르쳐 주는가? 선생이 가르쳐 주는가? 모든 사람이 그렇지 않다는 사실을 잘 알고 있다. 그럼에도 아이는 사물의 이름을 완벽하게 알고 동사와 형용사를 배운다. 이 현상을 연구하면, 누구나 아이가 언어를 습득하는 과정이 정말 신기하다는 사실을 확인할 것이다. 그런 연구를 한 사람들은 한결같이 아이가 어느 시기에 이르면 단어와 이름을 사용하기 시작한다는 데 동의한다. 마치 아이가 특별한 어떤 시간표를 갖고 있는 것처럼 말이다. 정말로 아이는 자연이 엄격하게 정해 놓은 시간 배정표를 충실히, 또 아주 정확히 따르고 있다. 이 시간 배정표를 따르면서 아이는 언어의 모든 불규칙과 다양한 문장 구조까지 착실히 배운다.

결정적인 초기의 몇 년

어린이의 내면에는 매우 양심적인 선생이 한 사람 있다. 모든 아이들의 내면에서 이런 눈부신 결과를 성취하고 있는 것이 바로 이 선생이다. 지역에 관계없이 세계 어디에서나 모든 아이의 내면에서 이런 선생이 발견된다. 사람이 완벽하게 배울 수 있는 유일한 언어는 아무도 아이에게 가르쳐줄 수 없는 바로 이 시기에 습득된다. 그것만이 아니다. 그 이후 새로운 언어를 배우려 노력할 때에는 아무리 많은 도움과 지원이 있다 하더라도 어린 시절에 습득한 언어만큼 완벽하게 말하지 못한다. 아이의 마음 안에는 아이를 돕는 어떤 정신적 힘이 있다.

언어의 문제만이 아니다. 두 살이 되면 아이는 자신의 환경 안에 있는 모든 사물과 사람들을 알아볼 수 있다. 이 점에 대해 깊이 생각할수록, 아이가 내면에서 성취하고 있는 건설은 정말 어마어마하다는 인상도 그만큼 더 강해진다. 지금 우리가 소유하고 있는 정신적 능력이 우리가 한때 거쳤던 두 살짜리 아이에 의해 구축된 것이니 말이다. 가장 중요한 능력들은 아이가 세상에 태어나고 첫 2년 안에 다 갖춰진다. 그것은 단순히 주변의 것들을 인식하거나, 환경을 이해하고 다루는 문제만은 아니다. 우리의 지능과 종교적 감각, 특별한 애국심과 계급제도도 아무도 아이에게 가르쳐줄 수 없는 이 기간에 형성된다. 이 같은 현상을 보면, 마치 자연이 아이들을 인간의 지능의 영향으로부터 보호하려는 것 같다는 생각이 든다. 마치 인간의 지능이 아이의 영혼과 접촉하면서 영향력을 행사하기 전에, 아이의 내면에 있는 선생이 미리 아이의 정신세계를 구축하도록 하려는 것처럼 말이다.

3세가 되면 아이는 이미 인격의 토대를 쌓았으며, 학교 교육의 특별한 도움을 필요로 하게 된다. 이때까지 아이가 습득한 것은 아주 많다. 그래서 3세에 학교에 들어가는 아이를 두고 늙은이나 마찬가지라는 식으로 말할 수 있다. 심리학자들은 아이가 생후 첫 3년 동안에 성취한 것을 성인의 능력으로 이루고자 한다면 아마 60년은 걸릴 것이라고 말한다. 아이들은 이상한 단어로 자신의 의사를 표현한다. 아이는 3세에 이미 나이 많은 어른이나 마찬가지이다. 이때도 환경을 흡수하는 아이의 이상한 능력은 아직 끝나지 않는다. 아이들은 3세에 학교에 들어간다. 이때는 아무도 아이를 가르치지 못한다. 아이들이 받아들이지 못하기 때문이다. 그러나 아이들은 인간 정신의 위대함을 놀라운 방향으로 드러낸다. 몬테소리 학교는 일반적 의미에서 말하는 학교가 아니다. 몬테소리 학교는 어린이들의 집이다. 말하자면 어린이들이 그 안에 들어 있는 모든 문화적 요소를 흡수하도록, 어린이들을 위해 특별히 준비한 환경이다.

첫 번째 몬테소리 학교에 다닌 아이들은 최하층민의 자녀들이었다. 아이들의 부모는 대부분 문맹이었다. 그럼에도 아이들은 4세에 글을 읽고 쓰는 법을 알았다. 아무도 가르쳐주지 않았는데도 말이다. 우리 학교를 찾는 방문객들은 그렇게 어린 아이들이 글을 읽고 쓰는 것을 보고 놀라워했다. 방문객들은 아이들에게 "누가 글을 가르쳐주었니?"라고 묻는다. 그러면 아이들은 이상한 말을 다 듣는다는 듯한 시선으로 방문객을 올려다보면서 "누가 가르쳐줬냐고요? 아무도 안 가르쳐주었는데요."라고 대답한다. 당시에 이 같은 현상은 기적처럼 보였다. 아주 어린 아이들이 글을 적는다는 사실 자체가 경이로웠지만, 아이들이 아무런 가르침을 받지 않은 상태에서 글을 쓴다는 것은 불가능한 일처럼 보였다. 그래서 언론에서 '문화의 자발적 습득'에 대해 언급하기 시작했다.

심리학자들은 이 아이들이 특별한 아이라고 생각했다. 몬테소리 학교를 운영하는 우리도 오랫동안 이 같은 의견에 동의했다. 우리가 모든 아이들이 똑같이 문화를 흡수하는 능력을 갖고 있다는 사실을 알게 된 것은 몇 년 뒤의 일이었다. 이게 사실이라면, 다시 말해 문화가 아이를 피로하게 만들지 않고 흡수될 수 있는 것이라면, 아이가 다른 종류의 문화도 그렇게 흡수할 수 있지 않을까 하고 우리는 짐작했다. 정말로 아이들은 읽기와 쓰기 그 이상의 것을 흡수할 수 있는 것으로 확인되었다. 식물학과 동물학, 수학, 지리학 등도 똑같이 아이를 힘들게 만들지 않고 편안하게, 자발적으로 아이에게 흡수되었다.

그래서 우리는 교육이란 것이 선생이 전달하는 것이 아니라는 사실을 알게 되었다. 교육은 인간 개인이 자발적으로 수행하는 자연스런 과정인 것이다. 교육은 타인의 말에 의해 습득되는 것이 아니라, 환경을 접하는 경험을 통해 습득된다. 그렇다면 선생의 임무는 아이들을 상대로 말을 하는 것이 아니라 특별한 환경을 마련하고 그 안에 아이들이 문화적 활동을 하고 싶다는 욕망을 일으키게 할 장치들을 준비하는 것이 되어야 한다.

새로운 인류

우리 눈앞에 새로운 형상이 나타났다. 그것은 학교도 아니고 교육도 아니었다. 우리 눈앞에 새롭게 나타난 것은 '사람'이었다. 자신이 스스로 개발한 진정한 성격을 보여주는 사람이, 영혼을 제한하는 정신적 압박이 전혀 없을 때 자신의 위대함을 보여주는 그런 유형의 사람이 나타난 것이다. 그래서 나는 교육 개혁은 어떤 것이든 인격의 발달에 바탕을 둬야 한다고 말한다. 사람 자체가 교육의 중심이 되어야 한다. 그리고 사람이 꼭 대학에서만 발달하는 것은 아니라는 점을 명심해야 한다.

인간은 출생과 동시에, 아니 출생 이전부터 발달을 시작한다. 가장 위대한 발달은 생후 첫 몇 년 동안에 성취된다. 그러므로 가장 많은 보살핌이 필요한 것도 바로 이 시기이다. 만일 이런 식으로만 성장한다면, 아이는 절대로 어른에게 부담이 되지 않을 것이다. 아이는 자신이 자연의 가장 위대한 작품임을 스스로 드러내 보일 것이다. 우리가 맞을 아이는 무력한 존재가 아니다. 말하자면, 어른의 지혜로 채워줘야 할 빈 배가 아닌 것이다. 아이가 자신의 지능을 스스로 건설하는 존재로서, 말하자면 내면에 있는 선생의 안내를 받으며 기쁨과 행복을 느끼며 정해진 시간 배정표에 따라 지칠 줄 모르고 자연의 경이를 성취해가는 존재로서 스스로를 드러낼 때, 그것이 바로 그 아이의 우수성이 진정으로 꽃을 피우는 모습이다. 이 자연의 경이를 성취한 결과가 바로 새로운 인류가 될 것이다. 우리 선생들에겐 단지 진행 중인 아이들의 위대한 작업이 순조롭게 성취될 수 있도록 아이들에게 도움을 주는 역할밖에 없다. 하인이 주인을 돕듯이 말이다. 그런 식으로 접근할 수 있다면, 우리는 인간 영혼의 진짜 모습을, 그리고 세상사의 희생자가 되지 않고 인간 사회의 미래를 이끌고 갈, 명확한 비전을 가진 신인류의 등장을 목격하게 될 것이다.

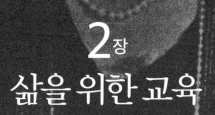

2장
삶을 위한 교육

학교와 사회생활

몬테소리 학교가 출생과 동시에, 아니 출생하기 이전부터 시작되는, 삶을 위한 교육이라고 할 때, 이 삶을 위한 교육이 뜻하는 바가 무엇인지를 이 장 첫머리부터 알고 넘어가는 것이 중요하다. 이 문제를 세밀하게 깊이 파고들 필요가 있다. 왜냐하면 최근에 처음으로 국가의 어느 지도자가 교육을 평생으로 확대할 필요성을 역설했을 뿐만 아니라 '삶의 보호'를 교육의 핵심으로 삼을 필요성에 대해서도 언급했기 때문이다. 여기서 쓴 '처음으로'라는 표현은 정치 및 정신적 지도자가 이 문제를 언급한 것이 처음이라는 뜻이다. 왜냐하면 과학은 그런 교육의 필요성을 표현했을 뿐만 아니라 금세기 초부터 교육을 평생으로 확대하는 것을 성공적으로 성취할 수 있다는 것을 보여주는 논문까지 발표했기 때문이다. 삶을 지원하고 보호하는 수단으로서의 교육은 미국은 물론이고 유럽에서도 아직 실천되지 못하고 있는 아이디어이다. 지금까지 구상된 교육은 그 방법이나 사회적 목표라는 측면에서 많은 것을 내놓았으나 삶 자체에 대해서는 거의 생각하지 않았다.

각 국가들이 공식적으로 채택한 교육방식은 아주 다양하지만, 어느 교육제도도 삶을 고려하지 않고 있으며, 출생하는 순간부터 개인의 발달을 돕고 보호하려는 노력을 전개하지 않고 있다. 만일 교육이 삶을 보호하는 것이라면, 삶이 이어지는 동안 내내 교육이 삶을 동반할 필요가 있다는 사실이 확인될 것이다. 오늘날의 교육은 생물학적 삶과 사회적 삶과 별도로 이뤄지고 있다. 이 문제에 대해 깊이 생각한다면, 교육을 받고 있는 학생들이 모두 사회로부터 단절되어 있다는 사실이 금방 드러날 것이다. 학생들은 각 교육기관이 정한 규칙을 따라야 하고 또 교육부가 추천하는 시간표를 따라야 한다. 여기서 조금만 더 깊이 생각한다면, 학교에서 삶 자체에 대한 고려가 전혀 이뤄지지 않고 있다는 사실이 확인될 것이다. 예를 들어, 고등학생이 음식을 충분히 먹지 못하더라도, 그건 학교가 신경 쓸 일이 아닌 것이다. 얼마 전까지만 해도 청력이 떨어져 교사의 말을 잘 알아듣지 못해 나쁜 점수를 받는 아이가 있어도, 그 아이의 결함은 고려의 대상이 되지 않았다. 시력이 좋지 않은 아이는 글을 다른 아이들만큼 깔끔하게 쓰지 못한다는 이유로 나쁜 점수를 받았다. 이렇듯 육체적 결함은 최근까지도 고려의 대상이 되지 않았다. 육체적 결함이 고려될 때에도 그것은 어디까지나 위생의 관점에서 이뤄졌다. 그러나 지금도 교육 방식의 결함 때문에 아이의 정신에 위험을 안겨줄 수 있지 않을까 하고 걱정하는 사람은 아무도 없다. 어느 학교가 아이들에게 강요되고 있는 문명의 종류에 대해 걱정하고 있는가? 공무원이 유일하게 중요하게 여기는 것은 강의 계획이 제대로 지켜지고 있는지 여부이다. 대학교에 다니는 청년들의 정신을 곧잘 건드리는 사회적 결함들이 있다. 그런데도 당국의 훈계는 어떤가? "너희 학생들은 정치에 관심을 둬선 안 돼! 공부를 열심히 해서 제대로 성장한 뒤에 사회로 나가야 하는 거야." 맞는 말이다. 하지만 오늘날 교육은 학생들이 살고 있는 시대와 시대가 안고 있는 문제들을 상상하는 데 필요한 지성을 형성시키지 못하고 있다. 학교의 체계가 시대의 사회생활과 동떨어진다. 사회생활에 관한 연구가 교육의 영역으로 녹아들지 못하고 있는 것이다. 교육장관이 나라 안에서 예리하게 느껴지는 사회 문제를 해결할 것을 주문했다는 이야기를 들어본 적이 있는가? 교육의 세계가 일종의 피난처 같은 곳, 말하자면 개인들이 자신의 학문적 생활을 위해서 세상의 문제와 고립된 채 지내고 있기 때문에, 그런 일은 절대로 일어나지 않는다. 교육 세계의 개인들은 삶의 바깥에 남음으로써 스스로 삶을 준비한다.

예를 들어, 결핵으로 죽는 대학생이 있을 수 있다. 참으로 슬픈 일이다. 그러나 대학으로서 할 수 있는 일이 무엇인가? 기껏해야 장례를 치러 주는 것밖에 없다. 신경이 극도로 예민한 학생들이 많다. 그런 학생들은 사회에 나가도 자기 자신에게 무용한 존재일 뿐만 아니라 가족과 친구들에게도 문제의 원인이 될 것이다. 사정이 그런데도 나는 권위자로서 심리의 특성에 관심을 두지 않고 있다. 나는 오직 공부와 시험에만 관심을 두고 있다. 시험을 통과하는 학생들은 졸업장이나 학위를 받을 것이다. 그것이 우리 시대 학교의 실상이다. 사회학이나 사회 문제를 연구하는 사람들은 학교나 대학을 마친 사람들이 삶의 준비가 제대로 되어 있지 않다고 말한다. 거기서 그치지 않는다. 대부분의 사람들이 가능성이라는 측면에서 퇴보하는 모습을 보인다. 사회학자들은 통계를 분석한 결과 범죄자도 더 많고, '이상한' 사람으로 여겨지는 사람도 더 많다는 사실을 발견했다. 사회학자들은 그런 자료를 근거로 학교가 이를 치유하기 위해 무슨 일인가를 해야 한다고 결론을 내린다.

이것은 하나의 사실이다. 학교는 세상과 동떨어진 세계이다. 사회 문제들이 있다 하더라도, 학교는 그 문제들을 무시하는 곳으로 여겨지고 있다. 학교가 무엇인가를 해야 한다고 말하는 사람은 사회학자들이지만, 학교가 스스로 그렇게 할 가능성은 없다. 학교가 오랫동안 내려오는 사회제도이고, 따라서 외부의 힘이 학교 규칙을 바꾸라고 강요하지 않는 이상 규칙이 바뀌지 않을 것이기 때문이다. 이런 것들이 교육에 수반되고 있는, 따라서 학교에 가는 모든 아이나 청년의 삶에 수반되고 있는 결함들 중 일부이다.

취학 전 연령
그렇다면 출생에서부터 7년째가 될 때까지, 혹은 출생 전의 아이는 어떻게 해야 하는가? 학교는 이 연령대의 아이들을 전혀 고려하지 않는다. 이 연령대는 취학 전이라 불리는데, 이 말은 곧 이 연령의 아이는 학교의 관심 밖에 있다는 뜻이다. 하기야 학교가 갓 태어난 아이에게 관심을 가진다 한들 무엇을 할 수 있겠는가? 지역을 막론하고 취학 전 연령대의 아이를 위한 교육기관은 교육부의 감독을 거의 받지 않는다. 이런 교육기관은 자체적으로 규칙과 규제를 만드는 자치정부나 사설기관의 감독을 받는다. 누가 어린 아이의 삶을 보호하는 것을 사회적 과제로 받아들이며 관심을 기울이고 있는가? 아무도 없다. 사회는 아주 어린 아이의 경우에는 가족에게 속하지 국가에 속하지 않는다고 말한다.

오늘날 출생 후 첫 몇 해가 대단히 중요한 것으로 여겨지고 있다. 하지만 그런 상황에서 권고되고 있는 것은 무엇인가? 가족의 변화이다. 어머니들에게 교육을 시켜야 한다는 뜻에서 말하는 변화이다. 지금 가족은 학교의 일부가 아니라 사회의 일부를 이루고 있다. 그래서 우리는 지금 인격 혹은 인격을 보살피는 것이 어떤 식으로 산산조각 깨어지고 있는지를 목격하고 있다.

한쪽에 가족이 있다. 가족은 사회의 한 부분이지만 대체로 사회와 사회의 보살핌으로부터 고립되어 있다. 다른 한쪽에 학교가 있지만, 마찬가지로 학교도 사회와 동떨어져 있다. 삶을 사회가 돌본다는 인식에 통일성이 전혀 없다. 여기에 한 조각이 떨어져 있고 저기에 또 다른 한 조각이 떨어져 있는데, 각 조각은 서로를 무시하고 있다. 사회심리학과 사회학처럼 이 같은 고립의 폐해를 고발하고 있는 학문도 학교와 동떨어져 있긴 마찬가지이다. 그래서 삶의 발달을 도울 만한 시스템은 어디에도 없다.

어떤 정치가가 교육이 삶에 도움이 되어야 한다고 역설할 때, 우리는 교육의 중요성을 깨닫는다. 내가 전에 언급했듯이, 삶에 도움이 되는 교육이라는 이론은 추상적인 학문에는 전혀 새로운 것이 아니다. 그러나 사회적으로 보면 삶을 이롭게 하는 교육은 아직 현실로 존재하지 않고 있다. 앞으로 문명이 추구해야 할 것이 바로 삶에 이바지하는 교육이다. 그러나 그런 교육을 위한 준비는 이미 다 되어 있다. 비평가들이 기존 상황에서 잘못된 점들을 두루 제시해 놓은 것이다. 또 다른 사람들은 삶의 다양한 단계에 적용할 치유책을 제시했다. 새로운 개념의 교육이라는 건축물을 올릴 준비는 다 되어 있다. 이 대목에서 과학의 기여는 그 건물에 쓰일 돌에 비유될 수 있다. 지금 필요한 것은 문명에 필요한 새로운 건축물을 짓기 위해 이 돌들을 쌓아올릴 사람들이다. 그것이 앞에 소개한 인도 지도자의 결단이 매우 중요한 이유이다. 삶에 이로운 교육은 문명을 보다 높은 차원으로 올려놓을 한 걸음이다. 우리가 그동안 응용과학 분야에서 땀을 쏟으며 노력한 목적이 바로 이 걸음을 내딛기 위한 것이었다.

교육과 사회의 임무

삶을 교육의 중심에 놓는 교육이란 과연 어떤 것일까? 삶을 중시하는 교육은 교육에 관한 이전의 모든 사상을 완전히 뒤엎을 개념이다. 교육은 더 이상 강의요강에 근거하지 않을 것이며 대신에 인간 삶에 관한 지식에 근거할 것이다. 일찍부터 이랬어야 했지만, 만일 지금이라도 교육이 이런 식으로 전개된다면, 갓 태어난 아이에 대한 교육이 갑자기 중요성을 얻게 될 것이다. 신생아는 아무것도 하지 못하며, 일반적인 의미에서 신생아는 가르치지도 못한다는 말은 진실이다. 신생아는 관찰될 수 있을 뿐이다. 신생아가 필요로 하는 것이 무엇인지를 찾아내려면 신생아를 연구하는 수밖에 없다.

몬테소리 교육 관계자들은 삶의 법칙을 발견할 목적으로 이런 관찰을 수행하고 있다. 아이들을 오랫동안 관찰하는 이유는 삶을 돕기를 원한다면 우리가 가장 먼저 해야 할 일이 삶을 지배하는 법칙들을 알아내는 것이기 때문이다. 삶의 법칙을 알아내는 것만으로는 안 된다. 우리가 추구하는 것이 단순한 지식이라면, 우리는 심리학 분야 안에 남을 것이다. 그러나 교육에 관심을 갖고 있다면, 우리의 활동은 지식에만 국한되어서는 안 된다. 물론 지식도 전파해야 한다. 아이의 정신적 발달이 도대체 어떻게 이뤄지는지를 모두가 알아야 하기 때문이다. 정신적 발달에 관한 지식이 널리 퍼지게 되면, 교육은 새로운 가치와 새로운 권위를 얻을 것이다. 이는 교육이 사회를 향해 "이것이 삶의 법칙들이니, 여러분은 이 법칙들을 무시하지 말고 따라야 한다."는 식으로 말할 수 있게 되기 때문이다.

정말로 사회가 의무 교육을 제공하길 원한다면, 그건 어디까지나 교육이 실용적으로 이뤄져야 한다는 의미이다. 그렇지 않다면 의무 교육이라고 부르지 못할 것이다. 그리고 출생할 때부터 교육을 실시할 뜻이라면, 사회가 아이의 발달 법칙을 아는 것이 선행되어야 한다. 교육은 더 이상 사회와 단절된 상태에 있을 수 없으며 사회에 권위를 행사할 수 있어야 한다. 사회 조직이 삶을 보호하는 방향으로 정리되어야 한다. 모두가 협력할 수 있어야 한다. 당연히 어머니와 아버지도 자신의 역할을 제대로 수행해야 하지만, 가족이 충분한 수단을 확보하지 못하고 있다면 사회가 지식만 아니라 아이들을 교육시키는 수단까지 제공해야 한다. 만약 교육이 개인을 보살피는 것을 의미하고 또 사회가 아이의 발달에 필요한 것이 이런저런 것인데 가족이 그것을 제공할 수 없는 상황이라는 점을 인정한다면, 사회가 아이를 위해 그런 것을 공급해야 한다. 아이가 국가에 의해 버려지는 일은 없어야 한다. 따라서 교육은 사회로부터 고립된 상태로 있을 것이 아니라 사회에 권위를 행사할 수 있는 위치에 서야 한다. 사회가 인간 개인을 통제해야 하는 것은 분명하지만, 만약 교육이 삶을 돕는 것으로 여겨진다면 이 통제도 억제나 억압이 아니라 물리적 도움과 정신적 지원을 관리하는 형식으로 이뤄질 것이다.

아이가 성장기에 필요로 하는 것들에 관한 연구는 단계적으로, 또 과학적으로 이뤄졌다. 이 연구 결과가 지금 사회에 제시되고 있다. 삶을 돕는 것으로 인식되는 교육은 모든 사람들을 대상으로 할 것이다. 아이만 교육의 대상이 되는 것이 아닌 것이다. 이는 곧 사회적 양심이 교육에 대한 책임을 떠안아야 한다는 뜻이고, 또 교육은 지금처럼 사회와 단절된 채 있을 것이 아니라 사회 전체에 지식을 전파하려고 노력해야 한다는 뜻이다.

삶을 보호하는 수단으로서의 교육은 아이에게만 영향을 미치지 않는다. 어머니와 아버지에게도 영향을 미친다. 그 같은 교육은 사회의 모든 부분이 능동적으로 움직이도록 만든다. 정말로, 엄청난 사회적 향상을 꾀할 자극이 될 것이다. 교육이란 그런 것이다. 그런데 오늘날의 교육으로 그런 사회적 향상을 꾀할 수 있을까? 오늘날 교육보다 더 정체되어 있고 더 무심한 분야를 상상할 수 있을까? 만약 국가가 절약을 생각하게 된다면, 교육이 첫 번째로 희생될 것이다. 그런 분위기에서 위대한 정치인에게 교육에 대해 묻는다면, 그 정치인은 아마 "난 교육에 대해선 아는 바가 전혀 없소. 교육은 전문 분야이니까요. 나는 자식들의 교육을 아내에게 전적으로 맡겼고, 나중에 아내는 아이들을 학교로 보냈소."라고 말할 것이다. 앞으로는 국가 수반이 교육에 관한 질문 앞에 이런 식으로 대답하는 것은 절대로 불가능할 것이다.

인간을 건설하는 아이

여기서 또 다른 중요한 사항을 보도록 하자. 아이들을 1세 때부터 연구한 다양한 심리학자들이 제시한 주장들을 보자. 이 연구서들로부터 어떤 개념을 끌어낼 수 있을까? 대체로, 이제부터는 개인이 계획없이 성장하도록 내버려둘 것이 아니라 보다 훌륭한 보살핌을 통해서 과학적으로 성장하도록 돕는 것이 중요하다는 인식을 얻게 될 것이다. 과학적 보살핌을 받는 개인은 발달과 성장을 더 잘 성취할 것이다. 심리학자들의 공통된 생각은 이렇다. "적절한 보살핌을 받는 개인은 더욱 강하게 자라고, 정신의 균형도 더욱 확실해지고, 성격도 더욱 강하게 성숙한다." 달리 말하면, 자라는 아이는 육체적 위생 외에 정신적 위생까지 제공받아야 한다는 뜻이다.

그러나 이게 전부일 수 없다. 과학이 삶의 초반기에 관해 몇 가지 발견을 이뤘다고 가정하자. 그런데 이는 단순한 가정이 아니다. 정말로, 어린 아이의 내면에는 일반적으로 알려진 것보다 훨씬 더 큰 재능들이 들어 있다. 왜냐하면 정신적인 측면에서 볼 때 출생할 당시에 아무것도 없던 상황에서 건설, 즉 인간의 구축이 일어나는 시기가 바로 이때이기 때문이다. 정신적인 측면에서만 그런 것이 아니다. 육체적으로 말하면, 출생할 때 아이는 거의 마비 환자나 다름없기 때문에 아무것도 하지 못하고, 말도 하지 못한다. 주변에서 일어나고 있는 일들을 모두 보고 있다 하더라도, 그런 상태에서 아기가 할 수 있는 것은 아무것도 없다.

시간이 조금 지난 뒤 아이를 보라. 아이는 말도 하고, 걷기도 하고, 정복에 정복을 거듭해 나간다. 그러다 아이는 온갖 위대함과 지능을 두루 갖춘 인간으로 성장한다. 만일 이런 사실을 진지하게 고려한다면, 우리는 현실을 어렴풋이 알아차리기 시작할 것이다. 아이는 자신이 알아야 하는 모든 것을 어른에게 의존하는, 자력으로 행동하지 못하는 그런 속이 텅 빈 존재가 아니다. 아이는 인간을 건설하는 주체이다. 인간의 건설자라 할 수 있다. 세상 사람들 중에서 자신이 거쳐 온 아이에 의해 건설되지 않은 사람은 한 사람도 없다. 한 인간을 형성하기 위해선 엄청난 힘들이 필요한데, 이 힘들을 소유하고 있는 존재가 바로 아이이다. 내가 오랫동안 설명해왔고, 또 마침내 다른 과학자들의 관심을 끌게 된 아이의 이 위대한 힘들은 지금까지 모성이라는 망토 아래에 숨겨져 있었다. 흔히 말하기를, 아이를 형성시키는 것이 어머니이고, 아이에게 말하고 걷는 것을 가르치는 존재가 어머니라고 한다는 점에서 보면 그렇다.

그러나 나는 아이를 형성시키는 것이 절대로 어머니가 아니라고 주장한다. 이 모든 것을 하는 것은 아이 본인이다. 엄마가 낳은 것은 신생아일 뿐이다. 인간을 만드는 것은 바로 이 아기이다. 엄마가 죽는다고 가정해보자. 그래도 아기는 똑같이 성장한다. 엄마가 거기에 없더라도, 심지어 엄마에게 아기를 먹일 젖이 없다 하더라도, 우리는 아기에게 모유 대신에 우유를 먹일 것이고 그러면 아이는 계속해서 성장할 것이다. 인간을 건설하는 과제를 수행하는 것은 어디까지나 아기 본인이지 어머니가 아니다.

인도의 아이를 미국으로 데려가서 미국인에게 맡긴다고 가정해보자. 그러면 아이는 영어를 배울 것이다. 인도어를 배우지 않을 것이다. 미국식 영어를 배운다는 뜻이다. 그렇다면 이 지식을 주는 것은 어머니가 아니다. 아이가 직접 지식을 습득한다. 만일 미국인들이 이 인도 아이를 자기 자식으로 키운다면, 인도 아이는 미국인들의 버릇과 관습을 익히지 인도 사람들의 버릇과 관습을 익히지 않는다. 그렇듯, 이런 것들 중 어떤 것도 유전이 아니다. 아버지와 어머니는 아이의 성장과 관련해서 자신들의 공(功)을 주장할 수 없다.

자기 주변에서 발견되는 온갖 것들을 이용해 미래를 위해 스스로를 형성해 가는 것은 분명히 아이 본인이다.

아이는 인간을 적절히 건설해 나가는 과정에 특별한 도움을 필요로 하며, 사회는 이런 아이에게 관심을 기울여야 한다. 아이 본인의 공을 인정한다고 해서 아버지와 어머니의 권위가 줄어드는 것은 절대로 아니다. 왜냐하면 아버지와 어머니가 자신들이 인간의 건설자가 아니고 이 건설 작업의 보조자에 지나지 않는다는 사실을 깨달을 때 각자의 의무를 더 잘 수행할 수 있게 되기 때문이다. 아버지와 어머니는 보다 훌륭한 비전을 갖고 아이를 도울 것이다. 아이는 이 도움이 제대로 제공될 때에만 훌륭한 건축을 완성할 것이다. 그렇지 않다면, 훌륭한 건축은 절대로 불가능하다. 그렇기 때문에 부모의 권위는 부모의 개별적 위엄에 근거하는 것이 아니라 아이에게 주는 도움에 근거한다. 부모는 그런 방법 외에는 어떠한 권위도 주장하지 못한다.

또 다른 관점을 보도록 하자. 칼 마르크스(Karl Marx)에 대해 들은 적이 있을 것이다. 근로자들에게 사회가 누리는 모든 것은 그들의 노동 때문이고 우리의 환경 안에 있는 모든 것은 남녀 노동자들에 의해 만들어진 것이라는 사실을 깨닫게 하여 사회개혁을 촉발시킨 인물 말이다. 우리의 일상생활은 근로자들에게 바탕을 두고 있으며, 만일 근로자들이 생산을 중단한다면 우리의 사회적 및 정치적 생활은 중단되고 말 것이다. 이것이 칼 마르크스의 이론의 일부이다.

이렇듯 노동자들은 우리에게 삶을 살아갈 가능성을 진정으로 열어주는 사람들이다. 그들이 양식과 옷을 포함한 삶의 모든 수단을 생산하기 때문이다. 사람들이 이러한 사실을 깨달을 때, 노동하는 사람도 더 이상 자신의 빵을 고용주에게 의존하고 있는 가난한 노동자로 보이지 않는다. 노동하는 사람이 진정한 중요성을 확보하게 되기 때문이다. 그 전까지는 오직 군주와 왕과 자본가들만 중요한 존재로 여겨졌다. 그러나 훗날엔 노동자들의 노동의 가치도 드러나게 되었다. 그리고 자본가의 진정한 기여는 근로자들이 작업을 수행하는 데 필요한 수단을 공급하는 주체로 실현되었다. 또한 노동자에게 허용되는 조건이 나을수록, 그가 생산한 제품도 더 훌륭해지고 더 정확해졌다.

이 같은 아이디어를 우리의 분야로 그대로 옮겨보자. 아이가 인간을 생산하는 노동자라는 사실을 깨닫도록 하자. 부모는 노동자에게 건설 수단을 제공해야 한다. 이런 시각을 갖게 되면, 우리가 봉착하고 있는 사회문제가 훨씬 더 중요하게 다가올 것이다. 왜냐하면 아이의 노동으로 만들어지는 것이 물건이 아니라 인간성 자체이기 때문이다. 어린 시절은 하나의 민족이나 하나의 계급, 하나의 사회적 집단을 생산하는 것이 아니라 전체 인류를 생산한다. 이것이 바로 우리 모두가 직시해야 할 현실이다. 사회는 어린이를 고려해야 한다. 인류 자체를 만들어내는 노동자를 진지하게 고려해야 한다는 뜻이다.

이 두 가지 사회문제는 놀랄 만큼 많이 닮았다. 예를 든다면, 칼 마르크스가 자신의 이론을 상세히 설명하고 전파하기 전까지, 노동자들은 전혀 고려의 대상이 되지 않았다. 아이들이 그랬던 것처럼, 노동자들은 지시 받은 일을 그저 묵묵히 수행해야 했다. 노동자들의 필요와 인간으로서의 존엄은 전혀 고려 대상이 아니었다. 아이의 노동에서도 육체적 및 정신적 삶의 필요는 고려되지 않았다. 인간으로서 누릴 존엄이 아이에겐 아예 없는 것으로 여겨졌다. 사회주의자들과 공산주의자들이 한 것이 무엇이었는가? 그들은 노동자들의 삶의 조건을 향상시키기 위한 운동을 시작했다. 인간의 건설자인 아이에게도 우리는 보다 훌륭한 삶의 수단을 줘야 한다. 노동자들은 더 많은 돈을 요구한다. 마찬가지로 인간을 생산하는 아이에게도 더 많은 돈이 주어져야 한다. 노동자들은 억제와 억압으로부터 스스로를 해방시키길 원한다. 마찬가지로 우리는 어린 시절을 억압으로부터 자유롭게 풀어줘야 한다.

인간의 건설자가 처한 조건은 인간이 필요로 하는 것을 생산하는 노동자들이 처한 조건보다 더 극적이다. 인간의 건설자가 처한 삶의 조건을 개선시키면, 인간성의 향상이 이뤄질 것이다. 이 위대한 노동자가 삶을 시작하는 순간부터 성인이 되는 날까지, 우리는 그의 뒤를 지켜보면서 그에게 훌륭한 인간을 건설하는 데 필요한 수단을 제공해야 한다. 우리는 아이가 인간을 건설할 것이고, 아이는 훗날 이 인간의 지능으로 문명을 건설하게 된다는 점을 기억해야 한다. 아이는 인간 지능의 건설자이며, 우리의 손을 잡고 끌며 문명이라 부르는 것을 낳는 것이 바로 이 인간 지능이 아닌가.

만일 삶 자체가 고려되고 연구된다면, 우리는 인간성의 비밀을 알게 될 것이다. 그러면 우리는 인간을 도울 힘을 확보할 것이다. 칼 마르크스의 사회적 비전은 혁명을 낳았다. 우리가 교육에 대해 말하며 권하고 있는 것은 하나의 혁명이다. 오늘날 우리가 알고 있는 모든 것이 변화할 것이라는 점에서 본다면, 그것은 분명 혁명이다. 정말로 나는 그것을 마지막 혁명이라고 생각한다. 비폭력적인 혁명이 될 것이다. 왜냐하면 아이에게 조금의 폭력이라도 가해진다면, 아이의 정신이 잘못 형성될 것이기 때문이다. 인간의 건축이 정상적으로 이뤄질 수 있도록 보호해야 한다. 인간의 건축은 폭력이 조금도 없는 가운데서 수행되어야 한다. 정말로, 우리의 모든 노력은 아이가 성장하는 길에 놓여 있는 장애를 제거하는 데 쏟아져야 한다. 우리는 아이를 둘러싸고 있는 위험과 오해를 제거해야 한다.

삶에 도움을 주는 수단으로서의 교육이라고 할 때, 그것이 뜻하는 바가 바로 지금까지 논한 내용이다. 출생하는 순간부터의 교육이라는 개념은 혁명을 몰고 올 것이다. 폭력을 완전히 배제한 혁명이 될 것이고, 또 모든 사람이 공통의 표적을 향해 다가가게 할 그런 혁명이 될 것이다. 어머니와 아버지, 정치인 등 모든 사람들은 아이가 자신의 내면에 있는 선생의 안내에 따라 미스터리 속에서 수행하는 이 섬세한 건설을 존중하고 돕는 일에 관심을 쏟게 될 것이다.

이 교육혁명은 인류에게 빛을 던지는 새로운 희망이다. 이 혁명은 사회를 다시 건설하는 것이기보다는 세상에 갓 태어난 아이가 물려받은 모든 잠재력을 동원해 수행하는 인간 건설을 지원하는 일이라고 할 수 있다.

3장
성장기

아이들을 출생할 때부터 대학을 졸업할 때까지 추적한 심리학자들에 따르면, 아이의 발달 과정에 뚜렷이 구분되는 시기들이 있다. 이같은 인식은 지금까지의 인식과 크게 다르다. 지금까지는 인간의 정신은 언제나 똑같은 형태를 유지하면서 나이가 들수록 크기만 커지는 것으로 받아들여졌다. 인간의 정신에 관한 기존의 인식은 그런 식이었다.

오늘날 심리학은 삶의 시기에 따라 심리와 정신이 다르다는 점을 인정하고 있다. 이 시기들은 서로 뚜렷이 구분된다. 이 시기들이 육체적 발달의 각 단계와 조화를 이룬다는 것은 아주 흥미로운 점이다. 정신적으로 보면, 각 단계에 나타나는 변화는 대단히 크다. 그러다 보니 어떤 심리학자들은 이 점을 명쾌히 전하기 위해 "성장은 새로운 출생의 연속"이라는 표현까지 쓴다.

삶의 어느 시기에 이르면, 그때까지의 정신적 개성은 중단되고 다른 정신적 개성이 탄생한다. 아이의 성장기에 이런 정신적 개성의 탄생이 연속적으로 일어난다. 이 시기들 중 첫 번째 시기는 출생에서부터 6세까지이다. 이 기간 중에도 두드러진 차이가 나타나지만 정신의 유형은 내내 똑같다. 0세부터 6세까지 기간은 두 부분으로 명확히 구분된다.

첫 부분인 0세부터 3세까지의 시기에 아이는 어른이 접근하지 못하는 유형의 정신 상태를 보여준다. 이 시기의 아이의 정신 상태에 어른들은 직접적으로 영향력을 행사하지 못한다. 정말로, 이 시기의 아이들을 위한 학교는 전혀 없다.

그 다음은 3세에서 6세까지의 시기이다. 이때도 정신의 유형은 똑같지만 특별한 길을 통하면 아이의 정신에 접근할 수 있다. 이 시기의 특징은 아이에게 엄청난 변화가 일어난다는 점이다. 이 변화가 어느 정도인지 알고 싶다면, 갓 태어난 아기와 6세 아이의 차이만을 생각해봐도 쉽게 파악된다. 이 변화가 어떤 식으로 일어나는가 하는 문제는 당분간 우리의 관심 밖이다. 그러나 중요한 것은 여섯 살 아이는 학교에 입학해도 좋을 정도로 지적인 존재가 된다는 사실이다.

그 다음 시기는 6세부터 12세까지이다. 이 시기는 성장의 시기이지만 아이의 정신에 변형이 일어나지는 않는다. 차분하고 조용한 성장의 시기이다. 정신적인 측면을 말한다면, 이 시기는 건강과 힘과 안전의 시기이다. 그러나 아이의 육체를 본다면, 아이가 2개의 정신적 시기의 경계에 서 있음을 보여주는 신호들이 눈에 들어올 것이다. 육체에 일어나는 변형이 매우 두드러진다. 여기서는 단 한 가지 사항만을 언급할 것이다. 이빨이 전부 빠지고 두 번째 이빨이 자라기 시작한다는 사실이다.

그 다음은 12세에서 18세까지 이어지는 세 번째 시기이다. 첫 번째 시기를 떠올리게 할 정도로 정신에 변형이 심하게 일어나는 시기이다. 이 마지막 시기도 두 부분으로 나뉜다. 첫 부분은 12세부터 15세까지이고, 두 번째 부분은 16세부터 18세까지이다. 이 시기의 특징도 육체적으로 큰 변형을 거치며 성숙해간다는 점이다. 18세를 넘기면 인간은 완전히 발달한 것으로 여겨진다. 중요한 변형은 더 이상 일어나지 않는다. 단지 늙어갈 뿐이다.

신기한 것은 공적 교육이 이 같은 정신적 유형의 차이를 인정하고 있다는 점이다. 마치 이런 차이를 직관적으로 아는 것 같다. 0세에서 6세까지의 첫 시기는 분명히 인식되어 왔다. 왜냐하면 이 시기가 의무교육에서 배제되고, 또 6세에 변형이 일어난다는 점이 널리 받아들여지고 있기 때문이다.

사람들은 여섯 살이 된 아이는 학교에 입학시켜도 괜찮을 정도로 충분히 지적인 존재가 되었다고 생각하는 것 같다. 그러면서 사람들은 아이가 많은 것을 알고 있다는 사실을 무의식적으로 인정한다. 아이가 완전히 무식하다면 아마 학교에 다니지 못할 것이기 때문이다. 예를 들어, 아이가 자신의 몸을 움직이지 못하거나 걷지 못하거나 다른 사람의 말을 이해하지 못한다면, 아이는 6세가 되었더라도 학교에 다니지 못할 것이다. 그렇기 때문에 우리는 아이를 여섯 살에 학교에 입학시키는 관행을 놓고 아이를 지적 존재로 인정하는 것으로 보아도 될 것이다. 그러나 교육자들도 아이가 학교까지 오는 길을 알고 자신에게 전달되는 생각을 이해할 수 있게 된 것이 어디까지나 아이가 스스로 배워 터득한 결과라는 데까지는 생각이 미치지 못했다. 그렇다면 누가 아이들에게 그런 것을 가르쳤는가? 학교 선생은 아니다. 잘 알다시피, 이 기간에 아이는 학교에서 철저히 배제되기 때문이다. 지능도 없고 조화로운 동작도 전혀 하지 못하고 의지도 없고 기억도 없던 갓난 아기가 지금 타인의 말을 이해할 수 있게 되기까지, 거기에 매우 정교한 어떤 과정이 있었음에 틀림없다는 생각은 교육자들에겐 절대로 떠오르지 않았다.

두 번째 시기도 마찬가지로 무의식적으로 인식되고 있다. 많은 나라를 보면 12세에 아이들이 대체로 초등학교를 졸업하고 상급학교로 진학하고 있기 때문이다. 왜 이 나라들이 초등학교에 다니는 기간을 6세에서 12세까지로 정했을까? 또 이 국가들이 그 시기를 문화의 근본적이고 기초적인 사항을 전달하기에 적합한 때라고 생각하는 이유는 무엇일까? 이 세상의 모든 나라에서 이런 사실이 확인되고 있다는 점을 고려한다면, 이는 절대로 우연이 아니다. 이 같은 사실은 곧 모든 아이들에게 문화의 습득을 가능하게 만드는 정신적 바탕이 있다는 것을 의미한다. 이 시기에 아이는 학교생활에 필요한 정신적 활동을 받아들일 수 있다는 것이 확인되었다. 또 아이는 선생이 하는 말을 이해하고 선생이 가르치는 내용을 듣고 배울 정도로 인내심을 발휘한다. 이 기간에 아이는 건강도 좋을 뿐만 아니라 공부에도 꾸준한 모습을 보인다. 이 기간이 문화를 전달하는 최적기로 여겨지는 것은 바로 아이의 이런 특징들 때문이다.

12세가 되면, 아이는 대체로 상급학교에 진학한다. 이로써, 공적 교육은 바로 그 해에 각 개인의 내면에서 새로운 유형의 심리가 시작된다는 점을 인정한다. 이 시기도 두 부분으로 구분되는 것 같다. 공적 교육이 상급학교를 2개로 나누고 있다는 사실에서도 이 구분이 확인된다.

인도에도 중학교와 고등학교가 있다. 중학교는 3년이고, 고등학교는 2년 또는 3년이다. 이 기간에 해당하는 아이는 그 전의 기간만큼 부드럽지도 않고 차분하지도 않다. 심리학자들은 이 시기가 0세에서 6세 사이의 시기만큼 정신적 변형이 크게 일어나는 시기라고 말한다. 보통 이 기간에는 성격이 안정적이지 않으며, 반항기도 있고, 무질서한 행동도 보인다. 육체적 건강도 두 번째 시기만큼 강하지 못하고 안전하지도 못하다. 그러나 학교는 이런 문제에 전혀 신경을 쓰지 않는다. 학습요강 같은 것이 만들어지고, 아이들은 좋든 싫든 그걸 따라야 한다. 이 시기에도 아이들은 앉아서 선생의 말을 들어야 하며, 암묵적으로 복종해야 하고, 암기에 많은 시간을 쏟아야 한다.

이어 대학생활이 시작된다. 대학도 기본적으로 앞의 학교들과 다르지 않다. 공부의 강도만 다를 뿐이다. 여기서도 교수가 강의를 하면 학생들은 그냥 듣기만 한다. 내가 젊었을 때, 남자들은 면도를 하지 않고 턱수염을 길렀다. 남자들 모두가 턱수염을 기르고 있는 강의실 풍경은 정말 가관이었다. 턱수염을 화살촉처럼 쪼뼛하게 기른 사람이 있는가 하면 사각형으로 기른 사람도 있었다. 길게 기른 사람도 있고 짧게 기른 사람도 있었다. 콧수염도 다양하긴 마찬가지였다. 그처럼 성숙했던, 아니 성숙 그 이상의 상태를 보였던 이 모든 남자들이 그럼에도 어린 아이들이나 다름없었다. 그들은 앉아서 귀를 기울여야 했고 교수들의 조롱을 참고 받아들여야 했으며 담뱃값과 전차를 타고 다니는 데 필요한 돈을 아버지의 관용에 기댔다. 그러면서 시험을 망치면 아버지로부터 호되게 당했다. 그런 사람들이 어른이라니! 이런 남자들의 지성과 경험이 세상을 이끌게 되어 있었다 이런 사람들에게 최고의 전문직이 돌아가게 되어 있었다. 이런 남자들이 미래의 의사이고 엔지니어이고 변호사였던 것이다. 이런 식이라면 오늘날 학위는 무슨 소용이 있겠는가? 학위가 그 사람의 삶을 보증하는가? 누가 학위만을 받은 의사에게 가는가? 어떤 사람이 아름다운 집을 짓기를 원할 경우에 새롭게 독립한 엔지니어에게 도움을 요청하겠는가? 아니면 내가 소송을 준비할 경우에 새로 자격증을 딴 변호사를 고용하겠는가? 아니다. 이유는 간단하다. 이런 식의 공부, 즉 이런 식의 듣기가 '인간'의 형성에 이바지하지 못하기 때문이다. 그래서 우리는 젊은 의사들이 큰 병원에서 일해야 하고, 변호사들은 기존의 변호사 사무실에서 일해야 한다는 사실을 깨닫고 있다. 엔지니어에게도 똑같은 계획이 적용되어야 한다. 이런 식으로 도제 방식의 교육을 몇 년 더 받은 다음에야 의사와 변호사, 엔지니어들은 자신의 일을 할 수 있게 된다. 그들은 실습할 기회를 가져야 하고 또 동시에 보호도 받아야 한다. 많은 나라에서 이 같은 관행에 따라 이상한 현상이 나타나고 있는 것이 확인되고 있다. 전형적인 한 예가 뉴욕에서 일어났다. 일자리를 찾지 못한 지식인들 수백 명의 행진이 있었다. 그들은 "우리에게 일자리가 없다! 굶어죽을 판이다. 우리는 어떻게 해야 하나?"라고 적은 현수막을 들었다. 오늘날까지도 상황은 그런 식이다. 계획이 전혀 없다. 교육에 통제가 이뤄지지 않고 있지만, 성장기에 삶의 단계에 따라 정신적 유형이 서로 다르다는 점은 인정하는 분위기이다. 사람이 거치게 되는 정신적 유형은 다양하며, 정신적 유형에 따라 교육의 단계도 초등학교와 중고등학교, 대학교로 구분되고 있다.

창조의 시기

내가 어렸을 때, 2세에서 6세 사이의 아이들은 전혀 고려의 대상이 아니었다. 지금은 이 연령대 아이들을 위한 기관이 다양하게 존재한다. 아주 어린 아이들을 위한 어린이집이 있고, 3세에서 6세 사이의 어린이를 위한 기관으로 소위 몬테소리 학교와 유치원들이 있다. 그러나 오늘날에도 내가 어렸을 때와 마찬가지로 교육의 가장 중요한 부분은 대학교육으로 여겨지고 있다. 이유는 아마 인간의 정신 중에서 우리가 지성이라고 부르는 부분을 가장 잘 가꾼 사람들이 대학에서 나오기 때문일 것이다.

심리학자들이 삶을 연구하기 시작한 지금, 심리학계에 대학이 아니라 그 반대편 쪽으로 연구의 눈길을 돌리려는 경향이 나타나고 있다. 삶의 가장 중요한 부분은 대학이 아니라 출생 후 첫 몇 년, 구체적으로 말하면 0세에서 6세 사이의 기간이라고 말하는 사람이 나 외에도 많다. 그렇게 보는 이유는 인간의 위대한 도구인 지능이 형성되는 것이 바로 이 첫 시기이기 때문이다. 지능만이 아니다. 정신기능들의 전부가 이 시기에 형성된다. 이 같은 사실이 정신생활에 관심을 두고 있는 사람들에게 강렬한 인상을 남겼다.

오늘날 많은 사람들이 어린 아이를 유심히 지켜보고 있다. 갓 태어난 아기는 물론이고 1세 된 아이도 관찰 대상이 되고 있다. 아이들이 인격을 창조해가는 과정을 살피는 것이다. 아이들을 관찰한 전문가들은 옛날에 죽음을 깊이 생각하던 사람들과 똑같은 감정을 느끼고 또 똑같은 인상을 받는다. 죽음이 찾아올 때 도대체 어떤 일이 벌어지는가? 과거에 명상과 감상성을 낳은 것이 바로 이 질문이었다. 오늘날엔 이와 비슷한 명상의 초점이 이제 막 세상에 나온 인간들 쪽으로 돌려지고 있다. 아기도 하나의 인간 존재이다. 아주 우수한 지성을 갖도록 태어난 인간 존재인 것이다. 그런데 그런 고귀한 인간이 힘든 유아기를 다른 동물들보다 훨씬 더 길게 가져야 하는 이유는 무엇인가? 어떤 동물도 인간만큼 힘들고 긴 유아기를 갖지 않는다. 이것이 사상가들의 관심을 끈 이유이다. 사상가들은 스스로에게 이렇게 물었다. "이 기간에 도대체 무슨 일이 벌어지는 것일까?"

분명히 이 기간은 창조의 시기이다. 왜냐하면 그 전엔 분명히 아이에게 아무것도 존재하지 않았기 때문이다. 그러던 아이가 출생 후 1년 정도 지나면 온갖 것을 다 알게 된다. 아이가 지성이나 기억, 의지를 조금이라도 가진 상태에서 세상에 태어나는 것 같지는 않다. 그런데 조금 지나면 모든 것이 성장한다. 처음에 아이에겐 정말로 아무것도 없었다. 인간의 개인은 그야말로 제로에서 시작한다. 약간의 목소리도 갖지 않은 상태에서 태어나는 것 같다. 기껏 울음뿐이다. 인간에 비해 보잘것없는 고양이새끼조차도 태어나면서 서툴게나마 야옹 하며 울고, 새나 송아지도 서툴게나마 자신의 소리를 낼 줄 아는데도 말이다. 인간은 철저히 침묵이다. 아이가 가진 유일한 표현 수단은 울음뿐이다. 인간 존재에게 발달은 단순히 발달의 문제만이 아니다. 그것은 제로에서 시작하는 창조의 문제이다. 그것은 아이가 떼는 거대한 발걸음으로, 무(無)에서 유(有)로 건너가는 걸음이다.

이처럼 무에서 유를 창조하는 데는 우리 어른의 것과 다른 유형의 정신, 즉 어른의 것과 다른 능력을 가진 정신이 필요하다. 그리고 아이가 성취하는 것은 절대로 작은 창조가 아니다. 이 성취는 모든 창조 중에서 가장 위대한 창조이다. 아이는 언어만 아니라 말을 가능하게 하는 신체기관까지 창조한다. 아이는 모든 운동을 창조하고 또 지성의 모든 면을 창조한다. 아이는 인간 정신이 갖춰야 할 모든 것을 창조한다. 대단한 성취이다.

이 성취는 의식적인 정신에 의해 이뤄지는 것이 아니다. 어른은 의식적이다. 어른은 의지를 갖고 있으며, 무엇인가를 배우기를 원한다면 반드시 의지를 발휘하면서 노력해야 한다. 어린 아이에게는 의식 같은 것은 전혀 없다. 의지도 전혀 없다. 왜냐하면 의식과 의지 자체가 앞으로 아이가 창조해내야 할 것들이기 때문이다.

아이의 정신은 우리 어른이 갖고 있는 그런 종류의 정신이 아니다. 만일 어른이 갖고 있는 유형의 정신을 의식적인 정신이라고 부른다면, 아이의 정신은 무의식적인 정신이라 부를 수 있다. 무의식적 정신이라고 한다고 해서 열등한 정신이라는 뜻은 아니다. 무의식적 정신도 지능으로 채워질 수 있다. 세상의 모든 존재에서 이런 유형의 지능을 발견할 수 있으며, 곤충조차도 이런 지능을 갖고 있다. 이 지능이 간혹 이성을 갖춘 것 같다는 인상을 줄 때가 있음에도 불구하고, 그것은 의식적인 지능은 아니다. 그것은 무의식적인 유형의 지능이며, 아이는 이 무의식적 지능을 갖고 있는 동안에 경이로운 성취를 수행한다. 1세 된 아이는 이미 자신의 환경 안에 있는 모든 것을 보고 그 대상들을 구분할 수 있다.

아이가 어떻게 이 환경을 그대로 흡수할 수 있을까? 이는 아이에게서 발견되는 한 가지 특징 때문에 가능하다. 아이에게 아주 예민한 감수성이 있는 것이다. 이 감수성은 대단한 힘을 지니고 있다. 이 감수성이 있기 때문에 환경 안의 모든 것들이 아이에게 치열한 관심과 대단한 흥미를 불러일으킨다. 이때 아이를 지켜보고 있으면 환경 안의 모든 것들이 바로 아이의 생명 속으로 침투하는 것처럼 보인다. 아이는 이 모든 인상을 정신으로 받아들이지 않고 온 생명력으로 받아들인다.

언어의 습득이 이를 보여주는 가장 분명한 예이다. 아이는 언어를 어떻게 습득할까? 아이가 듣기 감각을 특별히 타고난다는 말도 있다. 또 인간의 목소리를 듣고 따라 하면서 말하는 것을 배운다는 이론도 있다. 이런 주장도 인정하도록 하자. 그것도 사실이다. 그러나 아이가 주변에 무수히 많은 소리가 있는데도 유독 인간의 목소리만을 듣는 이유는 무엇일까? 만일 아이가 듣는 것이 사실이고, 또 아이가 인간의 목소리만을 듣는 것이 사실이라면, 그것은 인간의 언어가 아이에게 대단한 인상을 남긴다는 의미이다.

인간의 언어가 아이에게 남기는 인상은 아주 강렬함에 틀림없다. 이 인상은 아주 치열한 감정과 강렬한 호기심을 일으키며 아이의 몸 안에서 눈에 보이지 않는 조직들이 작동하도록 만드는 것이 분명하다. 이 과정은 어른의 몸 안에서 일어나는 비슷한 현상과 비교될 수 있다. 당신은 가끔 콘서트에 간다. 콘서트장에서 당신은 시간이 조금 지나면 청중의 얼굴에서 황홀한 표정을 읽을 수 있을 것이다. 또 청중의 머리와 손이 움직이기 시작하는 것이 눈에 들어올 것이다. 이때 음악이 야기한 인상이 아니라면 무엇이 청중을 그런 식으로 움직이도록 하겠는가?

이와 비슷한 것이 아이의 무의식적인 정신 안에서 일어나고 있음에 틀림없다. 사람의 목소리가 아이의 내면에 일으키는 인상에 비하면 음악이 어른의 내면에 일으키는 인상은 아무것도 아니다. 이 부분에서 아이가 자신의 무의식적 정신 안에서 그토록 강력한 감정을 야기한 소리들을 재생하기 위해 말없이 준비하는 모습이 눈에

선하게 그려지지 않는가. 전율하는 혀의 움직임, 가늘게 떠는 섬세한 성대의 움직임, 뺨의 움직임, 그리고 떨면서 팽팽해지는 아이의 모든 것이 생생하게 보이는 것 같다. 또 아이는 도대체 언어를 어떤 식으로 그토록 정확히 습득할까? 언어는 아이에게 너무나 정확하게, 너무나 확고하게 습득된다. 그렇기 때문에 언어는 아이의 정신적 인격의 일부를 이룬다. 이리하여 이 언어는 모국어라는 이름으로 불리게 된다.

이 시기에 배운 언어는 아이가 훗날 배우게 될 언어와 확연히 구별된다. 의치(義齒)와 자연치의 차이만큼이나 분명하게 다를 것이다. 그렇다면 처음에 전혀 아무런 의미를 지니지 않던 소리들이 어떻게 갑자기 아이의 정신에 이해되며 의미로 다가오게 되는 것일까? 아이는 그저 단어들을 받아들이지만은 않는다. 아이는 문장을, 그러니까 구조가 복잡할 수도 있는 문장을 받아들인다. 만일 문장의 구조를 이해하지 못한다면, 우리는 언어를 이해할 수 없다. 예를 들어 "탁자 위에 유리잔이 있어."라고 말한다면, 이 문장에 의미를 부여하는 것은 단어들의 순서이다. 만일 누군가가 아이에게 "위에 탁자 있어 유리잔이."라고 말한다면, 아이는 그 뜻을 이해하는 데 어려움을 겪을 것이다. 아이가 이해하는 것은 단어들의 순서이다. 아이는 언어의 구조를 흡수한다.

흡수하는 정신

어떻게 이런 일이 일어날 수 있을까? "아이가 사물들과 단어들을 기억한다"는 말도 있지만, 기억하기 위해선 아이가 기억력을 가져야 하는데 아이에겐 아직 기억력이 전혀 없다. 아이는 앞으로 기억력을 갖춰야 한다. 아이가 어떤 문장을 이해하기 위해선 문장의 구조가 필요하다는 것을 깨달으려면 추리력도 필요할 것이다. 그러나 아이에겐 아직 추리력이 전혀 없다. 추리력도 아이가 앞으로 갖춰야 할 것이다.

어른의 정신이라고 해서 특별할 거야 없겠지만, 어른도 언어의 구조를 그대로 흡수하지 못한다. 그러한 것을 성취하기 위해선, 다른 유형의 정신이 필요하다. 그런 정신이 바로 아이가 소유하고 있는 정신이다. 우리 어른들의 것과 다른 유형의 지능인 것이다. 이렇게 말할 수 있지 않을까? 우리 어른은 지능으로 습득하고, 아이는 정신적 생명으로 흡수한다고. 아이는 단순히 삶을 살아감으로써 자기 민족의 언어를 말하는 것을 배운다. 아이의 내면에서 일어나는 것은 정신적 화학작용과 비슷하다. 우리 모두는 각각 하나의 용기(容器)이다. 그 안에 인상들이 부어진다. 우리는 이 인상들을 우리의 정신 안에 기억하고 담아 둔다. 그러나 우리 자신은 우리의 인상과 구분된다. 물이 유리와 뚜렷이 분리되듯이. 어린이는 변형을 겪고 있다. 인상들이 어린이의 마음에 침투만 하는 것이 아니라 아예 아이의 마음을 형성하기까지 한다.

아이는 환경 안에 있는 것들을 이용해 자신만의 '정신적 근육'을 만든다. 이런 유형의 정신을 우리는 '흡수하는 정신'이라고 불렀다. 우리가 아이의 흡수하는 정신의 힘을 직접 확인하기는 어렵다. 그러나 아이의 정신이 특별한 형태의 정신이라는 점만은 확실하다. 흡수하는 정신이 계속되기만 한다면! 그럴 경우에 아이가 어떤 모습으로 성장할 것인지 한번 생각해보라.

아이는 태어나서 몇 개월 동안 집 안에서 누워 지낸다. 그런 다음에 걷고, 이리저리 뛰어다니고, 행동하고, 자신을 즐기며 행복해 한다. 아이는 하루하루 살아가면서 동작을 배운다. 언어는 문장의 구조와 함께 아이의 정신 안으로 들어온다. 환경 안에 있는 것은 무엇이든 아이의 정신의 일부가 된다. 버릇과 습관, 종교 등도 그렇게 된다. 만일 그냥 살아가면서 즐기고 있을 뿐인데도 단지 그런 유형의 정신을 갖고 있다는 이유로 의사나 변호사, 엔지니어가 될 수 있다면, 그 얼마나 멋진 일이겠는가? 생각만 해도 행복해진다. 아이들은 학교에 가지 않아도 언어를 자신의 환경 안에서 발견하는 형태 그대로, 말하자면 완전하거나 불완전한 형태 그대로 배운다. 만약 독일인과 함께 걸어다니는 것만으로도 독일어를 배울 수 있다면, 얼마나 멋진 일이겠는가? 우리 어른은 그렇게 쉽게 독일어를 배우지 못하고 아주 열심히 노력해야만 겨우 배울 수 있다. 다른 것들을 배울 때에도 마찬가지로 어른은 열심히 공부해야 한다.

차츰 아이가 모든 것을 의식하게 되면서, 그 모든 것이 아이의 의식을 이룬다. 그렇게 되면 우리는 아이가 걸어온 길을 돌아볼 수 있다. 아이는 모든 것을 무의식적으로 얻는다. 그 과정에 아이는 즐거움과 사랑의 길을 따라 삶을 살면서 무의식적 정신에서 의식적인 정신으로 점진적으로 넘어간다.

3장 성장기

이 의식이 위대한 습득처럼 보인다. 의식적인 존재가 되는 것, 그것은 곧 인간의 정신을 얻는 것이 아닌가! 그러나 우리는 그것을 얻기 위해 대가를 치른다. 왜냐하면 의식적인 존재가 되는 순간 새로운 모든 습득이 고된 노력과 수고를 요구하게 되기 때문이다.

운동은 이런 경이로운 습득 중 또 다른 예이다. 태어날 때 아기는 거의 움직이지 못한다. 그러다가 아기의 몸이 점차적으로 힘을 얻기 시작한다. 드디어 아기가 움직이기 시작한다. 아기가 획득한 운동은 언어와 마찬가지로 우연히 이뤄지는 것이 아니다. 운동이 특별한 시기에 얻어진다는 점에서 보면, 운동은 정신이 작용한 결과이다. 아이가 움직이기 시작할 때, 아이의 흡수하는 정신은 이미 환경을 흡수한 상태이다. 아이가 움직이기 시작하기 전에, 어떤 무의식적 정신 발달이 이미 이뤄졌다. 아이가 움직이기 시작할 때, 아기는 의식적인 존재가 되기 시작한다.

3세 된 아이를 살핀다면, 당신은 그 아이가 언제나 무엇인가를 갖고 놀고 있다는 사실을 확인하게 될 것이다. 이는 곧 아이가 자신의 손으로 정성을 들여 무엇인가를 만들고 있다는 것을 의미한다. 그러면서 아이는 그 전에 무의식적 정신이 흡수한 것들을 의식 속으로 집어넣는다. 아이는 환경 안에서 놀이 형태의 경험을 통해서 자신이 무의식적 정신으로 받아들였던 사물들과 인상들을 주의 깊게 다시 살핀다. 이제 아이는 의식적인 존재가 되었으며, 따라서 아이가 인간을 건설하는 것은 반드시 노력을 통해서만 가능하게 된다. 아이는 자신이 조금씩 쌓은 경이롭고 신비한 힘에 의해 앞으로 나아가면서 이제 한 사람의 인간이 되고 있다. 아이는 자신의 손으로, 자신의 경험으로, 말하자면 처음에는 놀이를 통해서 나중에는 일을 통해서 한 사람의 인간이 되고 있다. 두 손은 인간 지능의 도구이다. 그리고 이 경험을 통해서 아이는 한 사람의 인간이 되고, 뚜렷한 개성을 얻음과 동시에 제한적인 존재가 된다. 왜냐하면 의식이 언제나 무의식과 잠재의식보다 더 제한적이기 때문이다.

아이는 생명을 얻으며 태어나서 자신의 신비한 일을 시작한다. 차츰 아이는 시대와 환경에 적응이 잘 된 경이로운 인격체가 되어 간다. 아이는 자신의 정신을 스스로 건설한다. 그런 다음에 조금씩 기억력을 건설하고, 조금씩 이해력을 건설하면서 6세가 된다. 그때 갑자기 우리 교육자들은 아이가 이해를 하고, 어른의 말을 인내심 있게 듣는다는 사실을 발견한다. 그 전까지는 우리 어른에겐 아이에게 닿을 수 있는 길이 전혀 없었다. 아이는 어른과는 완전히 다른 차원에서 살았다.

이 책에서 우리는 이 첫 번째 시기에 관심을 쏟을 것이다. 겨우 몇 세밖에 되지 않은 아이들의 심리에 관한 연구는 매우 경이롭다. 그러기에 아이의 심리를 이해하는 사람들은 아이들이 위대하다는 감정을 느끼지 않을 수 없다. 어른이 할 일은 아이를 가르치는 것이 아니라 아이의 흡수하는 정신이 발달하도록 돕는 것이다. 만일 우리가 아이들을 현명하게 다뤄 아이들의 지능을 풍성하게 가꿈으로써 아이들의 흡수하는 정신이 작동하는 기간을 늘릴 수 있다면, 이 얼마나 경이로운 일이겠는가! 만일 어른이 아이가 힘들어하지 않고 지식을 흡수할 수 있도록 돕고 또 아이가 언제 습득했는지도 모르는 가운데 거의 마법처럼 지식으로 스스로를 채울 수 있도록 돕는다면, 인류에 대한 기여 중에서 이보다 더 멋진 것이 있을까? 왜 그런 일이 가능하지 않아야 하는가? 자연은 마법으로, 기적으로 가득하지 않은가?

아이가 흡수하는 정신을 물려받는다는 사실을 발견한 것이 교육에 혁명을 몰고 왔다. 지금은 발달의 여러 시기들 중에서 첫 번째 시기가 가장 중요한 이유를 이해하는 것이 쉬워졌다. 인간 성격의 창조가 이 시기에 이뤄진다. 이것을 이해하기만 하면, 우리가 자신을 창조하는 작업을 벌이는 아이를 도와줘야 하는 것이 명백해진다. 왜냐하면 이 시기만큼 아이가 현명한 도움을 절실히 필요로 하는 때가 달리 없기 때문이다.

만일 아이가 난관에 봉착한다면, 아이의 창조 작업은 덜 완벽해질 것이 확실하다. 아이가 작고 연약한 존재라는 이유로 도와주는 일은 이제 더 이상 없어야 한다. 절대로! 아이는 대단한 창조력을 부여받았으며, 이 위대한 창조력은 본래 섬세하기 때문에 장애물이 있으면 방해를 받을 수 있다는 사실을 우리는 깨달았다. 우리가 돕기를 원하는 것은 이런 힘들이지 어린 아이도 아니고 아이의 약함도 아니다. 아이의 놀라운 힘들은 무의식적 정신에 속하고, 이 무의식적 정신은 환경 안에서 수행되는 노력과 경험을 통해서 의식적 정신이 되어야 한다. 또 아이의 정신은 어른의 정신과 다르고, 어른은 아이의 정신에 닿을 수도 없고 가르칠 수도 없으며, 아이가 무의식에서 의식으로 넘어가며 인간의 기능들을 구축하는 이 과정에 어른이 직접적으로 개입하는 것은 불가능하다. 이런 여러 사실들을 우리가 잘 이해할 때, 교육이라는 개념 자체가 완전히 바뀌면서 진정으로 아이의 삶을 돕는 교육이 될 것이다. 교육은 아이의 정신이 발달하는 것을 돕는 것이지 아이가 사상과 사실들을 기억하도록 하는 것은 아니다.

이것은 새로운 교육의 길이다. 성인과는 달리 작용하는 아이의 정신을 돕고, 아이의 정신에 다양한 힘들을 보충하고, 아이의 정신의 다양한 자질들을 더욱 강화할 방법을 찾는 것이 이 책의 주제가 될 것이다.

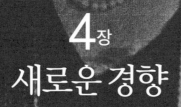

4장

새로운 경향

우리 시대에 들어와서 생물학 연구에 새로운 경향이 나타났다. 지금까지 모든 연구는 성체(成體)를 대상으로 이뤄졌다. 예를 들어, 과학자들이 동물이나 식물을 연구할 때, 고려 대상은 다 성장한 표본이었다. 인간을 대상으로 한 연구도 예외가 아니었다. 고려 대상은 언제나 성인이었던 것이다. 도덕 연구에서도 그렇고 사회학의 연구에서도 그렇고, 언제나 연구 대상은 성인이었다.

사상가들의 관심과 고찰을 끌어낸 또 다른 분야는 죽음이었다. 성숙한 존재가 살아가는 과정 자체가 죽음을 향해 가는 길이라는 사실을 고려한다면, 이는 충분히 논리적이었다. 도덕에 관한 연구는 성인들 사이에 일어나는 사회적 접촉의 조건과 규칙을 연구하는 것이라고 할 수 있다. 서로를 위한 사랑과 다른 존재들의 행복을 위한 희생 같은 도덕관념이 있는 것은 사실이다. 그러나 이런 것들은 실천하기 어려운 덕목이다. 이런 미덕들은 의지의 노력과 준비를 필요로 한다.

오늘날 과학자들은 이와 정반대 방향을 취하고 있는 것 같다. 마치 거꾸로 거슬러 올라가는 것처럼 보인다. 인간 존재들을 대상으로 한 연구에서나 다른 종류의 생명에 관한 연구에서나 똑같이, 과학자들은 어린 존재들을 다룰 뿐만 아니라 이 존재들의 기원까지 고려하고 있다. 그래서 생물학은 발생학에, 말하자면 세포의 생명에 관심을 기울이고 있다. 생명의 기원을 추구하는 이런 경향에서 새로운 철학이 태어났지만, 이 철학은 이상주의적 성격의 철학이 아니다. 오히려 과학적 성격이 강하다고 할 수 있다. 왜냐하면 이 철학이 사상가들의 추상적인 추론에서 비롯된 것이 아니라 관찰에서 비롯되었기 때문이다. 이 철학은 실험실에서 이뤄지는 발견과 어깨를 나란히 하며 앞으로 나아가고 있다.

누군가가 생명의 기원이라는 영역으로, 말하자면 발생학 분야로 들어간다면, 그 사람은 거기서 성인들의 관심을 끄는 분야들에는 존재하지 않는, 아니면 존재한다 하더라도 그 성격이 매우 다른 것들을 보게 된다. 과학적 관찰은 인간이 지금까지 생각해온 것과 아주 다른 유형의 생명을 밝혀내고 있다. 아이의 인격이 새롭게 각광을 받게 된 것은 이런 새로운 분야의 연구를 통해서이다. 조금만 관심을 기울여도, 아이는 어른처럼 죽음으로 향하고 있지 않다는 사실이 드러날 것이다. 아이는 생명을 향해 전진한다. 왜냐하면 아이의 목적은 완벽한 힘과 완벽한 생명력을 갖춘 인간을 건설하는 것이기 때문이다.

성인기에 도달하면, 아이는 더 이상 존재하지 않게 된다. 그렇기 때문에 아이의 삶 전체는 완벽을 향한 전진이요 보다 훌륭한 성취를 향한 전진이다. 이런 평범한 관찰만으로도, 아이가 성장과 완벽이라는 임무를 성취하는 데서 즐거움을 느낀다는 추론이 가능하다. 아이의 삶은 일, 즉 자신의 임무를 성취하는 것이 기쁨과 행복을 안겨주는 그런 유형의 삶인 반면에, 성인의 세계는 일이 보통 고통스런 과정이 된다. 성장의 과정, 즉 삶에서 앞으로 나아가는 과정은 아이에겐 넓어지고 커지는 그 무엇이다. 아이가 나이가 들수록 지적으로나 체력적으로 더 강해진다는 점에서 보면 그렇다. 아이의 일, 말하자면 아이의 활동은 아이가 지능과 힘을 얻도록 돕는 반면, 성인의 경우는 정반대이다. 또 아이들의 활동 영역에는 경쟁이 전혀 없다. 어느 누구도 아이가 인간을 건축하기 위해 노력하는 일을 대신 해줄 수 없기 때문이다. 달리 말하면, 누구도 아이를 대신해서 성장하지 못한다는 뜻이다.

아이 가까이 있는 어른들은 언제나 아이의 보호자들이다. 그래서 인간 존재들의 경우에 보다 나은 사회를 위한 본보기와 영감이 발견될 수 있는 곳은 아이의 영역이라고 말할 수 있다. 이것은 이상(理想)의 문제가 아니다. 하나의 현실이다. 아이의 영역이 어른의 영역과 매우 다르고 또 보다 나은 종류의 삶을 보여주고 있기 때문에, 아이의 영역은 연구할 만한 가치가 충분하다.

여기서 아이의 생명 속으로 더 깊이 들어가 보자. 말하자면 출생

이전의 시기까지 들여다보자는 뜻이다. 출생 전에도 이미 아이는 어른과 접촉하고 있다. 하나의 태아로서, 아이의 삶은 어머니의 뱃속에서 보내진다. 태아 이전에는 생식세포가 있는데, 이것은 성인들의 세포 2개가 결합한 결과이다. 그렇다면 인간 생명의 기원을 연구하든 아니면 아이가 성장의 임무를 완수하는 쪽을 연구하든, 그 끝은 언제나 어른이다. 아이의 삶은 두 세대의 성인의 삶이 서로 연결되는 선이다. 그 기원을 보든 아니면 지향하는 방향을 보든, 아이의 삶은 어른에서 시작하고 어른에서 끝난다. 이것이 삶의 길이고 생명의 길이다. 아주 위대한 빛을 끌어낼 수 있는 곳은 바로 어른을 크게 감동시키는 이 생명이다. 아이를 연구하는 것이 대단히 매혹적인 이유도 바로 거기에 있다.

두 종류의 삶

자연은 어린 것들을 특별히 보호한다. 어린 생명은 사랑을 듬뿍 받는 상태에서 태어난다. 아이의 기원 자체가 사랑이지 않는가. 태어나기만 하면, 아이는 아버지와 어머니의 사랑에 포근히 감싸인다. 따라서 아이는 투쟁 속에서 생겨나지 않으며, 세상 자체가 아이를 보호한다. 자연은 부모에게 자식을 사랑하는 마음을 주었으며, 이 사랑은 인공적인 것도 아니고 이성으로 강요되는 것도 아니다. 단결을 고무하려는 사람들이 불러일으키고자 노력하는 형제애 같은 것과는 다른 것이다. 성인 공동체의 이상적이고 도덕적인 태도가 어떤 것이어야 하는지를 보여주는 그런 종류의 사랑은 아이의 삶의 영역에서 발견된다. 오직 아이의 삶의 영역에서만 자연스럽게 자기희생을 고무하는 그런 사랑이 발견될 수 있기 때문이다. 이 사랑은 다른 존재에게 자기를 헌신하도록, 다른 존재를 위해 자신을 헌신하도록 고무한다. 모든 부모는 자신의 감정 깊은 곳에서 자식들에게 헌신하기 위해 자신의 삶을 포기한다.

아버지와 어머니가 치르는 이 희생은 쾌감을 주는 자연스런 그 무엇이다. 희생으로 보이지 않는다. 예를 들어, "아, 아이를 둘이나 두다니 얼마나 불행한 사람인가!"라고 말하는 사람은 세상에 아무도 없다. 아이를 둘 가진 부모를 보면 세상 사람들은 이렇게 말할 것이다. "아내와 아이들을 두다니, 이 사람은 얼마나 행복한 사람인가. 저렇게 아름다운 아이를 갖는 것이 엄마에겐 얼마나 큰 기쁨인가!" 그럼에도 부모의 입장에서 냉철하게 생각하면 부모는 아이들을 위해서 정말로 자신을 희생한다. 그러나 그것은 쾌감을 주는 희생이다. 그것이 곧 삶이다. 그러기에 아이는 성인의 세계에 어떤 이상을 고무한다. 대단히 실천하기 힘든 자기희생인 자제가 바로 그 이상이다.

어떤 사업가가 시장에서 자신이 필요로 하는 아주 귀한 것을 발견했는데 그걸 경쟁자가 갖고 간다면 이렇게 말할 것이다. "당신이 그걸 갖겠다고? 나에겐 그것이 필요하지 않단 말인가?" 그러나 부모와 자식이 있는데 둘 다 배가 고프다면, 아버지나 어머니는 자기 자식에게 "네가 먹겠다고? 나는 배가 안 고프단 말이냐?"라는 식으로 말하지 않는다. 아버지와 어머니의 희생은 아이의 세계에서만 발견될 수 있는 매우 고귀한 사랑이다. 이 사랑을 주는 것은 자연이다. 그렇다면 세상에는 두 종류의 삶이 있다. 어른은 두 가지 삶에 모두 참여할 수 있는 특권을 누린다. 한 삶에는 아이 때문에 참여하고, 다른 한 삶에는 사회 구성원이기 때문에 참여한다. 두 종류의 삶 중에서 더 나은 쪽은 아이와 관련 있는 부분이다. 이 종류의 삶에서 어른의 숭고한 감정들이 개발되기 때문이다.

이런 연구가 인간이 아닌 다른 동물들을 대상으로 실시된다 하더라도 똑같이 두 가지 유형의 삶이 발견된다는 것은 재미있는 사실이 아닐 수 없다. 예를 들어 가족을 이루게 되면 본능을 바꾸는 것 같은 포악한 동물들이 있다. 호랑이와 사자도 자기 새끼 귀한 줄을 안다는 사실은 모두가 다 잘 알고 있다. 심지어 순해 빠진 사슴도 새끼 앞에선 용감해진다. 모든 동물들에게서 자신이 보호해야 하는 새끼가 생기면 본능이 거꾸로 발동하는 것 같은 현상이 나타난다. 특별한 어떤 본능이 일상적인 본능들을 덮어버리는 것 같다. 인간보다 겁이 더 많은 동물들도 자기보존 본능을 갖고 있지만, 새끼가 딸리게 되면 자기보존 본능이 새끼보존 본능으로 바뀐다.

새들도 마찬가지이다. 새들에게 생명을 보호하는 본능은 위험이 다가오는 순간에 그냥 공중으로 날아오르는 것이다. 그러나 어린 새끼가 딸렸을 때에는 날아가 버리면 그만인 새도 결코 날아가지 않는다. 그러기는커녕 알의 하얀색을 가리기 위해서 마치 얼어붙은 것처럼 둥지에 그대로 남는다. 또 어떤 새들은 적에게 발견되지 않은 새끼를 보호할 목적으로 적을 유인하기 위해 적의 턱밑에서 날지 못하는 척 꾸미기도 한다. 평상시였다면, 이 새는 잡힐 위험을 무릅쓰지 않고 그냥 날아가 버렸을 것이다.

이런 예는 참으로 많다. 모든 동물들의 삶에서 두 가지 본능이 발견된다. 하나는 자기보존이고, 다른 하나는 새끼들의 생명을 보호하는 본능이다. 이를 아주 아름답게 묘사한 책들 중 하나가 바로 프랑스 생물학자 J. H. 파브르(Jean-Henri Fabre)의 책이다. 이 책에서 파브르는 종(種)이 생존을 이어가는 것은 위대한 모성본능이라고 결론을 내린다. 맞는 말이다. 종의 생존이 소위 말하는 생존 경쟁을 위한 무기에 의해서만 이뤄진다면, 새끼들은 스스로를 어떻게 방어할 수 있겠는가? 새끼들은 아직 그 무기를 개발하지 못했다. 새끼 호랑이는 이빨이 없고, 새끼 새들은 아직 날개가 없지 않은가?

그러므로 만일 생명이 보호를 받고 종이 존속하려면, 무엇보다도 먼저 무장을 아직 갖추지 않은 채 무기를 다듬고 있는 어린 생명들을 보호할 필요가 있다.

만일 생명의 생존이 강자의 투쟁에 의해서만 결정된다면, 종은 멸종하고 말 것이다. 그렇기 때문에 종이 이어지는 진짜 이유, 즉 종의 존속에 중요한 요인은 성체가 새끼에게 느끼는 사랑이다. 자연을 연구한다면, 아주 매력적으로 다가오는 부분은 아주 열등한 동물도 갖고 있는 지능이 발달하는 과정을 지켜보는 일일 것이다. 자연 속의 모든 존재는 다양한 종류의 보호 본능을 타고난다. 각 개체는 다양한 종류의 지능을 부여받으며, 이 지능은 새끼를 보호하는 데에 쓰인다. 한편 동물들의 자기보호 본능을 연구한다면, 이 본능은 그

다지 뚜렷한 지능을 보여주지 못하며 그 다양성도 크게 떨어진다는 사실이 확인된다.

자기보호 본능에는 파브르가 주로 곤충들의 보호 본능을 다루면서 16권의 책을 채울 수 있었던 그런 디테일이 없다. 그렇기 때문에 사람들은 온갖 종류의 생명체들을 연구하면서 두 가지 종류의 본능이 필요하고 또 두 가지 유형의 삶이 필요하다는 것을 깨닫는다. 이것을 인간 생명의 영역으로 옮긴다면, 아이의 삶에 대한 연구는 사회적 이유가 아니더라도 그것이 어른에게 미치는 영향 때문에라도 반드시 필요한 것으로 확인된다. 그리고 아이의 삶에 대한 연구는 바로 그 삶의 기원으로까지 거슬러 올라가야 한다.

발생학

오늘날 아이들의 삶과 생명체들의 삶을 그 기원부터 고려하는 학문들이 다양하게 발달하고 있다. 가장 흥미로운 학문 하나는 그런 새로운 방향으로 수행되고 있는 발생학이다. 시대를 막론하고 사상가와 철학자들은 존재의 경이에 놀라워했다. 아무것도 존재하지 않던 무에서 생명이 잉태되어 지능과 생각을 갖추고 영혼의 위대함을 보여줄 남자나 여자로 성장해 가는 과정 자체가 경이롭지 않은가. 존재는 도대체 어떻게 시작되는 것일까? 그렇게 복잡하고 신기한 신체기관들은 또 어떻게 만들어지는 것일까? 눈은 어떻게 형성되며, 말을 하는 데 반드시 필요한 혀는 또 어떻게 형성되며, 인간 생명체의 모든 섬세한 기관들과 뇌는 어떻게 만들어지는가? 도대체이 모든 것들은 어떻게 형성되는 것일까?

18세기 초에 과학자들은 난세포 안에 수컷과 암컷이 이미 미세한 형태로 만들어져 있음에 틀림없다고 생각했다. 그것이 아주 작아서 사람의 눈에 보이지 않지만, 수컷이나 암컷이 난세포 안에 들어 있다가 훗날 자라게 된다는 생각이었다. 포유류 동물도 똑같이 생겨나는 것으로 여겨졌다. 난세포를 갖고 있는 측이 남자인가 여자인가 하는 문제를 놓고 2개의 학파가 격돌했다. 과학자들은 대학교의 학술 토론에서 이 문제를 놓고 논쟁을 벌였다.

그때 현미경을 이용하던 한 젊은이가 있었다. 직전에 개발된 현미경에 착안한 이 젊은이는 "정말 어떤 일이 벌어지고 있는지, 진실을 찾아내고야 말겠어."라고 다짐했다. 그는 생식세포를 연구하기 시작했다. 세밀히 관찰한 결과, 그는 미리 존재하는 것은 아무것도 없다는 결론을 내렸다. 그는 생명체 자체가 스스로를 형성한다고 말하며 존재가 어떤 식으로 형성되는지를 묘사했다. 생식세포는 둘로 나뉘고, 그 둘은 다시 넷으로 나뉘었다. 이런 식의 세포 증식을 통해서 존재가 형성된다는 설명이었다.

서로 맞붙어 싸우던 대학의 지식인들은 이 설명에 분노했다. 아무것도 존재하지 않는다고 말하는 이 무식한 인간은 도대체 누구야? 왜 지식인들이 그렇게 분노했을까? 그 이론이 종교에 반했기 때문이다. 상황이 자신에게 매우 불리하게 돌아가자, 이 가엾은 젊은이는 조국을 떠나지 않을 수 없게 되었다. 그는 망명생활을 하다가 이국땅에서 세상을 떠났다.

그 후 50년 동안 현미경의 배율이 크게 높아졌음에도 불구하고, 아무도 이 비밀을 다시 들여다보겠다고 감히 나서지 못했다. 그러나 그 사이에 앞에 소개한 사람이 말한 내용이 점점 널리 퍼져나가기 시작했으며, 사람들은 그것이 진리일 수 있겠다고 생각했다. 이때쯤 또 다른 과학자가 똑같은 연구를 실시했으며, 그 결과 첫 번째 사람이 관찰한 내용이 진리라는 것이 확인되었다. 이 과학자는 이 같은 사실을 모든 사람들에게 알렸으며, 이번에는 모두가 그 내용을 믿었다. 이리하여 과학의 새로운 분야가 일어났으며, 이것이 오늘날에 큰 발전을 이루게 되었다. 바로 발생학이다.

오늘날 발생학은 아주 많이 발전하여 난세포 안에 미리 존재하는 수컷이나 암컷 같은 것은 절대로 없다고 말하고 있다. 그 대신에 미리 준비된 건축 계획 같은 것이 있다고 주장한다. 이 건축 계획은 참으로 놀랍다. 너무나 잘 다듬어져 있고 또 너무나 정확하기 때문이다. 마치 누군가가 집을 짓기 위해 벽들을 올리기 전에 먼저 거기에 쓰일 벽돌을 모아놓은 것처럼 보인다. 원시세포에 그와 똑같은 일이 일어난다. 먼저 이 세포는 분할과 증식을 통해 세포를 축적한 다음에 3개의 벽을 올린다. 이 3개의 벽이 다 지어지면, 두 번째 단계가 시작된다. 신체기관들을 건설하는 단계이다.

신체기관의 형성은 아주 특이한 방식으로 이뤄진다. 각 기관마다 하나의 세포로 시작한다. 그곳에서 무슨 일이 벌어지는지 나는 모른다. 또 이 형성이 화학적 성격을 갖고 있는지 아니면 일종의 민감성 같은 것인지에 대해서도 나는 모른다. 나는 어느 누구도 그것을 알지 못할 것이라고 믿는다. 한 가지 분명한 사실은 신체기관이 형성되는 지점에서 아주 특별한 활동이 시작된다는 점이다. 그곳에서 세포의 증식이 맹렬해지는 반면에 다른 곳에서는 증식이 이전과 똑같이 차분한 모습을 계속 보인다. 이 맹렬한 활동이 멈추면, 하나의 장기가 형성된다. 이런 지점이 몇 군데 있으며, 각 지점에서 하나의 신체기관이 형성되었다.

이 같은 사실을 발견한 사람은 이런 식으로 해석했다. 민감성이 특별히 예민한 곳들이 있으며, 거기서 어떤 형성이 일어난다는 것이다. 이 신체기관들은 서로 독립한 상태에서 발달한다. 마치 세포의 이 지점들의 목적이 스스로 무엇인가를 형성하는 일인 것처럼 보인다. 또 그 활동이 워낙 치열한 나머지, 세포들이 각 신체기관들 안에서 아주 강하게 결합하며 이상(理想)에 맞춰 스스로를 변화시키고, 그리하여 다른 세포들과 뚜렷이 달라지는 것처럼 보인다. 이 세포들은 자신들이 건설하고 있는 신체기관에 따라서 특별한 형태를 띤다.

다양한 신체기관들이 이런 식으로 서로 독립적으로 형성될 때, 그 외의 무엇인가가 개입하여 이 신체기관들을 서로 연결시키고 서로 소통하도록 만든다. 모든 신체기관들이 서로 밀접하게 연결되어 어느 한 신체기관이 다른 신체기관 없이 살아갈 수 없게 될 때, 마침내 아이는 태어난다. 이 신체기관들을 서로 연결시키는 것이 순환계이다. 순환계 다음에 신경계가 마무리되어 이 결합을 더욱 밀접하게 만든다. 이어서 건설 계획이 보인다. 신체기관들의 창조가 마무리

되면, 신체기관들은 서로 연결되고 통합된다. 이 계획은 모든 고등동물과 인간에게 똑같이 적용된다. 모든 고등동물은 이 계획에 따라 각자 발달을 꾀한다.

그래서 전문가들의 생각은 모든 생명에 공통적인 단 하나의 건설 계획 같은 것이 있다는 쪽으로 모아지고 있다. 태아들이 서로 아주 비슷하게 생겼기 때문에 얼마 전까지만 해도 진화가 동물성의 정도가 달라지는 어떤 길을 밟으며 이뤄졌다는 이론이 있었다. 예를 들면 인간은 원숭이에서, 포유류와 새들은 파충류에서, 파충류는 양서류에서, 양서류는 물고기에서 진화했다는 이론이었다. 각각의 배(胚)는 출생하기 전에 그 전의 단계들을 두루 거치는 것으로 여겨졌다. 그래서 배(胚)에는 그 종의 진화의 종합체가 들어 있는 것으로 생각되었다. 오늘날 이 이론은 포기되었다. 지금 과학은 단지 사실들을 직시하면서 자연은 오직 한 가지의 건설 방법만을 주었으며 자연에는 단 하나의 건설 계획이 있을 뿐이라고 말한다.

이 점을 마음에 새긴다면, 모호한 많은 사실들이 꽤 명쾌하게 이해될 것이다. 예를 들면, 아이의 정신적 발달도 쉽게 이해될 것이다. 왜냐하면 인간의 육체뿐만 아니라 인간의 정신도 똑같은 계획에 따라 건설되기 때문이다. 인간의 정신은 무(無)에서, 적어도 무처럼 보이는 것에서 시작한다. 육체가 다른 세포들과 전혀 달라 보이지 않는 원시세포에서 시작하는 것과 똑같이 말이다. 정신적인 면을 말하자면, 새로 태어난 아이의 안에도 미리 건설된 것은 전혀 없는 것 같다. 원시세포 안에 미리 만들어진 사람 같은 것이 없는 것과

4장 새로운 경향

똑같다. 그리고 정신의 영역에서도 각 기능들이 육체의 영역에서와 마찬가지로 특별히 민감한 지점을 중심으로 형성된다.

먼저 재료의 축적이 이뤄진다. 육체의 경우에 증식을 통해 세포의 축적이 이뤄지는 것과 똑같다. 이 재료의 축적은 흡수하는 정신에 의해 이뤄진다. 그 다음에 아이의 정신 안에 특별히 민감한 지점이 생겨난다. 이 민감한 지점들이 매우 강렬하기 때문에 어른들은 그것이 어떤 것인지 상상조차 하지 못한다. 언어의 습득에 대해 설명할 때, 이 예를 보여준 바 있다. 특별히 민감한 지점에서 발달하는 것은 정신이 아니라 정신의 기관들이다. 여기서도 마찬가지로 각 기관은 다른 기관들과 별도로 발달한다. 예를 들면, 언어 능력과 거리를 판단하는 능력, 환경에 적응하는 능력, 두 다리로 서는 능력, 조정 능력 등이 별도로 발달하는 것이다. 이 능력들 하나하나는 한 가지 목적을 위해 발달하지만 서로 별도로 발달한다. 민감한 지점은 아주 예리하기 때문에 아이가 일단의 행위들을 하도록 이끈다. 민감성들 중 어느 것도 발달의 전체 기간을 차지하지 않는다. 각각의 민감성은 발달의 시기 중 오직 일부만을 차지한다. 하나의 정신 기관을 건설하기에 충분한 만큼만 차지하는 것이다.

정신의 기관이 형성되고 나면, 민감성은 사라진다. 그러나 정신 기관이 형성되는 기간에는 민감성의 힘이 상상을 초월할 정도로 강하다. 어른이 이 민감성의 힘을 상상조차 하지 못하는 이유는 이미 그것을 잃어버렸기 때문이다. 모든 정신 기관들은 활동할 준비를 끝내고 나면 서로 연결되어 정신적 단일체를 형성한다.

생물학 분야에서 다양한 동물들을 대상으로 한 연구들은 동물들 모두가 민감한 시기들을 거치며 성체를 형성한다는 점을 보여주었다. 그렇기 때문에 이런 민감한 시기에 대해 알지 못하면, 아이들의 정신적 건설을 절대로 이해하지 못한다. 이 시기들에 대해 알게 되면, 아이들을 대하는 전반적인 태도가 바뀌지 않을 수가 없다. 따라서 민감한 시기가 언제인지를 알게 된다면, 우리 어른은 아이의 정신적 발달에 큰 도움을 줄 수 있을 것이다.

사람들은 이렇게 말할 것이다. "그렇다면 옛날 세대들은 어떻게 성장했단 말인가? 그 사람들은 그런 것을 모르고서도 건강하고 강건한 존재로 성숙하지 않았는가?" 인간이 민감한 시기에 대해 과학적으로 몰랐던 것은 사실이다. 그러나 옛날의 문명에서는 엄마들이 본능적으로 민감기에 아이를 돕는 쪽으로 아이를 다룰 줄 알았다. 정신 기관의 건설을 성취하기 위해 인간의 건설 계획에 민감한 시기를 넣은 자연은 또한 엄마들에게 아이들을 보호하는 본능을 주입시켰다. 아이들을 다루는 엄마를 대상으로 연구해보면, 과거 세대의 엄마들이 아이들의 발달을 잘 도우면서 특별한 민감성을 잘 도와주었다는 사실이 이해될 것이다. 예전 세대들이 정신적으로 강했던 이유는 자연이 부모의 가슴에 심은 감정에 있다.

오늘날엔 문명 때문에 엄마들이 이 본능을 잃어버렸다. 이 문제에서만은 인간은 퇴보하고 있다. 모성 본능을 연구하는 것이 중요한 이유도 거기에 있다. 모성 본능을 연구하는 것은 아이들의 자연적 발달 단계를 연구하는 것만큼이나 중요하다. 과거에 어머니는 아이에게 육체적 생명과 최초의 영양물뿐만 아니라 성장에 필요한 보호까지 제공했다. 다른 동물 종의 어미들이 오늘날 하고 있는 것처럼 말이다. 만일 인간의 세상에서 모성 본능이 지금처럼 영원히 사라져 버린다면, 인간의 길에 매우 중대한 위험이 나타날 것이다.

오늘날 우리는 엄마들이 협력해야만 풀 수 있는 중대한 문제들에 봉착하고 있다. 과학은 아이의 육체적 발달을 보호할 방법을 찾았던 것처럼 아이의 정신적 발달을 돕고 보호할 길을 찾아내야 한다. 정신의 영역에서 엄마의 사랑은 하나의 힘이며, 자연의 힘들 중 하나이다. 오늘날 엄마의 사랑이 과학의 주목을 받아야 한다. 또한 과학은 아이의 정신 영역에서 이룬 발견들을 이용해 엄마들을 계몽시켜야 한다. 그렇게 하면 과거에 무의식적으로 아이들을 도왔던 엄마들이 의식적으로 도울 수 있게 될 것이다. 환경이 엄마들의 내면에 있는 본능이 더 이상 자유롭게 작동하도록 내버려 두지 않게 된 지금, 엄마들 사이에 아이의 필요에 대한 깨달음이 일어나야 한다. 교육 분야도 엄마들에게 이런 지식을 전할 수 있어야 한다.

출생 순간부터 시작되는 교육이란 곧 아이들의 정신적 요구를 의식적으로 충족시키는 것을 의미한다. 아이들의 정신적 요구를 충족시키려는 노력에, 엄마들이 가장 먼저 초대를 받고 또 관심을 가져야 한다. 만일 오늘날의 삶이 지나칠 정도로 인공적으로 변화한 탓에 아이가 제대로 발달을 성취하지 못하게 되었다면, 사회가 아이들의 요구를 충족시킬 제도를 만들어 내야 한다.

그렇다면 학교는 언제 시작되어야 할까? 몬테소리 학교는 세 살

반에 시작했다가 다시 세 살, 두 살 반, 두 살로 낮췄다. 지금은 한 살
된 아이도 학교에 등록시키고 있다. 그러나 삶을 보호하는 수단을
제공하는 것이 교육의 목표라면 나이를 더 낮춰 갓 태어난 아기까
지 교육의 대상에 포함시켜야 한다.

5장
창조의 기적

하나의 세포에서 하나의 완전한 신체기관으로 성장하는 과정이 아직 명쾌하게 이해되지 않고 있지만, 그 같은 성장은 엄연한 사실이다. 성장은 분명히 존재한다. 그러나 그 성장이 너무나 경이롭기 때문에 어느 누구도 그것을 이해하지 못하고 있다. 이 주제에 관한 현대의 과학서적을 읽으면, 예전에 과학자들에게 저주로 받아들여졌던 한 단어가 쓰이고 있다는 사실이 확인된다. 바로 '기적'이라는 단어이다. 성장이 지속적으로 일어나고 있는 일임에도 불구하고, 성장 자체가 너무나 기적적이고 이 기적에 대한 놀라움이 언제나 똑같이 느껴지기 때문이다. 관찰 대상이 된 동물이 어떤 동물이든 상관없이, 새든 토끼든 다른 척추동물이든, 동물은 예외없이 극도로 복잡하고 경이감을 불러일으키는 신체기관들로 이뤄진 것으로 확인된다.

복잡한 신체기관들이 서로 매우 밀접한 연결을 이룬 가운데 작동하는 것을 지켜보는 것은 놀라움 그 자체이다. 순환계에 대해 말하자면, 우리는 순환계 안에서 너무나 복잡하고 너무나 섬세하고 또 너무나 완벽한 순환을 본다. 첨단 문명이 발명한 그 어떤 배수장치도 우리 육체 안의 순환계와 비교가 되지 않는다. 또 감각기관을 이용하여 환경으로부터 인상들을 수집하는 지적 능력도 너무나 신기하기 때문에 현대의 어떠한 도구도 거기에 근접하지 못한다.

예를 들어, 눈이나 귀의 경이와 비견할 만한 것이 무엇이 있겠는가? 또 신체 안에서 일어나는 화학작용을 연구하면, 물질들이 생성되고 저장되고 또 서로 결합하는 특별한 화학 실험실이 있다는 사실이 확인된다. 현대의 가장 탁월한 실험실에서조차도 인체 내의 실험실에서 일어나는 일을 해내지 못한다. 인체 안에서 이뤄지는 커뮤니케이션을 고려한다면, 전화와 전신, 무선 등 온갖 기술을 다 결합한 첨단 커뮤니케이션도 그 앞에서는 아무것도 아니다. 그리고 조직이 아무리 잘 정비된 군대를 연구한다 하더라도, 인체의 근육들만큼 충직하게 복종하는 조직을 발견하지 못할 것이다. 명령에 충실한 이 하인들은 명령이 떨어지기만 하면 언제든 복종할 준비를 갖추고 있기 위해 특별한 형태로 특별한 일을 통해 스스로를 단련한다. 만일 이처럼 복잡한 신체기관들과 커뮤니케이션 조직들, 군인처럼 복종하는 근육, 몸의 작은 세포까지 침투하는 신경 등이 모두 단 하나의 세포, 그러니까 동그란 모양의 원시세포에서 생겨났다는 사실을 고려한다면, 우리는 자연의 경이를 깨닫지 않을 수 없

5장 창조의 기적

다. 살아 있는 모든 동물, 살아 있는 모든 포유동물, 그리고 경이로운 존재인 인간 등, 모든 생명체는 매우 단순하고 또 다른 세포들과 달라 보이지도 않는 하나의 원시세포에서 생겨났다.

이 원시세포의 크기를 생각한다면, 큰 것에 익숙한 현대인은 아마 충격을 받을 것이다. 원시세포는 1인치의 30분의 1, 즉 1밀리미터의 10분의 1정도에 지나지 않는다. 이 크기가 어느 정도로 작은지를 확인하고 싶다면, 날카로운 연필심으로 찍은 점의 크기를 생각해보라. 그런 점 10개를 서로 맞붙여 찍어보라. 이 점이 아무리 작아도 1밀리미터 안에 10개가 다 들어가지 못한다. 그러니 이 원시세포가 얼마나 작으냐 말이다. 바로 이 세포에서 인간이 나오는 것이다.

이 세포는 발달할 때 부모와 분리된 채 발달한다. 세포가 그 세포를 품고 있는 성인과 분리시키는 일종의 봉투 같은 것에 둘러싸여 보호를 받기 때문이다. 이는 모든 동물에게 똑같이 해당된다. 세포는 부모로부터 분리되어 있다. 그렇기 때문에 이 세포에서 성장하는 인간은 부모에게서 생겨난 이 세포가 스스로 노력해서 거두게 되는 결실이다. 이는 오랫동안 깊은 생각의 주제가 되었다. 왜냐하면 아주 미천한 인간들뿐만 아니라 나폴레옹 황제나 알렉산더 대왕, 간디, 셰익스피어나 단테 같은 다양한 지역의 위대한 인물까지도 이 작은 세포 하나에서 생겨났기 때문이다. 이 신비는 깊은 생각을 촉발시켰을 뿐만 아니라 많은 과학자들의 관심을 불러일으키며 이 세포를 연구 대상으로 삼도록 만들었다.

확대율이 대단히 높은 현미경을 갖고 관찰함에 따라, 각 세포는 일정 수의 점을 갖고 있는 것이 확인되었다. 이 점들은 화학적 방법에 의해 쉽게 채색된다는 뜻에서 염색체라 불린다. 이 염색체의 숫자는 동물의 종에 따라 다르다. 인간의 경우에는 염색체가 48개이다. 다른 종의 경우에는 15개도 있고 13개도 있다. 그렇기 때문에 염색체의 숫자가 종을 구분하는 기준이 된다. 과학자들은 이 염색체가 신체기관들의 형성과 무슨 관계가 있을 것이라고 생각했다. 최근에는 성능이 아주 우수한 현미경들이 발명되었다. 이것을 이용하면 옛날에 절대로 볼 수 없었던 것까지 관찰이 가능하다. '초현미경'이라 불린다. 이 현미경으로 보면, 각각의 염색체는 일종의 작은 상자처럼 생겼으며, 이 상자는 100개가량의 작은 곡식알처럼 생긴 것으로 이뤄진 사슬 같은 것을 담고 있다. 염색체가 터지고, 곡식알 같은 것이 자유롭게 풀려난다. 그러면 세포는 '유전자'라 불리는 4,000개가량의 작은 곡식알들을 저장하는 창고가 된다. 유전자(gene)는 발생(generation)이라는 의미를 내포하고 있다. 곡식알처럼 생긴 것들이 유전자라고 불리게 된 것은 신체의 특징들이 이것들의 결합으로 인해 형성되기 때문이다.

이것이야말로 진짜 과학이다. 그럼에도 잠시 멈춰 서서 이것이 암시하는 바가 무엇인지에 대해 생각한다면, 이런 무미건조한 과학적 진술이 너무나 신비하게 들린다는 사실을 깨닫게 될 것이다. 왜냐하면 이 세포가 너무나 작아 눈에조차 보이지 않는데도 그 작은 것 안에 모든 시대의 유산이 다 담겨 있기 때문이다. 이 작은 점 안에 인류의 모든 역사와 경험이 축적되어 있다는 뜻이다. 원시세포 안

5장 창조의 기적

에서 뚜렷한 변화가 눈에 보이기 전에, 먼저 이 유전자들의 결합이 일어난다. 유전자들은 이미 이 원시세포에서 생겨날 존재의 코의 형태나 눈의 색깔, 머리카락의 색깔을 결정하기 위해 스스로 배열을 끝냈다. 모든 유전자들이 다 육체의 형성에 이용되지는 않는다. 유전자들 사이에 일종의 싸움 같은 것이 벌어진다. 일부 유전자들만 결합하며, 이것들이 개인의 외적 특징을 부여하며 나머지는 숨어 있거나 눈에 띄지 않는 상태로 남는다.

멘델(Gregor Mendel)의 유명한 실험이 있다. 멘델은 같은 종의 식물 중에서 빨간 꽃을 가진 것과 흰 꽃을 가진 것을 서로 교배시켰으며, 거기서 얻은 식물의 씨앗을 다시 심었다. 그랬더니 이 씨앗에서 흰 꽃을 피우는 식물이 3그루, 붉은 꽃을 피우는 식물이 1그루가 자라든가 아니면 그 반대였다. 40개의 씨앗이라면, 그 중에서 30개가 빨간 꽃을 피우고 10개가 흰 꽃을 피우게 되든가 아니면 10개가 빨간 꽃을 피우고 30개가 흰 꽃을 피우게 될 것이다. 환경이 좋으면, 우수한 특징들이 두드러지게 나타난다. 그러나 환경이 좋지 않으면, 뒤떨어지는 특징들이 두드러지게 나타난다. 그렇다면 세포들이 처한 환경에 따라서, 더 아름답거나 덜 아름다운 개인이 태어나고 더 강하거나 덜 강한 개인이 태어나게 될 것이다. 이것은 유전자들 사이의 결합 때문에 나타나는 현상이다. 이 결합이 워낙 다양하게 이뤄지기 때문에 이 세상에 서로 똑같은 인간은 결코 있을 수 없다. 아이를 많이 둔 가족을 관찰하더라도, 같은 부모에게서 태어났는데도 어떤 아이는 잘생겼고 또 어떤 아이는 못생겼다. 또 어떤 아이는 키가 크고 또 어떤 아이는 키가 작다.

오늘날엔 보다 훌륭한 특징이 나타나게 할 환경에 관한 연구가 많이 이뤄지고 있다. 그리하여 우생학이라는 학문이 생겨났으며, 이 학문은 인간이 지능을 이용하여 유전에까지 영향을 미치도록 하고 있다. 인간의 지능은 원시세포가 형성되고 변화가 일어나는 단계에서 유전에 영향을 미칠 수 있다. 따라서 인간은 생명에 영향력을 행사하고 생명이 발달할 방향을 잡아주는, 마치 신과도 같은 존재가 되었다. 이 쪽 방향으로 인간을 대상으로 한 연구는 그리 많이 이뤄지지 않았다. 그러나 식물과 동물의 유전에는 인간이 영향을 상당히 미칠 수 있는 단계에 와 있다.

사람이 생명에 관한 권한을 수중에 넣었다는 것은 과연 무슨 의미일까? 그것은 우리가 그 종을 변화시키기 위해 유전을 조작할 수 있다는 것을 의미한다. 오늘날 수많은 사람들이 이 학문에 관심을 쏟는 것은 바로 이런 매력 때문이다. 지금 이 학문에 쏠리는 관심은 학문적이거나 철학적인 것이 아니다. 실용적인 목적에 따른 것이다. 엄청난 수의 식물과 동물들이 변형되었다. 예를 들어, 몇 년 전에 2명의 젊은이가 생물학적 실험을 실시했으며, 그 결과 꿀을 많이 생산하는 침 없는 벌이 탄생하게 되었다. 그렇다면 인간이 이 곤충들의 생명에 영향력을 행사할 수 있게 되었으며, 인간에게 해가 되지 않으면서도 유익한 영양물질을 더 많이 생산하는 종을 창조해낼 수 있게 되었다는 말이다.

마찬가지로 어떤 식물들은 과거보다 더 많은 열매를 생산할 수

　　　　　　　　　　　　　5장 창조의 기적

있도록 변형되었다. 사람들은 또한 수수한 장미를 우리의 눈과 후각을 즐겁게 하는 다양한 종류의 아름다운 장미로 바꿔놓았다. 꽃들의 경우에 대단한 성취가 이뤄졌다. 드디어 인간은 생명의 비밀을 확보하기에 이르렀다. 인간은 지능이라는 마법의 지팡이로 생명을 아름답게 장식하는 일종의 마법사가 되었다. 인간의 지능 때문에 세상은 더욱 풍요로워지고 더욱 유쾌해지고 있다.

이젠 인간 삶의 목적 중 하나를, 다시 말해 인간을 우주의 위대한 힘들 중 하나로 만드는 근거 하나를 보려 한다. 인간이 이 세상에 존재하는 것은 아름다운 것을 즐기기 위해서가 아니다. 인간은 이 세상을 보다 나은 곳으로 만들기 위해 이 세상에 존재한다. 인간이 지능을 가진 것은 그것을 갖고 이 세상을 자신이 태어날 때보다 더 아름다운 곳으로 가꾸라는 뜻이다. 인간은 마치 창조의 계승자처럼 보인다. 인간은 창조를 보다 완벽하게 다듬는 일에 지능을 이용하도록 하기 위해 세상에 보내진 것처럼 보인다. 지능이야말로 인간에게 주어진 위대한 선물이 아닐 수 없다. 인간에겐 생명을 통제할 수 있는 영역으로까지 들어가는 것이 허용되었다. 지금까지 인간은 그저 생명을 따랐을 뿐이다. 그러던 것이 지금은 생명을 통제할 수 있게 되었다. 따라서 발생학의 연구는 더 이상 추상적이고 결실이 없는 연구가 아니다. 발생학은 인간이 생명의 어떤 비밀 속으로 침투하게 만들고 이 비밀을 이용해 앞으로 도래할 존재들을 통제할 수 있게 하는 연구이다. 지금 만일 상상력을 확장하여 정신의 발달도 이와 비슷한 과정을 따르고 있다고 생각한다면, 우리는 육체의 발달의 비밀을 뚫은 인간이 정신의 발달까지 통제하고 도울 수 있다고 상상할 수 있다.

유전자와 유전에 대해 논하는 이 장은 순수 발생학과는 별도이다. 발생학은 단지 원시세포가 개체를 만들어내는 방식만을 고려한다. 이를 공부하는 데는 초현미경이나 특별한 추론이 필요하지 않다. 발생학은 단순히 관찰의 문제이다. 하나의 세포에서 2개의 세포가 생겨나며 이 세포들은 서로 결합되어 있다. 그런 다음에 2개가 4개로, 4개가 8개로, 8개가 16개로 계속 증식한다. 수백 개의 세포들이 만들어질 때까지 증식이 계속된다. 이 세포들은 집의 건축에 쓰이는 벽돌과 비슷하다. 그러다 마침내 속이 빈 구체(球體) 같은 것이 생산된다. 정말 신기하게도, 바다에는 이 구체처럼 생긴, 언제나 굴러다닌다고 해서 '볼보'라 불리는 동물이 있다. 그 다음에 이 공 모양의 것들은 안쪽으로 휘어지면서 2개의 벽을 형성하고 이어서 이 2개의 벽 사이에 세 번째 벽이 형성된다. 바로 이 3개의 벽이 형성되는 것이 첫 번째 건설이다. 이때까지 모든 세포들은 서로 아주 비슷하다. 이 세포들은 원시세포에 비해 조금 작을 뿐이다(도표 1 참조).

최근의 연구에서 신체기관들이 형성되는 과정이 발견되었다. 이 같은 성과가 나온 것은 제1차 세계대전 후인 1929년부터 1930년 사이였다.

세포들이 매우 빨리 증식하는 지점들이 있다. 각 신체기관들이 형성되는 곳이 이런 특별한 지점들이다. 어떤 사람이 미국에서 이것을 발견하는 사이에, 영국에서도 별도로 누군가가 연구를 실시하여

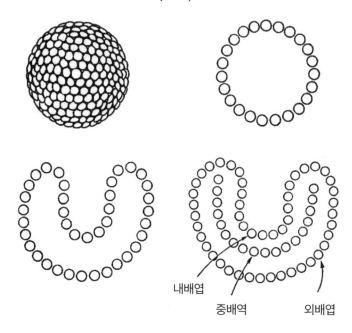

내배엽
중배역
외배엽

상실배(桑實胚)라 불리는 세포 덩어리(위 왼쪽)는 하나의 벽(위 오른쪽)으로 이뤄져 있다. 이중 벽으로 된 낭배(囊胚)(아래 왼쪽). 낭배의 두 벽 사이에 세 번째 벽이 형성되고 있다(아래 오른쪽).

똑같은 발견을 이룩했다.

낭배(囊胚)의 3개의 벽 하나하나는 한 세트의 신체기관들을 만든다. 바깥벽은 피부와 감각기관, 신경계를 만든다. 이는 바깥층이 환경과 관계가 있다는 점을 보여준다. 왜냐하면 피부가 우리를 환경으로부터 보호하고 신경계가 환경에 반응하기 때문이다. 가장 안쪽의 벽은 내장과 위, 소화선, 간, 췌장과 폐 등 영양의 공급에 이용되는 신체기관들을 만든다. 신경계의 기관들은 우리를 환경과 관계를 맺도록 한다는 뜻에서 '관계의 기관'이라 불린다. 소화계와 호흡계의 기관들은 성장을 가능하게 한다는 뜻으로 '영양(營養)기관'이라 불린다. 세 번째, 즉 가운데 벽은 나머지를, 말하자면 전체 몸을 지탱하는 뼈대와 근육을 만든다. 각각의 벽이 특별한 목표를 갖고 있고, 또 이 목표가 동물마다 다 똑같다는 점이 참으로 신기하다.

동물들의 세포들은 벽의 단계에서는 서로 다소 비슷하고 단순하다. 이것이 현명한 방식이 아닌가? 먼저 3개의 벽이 만들어지고, 그다음에 신체기관들이 만들어진다. 그리고 이 3개의 배(胚)세포층이 서로 독립되어 있는 동안에 전체 계획이 마련된다는 것도 신기하지 않은가? 이 단계가 지나면, 신체기관을 형성하게 될 세포들은 스스로 변형을 시작한다. 이 세포들은 각자 맡은 기능을 수행하기에 가장 적합한 형태를 취하는데, 태아 단계에 있을 때에는 아직 이 기능을 수행하지 않는다. 그렇다면 어떤 기능을 위한 세포들의 분화는 기능이 시작되기 전에 이뤄진다는 뜻이다.

여기에 이 세포들의 일부를 소개한다(도표 2 참조). 5각형으로 생긴 간세포들이 있다. 또 아주 길쭉하게 생긴 근육세포가 있다. 삼각형으로 생긴 것은 뼈를 만드는 세포들이다. 뼈세포들은 매우 부드러우며 혈액에서 탄산칼슘을 받아서 뼈를 형성한다. 작은 컵처럼 생겨서 눈길을 끄는 다른 세포들도 있다. 이 컵들에서는 끈적끈적한 물질이 스며나온다. 또 세모(細毛)라 불리는, 섬유의 보풀처럼 생긴 것도 있다. 이 세모는 점액질이 있는 목구멍으로 들어가려는 먼지를 잡아서 입 쪽으로 나가도록 하기 위해 가늘게 떤다.

〈도표 2〉 세포의 유형들

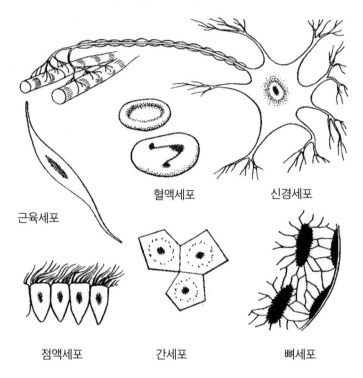

혈액세포　　　　신경세포

근육세포

점액세포　　　　간세포　　　　뼈세포

　이외에 다른 존재들의 행복을 위해 자신의 생명을 희생시키는 영웅들이 있다. 피부세포라 불리는 것들이다. 다른 신체기관들을 보호하기 위해 자신을 희생하는 피부는 전신을 덮는다. 피부의 바깥층은 죽는다. 이 피부층의 세포들은 자신을 희생시키며, 그 층 아래에 또 다른 층이 있는데 이것 역시 모든 장기들의 안전을 위해 생명을 희생시킬 준비가 되어 있다. 가느다란 필라멘트가 달린 세포들은 신경계의 세포들이다. 또 피 속의 적혈구가 있다. 끊임없이 산소를 다른 세포로 운반하는 임무를 수행한다. 이 세포들은 체내에서 형성된 독성 가스를 받아 배출한다. 정말 신기한 것은 혈액 속의 적혈구의 숫자가 무수히 많음에도 불구하고 그 수가 한정되어 있다는 점이다.

본격적인 임무가 시작되기 전의 세포들을 일부 살펴보았다. 이 세포들 각각은 자신이 수행해야 할 일을 위해 스스로 준비한다. 세포들은 특별한 임무를 위해 스스로를 한번 형성하고 나면 더 이상 임무를 바꾸지 못한다. 신경세포는 절대로 간세포로 바뀔 수 없다. 그래서 세포들이 마치 어떤 이상을 추구하며 그 이상을 성취시키는 데 헌신하기 위해 스스로를 변형시킬 때, 세포들의 임무가 확정된다. 세포들이 그 일에만 특화하기 때문이다.

우리 인간의 사회도 이와 똑같지 않은가? 사회에도 인간의 신체 기관의 역할을 맡는 특별한 집단이 있다. 처음에 각 개인은 많은 일을 혼자서 수행한다. 사람의 숫자가 작은 원시사회라면 개인은 모든 일에 대해 조금씩 알아야 한다. 석공도 되고, 의사도 되고, 목수도 되고, 어쨌든 모든 것을 해야 한다. 그러나 사회가 발전함에 따라, 일의 전문화가 일어난다. 각 개인은 일의 유형을 선택한다. 그러면 그의 정신이 그 일에 깊이 몰두하게 되기 때문에 그는 오직 그 일만을 하고 다른 것은 하지 못하게 된다. 예를 들어, 의사가 구두까지 만들지는 못할 것이다. 한 가지 직업을 위한 훈련은 어떤 기술을 배우는 데서 그치지 않는다. 개인은 자신이 수행할 임무를 위해 정신적 변화까지 겪는다. 특별한 임무에 적합한 어떤 정신적 개성까지 얻는 것이다. 사람은 자신의 이상이 그 개성을 통해 실현된다는 사실을 확인한다. 그것이 곧 그 사람의 삶이다.

육체에도 이와 똑같은 현상이 일어나는 것 같다. 각 세포가 특정 신체기관의 형성에 전념할 때, 모든 세포들 사이에 어떤 결합을 성취해 낼 다른 무엇인가가 생기는 것 같다. 이 다른 무엇인가는 2개의 복잡한 계통으로 이뤄져 있으며, 이 신체기관들은 자신을 위해 기능하지 않고 다른 장기들 사이에 통합을 이루기 위해 기능한다. 바로 순환계와 신경계이다. 순환계는 일종의 강과 비슷하며, 이 강을 흐르는 물질을 모든 신체기관으로 운반한다. 그러나 순환계는 분배자의 역할에서 그치지 않는다. 순환계는 수집자의 역할까지 한다. 신체기관들은 멀리 떨어진 곳에 있는 다른 신체기관들이 필요로 하는 물질을 만들어낸다. 이 강을 통해서 성취되는 완벽성이 과연 어느 정도인지 보라. 각 신체기관은 이 강에서 자신의 생명에 필요한 것을 취하며 동시에 다른 신체기관이 이용할 것들을 이 강물로 흘려보낸다.

오늘날 사회에서도 이와 똑같은 것이 발견되지 않는가? 사회도 순환계 같은 것을 발달시키지 않았는가? 각 개인은 생산된 모든 물질들을 순환계로 내놓는 한편, 이 순환계에서 자신의 생명에 필요한 것을 얻는다. 생산된 모든 것들은 다른 사람들이 이용할 수 있도록 상업의 강물로 던져진다. 전국 방방곡곡을 돌아다니는 상인들은 적혈구와 비슷하지 않은가? 인간 사회를 본다면, 우리는 태아의 기능을 더 잘 이해할 수 있다. 사회의 기능에도 마찬가지로 독일에서 생산된 것이 남미에서 소비되고 영국에서 생산된 것이 인도에서 소비되도록 하는 기능이 있기 때문이다. 이런 사실로부터 우리는 사회가 순환계의 기능을 시작하는 태아의 단계에 도달했다고 유추할 수 있다. 그러나 아직 결점이 많은 단계이다. 이 결점들은 곧 우리 사회가 아직 발달을 마무리 짓지 못했다는 사실을 보여준다.

인간 사회에서 발견되지 않고 있는 한 가지는 신경계에 특화된 세포에 해당하는 것이다. 이 세상의 혼란스런 상황이 분명히 암시하듯이, 사회가 이 지휘 기관을 아직 개발하지 못했다는 결론이 가능하다. 이 전문 기관이 없는 상황에서, 사회 전체에 감수성을 불어넣고 사회를 조화롭게 이끌 수 있는 것은 아무것도 없다. 예를 들어, 문명이 배출한 사회조직 중에서 가장 발달한 형태인 민주주의에 과연 지금 어떤 일이 벌어지고 있는가?

지휘 임무는 대단히 힘든 과업이며, 다른 일에 비해 전문성이 더 많이 요구된다. 따라서 지도자에게 중요한 것은 선출의 문제가 아니다. 그 임무에 필요한 자질을 두루 잘 갖췄느냐 하는 것이 중요한 문제이다. 다른 사람들을 지휘할 사람은 스스로 변화를 꾀해야 한다. 자신부터 먼저 변화하지 않으면, 누구도 리더가 될 수 없다. 이 원칙은 아주 매력적이다. 자연이 삶의 전 분야에 걸쳐 채택한 계획이 바로 이 원칙이라는 사실을 우리가 깨닫게 된다면, 이 원칙은 더욱더 매력적인 것으로 다가올 것이다. 자연이 창조 행위를 할 때 따르는 계획도 당연히 이 원칙이다.

우리가 발생학에 관심을 보이고 있다면, 그것은 이 같은 계획 때문이거나 인간이 발달에 대한 통제권을 발휘할 수 있다는 사실 때문만은 아니다. 이 계획이 우리가 정신의 영역에서 발견한 것들과 비슷한 단계를 밟고 있기 때문이기도 하다.

6장
하나의 계획, 하나의 방법

현대의 발견들도, 또 그 발견들을 바탕으로 한 이론들도 생명과 생명의 발달에 얽힌 신비에 대해 완벽하게 설명하지 못하고 있다. 그러나 이 발견들과 이론들은 사실들만을 분명하게 보여주고 있다. 우리가 성장이 어떤 식으로 일어나는지를 들여다보는 데 필요한 자료를 충분히 제공하고 있는 것이다. 새로운 발견이 이뤄질 때마다 이해는 조금씩 더 커지고 있지만 그 발견에 대한 설명은 아직 충분히 이뤄지지 못하고 있다. 그러나 이 현상들에 대한 관찰은 가능하며, 따라서 일상적인 생명에 일어나는 사건들에 대한 설명은 어느 정도 가능하다.

예를 들어, 관찰된 사항 중 하나는 인간을 건축하는 계획은 오직 하나뿐이며 모든 종류의 동물이 이 원칙을 따르고 있다는 점이다. 여기서 내가 계획이라는 단어를 쓰고 있지만, 그렇다고 건축가가 작성한 것과 같은 설계도를 실제로 보고 있다는 뜻은 아니다. 그러나 우리의 눈앞에서 일어나고 있는 일들은 모든 세부사항이 눈에 보이지 않는 어떤 계획을 따르고 있다는 점을 보여주고 있다. 그 계획은 태아의 내부에서 구체적으로 보일 수 있으며, 아이의 심리에서도 확인되고 또한 사회에서도 확인된다. 다양한 동물들의 태아를 관찰한다면, 누구나 태아들이 따르는 발달의 계획이 똑같다는 사실을 쉽게 확인할 수 있다. 이건 절대로 새로운 발견이 아니다.

<도표 3> 태아의 형태들

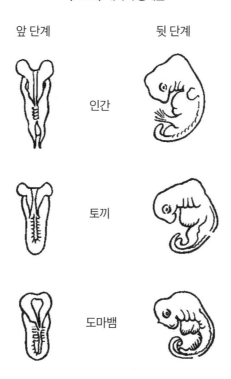

앞 단계　　　　　　뒷 단계

인간

토끼

도마뱀

〈도표 3〉은 3가지 동물의 태아가 두 단계에서 각각 어떤 모습인지를 보여주고 있다. 왼쪽은 보다 초기 단계이고, 오른쪽은 조금 발달한 단계이다. 맨 위가 인간이고 그 아래가 토끼이며 맨 아래가 도마뱀이다. 이 그림들은 내가 언급한 사실 중 하나를 보여주고 있다. 그림이 보여주듯이, 척추동물들은 스스로를 형성하기 위해 똑같은 발달의 단계와 똑같은 형태를 거쳐야 한다. 예를 들어, 이 단계의 태아에서는 인간과 도마뱀이 놀랄 정도로 비슷하다는 사실이 확인될 것이다. 그럼에도 태아가 발달을 끝내고 나면, 그 차이는 엄청나게 커진다. 그러므로 모든 존재들이 다 비슷해지는 시기가 있다고 볼 수 있다.

정신에 대해 말하자면, 모든 인간 존재들이 비슷해지는 시기가 있다고 자신 있게 말할 수 있다. 그리고 갓 태어난 아기를 두고 정신적 태아라고 말할 때, 그 말은 곧 모든 신생아들이 비슷하다는 뜻이다. 그러므로 이 나이의 아이들을 다루거나 교육하는 수단은 하나밖에 없다. 출생 때부터 교육이 시작된다면, 거기에는 오직 한 가지 방법밖에 없다는 뜻이다. 인도 아이나 중국 아이, 일본 아이, 유럽 아이를 위한 특별한 교육법 같은 것은 절대로 있을 수 없다. 민족을 불문하고 모든 아이들에게 똑같은 교육 방법을 적용할 수 있다는 뜻이다. 모든 인간 존재들이 똑같은 방식으로 행동하는 형성기가 있다. 즉 모든 인간 존재가 똑같은 방식으로 스스로를 형성하는 시기가 있다는 뜻이다.

모든 아이들이 똑같은 정신적 필요를 갖고 있으며 인간의 건설을 성취하기 위해 똑같은 길을 따른다. 아이가 훗날 노력을 통해 어떤 부류의 어른으로 자라든, 말하자면 천재가 되든 노동자가 되든 아니면 성자가 되든 살인자가 되든, 아이는 그런 존재가 되기 위해 반드시 이 성장의 단계들을, 즉 스스로를 형성하는 과정을 거쳐야 한다. 우리 교육자들이 고려해야 할 것은 이 형성의 과정이다. 그렇게 하지 않고 아이 개인이 훗날 커서 무엇이 될 것인가 하는 문제에 머리를 박고 있어서는 안 된다. 우리는 아이가 자신을 형성해 가는 과정 자체를 간섭하지 못한다. 무엇보다, 우리는 그 과정에 대해 모른다. 설령 우리가 안다 하더라도 우리에겐 그 과정을 성취시킬 능력이 없다. 우리가 해야 할 것은, 즉 우리가 에너지를 쏟아야 할 것은 모두에게 공통적인 이 성장의 법칙을 지원하는 일이다.

이 대목에서 교육방식이라는 문제를 직시해야 한다. 교육방식은 오직 한 가지밖에 없다. 아이들 모두를 위해 똑같이, 성장과 발달의 자연법칙들을 돕는 방법밖에 없다. 교육방식은 하나의 사상이 아니다. 하나의 사실, 하나의 명백한 사실이다. 교육방식을 놓고 철학자나 사상가가 이것이 좋다느니 저것이 좋다느니 말할 수 없다. 그 방법을 정할 수 있는 유일한 존재는 바로 자연이다. 자연이 법칙을 정하고 또 자라나는 존재에게 필요한 것들을 정한다. 교육방식은 자라나는 아이가 필요로 하는 것들을 충족시킬 수 있는 것이어야 한다. 다소 현명해 보이는 철학자의 사상이 교육방식이 되어서는 안 된다. 삶의 초기 몇 년 동안에 특히 더 그런 식으로 접근해서는 안 된다.

훗날 개인마다 차이가 생기는 것은 사실이다. 그러나 이 차이를 야기하는 것은 우리 어른이 아니다. 우리는 그런 차이를 일으키지 못한다. 아이에게 내적 개성 같은 것이 있다. 우리와 아무 상관없이 저절로 발달하는 자아 같은 것이 있는 것이다. 우리는 이 자아에 대해선 어떻게 하질 못한다. 예를 들어, 우리는 천재나 장군, 예술가를 만들지 못한다. 우리는 다만 장군이나 지도자가 될 개인이 잠재력을 최대한 발휘하도록 도와줄 수 있을 뿐이다. 아이들이 어떤 존재가 되든, 정치 지도자나 시인, 예술가가 되든 아니면 평범한 사람이 되든, 아이들은 전부 이 단계들을 거쳐야 한다. 아이들은 미래의 신비스런 자기를 실현시키기 위해 출생 전 태아 단계와 출생 후의 정신적 태아 단계를 거쳐야 한다. 어른이 할 수 있는 것이라곤 단지 아이가 추구하는 신비스런 존재가 성취되도록 장애들을 제거해 주는 것뿐이다. 장애들을 제거하면, 아이가 신비스런 존재를 성취하는 일이 한결 수월해질 것이기 때문이다.

우리는 자기실현이라는 근본적인 노력을 '구현'이라고 부른다. 첫 번째 실질적인 가르침은 이것이다. 아이가 스스로를 형성해가는 구현의 과정이 있다는 가르침이다. 이 과정은 모든 아이들에게 똑같이 일어나며, 교육의 목표는 바로 이 구현 과정을 돕는 것이 되어야 한다.

발생학의 추가적 결실

〈도표 3〉의 3가지 태아는 서로 매우 비슷하다. 그러나 이 태아들

이 발달을 마무리 짓게 되면, 이 존재들은 서로 크게 달라진다. 여기서 현대 사상가들의 추론을 따르면서 태아의 발달을 보도록 하자. 우리가 이미 살핀 것들, 말하자면 유전자의 존재와 민감한 지점의 존재는 정말로 놀랍다. 이 민감한 지점을 중심으로 신체기관이 형성되고 그런 다음에 두 가지 체계가 형성된다. 두 가지 체계인 순환계와 신경계는 창조된 모든 육체기관들을 서로 밀접하게 연결하는 놀라운 모습을 보인다. 이 신체기관들이 서로 연결되고 나면, 더욱더 신비한 현상이 나타난다. 그것은 신체기관들이 창조되어 서로 밀접하게 연결된다는 사실이 아니라, 거기서부터 자유롭고 독립적인 존재로의 성장이 이뤄진다는 사실이다. 단순히 신체기관들을 형성하고 그것들을 서로 연결시키는 것만이 아닌 것이다. 모든 생명체들 사이에 별로 다르지 않은 신체기관들이 모두 모여서 서로 다른 존재를 탄생시키는 것이다. 말하자면 각자는 나름의 개성을 갖게 된다. 놀라운 것은 바로 이 점이다.

이 문제는 아직 과학에 의해 풀리지 않고 있다. 진화론이 있지만 그것은 이론이지 사실은 아니다. 관찰은 많은 사실들을 풀어놓고 있을 뿐 그 사실에 대한 설명은 제시하지 못하고 있다. 설명이 불가능할 때마다 빈 공백이 남는데, 이 공백이 아주 중요하다. 중요한 사실은 어떤 공백이 존재한다는 점을 인정하는 것이다. 만일 우리가 어떤 이론을, 예를 들어 모든 사실에 두루 적용되는 진화 이론을 받아들인다면, 우리의 지능은 휴식을 취하게 될 것이다. 그러나 공백이 존재한다는 것이 확인되기만 하면, 지능은 안달하며 설명을 찾아내려는 작업을 시작할 것이다. 이 공백이 사람들로 하여금 생각하고, 사실들을 연구하도록 만든다. 그런 식으로 노력하다 보면 새로운 발견이 이뤄지고, 발견이 일어날 때마다 공백이 조금씩 채워지면서 지식에서 한 걸음 더 전진이 이뤄진다.

1930년(이 해는 발생학에 중요한 해인 것 같다)에 어떤 발견이 처음 공개되었다. 미국 필라델피아의 어느 생물학자의 실험실에서 이뤄진 발견이었다. 미국의 현대식 실험실들은 연구원도 많이 거느리고 있고 지원도 많이 받는다. 그래서 과학자는 저마다 특별한 디테일을 연구하는 데 매진할 수 있다. 이 중 한 과학자는 7-8년 동안 한 가지 종류의 동물만을, 매우 열등한 양서류만을 연구했다. 그가 이 동물을 그렇게 오랫동안 연구한 이유는 이 동물에 관한 사실들이 당시에 제시되었던 과학적 이론과 일치하지 않기 때문이다. 이 과학자가 발견한 것을 상세히 설명하는 것은 지루하기도 할 뿐만 아니라 그렇게 한다 하더라도 이해가 쉽지 않다. 그래서 여기서는 짧게 설명하고자 한다.

이 과학자는 처음에 형성되는 부분들이 개체의 기능을 지휘하는 부분이고 지휘를 실행할 부분들은 그 뒤에 형성된다는 사실을 발견했다. 우리 인간은 신경계를 갖고 있고 또 특히 뇌를 갖고 있는데, 이 뇌 안에 신체기관을 다루는 부분들이 자리 잡고 있다. 뇌에는 시력을 다루는 부위가 있으며, 이 부위는 시각센터라 불린다. 이 과학자가 발견한 것은 신경계에서 시각을 지휘하게 되어 있는 부분은 시신경보다, 그리고 눈보다 훨씬 더 빨리 형성된다는 사실이었다.

이는 당시의 과학적 이론과 정반대였다. 그가 내린 결론은 이렇다. 동물의 경우에는 정신적인 부분이 그 동물의 존재 자체가 형성되기 전에 형성된다. 다시 말하면 동물의 본능은 동물이 육체적 형성을 끝내기 전에 이미 거기에 형성되어 있다는 뜻이다. 이는 발생은 육체와 다양한 내부 신체기관뿐만 아니라 정신, 즉 각 동물의 본능과도 관련 있으며, 동물들의 습성은 신체기관이 형성되기 전에 이미 고착된다는 것을 의미한다.

행동주의

이것은 새로운 사상이다. 동물이 갖게 될 습관들이 신체기관이 만들어지기 훨씬 전에 신경센터에서 정해진다. 만일 이 정신적 부분이 미리 존재하고 있다면, 그건 무엇을 의미하는가? 그 말은 곧 신체기관이 정신, 즉 본능의 필요에 따라 스스로를 다듬어가면서 건설을 마무리한다는 뜻이다. 이런 식의 추론은 동물이 태어나기도 전에 습성이 이미 정해져 있으며 신체기관들은 이 습성과 본능들을 성취하기에 가장 적합한 쪽으로 형성된다는 결론으로 이어진다.

이 새로운 이론에 따르면, 자연에서 중요한 것은 동물들의 버릇과 습관이다. 어느 동물이든 신체기관들이 본능의 명령을 가장 잘 수행할 수 있는 쪽으로 형성된다는 학설은 참으로 흥미롭다. 이 새로운 이론은 수년에 걸친 연구와 사실들에 대한 관찰을 통해 얻은 것이며, 기존의 사상에서 나온 것이 아니다. 이는 우리로 하여금 예전에 관심의 초점을 맞췄던 육체의 형태보다 동물의 버릇이 더 중요하다는 쪽으로 결론을 내리게 만든다. 이 사실들을 일반화하는 데 쓰인 용어가 바로 '행동'이다. 행동은 동물들의 버릇과 습관까지 포함한다.

이 새로운 이론은 특히 미국에서 '행동주의'로 널리 알려져 있다. 행동주의는 과학 분야에 등장한 새로운 횃불이다. 동물들이 환경에 적응해야 하기 때문에 습관을 들이게 된다는 옛 사상은 뒤로 물러났다. 옛 이론은 육체가 환경에 적응하는 데 필요한 변형을 촉진하는 것은 성체의 의지라고 주장했다. 그리고 동물들이 살아 남기 위해 펴는 노력, 즉 '자기보존 본능'이 대를 이어가며 변화를 야기하며, 따라서 그 종이 환경에 적응하게 된다는 입장을 보였다. 이 적응을 제대로 못하는 종은 사라지는 것으로 여겨졌다. 이는 '적자생존'이라 불린다. 이 이론은 대를 이어가며 지속적으로 수행하는 노력을 통해서 일종의 완벽성이 성취되며, 이 완벽성이 그 다음 세대로 전달된다는 주장을 폈다.

새 이론은 이 모든 주장을 폐기하지는 않지만, 동물의 행동을 그 동물의 모든 습관의 중심에 놓는다. 관찰된 사실들에 따르면, 적응을 위해 노력하는 동물이 적응에 성공하는 경우는 그 노력이 그 동물의 행동 패턴 안에서 이뤄질 때뿐이다. 그렇다면 환경 안에서 삶의 경험들을 성공적으로 수행하는 동물은 이 행동노선에 따라 경험을 수행한다는 뜻이다.

소를 예로 들어보자. 소는 힘이 센 동물이다. 무장도 잘 갖추고 있다. 지구의 지질학적 역사를 통해, 소가 진화해 온 과정을 추적할 수 있다. 소가 처음 등장한 것은 식물이 이미 지구에서 잘 자라고 있을 때였다. 그렇다면 소가 하필 소화시키기 힘든 풀만을 먹는 쪽으로 스스로 제한을 둔 이유는 무엇인가, 하고 궁금해 하는 사람이 있을 것이다. 이 미련한 동물이 풀을 소화시키려고 4개의 위를 발달시켜야 했다는 사실을 고려한다면, 이 같은 궁금증은 너무나 자연스럽다. 만일 옛 이론이 주장하는 바와 같이 그것이 자기보존, 즉 생존의 문제였다면, 주위에 풍부했던 다른 먹이를 먹는 것이 훨씬 더 쉬웠을 것이다. 그러나 수많은 세월이 흐른 지금도 소는 여전히 우리 주위에서 풀을 뜯고 있다. 소들은 언제나 머리를 떨어뜨린 채 서서 씹고 또 씹으며 되새김질을 하고 있다. 소의 아름다운 눈을 들여다보기 위해 소가 머리를 들도록 하기가 참으로 어렵다. 그러는 당신에게 소는 눈길을 한번 주고는 다시 머리를 아래로 낮춘다.

이 동물을 유심히 관찰하면, 소가 풀을 뿌리 근처에서 자른다는 사실이 확인될 것이다. 식물을 뿌리째 뽑는 경우는 절대로 없다. 마치 풀을 죽이지 않으려면 뿌리 근처에서 잘라야 한다는 사실을 잘 알고 있는 것처럼 보인다. 뿌리까지 뽑으면 풀이 죽어버릴 것이다. 반면 그런 식으로 뿌리 근처에 잘린 풀은 땅 속으로 더욱 멀리 뻗어갈 것이다. 뿌리가 확장되며 더 많은 땅을 차지할 것이고, 그러면 풀은 죽기는커녕 더 멀리까지 여행할 것이다. 여기서 진화의 역사를 공부한다면, 풀은 지구의 역사에서 아주 늦게 나타났으며, 풀이 다른 식물들의 생장에 아주 중요하다는 사실이 확인될 것이다. 그 이유는 풀이 바람에 쉽게 날아가 버리는 모래알들을 단단히 묶어주기 때문이다. 풀은 땅을 단단하게 만들 뿐만 아니라 땅을 비옥하게 만들기도 한다. 풀이 먼저 길을 닦아놓지 않았더라면, 다른 식물들은 자라지 못했을 것이다. 그것이 풀의 중요성이다.

풀이 종을 이어가기 위해선 잘리는 것 외에 두 가지가 더 필요하다. 하나는 비료이고, 다른 하나는 뿌리를 단단히 내리게 할 무게이다. 이 3가지 임무를 수행하는 데 소보다 더 적절한 인공적인 농기구가 있으면 말해보라. 소는 풀의 성장을 돕는 외에 우유까지 생산하지 않는가. 이런 소야말로 얼마나 경이로운 자연의 농학자인가. 소의 이 같은 행동은 우리가 이 동물에게 감사해야 할 또 다른 이유이다. 우리는 소가 우유와 퇴비 외에는 아무것도 내놓지 않는다고 생각했다. 기껏해야 소를 인내의 본보기 정도로 생각할 것이다. 그러나 인간은 소에게 훨씬 더 많은 것을 빚지고 있다. 그것은 인간이 대체로 잊고 있지만 소를 숭배하는 인도에서는 잠재의식적으로 느껴지고 있는 그 무엇이다. 우리가 소에게 빚지고 있는 것은 대지의 보존, 즉 다른 식물들의 생명이다. 소의 인내는 우리가 숭상하는 피상적인 인내 그 이상이다. 그것은 세대를 이어 내려오는 인내이다.

삶의 임무

만일 소가 의식을 갖고 있다면, 소는 단지 자신이 배가 고프고, 자신이 풀을 좋아한다는 사실만을 알 것이다. 인도 사람들이 차파티(둥글납작한 인도의 밀가루 빵)와 쌀밥과 카레를 좋아하고 다른 나라 사람들은 그 외의 다른 것을 좋아하는 것과 똑같이 말이다. 그러나 분명히 소는 자신이 일종의 농업가라는 사실을 절대로 깨닫지 못할 것이고 그런 생각조차 하지 않을 것이며 그런 사실을 절대로 알지 못할 것이다. 그럼에도 소의 행동은 농업의 일을 통해서 자연을 돕고 있다.

이제 자연의 쓰레기를 먹는 까마귀와 독수리의 예를 보자. 세상에 다른 먹이가 풍부한데도 왜 독수리는 썩은 시체를 먹어야 하며 까마귀는 남의 배설물을 먹어야 하는가? 왜 독수리와 까마귀는 환경에서 발견되는 온갖 더러운 것만을 먹는가? 이 새들에겐 날개가 있다. 그러기에 먹이를 찾아 멀리 날아갈 수도 있다. 그렇다면 이 새들겐 더 맛있는 먹이를 찾는 것이 그다지 어렵지 않을 것이다. 이들보다 힘도 약하고 이동 능력도 그다지 뛰어나지 않은 다른 동물들이 그렇게 하고 있으니 말이다. 그러나 이 쓰레기가 땅에서 치워지지 않을 경우에 사망률이 얼마나 더 높아질 것인지 상상할 수 있는가? 만일 환경을 깨끗하게 지키는 것이 삶의 유일한 임무인 그런 존재들이 없다면, 온갖 종류의 질병이 얼마나 더 많이 번지겠는가? 그런 존재들은 태생적으로 환경을 청소하는 임무를 할당 받았다. 인도의 아마다바드에서 일을 끝내고 공장을 나와 집으로 향하고 있는 근로자들의 무리와 자연 속에서 청소 작업을 끝낸 뒤 저녁 어스름에 보금자리로 날아가고 있는 까마귀 떼의 차이점이 무엇인지 말해 보라. 그것이 바로 그들의 행동이다.

이 예들은 먹이의 선택을 기준으로 제시한 것이다. 다른 예들에서도 우리는 각 종(種)이 특별한 종류의 먹이를 선택한다는 사실을 확인할 것이다. 동물들에겐 먹이와 관련해 자유 선택권이 없을 수도 있다. 동물들은 단순히 자신만을 만족시키지는 않는다. 동물들은 이 땅 위에서, 자신들의 행동에 의해 자신들의 것으로 정해진 어떤 임무를 완수하기 위해 먹는다. 모든 동물들은 자연의 보호자이자 살아 있는 다른 모든 존재들의 보호자이다. 동물들은 창조의 조화를 지키려고 노력한다. 동물들은 창조를 수행한다. 창조가 모든 생물체와 무생물체의 협동을 통해 성취되기 때문이다. 까마귀와 독수리는 각자의 행동을 통해서 창조에 가담한다.

　단순히 생명의 유지만을 근거로 해서는 절대로 설명되지 않을 만큼 많은 양을 먹는 동물도 있다. 이런 동물들은 살기 위해 먹는 것이 아니다. 그들은 먹기 위해 산다. 예를 들면 지렁이가 있다. 지렁이는 먹이의 종류가 엄청나게 많은데도 불구하고 오직 흙만을 먹는다. 지렁이는 하루에 자신의 몸 크기의 200배나 되는 양의 먹이를 먹는다. 이 양은 지렁이의 똥으로 측정한다. 지렁이는 먹는 목적이 살기 위한 것이 아닌 그런 종이다. 지렁이가 먹어치울 수도 있는 다른 훌륭한 먹이가 엄청나게 많다는 사실을 고려할 때, 특히 더 그런 생각이 든다. 지렁이는 땅의 노동자이다. 지렁이가 없으면 땅의 생산력은 훨씬 더 떨어질 것이라고 처음 말한 사람은 다윈(Charles Darwin)이었다. 지렁이는 땅을 비옥하게 만든다. 그렇다면 개인의 직접적 이익 그 너머까지 작용하는 육체의 형태도 있는 것이다.

　꿀벌을 보자. 꿀벌은 더운 지방에서 산다. 몸은 일종의 털, 즉 노랑과 검정 벨벳 같은 것으로 덮여 있다. 더운 나라에서 이 털은 필요하지 않다. 그러나 꿀벌의 털은 꽃들로부터 벌이 이용하지 않을 꽃가루를 모은다. 그러나 이 꽃가루는 벌이 찾는 다른 꽃에 유익하다. 이 꽃가루로 인해 수정이 이뤄지는 것이다. 그러므로 꿀벌의 일은 자신에게만 유익한 것이 아니라 식물들의 번식에도 유익하다. 그래서 이 털은 꿀벌들에 의해 꿀벌들 자신들을 위해서가 아니라 식물들의 번식을 위해 개발되었다고 할 수 있다. 그렇다면 당신은 이 행동에서 동물들이 자신의 존재나 생존을 위해 가급적 많은 양을 먹으려고 노력하지 않고 다른 생명의 행복을 위해서 스스로를 희생한다는 사실을 확인할 수 있는가? 동물과 식물의 행동을 깊이 연구할수록, 동물과 식물이 전체의 행복을 위해 수행하는 어떤 임무를 갖고 있다는 생각이 더욱 강해질 것이다.

바다에 살면서 엄청난 양의 물을 마시는 단세포 동물들이 있다. 이 동물들이 마시는 물의 양이 얼마나 많은가 하면, 인간으로 치면 평생 동안 1초에 1갤런의 물을 마신다는 계산이 나온다. 무절제하다고 할 만한 행동이다. 왜냐하면 이 동물들이 갈증을 해소하기 위해 그만한 양을 마시지는 않을 것이기 때문이다. 그러나 그것은 악덕이 아니고 미덕이다. 이 동물들의 임무가 바닷물을 여과시켜서 다른 바다생물들에게 독이 될 수 있는 일부 소금을 제거하는 것이기 때문에, 이 동물들은 일을 빠른 속도로 처리해야 한다.

산호도 마찬가지이다. 산호는 열등동물이다. 만일 진화론이 진리라면, 산호가 이 지구상에 가장 먼저 등장한 동물에 속하면서도 수백 만 년 동안 언제나 똑같은 모습을 지키고 있다는 사실은 이해가 잘 되지 않을 것이다. 산호들은 왜 변화하지 않았을까? 그들에겐 성취해야 할 어떤 역할이 있고 또 그 역할을 완벽하게 성취해야 하기 때문이다. 이는 앞에서 언급한 동물들의 역할과 똑같다. 강물을 통해 바다로 흘러 들어온 독성물질을 제거하는 것이 그들의 임무이다. 산호의 일은 자신의 몸을 독성 있는 소금으로 덮는 것이다. 이 작업은 수억 년 동안 계속 이어져왔다. 그렇기 때문에 우리는 산호가 만들어낸 바위의 거대한 양을 상상할 수 있다.

산호는 엄청난 양의 바위를 만들어냈으며, 산호에게는 새로운 대륙을 형성하는 임무가 주어졌다. 일본군과 연합군 사이의 전쟁 때문에 관심을 끌게 된 태평양의 수많은 작은 섬들을 보라. 그 섬들은 이 작은 동물, 즉 산호들의 작품이다. 산호들은 지금도 물 밖으로 모습을 드러내려 하고 있는 산들의 꼭대기에 자리 잡은 채 섬을 형성하고 있다. 마른 땅의 바위를 면밀히 들여다보면, 그 중 많은 것이 이 동물에 의해 형성되었다는 사실이 확인될 것이다. 히말라야 산맥조차도 상당 부분이 산호에서 비롯되었다. 산호는 대륙의 건설자로 불릴 만하다.

그렇기 때문에 동물들의 기능을 깊이 연구할수록, 이 기능들이 동물의 육체를 유지하는 것만이 아니고 전체 지구의 조화에 기여하는 것이라는 점이 더욱 두드러져 보일 것이다. 동물들은 이 지구의 단순한 거주자만은 아니다. 동물들은 이 지구의 건설자이자 노동자로서 지구가 계속 존재하도록 돕고 있다. 이것이 새로운 발견들이 제시하는 비전이다. 과거의 지질학적 시대를 공부함으로써 이 비전을 더욱 강하게 키워나갈수록, 지금은 멸종한 동물들도 이와 비슷한 작업을 수행했다는 증거가 발견될 것이다. 동물과 지구 사이, 동물들 사이, 그리고 동물과 식물 사이에는 언제나 이런 관계가 존재해 왔다. 여기서 생태학이라는 새로운 과학이 비롯되었으며, 오늘날 널리 응용되고 있는 생태학은 대학에서 연구의 중요한 부분을 이루고 있다. 생태학은 동물의 다양한 행동을 연구하는 학문이며, 이 분야의 연구를 통해서 동물들이 이 땅에 존재하는 것은 서로 다투기 위해서가 아니라 지구를 조화롭게 유지하는 데 이바지할 장엄한 작업을 수행하기 위해서라는 것이 드러나고 있다. 동물들을 노동자라고 부를 때, 그것은 동물들 각자가 어떤 목표를, 성취해야 할 특별한 목적을 갖고 있으면서 이 임무를 성실히 수행한 결과가 우리가 살고 있는 아름다운 세상으로 나타나고 있다는 뜻이다.

오늘날 중요한 한 연구는 동물들 각각이 이 지구에서 하는 임무를 고려하는 것이다. 행동은 단순히 계속 살고 싶어 하는 욕망만을 충족시키는 것이 아니다. 행동은 정작 그 존재에게는 알려지지 않은 어떤 임무에 이바지하게 되어 있다. 이 임무가 동물에게 알려져 있지 않은 것은 그것이 동물이 원한 것이 아니기 때문이다. 만일 동물이 자신에 대해 알게 된다면, 동물은 자신의 버릇에 대해, 그리고 자신이 사는 곳의 아름다움에 대해 알게 될 것이다. 그러나 산호는 자신이 세상의 건설자라는 사실을 절대로 깨닫거나 이해하지 못할 것이며, 땅을 비옥하게 하는 지렁이도 자신을 농업가로 여기지 않을 것이며, 다른 동물들도 스스로를 환경의 정화자로 여기지 않을 것이다. 동물이 지구와, 그리고 지구의 보존과 어떤 관계를 맺도록 한 목적을 그 동물은 절대로 의식하지 못할 것이다. 그럼에도 생명, 생명과 지구 표면의 관계, 공기의 맑음, 물의 맑음은 동물의 임무에 좌우되고 있다. 그렇기 때문에 생존 욕망의 힘 외에 모든 임무를 조화롭게 만드는 어떤 힘이 하나 더 있다고 할 수 있다.

　동물은 저마다 다 중요하다. 동물이 아름답거나 존재를 위한 투쟁에서 성공을 거두어서가 아니라, 동물이 저마다 지구 전체에 유익한 임무를 수행하고 있기 때문이다. 각 동물의 노력은 곧 자신에게 할당된 곳까지 닿고 주어진 임무를 완수하는 것이다. 우리가 미리 정해진 계획이 있다고 말하는 이유도, 그리고 신체기관들이 이 계획을 완수하기 위해 형성된다고 말하는 이유도 바로 거기에 있다. 미리 정해진 이 계획이 각 동물들에게 이 지구에서 수행해야 할 임무를 부여한다. 생명의 목적은 자기 자신을 완벽하게 하는 것도 아니고 홀로 진화하는 것도 아니다. 생명의 목적은 모든 존재들 사이에 조화를 이루고 보다 나은 세상을 창조하는, 숨겨진 명령을 따르는 것이다. 우리가 창조된 것은 세상을 즐기기 위해서만은 아니다. 우리는 이 우주를 진화시키기 위해 창조되었다. 오늘날 어떤 우주적인 계획이 존재한다는 인식은 과거의 직선적인 진화이론을 점진적으로 변화시키고 있다.

7장
인간의 보편성

행동주의가 제시한 비전은 각 동물의 종이 어떻게 하여 이 환경에서 수행할 임무를 갖게 되었는지, 그리고 그 종에 속하는 개체들은 비록 자신을 세상에 태어나게 한 개체들과 독립적으로 살며 행동할지라도 어떤 식으로 자신에게 주어진 임무를 충실히 수행하게 되었는지를 보여준다. 동물들이 자유롭고, 자유 선택권을 누리고, 또 유리한 입장에 서기 위해 서로 다투고 있는 것처럼 우리 눈에 비칠 수도 있다. 그러나 보다 깊이 들여다보면, 동물들의 자유는 단지 각 개체의 행동 안에 들어 있는 것을 수행하고 있는 것에 지나지 않으며, 각 개체는 이 행동의 명령에 따라 움직인다는 것이 드러날 것이다. 달려서 앞으로 나아가는 동물이 있는가 하면, 깡충깡충 뛰는 동물도 있고 천천히 차분하게 걷는 동물도 있고 기어다니는 동물도 있다. 이런 동물들을 주의 깊게 관찰하면, 각각의 종이 환경 안에서 서로 다른 차원의 임무를 맡고 있는 것이 확인될 것이다. 그래서 어떤 동물은 평원에서 살고, 어떤 동물은 언덕에서 살고, 또 어떤 동물은 산 위에서 산다. 당연히 동토에서 사는 동물도 있고 뜨거운 사막에서 사는 동물도 있다.

여기서 인간과 다른 동물들을 비교하면, 어떤 차이가 발견된다. 중요한 차이는 인간에겐 특별한 종류의 행동이나 특별한 종류의 주거지가 할당되지 않았다는 점이다. 분명히, 어떤 동물이 자연으로부터 임무를 부여받는 것이 그 동물의 삶을 수월하게 만든다. 그러나 자연을 연구해 보면 이 지구 위에서 기후나 장소에 인간만큼 잘 적응하는 동물이 없다는 사실이 확인된다. 인간은 호랑이나 코끼리들이 살지 못하는 동토에서도 살 수 있다. 또 코끼리들과 호랑이들이 사는 정글에서도 살 수 있다. 인간은 심지어 사막에서도 살 수 있다. 그러므로 인간에게 할당된 장소 같은 것은 없다는 사실이 확인된다. 인간은 지구의 어디서든 적응하며 살아갈 수 있다. 왜냐하면 인간의 경우에 이 땅의 온 곳을 정복하도록 운명 지어져 있기 때문이다. 그렇다면 이 적응성 때문에 인간은 원하는 곳 어디든 갈 수 있는 유일한 존재라고 할 수 있다.

동물들의 행동을 살펴보면, 행동이 동물들이 수행하는 일과 관계 있는 동작으로 표현되고 있는 반면에, 인간에게는 특별한 동작 같은 것은 전혀 없다. 인간은 다양한 동작을 보일 수 있으며, 이 동작들을 인간은 아주 빨리, 또 아주 완벽하게 배운다. 또 인간은 특별한 것들을 할 수 있는데, 이 특별한 것들을 다른 동물들은 지금까지도

7장 인간의 보편성

하지 못했고 앞으로도 영원히 하지 못할 것이다. 인간은 이 지구 위에 등장한 이후로 줄곧 그런 일들을 해 오고 있다. 인간이 손으로 일을 한다는 사실이 매우 중요하다. 인간의 행동에는 절대로 제약이 없다. 예를 들어, 다른 동물들은 오직 한 가지 언어만을 갖고 있다. 영국의 개를 예로 든다면, 이 개는 미국의 개와 똑같은 방식으로 짖을 것이다. 그러나 만일 우리가 타밀 사람을 이탈리아로 데려온다면, 그 사람은 이탈리아어를 이해하지 못할 것이고 이탈리아 사람들은 그를 이해하지 못할 것이다. 인류는 너무나 다양한 언어를 갖고 있다. 동작에 대해서도 똑같이 말할 수 있다. 인간은 기고, 걷고, 달리고, 뛸 수 있다. 또 물고기처럼 헤엄을 칠 수도 있다. 새들은 날수 있다. 인간은 그런 새들보다 더 잘 날 수 있다. 이것만이 아니다. 사람은 춤 같은 인공적인 동작을 창조할 수도 있다.

각 동물은 오직 한 종류의 동작만을 갖고 있다. 사람의 동작은 그종류가 너무나 다양하다. 그러므로 인간의 행동은 다른 동물들의 행동처럼 고착되어 있지 않다. 확실한 것이 한 가지 더 있다. 아이에게는 지금까지 언급한 이런 능력이 전혀 없다는 사실이다. 그래서 우리는 인간의 능력이 무한한 것은 사실이지만, 각각의 능력은 어린 시절에 인간 개인에 의해 습득되어야 한다고 결론을 내릴 수 있다. 인간이 언어를 습득하는 것은 능동적인 정복, 즉 노력을 통해서다. 운동을 모른 채 마비나 다름없는 상태에서 태어나는 인간은 연습을 통해서 다른 동물들처럼 걷고, 달리고, 오르는 것을 배운다. 그러나 이 모든 능력을 인간은 반드시 자신의 노력을 통해서 얻는다.

모든 것은 본인이 정복해야 한다. 인간이 소유한 능력이면 무엇이든 그 사람이 어린 시절에 정복해 얻은 것이다. 그렇기 때문에 사람의 가치는 어린 시절의 노력에서 처음 비롯된다고 말할 수 있다.

우리는 이 지구의 어느 곳에서나, 또 어떤 조건에서나 사람들이 발견된다는 사실을 보았다. 그런데 참으로 이상하게도 사람들은 자신이 사는 곳에 만족하며 그곳에서 사는 것을 기쁨으로 여긴다. 에스키모인들을 보면, 그들에게는 인생의 행복이 눈으로 덮인 광야에, 현란한 색깔로 긴 어둠을 깨뜨리는 그 빛에, 뼛속까지 파고들면서 영혼의 음악이 되어주는 그 매서운 바람 소리에 있는 것처럼 느껴진다. 냉혹한 기후와 그런 삶의 조건에 수반되는 모든 것들이 그들에게 행복을 준다. 그곳 아닌 다른 곳에서 에스키모인들은 절대로 행복할 수 없다. 다른 사람들도 마찬가지이다. 열대에 사는 사람들에겐 그곳의 기후와 특별한 음식, 그곳의 습관이 삶과 행복에 반드시 필요하다. 어디를 보든, 우리는 언제나 똑같은 진리를 발견할 것이다. 사람은 고향을 사랑한다. 삶의 조건으로 절대적으로 부적절해 보이는 곳에 사는 사람들도 있다. 핀란드의 경우 국토가 바위투성이이고 춥고, 오랫동안 눈과 얼음으로 덮여 있다. 그럼에도 핀란드와 러시아 사이에 벌어진 전쟁은 핀란드 사람들이 그 황량한 땅에도 뜨거운 사랑과 애정을 느끼고 있다는 사실을 보여주었다.

네덜란드를 본다면, 우리는 그곳의 주민들도 자신의 땅에 대단한 긍지와 사랑을 느끼고 있다는 사실을 발견할 것이다. 우리의 입장에서 보면 그것을 땅이라고 부르는 것이 이상하게 여겨지는데도 말이다. 왜냐하면 그곳의 땅은 곧 엄청난 노동을 의미하기 때문이다. 네덜란드 국민들은 바다로부터 땅을 얻어내려고 사투를 벌인다. 어쩌다 땅을 확보하기라도 하면 우선 주위에 둑을 쌓고 물을 끊임없이 퍼내야 한다. 거기에 집을 짓길 원한다면, 네덜란드 사람들은 먼저 집이 설 기반부터 만들어야 한다. 그렇지 않으면 집이 물에 잠기고 말기 때문이다. 네덜란드 사람들은 나무들을 나란히 수직으로 박아 기반을 만들고 그 위에 집의 초석을 올린다. 이보다 더 척박한 조건에 처한 나라가 있는가! 그럼에도 네덜란드 사람들은 작은 땅한 조각을 얻기 위해 맹렬히 싸운다. 그러니 그 땅이 그들에게 얼마나 아름답게 비치겠는가! 네덜란드는 훌륭한 화가들을 여럿 배출한 나라이다.

사람이 지구 온 곳에 살도록 만든 것은 장소에 대한, 나라에 대한 이런 애착이다. 만일 사람들이 최적의 생활조건을, 그리고 가장 비옥한 땅을 추구했다면, 이 지구의 많은 부분은 사람이 살지 않는 땅으로 남게 되었을 것이다. 지구 온 곳을 인간이 사는 곳으로 만든 것은 자신이 사는 곳이 어디든 불문하고 그 장소와 나라에 느끼는 이런 애착이다.

그렇다면 어른의 단계에 들어서면 사람이 적응력이 가장 뒤떨어지는 존재가 된다는 사실이 호기심을 크게 자극할 것이다. 인도인은 틀림없이 인도가 아닌 다른 곳에서 살기를 원하지 않을 것이다. 만일 어른이 된 인도인이 공부나 일을 위해 인도 밖으로 나간다면, 그는 언제나 고국으로 돌아가기를 갈망할 것이다. 그리고 지중해의 환경과 온화한 기후에 익숙한 유럽인은 차가운 북극 지방에는 적응하지 못할 것이다. 그래도 낙타가 길게 늘어서서 사막을 가로지르는 모습을 보기 위해 사막으로 가는 것은 아주 멋있는 경험이지 않은가? 여행은 매력적이고 낭만적이지만, 그곳에서 사는 것은 결코 유쾌한 일이 아니다.

사람은 각자의 환경에 애착을 느끼는 한편으로 자신이 사는 시대에도 애착을 느낀다. 몇 년 전의 유럽을 고려한다면, 그때의 삶은 지금의 삶보다 훨씬 더 단순했다. 철도도 없었고, 빠른 커뮤니케이션 수단도 없었다. 여행은 마차로 했으며, 말들을 교체해야 했다. 이 나라에서 저 나라로 넘어가는 데 며칠씩 걸렸다. 여행 중에 가족의 소식이라도 들으려면 몇 개월이나 기다려야 했다.

지금 미국에 사는 사람이 그런 조건으로 되돌아간다고 가정해 보자. 그 사람은 삶 자체가 불가능하다는 사실을 깨달을 것이다. 아니면 몇 세기 전에 살았던 누군가를 지금 다시 불러낸다고 가정해보자. 그때라면 모든 것이 조용하고 평화로웠다. 기차도 없고, 전기도 없고, 전차도 없고, 지하철도 없고, 소음도 전혀 없었다. 만일 그 시대의 사람을 차들이 홍수를 이루는 지금의 뉴욕으로 끌어낸다면, 그는 밤낮으로 소란과 소음이 이어지고, 언제나 사람들이 허둥대고, 어둠이 내리면 휘황찬란한 광고탑이 등장하고, 평화나 고요라곤 어디서도 찾을 수 없는 도시의 모습에 질려 "난 이런 곳에선 못 살아!"라고 외칠 것이다.

여기서 어떤 대조가 확인되고 있다. 앞에서 우리는 자신이 사는 척박한 환경까지도 사랑하며 거기에 적응하며 사는 사람을 묘사했다. 어떠한 곳에서도 행복하게 살 수 있는 인간의 모습이었다. 그런데 지금은 몇 세기 전의 사람이 더욱 발달한 현대 문명 속에서는 살지도 못하고 적응도 못한다는 점을 보여주고 있다. 우리 현대인이 옛날의 느린 삶의 방식에 제대로 적응할 수 없는 것과 똑같이. 우리는 이 시대에 살면서 행복해 하고, 우리의 조상은 자신의 시대에 살면서 행복해 했다.

사회와 문명이 진화하면, 조건도 변화한다. 만일 인간의 행동이 다른 동물들처럼 고착되어 있다면, 인간은 새로운 조건에 자신을 적응시키지 못했을 것이다. 언어를 보자. 어떤 언어도 탄생할 당시의 모습을 그대로 간직하고 있지 않다. 언어도 다른 것들과 마찬가지로 진화한다. 처음에는 단순하다. 그러다가 갈수록 복잡해진다. 언어가 아주 복잡한 시대에 사는 사람들이 어떻게 별다른 고통 없이 언어를 받아들이고 또 별다른 주의를 기울이지 않고도 그 언어를 쉽게 배울 수 있을까?

이에 대한 설명은 어디서 찾을 수 있을까? 이 물음 앞에서 우리는 어떤 모순에 직면한다. 미스터리 비슷한 것이 한 가지 있다. 인간은 변화하는 문명의 조건에 스스로 적응해야 한다. 사람이 늙어갈수록, 문화는 그만큼 더 앞으로 나아간다. 따라서 인간이 지리적 변화뿐만 아니라 문명의 지속적 변화에도 끊임없이 적응하고 있음에 틀림없다. 그럼에도 우리가 확인한 바와 같이 성인은 적응력이 그다지 뛰어나지 않다. 이것이 진짜 수수께끼가 아닌가!

적응의 도구, 아이

그 해답은 인간 적응력의 도구라고 부를 수 있는 아이에게서 발견된다. 특별한 동작을 전혀 모르는 상태에서 태어나는 아이는 인간의 모든 기능을 습득할 뿐만 아니라 주어진 환경의 조건에 잘 적응하는 존재로 성장한다. 이런 일이 일어나는 것은 아이의 정신이 가진 특별한 형태 때문이다. 아이의 정신의 형태는 어른의 것과 다르다. 심리학자들은 지금 이 다른 형태의 심리에 깊은 관심을 보이고 있다. 아이가 환경과 맺고 있는 관계는 어른이 환경과 맺고 있는 관계와 다르다. 어른은 어떤 환경을 동경할 것이다. 또 어른은 어떤 환경을 기억할 것이다. 그러나 아이는 환경을 자신 속으로 흡수한다. 아이는 자신이 본 것들을 기억하는 것이 아니라 그것들을 갖고 정신의 일부를 형성한다. 아이는 자신이 보고 듣는 것을 자신의 내면에 고스란히 담는다. 말하자면, 성인의 내면에서는 변화가 전혀 일어나지 않는데 반해 아이의 내면에서는 변화가 일어난다는 뜻이다. 우리 어른들은 단순히 어떤 환경을 기억하지만, 아이는 자신을 그 환경에 적응시킨다. 이 특별한 종류의 결정적인 기억, 그러니까 의식적으로 기억하지 않고 이미지들을 그 사람의 삶 자체로 흡수해 버리는 이 기억은 심리학자들로부터 특별한 이름을 얻었다. 심리학자들은 이런 기억을 '므네메'(Mneme: 독일 진화 생물학자 리하르트 제몬(Richard Semon)이 개인의 기억과 종(種)의 기억을 합한 것을 이르는 용어로 썼으며, 원래의 뜻은 그리스 신화 속의 기억의 신이다/옮긴이)라고 부른다.

언어에서 이런 예를 볼 수 있다. 아이는 언어의 소리를 기억하지 않는다. 아이는 언어의 소리를 체화하며 누구보다 발음을 더 잘할 수 있다. 아이는 온갖 복잡한 규칙과 예외 규칙을 따르면서 언어를 말한다. 언어를 공부하거나 일상의 기억으로 기억함으로써 언어를 말하는 것이 아니다. 아마 이 단계에서는 아이의 기억이 절대로 의식적으로 움직이지 않을 것이다. 그럼에도 언어는 아이의 정신의 일부를 이루고, 아이의 일부를 이룬다. 이것이 아이의 정신에 두드러지게 나타나는 특징이다.

아이의 내면에 주변 환경 안에 있는 모든 것을 흡수하는 감수성이 있다. 아이가 환경에 적응하는 방법은 환경을 보고 흡수하는 것이다. 이 능력은 아이에게서만 발견되는 잠재의식적인 어떤 힘을 보여준다.

삶의 첫 번째 시기는 적응의 시기이다. 이런 경우에 쓰는 적응성이라는 표현이 뜻하는 바가 무엇인지를 명쾌하게 밝히고 넘어갈 필요가 있다. 아이의 적응성과 어른의 적응성을 구분해야 한다. 아이의 생물학적 적응성이 바로 자신이 태어난 곳을 진정으로 머물고 싶은 유일한 곳으로 만드는 그것이다. 어떤 사람이 잘하게 되는 유일한 언어가 모국어인 것과 똑같다. 그러기에 다른 나라로 이민을 떠난 성인은 아이만큼, 그리고 아이와 똑같은 방법으로 그 나라에 적응하지 못한다.

자발적으로 외국으로 나간 사람들의 예를 보자. 선교사들이 그런 예에 속할 것이다. 선교사들은 자신의 의지로 다른 나라에 가서 그곳에서 사는 길을 택한 사람들이다. 그럼에도 그 사람들에게 물어보면, 그들은 "이 나라에 삶으로써 우리의 인생을 희생하고 있어요."라고 대답할 것이다. 이는 곧 어른의 적응성의 한계를 보여주는 말이다.

이번에는 아이를 보자. 아이는 자신이 태어난 곳이면 어디든 좋아하고 그 외의 다른 곳에서는 행복을 느끼지 못한다. 자신이 태어난 곳이 아무리 척박해도 상관없다. 핀란드의 얼어붙은 벌판을 사랑하는 사람과 네덜란드의 모래언덕을 사랑하는 사람은 적응력과 조국에 대한 사랑을 어린 시절에 얻었다.

이 적응을 실제로 실현시키는 것은 아이이다. 성인은 자신이 자기 나라에 적절하게 적응이 되어 있다는 사실을 깨닫는다. 그래서 그는 자신이 사는 곳에 대해 특별한 사랑과 매력을 느끼게 되며 그의 행복과 평화는 거기서만 발견된다.

옛날에 이탈리아에서는 사람들은 태어난 마을에서 평생 살다가 죽었으며, 고향을 떠나는 적이 결코 없었다. 훗날에는 사람들이 결혼을 하면서 간혹 다른 곳으로 옮겨갔으며, 따라서 자신이 태어난 곳을 떠나는 사람이 점점 늘어났다. 그러면서 이상한 병이 조금씩 나타나기 시작했다. 사람들이 창백해지고, 슬픔에 잠기고, 허약해지고, 빈혈을 앓는 것처럼 보였다. 많은 치료법이 시도되었지만 허사였다. 다른 어떤 방법으로도 치유가 불가능해지자, 의사는 마침내 환자의 가족에게 "이 사람을 고향으로 보내서 그곳의 맑은 공기를 마시게 하는 게 좋을 것 같군요."라고 말했다. 이에 따라 환자는 고향으로, 자신이 태어난 곳으로 보내졌다. 그러고 얼마 지나지 않아 환자는 완전히 회복되어 돌아왔다. 사람들은 고향의 공기가 그 어떤 약보다 더 잘 듣는다고 말했다. 그러나 고향의 공기 자체는 그가 아파하던 곳의 공기보다 훨씬 더 나빴다. 이 사람이 진정으로 필요로 했던 것은 어릴 적 살았던 곳의 조건이 그의 잠재의식에 안겨줄 수 있는 안정이었다.

그렇다면 인간을 형성하고 또 사람이 어떠한 사회적 조건이나 기후, 지형에나 적응하도록 하는 흡수하는 정신보다 더 중요한 것은 없다. 우리가 관심과 노력을 집중해야 하는 것은 바로 이 흡수하는 정신이다. 어떤 사람이 "나는 우리나라가 좋아."라고 말할 때, 이 사람은 피상적이거나 인위적인 무엇인가에 대해 말하는 것이 아니다. 이 사람이 좋아한다고 말하고 있는 그것은 이 사람의 자아의 일부를, 이 사람의 삶의 일부를 이루고 있는 그 무엇이다.

앞에서 말한 내용을 바탕으로, 우리는 또 아이가 이런 유형의 정신을 통해서 그 땅에서 발견하는 관습과 버릇 등을 받아들이고 자기 민족의 전형적인 개인을 형성한다는 것을 이해할 수 있다. 이처럼 자신이 살고 있는 특별한 나라에 적절하게 변하는 사람의 '국지적인' 행동은 어린 시절에 이뤄지는 신비한 건축의 결과이다. 사람들이 자신의 환경에 고유한 습관과 버릇, 심성을 습득하는 것은 분명하다. 왜냐하면 이런 것들 중 어느 것도 인간이 타고나는 것이 아니기 때문이다. 그렇다면 우리는 이제 아이가 하는 일을 그림으로 더 정확하게 그릴 수 있다. 아이는 그 시대와 장소만 아니라 그곳의 심성에도 적합한 행동을 건설한다. 여기 인도엔, 생명에 대한 존중이 대단하다. 동물들에 대한 숭배까지 낳은 그런 존중이다. 이는 어른에 의해서는 습득될 수 없는 것이다. "맞아, 생명은 존중되어야 해."라고 말한다고 해서 그런 정서가 습득되지는 않는다. 나는 인도인의 말이 옳다고 판단하고 또 동물의 생명을 존중해야 한다고 느낄 수 있다. 그러나 나의 경우에는 그것은 어디까지나 정서가 아니고 추론일 뿐이다.

예를 들어, 일부 인도인들이 소에 대해 느끼는 숭배의 감정을 나는 절대로 느끼지 못한다. 반면에 그런 숭배의 정신을 가진 사람들은 그것을 절대로 버리지 못한다. 종교를 가진 사람들이 종교를 포기할 경우에도 본인은 애써 생각하지 않으려 해도 뭔가 불안하다는 느낌이 들 것이다. 이런 감정들은 "핏속을 흐른다"는 유럽 사람들의 말처럼 사람의 일부를 형성하고 있다. 인격을 형성하는 것들, 말하자면 전형적인 이탈리아인과 전형적인 영국인, 전형적인 인도인을 만들어내는, 계급제도에 대한 정서와 다른 온갖 종류의 감정들은 심리학자들이 '므네메'라고 부르는 이 신비한 정신 능력에 의해 어린 시절에 형성된다. 이 신비한 정신 능력은 모든 것에 적용된다. 심지어 다양한 민족들을 구분하게 만드는 특징적인 동작도 이 능력에서 생겨난다.

아프리카에는 야생동물을 방어할 필요성 때문에 어떤 자질을 개발하여 고착화시킨 사람들이 있다. 이들은 청력을 더욱 예리하게 가꾸기 위해 연습한다. 예리한 청각은 그 부족의 특징이다. 어떤 사람이 옛날의 종교를 버린 뒤에 다른 방식으로 사고하면서 그 종교의 가르침을 애써 부정할 수 있다. 그럴 경우에도 그 사람의 마음에는 어떤 종교적 정서가 그대로 남을 것이다. 어떤 것은 잠재의식에 계속 남기도 한다. 아이에 의해 형성된 것은 절대로 완전히 파괴되지 않기 때문이다. 타고난 기억으로 여겨질 수도 있는 이 므네메는 특징을 창조할 뿐만 아니라 그 특징이 개인의 내면에 살아 있도록 만든다. 개인이 변화하는 것은 사실이다. 그러나 아이에 의해 형성된 것들은 그 사람의 인격에 그대로 남는다. 사람이 아무리 변화하더라도, 두 다리는 그대로 남아 있는 것과 똑같다.

성인들을 변화시키길 원하는 사람들이 있다. 우리는 종종 "이 사람은 처신이 형편없어."라고 말한다. 처신이 좋지 않은 사람을 보면 우리는 예절이 나쁘다는 인상을 받는다. 당사자도 그 같은 사실을 알고 있고 또 수치심을 느낀다. 그들도 자신이 '나쁜 성격'을 갖고 있다는 것을 깨닫고 있기 때문이다. 그러나 사실은 그 성격은 바뀌지 않는다. 어린 아이가 문명을 경이로울 정도로 멋있게 습득하고 또 현대 언어의 복잡성과 정교함을 두루 다 익히도록 하는 바로 그 심리가 아이로 하여금 자신의 정신에 어떤 것들을, 말하자면 추론으로는 정신에서 절대로 제거하지 못하고 또 변화하지도 않을 것들을 고착시키도록 한다. 이와 똑같은 현상이 시대에 대한 적응력을 설명해준다. 왜냐하면 옛 시대의 어른은 현대에 잘 적응하지 못하는 반면에 아이는 자신이 접하는 문명의 수준이 아무리 높아도 거기에 잘 적응하면서 그 시대와 관습에 적합한 인간을 건설해내기 때문이다.

그래서 요즘 들어서 아이가 역사의 다양한 단계들과 문명의 다양한 수준을 잇는 연결고리로 여겨지고 있다. 당연한 현상이다. 어린 시절이 심리학자들에게 아주 중요한 시기로 받아들여지고 있다. 사람들에게 새로운 사상을 심거나, 한 나라의 버릇과 습관을 바꾸거나, 어떤 사람의 특성을 특별히 강조하기를 원할 때, 아이를 도구로 이용해야 한다는 점을 심리학자들이 깨닫고 있기 때문이다. 어른들을 대상으로 해서는 이런 목적을 거의 이루지 못한다. 누군가가 인류를 위해 보다 나은 조건을 성취하겠다는 비전을 진정으로 갖고 있다면, 그 사람이 바라는 결과를 끌어내기 위해 기댈 수 있는 것은 아이들뿐이다.

만일 현재의 습관이 타락했다고 생각하는 사람이나 옛날의 습관을 되살리길 원하는 사람이 있다면, 그들이 작업 대상으로 삼을 수 있는 유일한 개인은 아이들이다. 어른들을 대상으로 해서는 절대로 성공을 거두지 못한다. 만일 누군가가 사회에 영향력을 행사하길 원한다면, 그 사람은 어린 시절에 관심을 기울이는 쪽으로 방향을 바꿔야 한다. 과거에 사람들은 어른들에게 영향을 미치려고 노력했으나 지금은 상황을 더 정확히 이해하면서 아이들을 위한 학교를 시작하고 있다. 이유는 어린 시절에 인간의 건축이 일어나고, 아이들이 우리가 제공하는 것을 갖고 인간을 건축하기 때문이다.

어떤 정치인이 자기 국민의 습관을 바꿔놓기를 원한다고 가정해

123

보자. 정말 이상하게 들릴지 모르겠지만, 이 사람은 자기 나라의 어린이들을 대단히 중요하게 고려해야 한다. 20세기 중반에 여러 나라에서 이런 일이 실제로 일어났다. 어떤 사람은 사랑스런 성격을 지닌 매우 평화로운 사람들을 전사로 바꾸는 작업을 시작했다. 이 사람은 성인을 상대로 그런 노력을 폈으나 결국에는 아이들을 이용해야 했다. 무솔리니도 이탈리아에서 그렇게 했고, 히틀러도 독일에서 그 예를 따랐다. 파시스트 찬가는 "청년, 청년"이라는 단어로 시작한다. 이는 그들의 정책의 주요 경향이며, 청년들의 창조적 정신을 이용하기 위한 것이었다. 그러나 그들은 곧 이보다 더 어린 아이들에게로 손을 뻗었으며, 따라서 찬가는 "유아, 유아"로 시작되어야 했을지도 모른다. 3세 이하 아이들을 표적으로 잡고 아이들 주위에 열광과 위엄과 활동의 분위기를 조성함에 따라, 그들은 한 세대 안에 전 국민의 성격을 바꿔놓을 수 있었다.

오늘날 우리가 퇴치하려고 애를 쓰고 있는 그 정신 상태는 이탈리아 민족에게 원래부터 있었던 성격도 아니고 독일 민족에게 원래부터 있었던 성격도 아니다. 그것은 '우리의 영광'을 바탕으로 아이들 사이에 어떤 분위기를, 어떤 열정을 불러일으킴으로써 생긴 것이었다. 호전적인 정신은 아이들의 정신에 워낙 깊이 박혀 있기 때문에 국민이 어떤 재앙을 당하더라도 쉽게 사라지지 않을 것이다. 나이가 많은 사람들은 이성적으로 추론할 수 있지만 아이들은 그렇게 하지 못한다. 아이들은 죽을 때까지 싸울 것이다. 패배를 할 경우에, 아이들은 지하에서도 싸움을 계속할 것이다. 이제 당신은 다양한 방법들이 있고 또 보통의 민주주의마저도 우리의 필요에 대한 대답이 될 수 없는 이유를 알 것이다. 아이들이 상황을 이해하지 못하는 탓에 지도자를 선택할 수 없기 때문이다.

세 살짜리 아이들까지 정치적 이상을 이해하도록 하거나 전사로 만들겠다고 모임까지 열 수는 없다. 아이들에게 영향을 미치려면, 환경을 이용해야 한다. 아이들이 환경 속의 모든 것을 흡수하여 자신의 내면에서 인격을 형성하기 때문이다. 아이는 무엇이든 할 수 있다. 아이는 그야말로 전능하다. 반면에 이미 형성된 어른은 변하지 않는다. 그렇다면 우리는 지금 어떤 뚜렷한 비전을 보고 있다. 만일 한 세대를 바꿔놓기를 원하고, 또 그 세대에게 좋은 쪽으로나 나쁜 쪽으로 영향을 미치길 원한다면, 혹은 어떤 종교를 다시 일으키거나 문화를 더하길 원한다면, 우리는 반드시 아이를 대상으로 삼아야 한다.

정신의 힘은 태아에서 발견된 것과 비슷한 그 무엇이다. 태아에 어떤 영향을 미침으로써, 당신은 괴물을 만들거나 보다 완벽한 존재를 만들 수 있다. 그러나 어른이 되면 이런 일은 불가능해진다. 정신도 마찬가지이다. 당신은 인간을 창조할 수 없다. 그러나 당신은 정신적 태아에 영향을 미침으로써 인간을 더욱 완벽한 존재로 만들 수 있다. 이 같은 사실은 어른들과 교육에 엄청난 파워를 안겨준다. 왜냐하면 그것이 정신적 성장과 정신적 발달에 대한 통제력을 안겨주기 때문이다. 아이는 우리에게 새로운 희망과 새로운 비전을 준다. 우리 어른들이 잘만 한다면, 미래의 인간이 더욱 넓은 이해력과

더욱 큰 행복, 더욱 고귀한 영성을 갖추도록 할 변화를 이룰 수 있을
것이다.

8장

정신적 태아의 삶

태어날 때 아이는 이미 정신적 삶을 부여받은 상태라는 점을 여기서 다시 강조하고 싶다. 그렇다면 이 정신적 삶이 출생할 때 시작하는 것이 아닐 수도 있다. 만일 정신적 삶이 존재한다면, 그것은 이미 태아의 내면에 갖춰져 있을 것이다. 그렇지 않고서야 어떻게 정신적 삶이 아이가 출생할 때 아이에게 있을 수 있겠는가? 또 태아에게도 정신적 삶이 있을 수 있다. 이런 식으로 생각한다면, 태아의 삶의 어느 단계에서 정신적 삶이 시작되는가, 하는 궁금증이 생겨날 것이다. 일부 예를 보도록 하자. 아이가 9개월을 다 채우지 않고 7개월만에 태어나는 경우가 있다. 칠삭둥이도 이미 신체가 완벽한 상태이기 때문에 살 수 있다. 그러므로 칠삭둥이의 정신적 삶도 9개월에 태어난 아이의 그것만큼 작동한다. 이 문제를 계속 논하고 싶지는 않다. 그러나 내가 모든 삶은 정신적 삶이라고 말할 때, 그리고 태아조차도 정신을 갖고 있다고 말할 때, 그것이 뜻하는 바가 무엇인지를 이 예를 통해서 보여줄 수 있었으면 좋겠다.

사실 모든 유형의 생명은 그 생명의 형태가 아무리 원시적인 상태에 있을지라도 특정한 양의 정신 에너지를, 특별한 종류의 개인적 정신을 갖고 있다. 단세포 동물들에게도 일종의 정신 같은 것이 있다는 사실이 확인된다. 단세포 동물도 위험을 피하고 먹이 쪽으로 이동할 줄 안다. 예를 하나 제시한다면, 녹조라 불리는 단세포 존재가 있다. 이 작은 존재는 물 속에 있는 그 많은 식물 중에서도 특별한 어떤 수초만을 먹고 산다. 그렇다면, 녹조는 이 식물을 선택하게 하는 특별한 정신적 개성을 갖고 있음에 틀림없다. 달리 표현하면 녹조는 구체적인 어떤 행동을 부여받았음에 틀림없다는 뜻이다.

모든 동물은 각자의 삶을 영위하는 특별한 방법을 갖고 있으며, 이 같은 사실은 동물의 행동이 특별한 형태의 정신의 지휘를 받는다는 점을 보여준다. 엄격한 과학 분야를 잠깐 벗어난다면, 이렇게 말할 수도 있을 것 같다. 정신적 지휘자 같은 존재가 이 지구상에서 일어나야 할 모든 활동을 다양한 유형의 생명들이 나눠 맡아서 하도록 분배하고 있다고 말이다. 달리 표현하면, 오늘날 생명은 어떤 위대한 에너지로, 우주를 창조하는 에너지로 여겨지고 있다. 그렇다면 갓 태어난 아이도 정신적 삶을 부여받은 상태라는 말에 우리가 놀라야 할 이유가 있을까? 만일 아이에게 정신적 삶이 없다면, 아이가 어떻게 살아 있겠는가?

이 같은 결론이 강한 인상을 남겼다. 그 전까지는 아이에겐 정신적 삶이 없는 것으로 여겨졌기 때문이다. 많은 사람들이 아이가 태어나기도 전에 정신적 삶을 부여받는다는 사실에 대해 깊이 생각하며 연구하기 시작했다.

만일 어떤 존재가 정신적 삶을 부여받았다면, 그 존재는 외부로부터 인상을 받는다. 그렇다면 아이는 태어날 때 엄청난 충격을 경험할 것임에 틀림없다. 이는 새로운 관점이며, 사상가들로 하여금 살아 있는 어떤 존재가 어느 한 순간에 갑자기 이 환경에서 완전히 낯선 다른 환경으로 내던져지는 출생의 드라마와 정신적 삶에 대해 깊이 생각하도록 만들었다. 세상에 태어나는 아이의 조건을 고려한다면, 환경의 갑작스런 변화가 훨씬 더 강하게 다가올 것이다. 갓 태어난 아이는 아직 완전히 발달하지 않은 상태이다. 정말로 아이를 주의 깊게 들여다볼수록, 아이가 육체적으로 아주 불완전하다는 사실이 더욱 분명하게 확인될 것이다.

아이의 모든 것은 미완이다. 아이가 이 땅 위를 걸으며 세계를 정복하도록 할 다리도 여전히 연골 상태이다. 강력한 보호가 필요한 뇌를 둘러싸고 있는 두개골도 마찬가지이다. 갓 태어난 아이의 머리는 아직 경화되지 않았다. 뼈들 중에서도 몇 개만 발달했을 뿐이다. 더욱 중요한 것은 신경 자체가 아직 완성되지 않았기 때문에 중앙의 지휘가 부족하고 따라서 신체기관들 사이의 통합이 이뤄지지 않은 상태이다. 그렇기 때문에 뼈가 아직 발달하지 않은 이 존재는 움직이고 싶은 충동을 실행에 옮기지도 못한다. 모든 충동이 신경을 통해 전달되는데 신경들이 아직 충분히 발달하지 않았기 때문이다. 그러기에 다른 동물들은 태어남과 거의 동시에 걸을 수 있는데도 사람의 신생아는 전혀 움직이지 못한다.

결론은 이렇다. 출생할 당시에 아이는 여전히 태아의 단계에 있다는 것이다. 따라서 아이가 출생 후 상당 기간까지 태아의 삶을 사는 것으로 봐야 한다. 중대한 사건, 즉 아기가 전혀 다른 새로운 환경으로 던져지는 출생이라는 위대한 모험 때문에, 이 삶이 방해를 받을 수 있다. 출생이라는 변화는 그 자체만으로도 무섭다. 그것은 어떤 존재가 지구에서 달로 가는 것이나 마찬가지이다. 그러나 그게 전부가 아니다. 이 위대한 걸음을 떼기 위해, 아이는 엄청난 육체적 노력을 펴야 한다. 아이가 이런 힘든 경험을 거친다는 사실은 대체로 고려되지 않고 있다. 아이가 태어날 때, 사람들은 오직 엄마에 대해서만 생각한다. 아이를 낳는 것이 엄마에게 아주 힘든 일이라는 생각만 하는 것이다. 그러나 아이는 엄마보다 훨씬 더 큰 시련을 통과한다. 이 아이가 신체적으로 완전하지 않은데도 정신적 삶을 부여받았다는 사실을 고려한다면, 이 시련이 더욱 절실하게 느껴질 것이다. 갓 태어난 아기의 정신적 기능은 아직 발달되지 않았다는 점을 기억하도록 하자. 이 정신적 기능은 아이가 스스로 창조해야 하는 것이기 때문이다. 육체적으로도 아직 완전하지 않은 이 정신적 태아는 자신의 정신적 기능들을 창조해야 한다.

이 방향으로 계속 추론하도록 하자. 힘도 없고 걷지도 못하는 상태에서 태어난 이 인간 존재는 운동으로 이어질 어떤 행동을 부여받았음에 틀림없다. 아이의 기능들은 아직 존재하지 않기 때문에 창조되어야 하며, 이 기능들이 형성되어야 한다는 것은 곧 태아적인 삶의 시기가 추가로 전개된다는 것을 의미한다. 정신적 태아의 삶이라고 할 수 있는 시기이다.

육체적으로 불완전하게 태어난 신생아는 인간이라는 복잡한 존재를 완성해내야 한다. 아이가 인간의 정신적 기능들을 스스로 창조해내야 한다는 뜻이다.

출생 후 정신적 발달은 행동이 지시하는 길을 따라 일어난다. 달리 말하면, 운동을 창조하는 것이 곧 정신의 발달이라는 뜻이다. 다른 동물들의 경우에 태어나자마자, 말하자면 동물이 외부 환경을 접하게 되자마자 일깨워지는 것 같은 본능이 사람의 경우엔 내면에서 정신에 의해 구축되어야 하는 것임에 틀림없다. 인간의 기능들과 그 기능들에 해당하는 운동을 건설하는 것은 바로 정신이다. 이런 식으로 일이 진행되는 동안에, 태아의 육체적 부분은 발달을 끝낸다. 두개골도 단단해진다. 인간 태아가 불완전하게 태어나는 이유는 정신의 건설이 이뤄진 다음에야 태아의 최종적 형태와 기능들이 결정되기 때문인 것 같다.

병아리들은 알에서 부화되는 즉시 어미가 먹이를 쪼는 방법을 가르쳐주길 기다리지 않고 곧장 다른 병아리들처럼 행동하기 시작한다. 병아리들은 지금도 그렇고 옛날에도 그랬으며 앞으로도 그럴 것이다. 사람의 경우에는 그렇지 않다. 왜냐하면 사람은 운동을 시작하기 전에 먼저 정신을 발달시켜야 하기 때문이다. 그래서 사람은 움직이지 못하는 상태에서 태어난다. 사람의 정신은 사람의 진화에 따라서, 그 사람이 처한 환경에 따라서, 그 사람이 처한 조건에 따라서 건설되어야 한다. 사람은 자신의 시대와 조건에 적합한 인간을 형성해야 하기 때문이다.

운동은 정신과 더불어 형성된다. 말하자면 정신이 기능들을 개발함과 동시에 기능들을 표현할 운동을 발달시킨다는 뜻이다. 따라서 그런 행동은 그 사람이 자신의 시대와 조건에 적응하는 쪽으로 형성되게 된다. 환경 안에서 최초의 능동적인 경험은 이 정신 기능들이 형성될 때까지 일어나지 않는다.

이 같은 사실에서 몇 가지 중요한 결론을 끌어낼 수 있다. 한 가지 결론은 출생 때부터 사람의 삶에서 가장 중요한 측면은 정신적 삶이지 운동이 아니라는 점이다. 왜냐하면 운동은 정신의 안내와 지시에 따라 창조되는 것임이 분명하기 때문이다. 사람과 다른 동물을 구분하는 것은 지능이다. 그러므로 사람이 세상에 태어나 가장 먼저 하는 활동은 지능의 건설이 되어야 한다. 뼈대와 신경계가 지능의 건설을 기다리고 있는 동안에, 육체는 활발하게 움직이지 못하는 상태로 남는다. 육체는 기다려야 한다. 사람은 행동이 사전에 고착되어 있는 그런 동물의 육체가 아니기 때문이다. 자연은 세심하게 배려하면서 사람에게서 운동의 힘을 빼앗고 또 육체를 부드러운 뼈로 만들었다. 이유는 사람이 환경 안에서 경험을 처음 시작하기 전에 정신을 습득하는 위대한 일부터 먼저 마무리해야 하기 때문이다. 만일 정신적 삶이 환경을 흡수함으로써 스스로를 구축하게 되어 있다면, 지능이 먼저 환경을 관찰하고 연구하여 엄청난 양의 인상을 수집한다는 주장이 논리적이다. 육체적 태아가 처음에 특정 신체기관을 만드는 작업을 벌이기 전에 먼저 세포를 엄청나게 많이 축적하는 작업부터 하는 것과 똑같다.

삶의 첫 시기는 환경으로부터 인상들을 수집하는 기간이다. 이 같은 설명이 논리적이다. 인간의 신생아가 동물들의 새끼처럼 정해진 본능들을 부여받지 않은 상태에서 출생하자마자 걷는다고 가정할 경우에 그 아이가 새로운 환경 안에서 어떻게 제대로 판단할 수 있겠는가?

이 시기는 경이로운 시기이다. 인간의 삶에서 첫 번째 시기는 더 없이 위대한 정신적 활동이 이뤄지는 시기이다. 훗날 지능이 생길 바탕이 되어줄 인상들이 축적되는 것이 바로 이때인 것이다.

또한 사람의 운동이 환경을 고려하게 되어 있고 또 사람이 모두 서로 다른 역사적 시대에 서로 다른 환경에 태어나 각자 거기에 적응해야 하기 때문에, 정신이 엄청난 양의 재료를 받아서 축적하는 것이 필수이다. 이 재료들이 각 개인이 자신이 태어난 특별한 환경과 역사적 시대에 맞게 특별히 적응할 수 있도록 받쳐줄 바탕이 된다. 그렇다면 삶의 첫 몇 년이 가장 위대한 활동이 이뤄지는 시기일 것 같다. 이 활동을 통해 환경 안의 모든 것이 아이에게 흡수된다. 2년차에 육체적 존재는 거의 완성되고, 육체의 운동도 결정되기 시작한다. 이 같은 사실은 인간의 운동이 정신적 삶에 의해 결정되도록 하겠다는 자연의 계획을 아주 명쾌하게 보여주고 있다.

옛날 사람들은 움직이지도 못하고 말도 못하는 아이는 정신적으로 아예 존재하지 않는 것이나 다름없다고 생각했다. 그랬기에 이 같은 인식 변화가 그만큼 더 인상적으로 다가온다. 얼마나 큰 변화인가! 옛날 사람들은 어린 아이에겐 정신적 삶이 전혀 없다고 생각했지만, 지금은 출생 후 첫 몇 해의 주요 활동이 곧 뇌의 활동인 것으로 통하고 있으니 말이다.

이런 관점에서 신생아를 다시 본다면, 우리는 한 살짜리 아이의 머리 크기가 갓 태어난 아기의 머리 크기보다 배 커지는 이유를 쉽게 이해할 수 있다. 3년차가 되면, 아이의 머리 크기는 이미 어른 머리의 반 정도로 커진다. 아이가 4세가 되면, 머리의 크기는 성인의 10분의 8 정도 된다.

이런 사실을 근거로 할 때, 인간이 지능, 즉 정신에서 특별한 성장을 이루는 것이 분명하다. 나머지 다른 성장은 정신이 기능들을 발달시켜 나갈 때 동원할 도구의 성장에 지나지 않는다.

이는 출생 후 첫 해가 인생 전체에 엄청난 중요성을 지닌다는 점을 보여주고 있다. 어른으로 성숙하기 전의 아이는 지능의 발달이 활발하게 이뤄지는 것이 두드러진 특징이다. 이는 또한 인간과 동물 사이에 두드러진 차이가 존재한다는 점을 보여준다. 동물들은 단순히 행동 본능을 따라야만 한다. 동물들의 정신적 삶은 본능에 국한되어 있다. 사람의 내면에서는 또 다른 사실이 벌어진다. 지능이 창조되는 것이다. 갓 태어난 아기를 보면서 우리는 그 아이가 미래에 무엇을 할 것인지를 절대로 예측하지 못한다. 아이의 지능은 진화 중인 삶의 현재를 흡수해야 할 것이다. 그런데 이 진화는 문명

속에서 수십 만 년 전으로까지 거슬러 올라가고 앞으로도 무한히 이어질 것이다. 현재는 과거로나 미래로나 그 끝이 없으며 한 순간도 같을 수 없다. 인간의 양상은 무한하다. 반면에 다른 동물들은 언제나 고정되어 있는 한 가지 양상밖에 보이지 않는다.

사람에겐 한계란 것이 없다. 인간을 연구할 때, 고려의 초점은 인간의 지능으로 모아져야 한다. 분명히 무한을 향해 나아갈 가능성을 갖고 있고 또 무한을 향하게 되어 있는 이 정신적 삶은 신비한 어떤 방식으로 시작되는 것임에 틀림없다. 정신적 삶은 아기가 태어나기 전부터 시작된다. 그렇게 보는 이유는 갓 태어난 아이의 마음에서도 어떠한 기능이든 창조하고 어떠한 조건에도 적응할 가능성을 지닌 엄청난 힘들이 발견되기 때문이다.

사람의 다양한 충동의 바탕엔 이런 정신적 삶이 있다. 아이의 정신적 발달을 살피고 이해하기 전에, 그 점을 먼저 이해해야 한다. 고려해야 할 또 다른 사항이 있다. 아이의 마음의 정수(精髓)와 아이의 마음이 작동하는 방식도 반드시 고려되어야 한다. 왜냐하면 이 마음이 삶의 첫 해에 매우 굶주린 상태에 있는 까닭에 환경 안에 있는 모든 것들의 인상을 모으기를 원하기 때문이다. 아이의 정신은 어떤 것이든 의식적으로 흡수하지 않는다. 아이의 정신은 아이의 발달을 이끌 힘을 지닌 생명이다. 그렇다면 이런 아이의 정신적 삶의 본질은 무엇인가? 아이의 미래 행동의 일부를 이해하기를 원한다면, 우리는 아이의 정신적 삶의 본질을 이해할 수 있어야 한다. 아이는 외부의 일들에 어떤 식으로 반응하는가?

출생 공포와 그에 대한 반응

오늘날 심리학자들은 '출생의 힘든 모험'에 강한 인상을 받으면서 아이가 세상에 태어나는 동안에 엄청난 충격을 겪는다고 결론을 내리고 있다. 요즘 널리 쓰이고 있는 심리학 용어 하나가 바로 '출생 공포'이다. 분명, 출생 공포는 의식적인 공포는 아니다. 그러나 만약 아이의 의식적인 정신 능력이 발달했다면, 아이는 격한 단어로 자신의 느낌을 표현할 것이다. "엄마는 왜 나를 이런 무서운 세상으로 내던졌어? 내가 뭘 할 수 있어? 나의 세상과 완전히 다른 삶에 내가 어떻게 적응할 수 있겠어? 휘파람 소리조차 듣지 않은 내가 이 무시무시한 소리에 어떻게 적응할 수 있겠어? 엄마가 그 동안 나를 위해 대신해주었던 어려운 일들을 내가 어떻게 할 수 있겠어? 소화는 어떻게 하며 또 숨은 어떻게 쉬는 거야? 엄마의 체온과 똑같은 온도에서 늘 따뜻하게 지내던 내가 이 무서운 기후 변화를 어떻게 견딘다는 말이야?"

아이는 이 모든 것을 의식하지 않고 있다. 아이는 자신이 출생 공포로 고통 받고 있다는 말조차 하지 못한다. 그럼에도 의식과 다른 정신적 느낌이 있음에 틀림없다. 아이가 의식을 갖고 있었더라면 "왜 엄마는 나를 버렸어? 엄마는 상처 입은 나를 그대로 내버려뒀어. 엄마는 힘이 하나도 없는 나를 버렸어! 어떻게 엄마한테 그런 용기가 나올 수 있었지?"라고 물었을 것이기 때문이다. 만일 아이가 의식할 수 있었다면, 아이의 생각이 그런 식으로 전개되었을 테지만 아이는 의식하지 못한다. 그럼에도 아이의 잠재의식은 아주 예민하다. 아이는 앞에서 표현한 것과 거의 똑같은 기분을 느꼈을 것임에 틀림없다.

생명을 연구하는 사람들은 이 점도 고려해야 한다. 아이는 환경에 처음 적응하면서 주변의 도움을 받아야 한다. 아이의 정신이 출생을 겪으면서 무서운 충격을 받기 때문에 도움은 더더욱 필요하다. 아이도 놀랄 수 있다는 점에는 의문의 여지가 없다.

아기가 태어나고 몇 시간 지나지 않아 씻기려고 아기의 몸을 순간적으로 아래로 내릴 때, 아기가 뭔가를 붙잡으려는 듯한 움직임을 보이는 경우가 자주 있다. 어른이 높은 곳에서 아래로 떨어질 때 뭔가를 잡으려 하는 몸짓과 비슷하다. 이는 아이들이 놀람을 느낀다는 사실을 보여준다.

그렇다면 자연에는 어떤 도움이 있을까? 자연은 갓난아기가 적응해야 하는 어려운 시기에 아기를 도와준다. 자연은 엄마에게 아기를 자신의 몸 가까이에 두고 빛으로부터 보호하는 본능을 주었다. 그리고 엄마 본인은 이 기간에 자연에 의해 무력해진다. 엄마에게 지나치게 많은 에너지를 남겨두지 않는 것이다. 자기 자신을 돌보며 차분하게 지냄으로써, 엄마는 그 시기에 아기에게 필요한 고요를 준다. 마치 엄마가 잠재의식적으로 "아이가 무서운 충격을 받았으니 내 옆에 둬야 해."라고 생각하는 것처럼 보인다. 엄마는 아기를 자신의 체온으로 따스하게 덥히고 지나치게 많은 인상들로부터 보호한다.

인간의 엄마들은 이런 일을 다른 동물의 어미들에게서 확인되는 것 만큼 강한 열정으로 하지 않는다. 고양이를 예로 든다면, 어미 고양이는 자기 새끼를 어둑한 곳에 숨기며, 혹시 다른 동물이 자기 새끼 쪽으로 다가오기라도 하면 극도로 경계하는 모습을 보인다. 반면, 인간의 엄마들은 이런 동물적인 본능을 잃어버린 것 같다. 아기가 태어나기가 무섭게 누군가가 와서 아기를 씻기고 옷을 입히고 눈의 색깔을 확인하기 위해 빛을 비춘다. 인류가 위험에 처했다고 하는 이유도 여기에 있다.

인간을 안내하는 것은 더 이상 자연이 아니고 인간의 추론이다. 인간의 추론은 식별력에 의해 계발되는 것이 아니기 때문에 잘못될 수 있다. 아이는 아직 정신을 부여받지 않은 존재가 아니라고 생각하는 것이 바로 이런 추론이다. 오늘날 관찰되고 있는 아이의 출생 공포는 말을 통한 항의보다 훨씬 더 무서운 결과를 부를 수 있다. 잘못된 성격을 낳을 수 있는 것이다. 그 결과는 정신의 변형으로 나타나게 된다. 즉 아이가 정신적 발달에서 정상적인 길을 밟지 않고 그릇된 길을 밟을 수 있다는 뜻이다. 그릇된 성격은 어린 시절에만 그치지 않고 성인이 되어도 그대로 이어진다. 그런 성격은 '정신적 퇴행'이라 불린다. 출생 공포에 대한 부정적 반응 때문에 고통을 겪는 개인들은 앞으로 나아가지 못하고, 말하자면 삶의 길을 따라 앞으로 나아가지 못하고 출생 전에 존재했던 무엇인가에 집착하는 것처럼 보인다. 이 퇴행의 특징도 가지가지이다. 그러나 모든 특징은 똑같은 인상을 준다. 아이가 마치 이런 식으로 생각하고 있는 것처럼 보이는 것이다. "어머나, 이 세상이 왜 이렇게 무서워! 난 내가 온 곳

　　　　　　　　　　　　　　8장 정신적 태아의 삶

으로 되돌아갈 거야!" 신생아가 몇 시간 동안 잠을 자는 것은 정상으로 여겨진다. 그러나 지나치게 긴 수면은 신생아일지라도 정상이 아니다. 그런 잠은 이 세상에 대한 정신적 반감에 따른 일종의 도피로 여겨지고 망각을 추구하는 수단으로 여겨진다.

잠이 꼭 그런 것 같지 않은가? 잠은 잠재의식의 왕국이 아닌가? 만일 불쾌한 무엇인가가 마음을 괴롭힌다면, 잠을 자도록 하라. 잠 속에는 현실은 없고 꿈이 있으니 말이다. 잠 속에는 노력을 전혀 요구하지 않는 삶이 있다. 수면은 세상으로부터 벗어나는 길이고 하나의 피난처이다. 또 잠을 잘 때의 자세도 유심히 살펴볼 필요가 있다. 갓 태어난 아기의 자연스런 자세는 두 손을 얼굴 가까이로 모으고 두 다리를 몸통 쪽으로 모은 채 몸을 오그린 상태이다. 그러나 이 자세가 나이가 들어서까지 이어지는 경우도 더러 있으며, 이는 엄마의 뱃속에 있을 때인 태아기의 자세로 도피하는 것으로 여겨질 수 있다. 아이들은 잠에서 깨어날 때 크게 놀란 듯, 마치 자신을 험난한 세상으로 데려 온 출생의 무서운 순간을 다시 겪는 듯 소리내어 울기 시작한다. 아기가 악몽에 시달리는 경우도 종종 있다. 이런 것들이 곧 삶의 공포이다.

이런 성향을 보여주는 또 다른 예는 아기가 혼자 남는 것을 무서워하듯 다른 사람에게 밀착하는 것이다. 이 밀착은 애착이 아니다. 그것은 두려움이 내포된 그 무엇이다. 아이는 소심하며 언제나 누군가와 가까이 있기를 원한다. 가까이 있고 싶어 하는 대상으로는 보통 엄마가 선호된다. 그런 아이는 바깥에 나가는 것을 즐거워하지 않으며 언제나 세상과 차단된 상태로 집에 남기를 바란다.

아이를 행복하게 해 줘야 할 세상의 모든 것이 오히려 아이를 놀라게 만든다. 그러면 아이는 새로운 경험에 반감을 느끼게 된다. 환경이 발달 과정에 있는 아이에게 매력적으로 다가와야 하는데도 그러기는커녕 오히려 혐오감을 불러일으키기 때문이다. 만일 아이가 아주 어린 유아기 때부터 발달의 수단으로 받아들여야 할 환경에 반감을 품게 된다면, 분명히 이 아이는 정상적으로 발달하지 못할 것이다. 이 아이는 세상을 정복하고, 환경 안의 모든 것을 섭취하여 자신의 내면에 구현하는 그런 아이가 되지 못할 것이다. 이 아이도 그렇게 하려고 노력하겠지만, 거기엔 많은 어려움이 따르고 노력이 불완전하게 이뤄질 것이다.

이런 아이는 "인생은 고해(苦海)"라는 격언을 그대로 현실로 보여주는 것처럼 보인다. 이런 아이에겐 무엇인가를 한다는 것은 곧 자신의 천성에 맞서며 힘들게 나아가는 것을 의미하게 된다. 숨쉬는 것조차도 힘들어 보인다. 이런 부류의 아이들은 잠과 휴식을 더 많이 필요로 한다. 먹은 음식을 소화시키는 것까지도 힘들어 보인다. 그렇다면 이런 유형의 아이가 미래에 어떤 유형의 삶을 영위하게 될 것인지를 짐작하는 것도 어렵지 않다. 이런 특징들은 현재의 특징만 아니라 미래의 특징이기도 하기 때문이다. 이 아이는 걸핏하면 우는 그런 유형이다. 아이는 언제나 다른 사람이 자신을 도와주길 바랄 것이다. 아이는 게으르고, 슬프고, 우울할 것이다. 이런 것들은 시간이 지나면 그냥 흘러갈 그런 특징이 아니다. 그것들은 평생 동안 특징으로 남는다. 성인이 될 때조차도, 아이는 이 세상에 반감을 품고, 사람들을 만나길 두려워하고, 언제나 소심한 모습을 보일 것이다. 그런 존재들이 사회생활을 하면서 생존 투쟁을 벌이게 될 때 다른 존재들에 비해 열등한 모습을 보일 것은 틀림없는 일이다. 즐거움과 용기와 행복을 누리는 것은 이런 부류의 사람들의 운명이 아닐 것이다.

이것은 아이의 잠재의식적 정신의 무서운 대답이다. 사람은 의식적 기억을 망각한다. 그러나 잠재의식은 느끼는 것 같지도 않고 기억하는 것 같지도 않은데도 사람에게 해로운 짓을 훨씬 더 많이 한다. 잠재의식에서 형성된 인상들은 므네메에 새겨지고, 그 사람의 특징으로 뚜렷이 남는다. 바로 여기에 인류의 중대한 위험이 있다. 제대로 보살핌을 받지 못하는 아이는 나중에 스스로 형성하는 성격으로 사회에 복수를 할 것이다. 아이를 잘못 다룰 경우에 어른들의 세계에서처럼 반역자를 낳지는 않겠지만 허약하고 열등한 개인을 낳게 된다. 아이를 잘못 다루면 개인의 인생을 방해할 성격을 낳고 문명의 진보에 장애가 될 개인을 낳게 된다.

9장
독립의 정복

아이가 첫 번째 적응, 다시 말해 출생 직후의 적응을 제대로 성취하지 못할 때, 아이에게 퇴행의 특징들이 발달한다. 이 시기에 생긴 어떤 경향들은 성인이 되어도 그대로 남을 수 있다.

이런 퇴행의 특징들을 묘사하는 현대 심리학자들은 퇴행의 특징이 나타나지 않을 때 아이가 독립을 이루는 방향으로 나아가는 경향을 매우 강력하게 보인다고 말한다. 그렇다면 발달은 언제나 조금 더 큰 독립을 성취하는 것이라고 할 수 있다. 이는 활시위를 떠난 화살이 표적을 향해 직선으로 빠르게 날아가는 것과 비슷하다. 아이는 독립의 길을 따라 앞으로 착실히 나아간다. 이것이 정상적인 발달이다. 독립으로 이어질 길을 따르면서 보다 강력한 활동을 보여주는 것이 곧 발달인 것이다. 독립의 획득은 삶이 처음 시작할 때부터 시작된다. 아이는 조금씩 성장해가면서 스스로를 완벽하게 가꾸고 그 길에 발견되는 모든 장애를 극복한다. 이때 아이의 안에서 생명력 같은 것이 왕성하게 활동하면서 아이가 발달의 길을 밟도록 한다. 이 힘은 '호르메'(Horme)라 불린다.

만일 의식적인 정신의 영역에서 이 호르메와 비교할 만한 것을 찾아야 한다면, 호르메와 의지 사이에 비슷한 점이 거의 없음에도 불구하고 호르메를 의지의 힘과 비교하는 수밖에 달리 방법이 없다. 의지의 힘은 지나치게 약하고 또 개인의 의식과 지나치게 밀착되어 있다. 반면에 호르메는 전반적인 생명에 속하며, 그것을 우리는 진화를 촉진하는 어떤 신성한 힘이라 부를 수 있을 것이다. 이 진화의 생명력은 아이의 내면에서 어떤 행동을 성취하려는 의지로 나타난다. 이 의지는 죽음이 아닌 다른 것에 의해서는 절대로 깨어지지 않는다. 이것을 묘사할 적절한 다른 단어가 없기 때문에, 나는 이것을 그냥 '의지'라고 부른다. 그러나 이 생명력은 절대로 의지가 아니다. 의지라면 의식과 추론을 암시하기 때문이다. 이 생명력은 아이가 어떤 행동을 하도록 촉구하는 잠재의식적 생명력이다. 정상적으로 성장하고 있는 아이의 안에서 이 생명력의 거침없는 작용은 우리가 '생의 환희'라고 부르는 것으로 나타난다. 아이는 언제나 몰입하며 언제나 행복하다.

초기에 이런 식으로 이뤄지는 독립의 정복들은 일반적으로 자연적 발달로 알려진 다양한 단계들을 말한다. 달리 표현하면, 아이의 자연적 발달을 면밀히 살필 경우에 아이의 발달이 곧 독립을 점진적으로 획득해 나가는 과정으로 확인된다는 뜻이다. 육체는 성장하려는 성향을 갖고 있다. 이 성향이 워낙 강하기 때문에 죽음이 아닌 다른 것으로는 이 성장을 막지 못한다.

이 발달을 살펴보도록 하자. 출생하면서 아이는 어떤 감옥으로부터, 말하자면 엄마의 육체라는 감옥으로부터 스스로를 자유롭게 풀어놓는다. 출생을 통해서 아이는 엄마의 기능들로부터 독립한다. 갓난아기는 어떤 충동을, 말하자면 환경을 직시하며 흡수하고 싶어 하는 충동을 부여받는다. 아기가 '세상을 정복하려는 심리'를 갖고 태어난다고 말할 수도 있다. 아이는 세상을 자신의 내면으로 흡수하며, 그렇게 흡수하면서 정신을 형성해 간다.

이것이 삶의 첫 번째 시기의 특징이다. 만일 아이가 느끼는 첫 번째 충동이 환경을 정복하고 싶어 하는 욕망이라면, 환경은 당연히 아이에게 매력적으로 다가올 수 있어야 한다. 그래서 우리는 이 같은 사실을 묘사하는 데 적절하지 않은 단어들을 사용하면서 아이가 환경에 '사랑'을 느낀다고 말한다.

아기일 때 가장 먼저 기능을 시작하는 신체기관은 감각기관이다. 감각기관이라면 아이가 인상을 포착하는 도구가 아닌가?

응시하고 있을 때, 무엇을 보는가? 환경 안에 있는 모든 것을 본다. 듣기를 시작하자마자, 우리는 환경 안에 있는 모든 것을 듣는다. 우리가 포착하는 범위는 매우 넓다고, 거의 우주적이라고 할 수 있다. 이것이 자연의 길이다. 아이는 소리를, 잡음을, 사물을 하나씩 차례대로 받아들이지 않는다. 아이는 모든 것을, 전체를 한꺼번에 흡수하는 것으로 시작한다. 사물들을 서로 구분하고, 소리와 잡음을 구분하고, 소리들을 서로 구분하는 것은 그 뒤의 작업이다.

이것이 정상적인 아이의 정신을 그린 그림이다. 아이의 정신은 먼저 세상을 통째로 흡수하고 그런 다음에 그것을 분석한다.

이제 환경에 매력을 강하게 느끼지 못하는 유형의 아이를 상상해보자. 놀람과 공포 때문에 환경을 향한 위대한 사랑이 상처를 입은 아이이다. 환경에 사랑을 강하게 느끼는 아이의 발달은 환경에 사랑을 느끼지 못하는 아이의 발달과 아주 다를 것임에 틀림없다.

생후 6개월 된 아이를 고려하면서 아이의 발달을 계속 살피도록 하자. 정상적인 성장임을 보여주는 몇 가지 현상이 나타난다. 생후 6개월이 되면, 아이는 육체적 변화를 겪는다. 이 변화 중 일부는 눈에 보이지 않으며 오직 실험을 통해서만 확인된다. 예를 들면, 위는 소화에 필요한 염소산을 배출하기 시작한다. 이빨이 나기 시작하는 것은 생후 6개월 쯤 될 때이다. 이것은 출생할 당시에 완성되지 않은 육체를 보다 완벽하게 다듬는 것임과 동시에 성장의 길을 밟는 것이다. 이는 또 6개월이 되면 아이가 모유 없이도 살 수 있다는 것을 의미한다. 아니면 적어도 모유를 다른 것으로 대체할 수 있다는 뜻이다. 아이가 독립을 조금 더 획득하는 것이다.

이때까지 아이가 소화조차 시키지 못해 다른 것을 섭취하지 못하고 전적으로 엄마의 젖에만 의존해 왔다는 사실을 고려한다면, 아이가 이 시기에 얻는 독립이 대단히 크다는 사실이 확인될 것이다. 6개월 된 아이는 이런 식으로 생각하는 것처럼 보인다. "이젠 엄마한테 의존하며 살고 싶지 않아. 나도 한 사람의 인간이며 이제 뭐든 먹을 수 있어." 가족에 의지하며 사는 데 대해 수치심을 느끼기 시작하는 청소년의 내면에서도 이와 비슷한 현상이 일어난다. 청소년들은 가족의 도움으로 살고 싶어 하지 않는다. 청소년들은 자신의 힘으로 살고자 한다.

아이가 옹알이를 처음 시작하는 것도 이 시기(아이의 삶에 결정적인 때인 것 같다)이다. 옹알이는 훗날 또 다른 위대한 걸음이자 독립의 획득이 될 언어로 발달하게 될 위대한 건축물을 올리는 첫 번째 돌이다. 언어를 습득하게 되면, 아이는 자신의 뜻을 표현할 수 있을 것이며, 다른 사람이 자신의 필요를 짐작하도록 내버려둘 이유가 없어진다. 아이는 다른 사람이 자신이 원하는 것을 짐작하도록 내버려두지 않고 자신의 의견을 직접 표현할 수 있다. 아이는 아무에게나 "이것 해줘. 저것 해줘."라고 말할 수 있다. 따라서 아이는 어른과 소통을 시작한다. 언어가 없다면, 아무리 탁월한 존재라도 어떻게 소통을 할 수 있겠는가? 언어의 정복과 다른 사람들과 지적으로 소통할 가능성은 독립을 향한 대도약이다. 언어를 습득하기 전의 아이는 듣지도 못하고 말도 하지 못하는 벙어리와 비교될 수 있을 것이다. 아이가 자신을 표현하지도 못하고 다른 사람의 말도 이해하지 못하기 때문이다. 언어를 정복한 뒤의 아이는 갑자기 귀를 얻는 것 같고 주위 사람들에게 말을 할 가능성을 얻는 것 같다.

그러고 나서 오랜 시간이 지나 생후 1년 정도 되면, 아이는 걷기 시작한다. 이로써 두 번째 감옥에서 풀려난다. 이제는 아이가 자신의 두 발로 달릴 수 있으며 당신이 가까이 다가가면 달아날 수도 있기 때문이다. 아이는 이렇게 생각할 수 있다. "내 발로 달릴 수 있어. 나의 생각을 어른들에게 전할 수도 있어."

이런 식으로 사람은 점진적으로 발달하고, 이 연속적인 독립의 단계들을 통해서 자유로워진다. 아이가 자유로워지는 것은 결코 의지의 문제가 아니다. 그것은 독립의 한 현상이다. 정말로, 아이에게 성장의 기회를 주고 독립을 안겨주면서 아이를 자유의 길로 안내하고 있는 것은 자연이다.

'걷기의 정복'도 매우 중요하다. 걷는 행위 자체가 매우 복잡함에도 불구하고 생후 1년 만에 언어의 정복이나 방향감각의 정복과 더불어 성취된다는 사실을 고려한다면, 걷기의 정복이 특히 더 중요해진다. 아이에게 걷기는 대단한 중요성을 지니는 생리학적 정복이다. 동물들에겐 그런 정복이 전혀 필요하지 않다. 걷기를 정복하기 위해 오랜 기간 정교한 유형의 발달 단계를 거치는 것은 오직 인간뿐이다. 아이가 성장의 단계에서 육체적으로 걷거나 아니면 자신의 두 발로 똑바로 설 수 있기 위해서는 먼저 3가지의 성취가 이뤄져야 한다. 어떤 위엄마저 느껴지는 동물인 소를 예로 들어보자. 생후 1년이 되어서야 두 다리로 서는 송아지를 상상이나 할 수 있는가? 송아지들은 태어나자마자 걷기 시작한다. 몸집까지 거대한 이 동물은 그래도 인간보다 열등하다. 인간이 태어날 때 터무니없을 만큼 무력한 이유는 인간의 건설은 훨씬 더 정교한 작업이고 따라서 훨씬 더 많은 시간이 걸리기 때문이다.

149

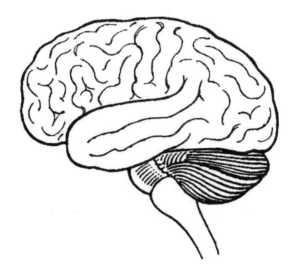

걷기 능력과 두 발로 서 있을 수 있는 능력은 다른 요소들의 발달을 수반한다. 그 발달 중 하나가 뇌이다. 뇌에는 아주 큰 덩어리 밑에 자리 잡은 '소뇌'라는 부분이 있다(도표 4 참조). 소뇌가 급속도로 발달하는 것은 생후 6개월 때이며, 소뇌의 빠른 발달은 아이가 14개월이나 15개월이 될 때까지 계속된다. 그 다음에 성장이 느려지긴 하지만, 그럼에도 아이가 4년 6개월 될 때까지 소뇌는 계속 성장한다. 자신의 두 다리로 서고 똑바로 걸을 수 있는 가능성은 소뇌의 발달에 좌우된다. 아이를 지켜보고 있으면 소뇌의 발달이 쉽게 관찰된다. 똑바로 서고 두 발로 걷는 발달이 연이어 보인다. 아이는 6개월 때 뒤집기를 시작하고 9개월 때 기기 시작하고 10개월 때 일어서고 12개월 내지 13개월 때 걷기 시작한다. 그러다 15개월이 되면 아이는 안전하게 걸을 수 있다.

이 복잡한 발달의 두 번째 요소는 어떤 신경들의 완성이다. 만일 근육으로 가는 명령이 반드시 통과하게 되어 있는 척수신경이 완성되지 않는다면, 절대로 그런 명령이 전달될 수 없다. 신경들이 완성되는 것은 이 시기이다. 걷기에 대한 정복이 이뤄지기 전에, 아주 복잡한 발달이 이뤄져야 하고 또 많은 것들이 서로 조화를 이룰 수 있어야 한다. 그러나 이것만으로는 안 된다. 반드시 이뤄야 할 세 번째 성취가 있다. 뼈대의 발달이다. 앞에서 확인한 것처럼, 아이의 다리는 아직 충분히 경화되지 않았다. 아이의 다리는 아직 연약하며, 아이의 몸이 유연한 것도 바로 이 때문이다. 이런 상태라면, 다리가 아이의 체중을 어떻게 지탱할 수 있겠는가? 따라서 아이가 걷기를 시작하기 전에 뼈대가 완성되어야 한다. 그러고도 한 가지가 더 남는다. 두개골의 뼈들도 아이가 태어날 때에는 서로 연결되어 있지 않다. 이 뼈들도 이때쯤 완성된다. 그래야만 아이가 넘어지더라도 머리를 다칠 위험이 사라질 것이다.

교육을 통해서 아이에게 이 시기보다 앞서 걷는 방법을 가르치길 원한다 하더라도, 우리는 그 목적을 성취하지 못한다. 왜냐하면 아이가 걸을 수 있는 능력은 동시에 일어나는 일련의 육체적 발달에 좌우되기 때문이다. 그래도 억지로 아이를 걷게 하고 싶어 한다면, 아이에게 심각한 피해를 입히지 않고는 그 목적을 이루지 못한다. 여기서 아이를 지휘하는 것은 자연이다. 모든 것이 자연에 달려 있으며 자연의 명령에 복종해야 한다. 동시에 이제 막 걷기를 시작하고 달리기를 시작한 아이가 그렇게 하지 않도록 막는 것도 불가능하다. 왜냐하면 자연에서는 어떤 신체기관이 발달하면 반드시 사용되어야 하기 때문이다. 자연 속에서 창조는 무엇인가를 만드는 것만이 아니라 그것이 쓰일 수 있도록 허용하는 것이다. 신체기관은 완성되기만 하면 그 즉시 환경 안에서 쓰여야 한다. 현대적 용어로, 이 기능들은 '환경을 통한 경험'이라 불린다. 이런 경험들이 일어나지 않는다면, 신체기관은 정상적으로 발달하지 못할 것이다. 처음에 불완전한 신체기관이 완성을 성취하기 위해서는 반드시 사용되어야 하기 때문이다.

아이는 환경 안에서의 경험을 통해서만 발달할 수 있다. 우리는 이런 경험을 '일'이라고 부른다. 언어가 나타나자마자, 아이는 재잘거리기 시작한다. 그렇게 되면 아무도 아이의 입을 막지 못한다. 아이가 말을 그치도록 하기는 정말 어렵다. 만일 아이가 말을 하지 않거나 걷지 않는다면, 아이는 정상적으로 발달하지 못한다. 그런 아이의 발달엔 어떤 정지 같은 것이 느껴질 것이다.

아이는 걷고, 달리고, 뜀으로써 다리를 발달시킨다. 자연은 도구를 먼저 만들고, 그 다음에 기능을 통해서, 말하자면 환경 속에서의 경험을 통해서 그 도구를 발달시킨다. 그러므로 아이가 새로운 힘의 획득을 통해 독립을 늘려갈 때, 아이가 온갖 기능을 마음대로 발휘하도록 내버려둬야 정상적으로 발달할 수 있다. 아이가 독립을 획득했을 때, 아이는 이 독립의 실천을 통해서 발달할 것이다. 발달은 저절로 오지 않으며, 현대의 심리학자들이 표현하듯이, 각 개인의 행동은 개인이 환경 안에서 수행하는 경험에 의해서 강화된다. 따라서 교육을 아이의 삶의 발달을 돕는 행위로 본다면, 아이가 어느 정도의 발달을 이룬 모습을 보여줄 때 우리는 기뻐하지 않을 수 없다. 그런 아이를 지켜보며 우리는 "오늘 우리 애가 처음으로 말을 했구나."라면서 즐거워한다. 우리 어른이 아이의 이런 성취에 해 줄 수 있는 것이 아무것도 없다는 사실을 고려한다면, 그 기쁨은 배로 커질 것이다. 그러나 아이에게 환경을 통해서 경험을 직접 쌓을 기회를 충분히 주지 않는다면, 아이의 발달이 파괴되지는 않아도(하느님에게 감사해야 할 일인데, 자연이 인간보다 엄청 더 강하기 때문이다) 불완전하거나 지체될 수 있다. 이 같은 사실을 고려한다면, 어떤 문제가 제기된다. 바로 교육의 문제이다.

교육의 첫 번째 문제는 아이에게 자연으로부터 받은 기능들을 충분히 발달시킬 환경을 제공하는 것이다. 이것은 사소한 문제가 아니다. 단순히 아이를 즐겁게 만들거나 아이가 원하는 대로 하도록 그냥 내버려 두는 그런 문제가 아닌 것이다. 이것은 자연의 명령과, 말하자면 아이의 발달은 환경 안에서의 경험을 통해서 일어난다는 자연의 법칙과 협력하는 문제이다. 아이는 첫 번째 걸음을 뗌으로써 보다 높은 차원의 경험의 세계로 들어간다.

이 수준에 이른 아이를 관찰하면, 아이가 더 큰 독립을 이루길 원하는 성향을 갖고 있다는 사실이 확인될 것이다. 아이는 자신의 뜻대로 행동하기를 원한다. 아이는 물건을 옮기기를 원하고 옷을 혼자 입고 벗기를 원하고 음식을 자기 힘으로 먹기를 원한다. 아이가 이런 행동을 하기 시작하는 것은 어른들의 지시에 따른 것이 아니다. 반대로 우리 어른의 노력은 대체로 아이가 그런 것을 하지 못하도록 억제하는 결과를 낳는다.

어른이 아이가 뭔가를 하지 못하도록 막을 때, 어른이 맞서 싸우고 있는 상대는 아이가 아니다. 또 아이의 의지도 아니다. 바로 자연이다. 아이는 단지 자연과 협력하고 자연의 법칙에 복종하면서 처음에는 이것을, 다음에는 저것을 차근차근 성취해가며 주변 사람들로부터 독립을 점점 더 많이 얻어간다. 그러다 보면 아이가 정신적 독립을 얻기를 원하는 순간이 올 것이다. 그런 때가 되면 아이는 다른 사람들의 경험을 통해서가 아니라 자기 자신의 경험을 통해서 자신의 마음을 발달시키려는 희망을 보일 것이다.

그러다 아이는 곧 사물이나 일의 원인을 꼬치꼬치 묻기 시작할 것이다. 이리하여 이 시기에 아이의 개성이 형성된다. 이것은 이론도 아니다 의견도 아니다. 이것은 명확한 자연의 사실들이며, 관찰된 사실이다. 아이에게 완벽한 자유를 줘야 한다고 말할 때, 그리고 사회가 아이의 독립과 정상적인 기능을 보장해 줘야 한다고 말할 때, 막연한 어떤 이상에 대해 말하고 있는 것이 아니다. 어디까지나 생명을 유심히 관찰한 결과를 근거로 하고 있다. 우리는 자연을 관찰했고 자연은 이런 사실을 고스란히 드러내 보여 주었다. 아이가 발달할 수 있는 것은 오직 환경 안에서의 경험을 통해서만 가능하다.

아이의 독립과 자유에 대해 말할 때, 어른의 세계에서 이상으로 통하는 독립과 자유의 개념을 그대로 아이의 세계로 옮기지 않도록 조심해야 한다. 만일 어른들이 자신의 관점에서 아이의 자유와 독립에 대해 정의를 내린다면, 그 정의는 절대로 정확할 수 없다. 현실적으로 보면, 어른들은 자유에 대해 매우 비참한 생각을 품고 있다. 어른들에게는 자연에 있는 관대함이 없다. 우리는 아이들을 지켜보면서 자유와 독립을 통해 생명을 주는 자연의 위대한 비전을 확인할 수 있다. 자연은 자유를 생명의 법칙으로 만들고 있다. 자유 아니면 죽음인 것이다.

아이가 독립의 정복을 자꾸만 넓혀가는 이유는 무엇인가? 자유는 어디에서 비롯되는가? 자유는 아이가 스스로의 힘으로 움직이게 하고 스스로를 형성하게 하는 개성에서 생긴다. 그러나 모든 생명체들은 자연 속에서 자유를 추구하려는 경향을 갖고 있다. 생명체들은 모두 스스로의 힘으로 움직인다. 이 점에서 아이도 자연의 계획을 따르고 있다. 아이는 모든 존재들이 지키는 삶의 첫 번째 규칙인 자유를 성취한다.

아이는 이 독립을 어떤 식으로 성취하는가? 지속적인 행위를 통해서 독립을 얻는다. 아이는 자유를 어떻게 실현하는가? 지속적인 노력을 통해서 실현한다. 생명이 할 수 없는 것이 바로 생명을 멈추는 일이다. 독립은 절대로 정적이지 않다. 독립은 지속적 정복이다. 지속적인 노력을 통해서, 아이는 자유뿐만 아니라 힘과 자기완성까지 이룬다.

아이의 첫 번째 본능을 보자. 아이는 다른 사람의 도움 없이 무엇인가를 혼자 힘으로 하려 든다. 아이가 독립을 추구하며 의식적으로 하는 첫 번째 행위는 자기를 도우려는 사람들로부터 자신을 지키는 것이다. 자기 혼자 힘으로 행동하기 위해, 아이는 지속적으로 노력한다. 만일 많은 사람들이 생각하듯이 최상의 행복이 가만히 앉아서 아무것도 하지 않으면서 다른 사람이 자기를 대신해 일을 하도록 하는 것이라면, 가장 이상적인 상태는 세상에 태어나기 전의 상태일 것이다. 아이가 엄마의 몸 속으로 다시 들어가길 바랄 수도 있다. 그렇게만 된다면 엄마가 자기를 위해 모든 것을 대신해 줄 테니 말이다. 만일 이런 식으로 생각한다면, 아이가 다른 사람과 소통하기 위해 언어를 배우려 들 이유가 있을까?

자연은 다른 뜻을 품고 있다. 자연은 아이에게 언어의 정복이라는 어려운 임무를 끝낼 것을 강요한다. 그래야만 아이가 다른 존재들과 의사소통을 할 수 있을 테니까. 다시 말하지만, 만일 우리가 휴식을 삶의 이상으로 채택했다면, 아이는 이런 식으로 말할 것이다. "나에겐 달콤한 젖이 있어. 소화도 아주 잘 돼. 그런데 왜 다른 음식이 필요해? 난 엄마 젖만 먹을 거야. 나 스스로 힘들여 얻어야 하고 또 질긴 것을 씹는 고생을 왜 사서 하지? 아니야! 아니야! 나는 엄마 젖만 먹을 거야." 아니면 이렇게 말할 수도 있을 것이다. "왜 발 아프게 걸어? 누군가가 나를 안아주는데. 나에겐 자가용이 있어. 걸으려면 얼마나 많은 노력이 필요한데. 뼈도 발달시켜야 하고, 뇌도 발달시켜야 하고, 심지어 척수의 신경도 연결시켜야 하잖아. 이런 힘든 일을 왜 사서 해? 버릇없게도, 왜 내가 이 모든 것을 알아야 한다고 고집을 부려? 왜? 주변에 똑똑한 사람들이 아주 많은데, 그들이 나에게 이것저것 지시하면 쉬운데, 왜 내가 직접 나서야 해?"

그러나 아이가 보여주는 현실은 이와 다르다. 아이를 지켜보고 있으면, 자연의 가르침은 사회가 아이에게 제시하는 이상과 크게 다르다는 사실이 드러난다. 아이는 노력을 통해서 육체와 정신의 독립을 추구하고 있다. 아이는 이렇게 말하는 것 같다. "어른들이 얼마나 많은 것을 알든 그건 내가 상관할 바가 아니야. 나는 나 스스로 모든 것을 알고 싶어. 나는 세상 속에서 경험을 하고 싶고, 나 자신의 노력으로 경험을 직접 하고 싶어. 어른들은 어른들의 지식을 돌볼 것이며 나에 관해서라면 나 스스로 지식을 얻도록 가만 내버려 둬." 아이에게 자유와 독립을 줄 때, 자신의 노동과 활동이 없으면 살아가지 못하고 또 행동도 못하는 어떤 근로자에게 자유를 부여하는 결과를 낳는다는 점을 우리는 분명히 이해해야 한다. 스스로 일하고 활동하는 것은 생명체에게 반드시 필요한 존재의 형식이다. 인간 존재도 생명체이기 때문에 당연히 이런 성향을 갖고 있다. 그리고 인간 존재인 아이가 그렇게 하지 못하도록 막는다면, 아이의 내면에서 퇴보가 일어날 것이다.

창조 중인 모든 것은 활동이며, 삶의 경우에 이 말은 더욱더 맞는 말이다. 삶은 곧 활동이며, 삶의 완성은 오직 활동을 통해서만 추구되고 성취될 수 있다. 과거 세대들에게는 가능한 한 일을 적게 하고, 자기를 대신해 일을 할 사람을 두고, 최대한 게으르게 사는 것이 이상적인 삶으로 여겨져 왔다. 그러나 이런 것들은 자연이 퇴보하는 아이의 특성으로 보여주고 있는 것들이다. 이 세상에 태어난 직후에 세상에 적응하도록 도움을 받지 못한 탓에 환경과 활동에 혐오감을 품게 된 아이가 퇴보하면서 보이는 특징들인 것이다. 다른 사람의 도움을 받기를 원하고, 하인을 두기를 원하고, 유모차에 실려 이리저리 끌려 다니기를 원하고, 아주 오랫동안 잠을 자고, 사람들을 피하려 드는 아이에게서 확인되는 특징들이 바로 이런 것들이다. 세상에 태어나서 정상적으로 성장하는 아이는 반드시 독립을 추구하게 되어 있다. 그렇기 때문에 독립을 피하는 아이는 퇴보하기 마련이다.

우리는 퇴보하는 아이들을 보면서 교육의 또 다른 문제에 직면한다. 아이의 퇴보를 어떻게 치유할 것인가? 퇴보는 정상적인 발달을 지연시키거나 정상에서 이탈하도록 만든다. 퇴보하는 아이는 자신의 환경을 전혀 사랑하지 않는다. 환경 안에 어려움과 저항이 너무 많기 때문이다. 오늘날 정신병리학에서는 퇴보한 아이가 관심의 초점이 되고 있다. 교육학은 환경에 저항의 요소가 없어야 한다고 가르친다. 따라서 환경 안에 장애와 저항의 요소를 최소화해야 한다. 가능하다면 장애와 저항을 모두 제거하는 것이 바람직하다.

오늘날 우리는 환경을 아이의 관심을 끌 수 있는 방향으로 가꾸려고 노력하고 있다. 환경은 즐거워야 하고 또 아름다워야 한다. 특히 환경에 반감을 느끼는 아이들이 환경에 공감과 호의를 품도록 만들어야 한다. 환경은 아이가 머뭇거리거나 혐오감을 품지 않도록 최대한 아이에게 매력적인 쪽으로 가꿔져야 한다. 아이에게 즐겁게 활동할 기회를 줘야 한다. 아이의 발달이 아이의 활동을 통해서 이뤄지기 때문이다. 환경은 아이에게 활동하고 싶은 욕구를 일으킬 만큼 흥미로운 요소를 많이 담고 있어야 한다. 이런 요소들이 바로 아이들에게 환경 안에서 직접 경험해보자고 권유하는 초대장이다. 또한 이 요소들은 정상적인 궤도에서 벗어난 아이를 위해 반드시 지켜야 할 원칙일 뿐만 아니라, 생명과 자연의 원칙이기도 하다. 이 원칙은 퇴보의 특징을 보이는 아이들이 게으른 성향을 버리고 노력하겠다는 욕망을 품도록 만들고, 무기력과 나태를 버리고 활동을 하도록 만들고, 쓸데없이 특정한 사람에게 집착하는 성향을 버리고 기쁨의 자유를, 즉 인생의 정복을 추구할 자유를 누리도록 만들 것이다.

게으름을 버리고 노력을! 이것이 바로 치유의 길이다. 게으름을 버리고 노력하는 것이 정상적인 아이에게 발달의 길인 것과 똑같다. 만일 새로운 교육을 구상한다면, 반드시 노력이 그 바탕이 되어야 한다. 그 이유는 그것이 곧 자연의 공식이기 때문이다.

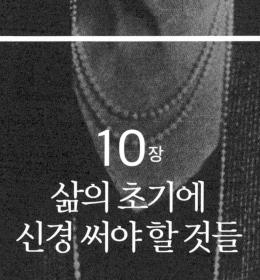

10장
삶의 초기에
신경 써야 할 것들

아이의 흡수하는 정신은 환경에 순응한다. 그렇기 때문에 어른은 아이를 위해 환경을 매우 조심스럽게 준비해야 한다.

아이의 삶에 다양한 발달의 시기가 있다는 것을 기억해야 한다. 그 중 하나가 출생 직후이다. 이 시기가 너무나 중요하기 때문에 이 책 만큼 얇은 책 한 권으로는 결코 충분히 다루지 못한다. 앞으로 이 시기를 연구하는 데 매진할 사람이 많이 나올 것이라고 나는 믿는다. 지금은 극소수에 불과하다.

동물들을 관찰하면, 자연이 이 시기에 특별히 신경을 쓰면서 포유류 동물을 보호한다는 사실이 확인된다. 자연은 엄마가 아기를 낳기 전에 종(種)의 나머지로부터 고립되도록 만든다. 엄마는 그런 식으로 한동안 고립되어 지내다가 다른 무리들과 합류한다. 무리를 지어 사는 동물들을 살펴보면 이 같은 사실이 확연히 드러난다. 말도 그렇고, 소도 그렇고, 코끼리와 늑대와 사슴, 개도 그렇다. 한마디로, 모든 동물이 다 그렇다. 이 시기에 갓 태어난 어린 새끼는 엄마의 세심한 사랑과 보살핌을 제외하곤 홀로 새로운 환경에 적응할 시간을 갖는다. 이 시기에 새끼는 자신의 종의 행동을 점진적으로 표현한다. 갓 태어난 새끼는 짧은 고립의 기간에 환경의 자극에 지속적으로 심리적으로 반응하며, 이 반응은 같은 종의 행동의 특별한 특성에 따라 일어난다. 그렇기 때문에 어미가 어린 새끼와 함께 무리로 돌아갈 때면, 새끼는 무리 속에서 살 준비를 충분히 갖추게 된다.

아이에겐 미리 고착된 행동이 하나도 없다. 아이는 환경을 흡수해야 한다. 그러기에 아기를 둘러싸고 있는 환경을 특별히 보살필 필요가 있다. 이 보살핌이 아이가 환경을 흡수하는 데 아주 중요하다. 그래야만 아이가 환경에 애착을 느낄 것이고, 자연히 환경에 반감을 느껴 퇴보하는 현상이 나타나지 않을 것이다. 아이가 환경에 애착을 느끼는지 여부에 따라 아이의 성장과 발달이 크게 달라진다. 그러므로 아이가 재미를 느끼며 환경을 흡수할 수 있도록 신경을 많이 써야 한다. 오늘날 과학은 이 점을 대단히 중요하게 여긴다. 세부적인 것을 깊이 들여다보지 않고도, 여기서 몇 가지 원칙을 설명하는 것이 가능하다. 아이는 엄마와 가능한 한 접촉을 많이 해야 하며, 환경이 아이의 발달에 장애가 되어서는 안 된다. 한 예를 들면, 기온이 아기가 태어나기 전에 익숙했던 것과 차이가 많이 나는 경우이다. 빛이 지나치게 밝아도 안 되고, 소음이 지나치게 심해도 안

10장 삶의 초기에 신경 써야 할 것들

된다. 이유는 아이가 절대 고요와 어둠의 장소에서 지내다가 세상에 나왔기 때문이다.

현대식 산부인과 병원에 가면, 엄마와 아기가 온도 조절이 용이한 유리벽 안에 머문다. 아이가 엄마 자궁 밖의 정상적인 기온에 점진적으로 동화되도록 하기 위해서이다. 유리도 청색이다. 방으로 들어오는 빛을 가급적 차단하기 위해서이다. 공기도 순환시킨다. 아이를 다루고 옮기는 방법에도 세심한 주의가 필요하다. 지금까지는 아이를 감정이 없는 물건처럼 취급하는 것이 관행이었다. 갓난아기를 갑자기 마룻바닥의 목욕통에 집어넣기도 하고 옷도 빠르고 거칠게(아이가 정신적으로나 신체적으로 매우 섬세한 존재이기 때문에 갓난아기를 다루는 어른의 손길은 아무리 부드러워도 아이에겐 거칠게 느껴질 수밖에 없다) 입혔다.

오늘날엔 엄마와 아기는 서로 소통하는, 같은 육체에 달린 두 개의 신체기관으로 여겨진다. 이런 식으로 세심한 주의를 기울이면 아이가 점진적으로 환경에 적응할 수 있다. 엄마와 아이가 서로 특별한 연결을 맺고 있기 때문이다. 둘의 관계는 일종의 자성(磁性)과 같다. 엄마에겐 아이가 익숙한 힘들이 있으며, 이 힘들은 아이가 처음 적응하는 어려운 시기에 아이에게 도움이 된다.

아기가 태어나자마자, 모든 친척들이 아기를 보러 간다. 친척들은 아기를 어루만지며 "참 잘 생겼구나. 아빠(혹은 엄마, 아니면 둘 다)를 닮았구나."라고 말한다. 친척들은 아기에게 입을 맞추고 끌어안기도 한다. 이런 행위는 당장 그만둬야 한다. 아이들은 부잣집 자식일수록 불행하다. 세상에서 가장 불행한 아이는 왕의 아이이다. 옛날에는 왕비가 왕위 계승자를 낳으면, 왕이 직접 아기를 안고 발코니로 나갔다. 어린 것은 영문도 모르고 포대에 싸인 채 궁전 밖의 광장에 모인 국민들에게 자신의 모습을 보여줘야 했다. 이런 행태가 아기에게 끼치는 부작용이 얼마나 심각한지 모른다.

아이의 사회문제는 어른의 사회문제와 같지 않다는 사실을 강조하는 것이 흥미롭다. 또 경제적 지위가 아이에게 미치는 영향도 어른과는 정반대라 할 수 있다. 왜냐하면 어른들의 경우에 고통 받는 사람은 가난한 사람들이지만 아이들의 경우에는 부잣집 아이가 가장 큰 고통을 받기 때문이다. 엄마가 아이를 유모에게 맡기는 경우도 부잣집에서 더 흔하다. 반면, 가난한 엄마는 아기를 곁에 두고 있다. 일을 하는 엄마의 아이가 대체로 엄마로부터 보다 알찬 음식을 받는다. 왜냐하면 그런 엄마들이 일을 할 필요가 없어 무력하게 지내는 부유한 엄마들보다 대체로 더 건강하고 따라서 모유의 질도 더 낫기 때문이다. 부유한 엄마들은 젖의 양도 적고 질도 떨어진다.

이 첫 번째 시기가 지나기만 하면 아이는 어떠한 반감도 품지 않고 환경에 행복한 마음으로 잘 적응한다. 그러면 아이는 앞에서 설명한 그 독립의 길로 여행을 떠난다. 독립의 길 위에서 아이는 자신이 살고 있는 환경을 적극적으로 받아들이고 흡수해 자신의 것으로 만든다.

이 발달에서 가장 먼저 이뤄지는 활동으로 정복이라고 부를 만한 것은 감각들의 활동이다. 뼈세포가 아직 완벽하지 않은 탓에, 아이는 활발하지도 못하고 사지를 제대로 움직이지도 못한다. 그렇기 때문에 아이의 활동은 운동이 따르는 활동이 될 수 없다. 아이의 활동은 오직 감각을 통해 인상을 받아들이는 정신의 활동뿐이다. 아이의 두 눈은 매우 활동적이다.

그러나 아이가 단순히 인상을 눈으로만 받아들이고 있지는 않다는 사실을 명심해야 한다. 아이는 수동적이지 않다. 아이는 분명 인상을 받아들이고 있지만 환경 안을 능동적으로 파고들기도 한다. 이는 새로운 사상이다. 아이가 인상을 찾고 있는 것이다. 아이는 자신을 둘러싼 채 자신의 감각을 때리고 있는 인상의 희생자가 아니다. 아이는 능동적으로 인상을 찾는 존재이다.

동물들을 유심히 관찰하면, 동물들의 눈에도 인간의 것과 비슷한 어떤 장치가, 일종의 사진기 같은 장치가 있다는 사실이 확인된다. 동물들은 이 장치를 사용하는 데 탁월한 전문가들이다. 동물들에겐 다른 것에 비해 특별히 더 끌리는 것이 있다. 그렇기 때문에 동물들은 환경 전체에 강한 인상을 받지 않는다. 동물의 내면에는 그 동물을 정해진 어떤 길로 안내하는 길잡이가 있다. 그래서 동물들은 자신의 행동양식이 정해놓은 대상 쪽으로 움직인다. 처음부터 동물들에게는 그런 길잡이가 있다. 고양이의 눈은 밤의 어둠 속에서 스스로 완벽해진다. 그러나 고양이는 어둠에 관심이 있지만 정지해 있는 것에 끌리는 것이 아니라 움직이는 것에 끌린다. 어둠 속에서 뭔가 움직이기만 하면, 고양이는 그것을 덮친다. 고양이는 환경의 나머지에는 전혀 관심을 두지 않는다. 따라서 고양이에게는 환경 전반에 대한 자각은 없고 특별한 것을 쫓는 본능적인 동작만 있을 뿐이다. 이와 똑같이, 특정 색깔의 꽃에만 끌리는 곤충들이 있다. 그 색깔의 꽃에서 먹이를 찾을 수 있기 때문이다. 이제 막 번데기에서 나온 곤충은 그런 쪽으로 아무것도 경험하지 못한 상태이다. 그렇기 때문에 이 곤충은 내면에 자신을 안내할 어떤 길잡이를 이미 두고 있음이 분명하다. 이 길잡이를 통해서 다양한 동물들의 행동이 실현된다. 따라서 동물의 각 개체는 감각의 희생자도 아니고 자신의 감각에 끌려 다니지도 않는다. 동물의 감각은 거기 그렇게 존재하는 가운데 길잡이를 따르면서 주인에게 이롭게 작용한다.

아이는 특별한 기능을 갖고 있다. 아이의 감각은 다른 동물의 감각처럼 제한적이지 않지만, 그럼에도 아이의 감각도 어떤 길잡이의 도움을 받는다. 고양이의 감각은 환경 안에서 움직이는 것들로 제한된다. 고양이는 오직 움직이는 대상에게만 끌린다. 아이에게는 그런 제한이 전혀 없다. 아이는 주변 환경을 관찰한다. 아이는 환경 속의 모든 것을 흡수하는 성향을 갖고 있다. 아이는 카메라 같은 눈을 이용하여 그저 환경을 흡수하지는 않는다. 거기선 일종의 정신의 화학작용 같은 것이 일어난다. 이 작용을 통해서 인상들이 아이의 정신의 일부를 형성하게 된다.

아이가 환경을 흡수할 때 벌어지는 일을 비유를 통해 조금 더 분명하게 보여주고 싶다. 세상에는 나뭇잎을 닮은 곤충도 있고 나뭇가지를 닮은 곤충도 있다. 이 두 종류의 곤충이 아이의 정신에서 일어나는 현상을 설명하는 데 도움을 줄 수 있을 것 같다. 이 곤충들은 나뭇잎과 나뭇가지 위에서 살고 있으며 또 나뭇잎과 나뭇가지를 아주 많이 닮았다. 환경과 거의 하나가 되었다고 해도 과언이 아니다. 이와 비슷한 현상이 아이의 내면에서 일어난다. 아이는 환경을 흡수하며 나뭇잎 곤충과 나뭇가지 곤충처럼 환경에 따라 자신을 변화시킨다. 이 얼마나 흥미로운 일인가! 환경이 아이에게 주는 인상이 워낙 강한 까닭에 생물학적 또는 정신 화학적 변화를 일으키면서 아이가 아예 환경을 닮도록 만들어 버리니 말이다. 아이는 아이가 사랑하는 것을 닮게 된다. 아이가 환경을 흡수하면서 변화하는 이 힘은 모든 형태의 생명이 갖고 있는 것으로 확인된다. 이 힘은 앞에 예로 든 곤충들을 비롯한 다른 동물의 경우엔 육체적인 것으로 존재하고, 아이의 경우엔 정신적인 것으로 존재한다.

아이는 어른과 같은 시각으로 사물을 보지 않는다. 우리 어른은 어떤 집을 보며 "정말 멋있구나!"라고 감탄한 뒤에도 다른 것들을 많이 볼 것이며, 훗날 이런 것들에 대해 어렴풋이 기억할 뿐이다. 그러나 아이는 특히 생후 첫 시기에 사물들을 아주 깊이 빨아들여 그것을 갖고 자신을 형성해 나간다. 아이가 다른 존재와 구별되게 만드는 인간적인 특징들, 즉 언어와 종교, 민족혼 같은 다양한 특징을 얻는 것은 유아기 아이의 독특한 힘을 통해서이다. 그렇게 함으로써 아이는 환경에 대한 적응력을 키운다. 그 환경 속에서 아이는 행복을 느끼고 관습과 언어를 습득하면서 발달을 꾀한다. 이런 식으로 아이는 새로운 환경에 대한 적응력을 키워간다. 적응력을 키운다는 것은 도대체 무슨 뜻인가? 그것은 어떤 사람이 환경에 맞게 스스로를 바꿔나간다는 뜻이다. 그러면 환경이 그 사람의 일부를 형성하게 된다. 아이가 환경을 흡수할 때, 우리는 이런 사실들을 관찰할 수 있어야 한다.

아이는 발달을 위해 환경을 필요로 한다. 이 같은 사실을 인정한다면, 그 다음으로 중요한 질문은 바로 이것이다. 그러면 우리는 어떻게 해야 하는가? 아이의 발달을 돕길 원한다면 아이를 위해 도대체 어떤 환경을 준비해야 하는가? 아주 당혹스런 질문이다. 만일 3세 된 아이를 돌보고 있다면, 이 아이는 자신이 원하는 환경에 대해 말로 표현할 수 있을 것이다. 우리는 환경 안에 꽃을 두고 미적인 요소를 강조해야 할 것이다. 또 이 아이가 발달 과정에 필요한 활동을 할 동기를 부여해야 할 것이다. 아이가 기능의 발달을 꾀할 기회를 누리도록 하기 위해 환경이 아이에게 활동할 동기를 부여하는 방향으로 가꿔져야 한다는 사실은 쉽게 이해될 것이다.

그러나 아이가 적응력을 키우기 위해 환경을 흡수해야 한다면, 우리 어른은 아이를 위해 어떤 종류의 환경을 준비할 수 있을까? 이에 대한 대답은 한 가지밖에 없다. 아이를 위한 환경은 바로 이 세상이 되어야 한다. 아이를 둘러싸고 있는 세상 자체가 환경이 되어야 한다는 말이다. 아이가 언어를 습득해야 한다면, 아이가 그 언어를 말하는 사람들 사이에 있어야 하는 것은 너무나 당연한 일이다. 그렇지 않으면 아이는 언어를 습득하지 못한다. 아이가 어떤 힘이나 기능을 습득해야 한다면, 아이는 그 힘과 기능을 일상적으로 사용하는 사람들 틈에 있어야 한다. 아이가 관습과 버릇을 습득해야 한다면, 아이는 언제나 그 관습과 버릇을 따르는 사람들 틈에 있어야 한다. 어휘력이 풍부하고 행동이 세련되고 절제된, 교양 있는 사람들 틈에서 자란 아이가 그보다 운이 나쁜 아이에 비해 언어 구사력이 뛰어나고 보다 세련된 행동을 보이는 이유도 바로 거기에 있다.

아이가 세상 속에서 살아야 한다는 주장은 정말로 혁명적이다. 지난 몇 년 사이에 일어난 경향과 정반대이다. 위생상의 이유로 아이는 고립되어 지내야 한다는 결론이 지배적이었기 때문이다. 그 결과 아이는 아이방에서 따로 지내게 되었다. 위생적인 측면에서도 아이방이 그다지 좋지 않다는 사실이 확인되자, 병원이 모델로 여겨지면서 아이는 병든 환자처럼 방해를 받지 않고 가능한 한 오래 자도록 내버려졌다. 철저히 위생적인 보살핌을 추구하는 것이 아이의 육체적인 면에서 보면 진전으로 여겨질지 몰라도, 사회적으로 보면 이런 식의 보살핌이 큰 위험이라는 사실을 깨닫도록 하자. 만일 아이가 감옥과도 같은 아이방에서 지낸다면, 정상적인 성장과 발달에 심각한 장애가 일어날 수 있다. 아이의 정신적 굶주림이 해로운 결과를 낳게 되는 것이다. 아이방에 있는 아기의 유일한 보호자랄 수 있는 보모의 경우에 아이의 발달을 다소 방해하기도 하는데, 그 이유는 보모가 진정한 모성애를 느끼게 하는 표정이나 감정을 아이에게 전혀 전달하지 못하기 때문이다.

아이는 자기를 사랑하고 또 특별한 교감을 나눌 엄마를 옆에 두지 못하고, 위생적인 이유로 입을 가리는 습관 때문에 아이에게 말을 많이 하지 않는 보모를 옆에 두게 된다. 그런 경우에 아이가 어떻게 언어를 배울 수 있겠는가? 아이는 햇빛과 추위로부터 보호를 받아야 한다. 그래서 유모차를 가리개로 가린다. 그러면 아이는 보모의 얼굴과 가리개만을 보게 되어 환경으로부터 차단된다. 아이의 집이 부잣집일수록, 아이의 운명은 더욱 불행해진다. 유모차 안에 있는 것이 아이에게는 감옥에 갇힌 것과 같기 때문이다. 아름답고 상냥한 엄마의 얼굴 대신에 아이는 경험이 많긴 하지만 늙고 추한 보모의 얼굴을 보며 지낸다. 귀족 집안일수록 형식을 더욱 중요하게 여기기 때문에 부모가 직접 아이를 돌보는 경우가 더욱 드물다. 많은 가족이 일주일에 한번씩 잠깐만 아이를 돌본다. '아이를 키우는 일이라면 보모가 더 잘 안다'는 생각 때문이다. 엄마는 "난 애 키울 줄 몰라."라고 말한다. 이 시기가 지나면, 이 사람들은 아이를 기숙학교에 보낸다.

아이를 키우는 문제는 정말 중요한 사회문제이다. 오늘날 더욱 많은 사람들이 아이를 양육하는 방식을 바꿔야 한다는 사실을 깨닫기 시작했다. 이 점을 이해하게 되자, 사람들은 아이를 돕는 새로운 방법에 대해 고민하기 시작했다. 사람들은 아이를 어떻게 다뤄야 하는가 하는 문제를 놓고 머리를 싸매고 있다. 아이가 문밖으로 나설 수 있게 되는 순간부터 아이를 어른의 생활 공간 안으로 끌어들여서 가능한 한 많은 것을 보도록 해야 한다는 신념이 점점 더 강해지고 있다.

한 예를 든다면, 유모차의 높이가 크게 높아졌다. 아이의 자리가 높을수록 더 많은 것을 볼 수 있을 것이기 때문이다. 아이방도 또한 변화하는 모습을 보였다. 위생적인 요건을 병원만큼 충실히 갖추고, 벽을 그림으로 가득 채우고 있다. 아이를 약간 비스듬한 곳에 누이고 그 위치도 높였다. 아이가 벽만 보지 않고 환경 안의 모든 것을 볼 수 있도록 하기 위해서이다. 이 자리가 아이의 첫 번째 왕좌이다. 아이를 모든 곳을 두루 볼 수 있는 위치에 놓아야 한다는 아이디어는 충분히 이해되고 있다.

언어의 흡수는 아이의 사회적 환경과 다른 환경에서 사는 보모들에게 특히 더 어려운 문제를 야기한다. 여기서 또 다른 궁금증이 생긴다. 어른이 친구들과 만나 대화할 때에도 아이를 데리고 가야 한다는 주장이 가능하다. 대체로 보면, 친구를 방문하거나 친구가 찾아오면 아이를 아이방으로 보낸다. 아이를 진정으로 돕고자 한다면, 아이를 우리가 영위하고 있는 삶의 한가운데에 두어야 한다. 그래야만 아이가 어른들이 삶을 사는 모습을 보고 또 어른들의 대화를 들을 수 있을 것이기 때문이다. 아이는 대화를 의식적으로 기록하지 않는다. 그러나 주위 사람들이 말을 하거나 음식을 먹는 것을 본다면, 아이는 잠재의식적으로 인상을 흡수할 것이며 이것이 아이의 성장을 도울 것이다. 그렇다면 산책을 나갈 때에도 아이를 데려가야 하는 것일까? 아이가 산책을 좋아하는지에 대해서는 명확히 대답하지 못하겠다. 하지만 이때도 엄마나 보모가 아이와 함께 다니면서 아이를 관찰할 수 있을 것이다. 엄마나 준비가 잘 된 보모는 아이가 특별한 것에 관심을 보이면 거기서 걸음을 멈추고 아이가 그걸 맘껏 살피고 감상하도록 할 것이다.

그렇다면 아이의 관심을 끄는 것이 어떤 것인지 어떻게 알 수 있을까? 아이를 섬기는 태도를 취하면 그걸 알 수 있다. 아이를 섬기는 태도를 갖게 되면 어른의 인식에 혁명적인 변화가 일어날 수 있다. 이 혁명이 어른들 사이에 널리 전파되어야 한다. 아이 스스로 환경에 대한 적응력을 키워야 하고, 따라서 아이가 환경을 가능한 한 자주 접해야 한다는 사실을 어른들은 깨달아야 한다. 아이가 이 적응력을 키우지 못하면, 우리는 미래에 중대한 사회문제에 직면하게 될 것이다. 오늘날 사회가 겪고 있는 모든 문제들은 누군가가 도덕 분야에서 제대로 적응하지 못한 탓이다. 이것은 근본적인 문제임과 동시에 아주 중요한 문제이다. 물론 이 같은 결론은 미래에는 나이가 아주 어린 아이의 교육이 가장 중요한 문제가 될 것이라는 점을 예고한다.

어린 아이에 대한 교육이 그만큼 중요한 문제라면, 어떻게 우리 어른이 지금까지 그것에 대해 까맣게 모를 수 있었을까? 우리의 조부모와 증조부모는 이런 것에 대해 아무것도 몰랐는데도 자식들을 아무 문제없이 키워냈고, 인류는 지금도 여전히 존재하고 있다. 사람들은 새로운 것에 대한 이야기를 들을 때면 언제나 이런 식의 반응을 보여 왔다. "인류 역사는 아주 길고, 사람들은 어쨌든 살아남아야 했어. 나도 스스로 자랐고 나의 자식들도 성장했지만, 이론 따위는 전혀 없었어. 그런 식으로 준비하지 않아도 사람들은 말을 잘 배웠으며, 많은 나라에서 오히려 관습이 지나치게 강해 편견이 되었어. 어떻게 그럴 수 있지? 그런 준비를 하지 않았는데 나도 이렇게 이 나라의 일원이 되어 있잖아."

이 물음을 조금만 더 생각해보자. 문명 수준이 우리와 다른 인간 집단의 행동에 관한 연구는 아주 흥미롭다. 이런 집단들 모두가 현대적인 사상으로 무장한 서구인들보다 훨씬 더 지혜로워 보이지 않는가! 이런 집단들의 아이들은 부유한 서구 국가의 아이들만큼 불행하게 다뤄지지 않는다. 이런 집단 대부분을 보면 아이는 언제나 엄마와 함께 지낸다. 엄마와 아이는 한몸이다. 엄마가 가는 곳이면 어디든 반드시 아이가 있다. 엄마가 길에서 말을 하면, 아이는 엄마와 상대방이 주고받는 말에 귀를 기울인다. 엄마가 장사꾼과 흥정할 때에도 아이는 거기에 있다. 엄마가 하는 모든 것을 아이는 보고 듣는다.

엄마와 아이의 동행은 언제까지 이어질까? 아이에게 젖을 먹이는 내내 엄마와 아이는 함께 다닌다. 엄마는 아기에게 젖을 줘야 한다. 그러기에 일을 나가든 외출을 하든 엄마는 아이를 혼자 내버려 두지 않는다. 엄마에게 있어서 그것은 단순히 아이에게 젖을 먹이는 문제가 아니다. 엄마와 아이 사이의 애정의 문제이다. 엄마는 "아이를 사랑하기에 그냥 둘 수 없어요."라고 말한다. 모유와 모성이 아이의 적응을 돕도록 자연이 그렇게 정해 두었다. 그렇다면 엄마와 아이는 둘로 나눠진 한 사람이다. 문명이 그런 가능성을 아직 파괴하지 않은 곳에선, 엄마는 아이를 사랑하며 어딜 가든 데리고 다닌다. 엄마는 "누구에게도 아이를 맡기지 않아요."라고 말한다.

그렇다면 엄마는 교도소의 간수와 같은 존재일까? 그렇지 않다.

엄마도 어디든 갈 수 있고, 아이도 어디든 갈 수 있다. 아이는 엄마가 수많은 사람들을 만나면서 일상적으로 하는 대화를 듣는다. 엄마는 해야 할 말을 다 하고, 아이는 그 대화에 말없이 동참한다. 엄마들은 수다스럽다고 한다. 맞는 말이다. 그래야만 아이의 발달을 도울 수 있고 아이의 환경 적응력을 키울 수 있다. 만일 아이가 엄마가 하는 말만을 듣고 지낸다면, 아이는 말을 그렇게 많이 배우지 못할 것이다.

아이는 현실 속에서 언어를 배운다. 이때의 언어는 서로 단절된 단어들로 이뤄진 언어가 아니고 실제로 말을 하는 사람들에게서 듣는 언어이다. 아이가 자신이 사는 환경의 언어를 흡수하는 것은 참으로 신기한 일이다. 하지만 이런 일은 아이가 사람들 틈에서 지낼 때에만 일어날 수 있다. 그러므로 나는 아이가 세상 속으로 들어갈 필요가 있다고 주장한다.

다양한 인간 집단이나 민족 혹은 국민을 연구하면, 다양한 특징들이 관찰된다. 아이를 데리고 다니는 방법도 이런 특징 중 하나이다. 다양한 민족을 대상으로 이런저런 관습을 살피는 연구가 진행되고 있다. 그 결과, 흥미로운 것들이 많이 나오고 있다. 가장 흥미로운 것 중 하나가 여자들이 아이를 데리고 다니는 방법이다. 여자들은 보통 아이를 침대처럼 생긴 것에 뉘어서 데리고 다니지 팔로 안고 다니지 않는다. 어떤 나라에서는 엄마가 일하러 나갈 때면 아이를 나무판에 단단히 묶어 엄마의 어깨에 얹는다. 또 어떤 사람들은 아이를 엄마의 목에 묶고, 또 어떤 사람들은 등에 업고, 또 어떤 사람들은 바구니를 이용한다. 그러나 어느 민족이든 아이를 함께 데리고 다닐 수단을 갖고 있었다.

어딜 가나 아이의 호흡이 문제였다. 대체로 보면 아이의 얼굴을 엄마의 등에 대는 자세였다. 이런 경우엔 아이가 질식할 위험이 있기 때문에 세심한 주의가 요구된다. 일본인들은 아이의 목이 어른의 어깨 위로 나오도록 한다. 그래서 초기에 일본을 찾은 여행객들은 이 관습 때문에 일본인을 머리가 둘인 사람이라고 불렀다. 인도에서는 아이를 엉덩이 위에 얹어서 데리고 다닌다. 미국의 레드 인디언은 아이를 등에 맨다. 일종의 요람 같은 것에 아이를 넣어서 엄마와 등을 서로 맞대도록 묶는다. 그러면 아이는 엄마 뒤쪽의 풍경을 두루 다 볼 수 있다. 나라마다 버릇과 습관이 다 다르지만, 아이가 엄마와 떨어지는 예는 절대로 없다. 아이를 남겨 두고 밖으로 나간다는 생각은 절대로 엄마의 머리에 떠오르지 않는다.

아프리카의 어느 부족에서 여왕 대관식이 있었다. 그런데 이 여왕이 아이를 데리고 나타나 의식을 지켜보던 선교사들을 깜짝 놀라게 만들었다. 아이를 집에 남겨 둔다는 생각은 이 여왕에겐 아예 없었다. 아프리카 사람들 사이에서 확인할 수 있는 신기한 사실 하나는 아이에게 젖을 먹이는 기간이 아주 길다는 점이다. 일부 국가에서는 1년 동안, 다른 국가에서는 1년 반에서 2년까지 엄마가 아이에게 젖을 주었다. 아이가 혼자 힘으로 먹을 수 있고 또 아이가 먹을 것도 있기 때문에, 아이에게 그 정도로까지 오랫동안 젖을 물릴 필요는 없다. 실제로 아이는 모유 외에 다른 것을 많이 먹는다. 그러나 엄마가 아이에게 젖을 먹인다는 것은 곧 엄마가 아이를 어디든 데리고 다니고 그렇게 함으로써 중요한 시기에 아이가 사회적 환경을 편안하게 경험하도록 무의식적으로 돕는다는 뜻이다.

엄마가 아이에게 말을 한마디도 하지 않아도, 아이는 눈이 있고 여기저기 돌아다닌다. 엄마가 아이를 데리고 다니면, 아이는 거리의 사람들과 시장과 마차와 버스 등을 알게 된다. 아이는 다른 사람들을 통하지 않고 모든 것을 자신의 눈으로 직접 본다. 엄마들이 시장에 가서 과일 값을 흥정할 때 아이의 얼굴을 한번 살펴보라. 아이의 두 눈에 관심의 빛이 초롱초롱 빛나는 것을 보는 것은 참으로 신기한 경험이다. 엄마는 얼굴에 아무런 표정을 담고 있지 않지만, 아이의 표정은 아주 진지하다.

또 다른 흥미로운 점은 엄마의 등에 업혀 다니는 아이는 아프거나 상처를 입지 않는 한 울지 않는다는 사실이다. 간혹 아이가 잠에 곯아떨어지기는 하지만 절대로 울지는 않는다. 이들 나라에서 찍은 엄청난 양의 사진을 다 뒤져보아도 우는 아이의 모습을 발견하지 못할 것이다. 물론 사진은 엄마들의 습관을 보여주기 위해 찍은 것이다. 그러나 우리는 울지 않는 것이 아이의 공통된 특징이라는 사실을 우연히 파악해냈다.

반면, 서구 여러 나라에서는 "아이가 늘 울어요."라거나 "아이가 울 때 어떻게 해요?"라는 소리가 자주 들린다. 우리가 할 수 있는 일은 무엇일까? 아이가 우는 것은 서구 국가들만의 문제이다. 오늘날 심리학자들이 제안하는 대답은 이렇다. 아이가 울며 보채는 것은 아이가 정신적 결핍에 시달리고 있기 때문이라는 것이다. 서구의 아이들은 정신적 영양실조로 힘들어 하고 있다. 서구의 아이들은 간수가 딸린 감옥에 갇혀 행동의 제약을 받고 있다. 유일한 해결책은 아이를 감옥 밖으로 끌어내서 아이가 사회 속으로 들어가도록 하는 것이다. 자연이 우리에게 그런 식으로 아이들을 키우라고 가르치고 있으며, 다른 많은 민족은 무의식적으로 이 가르침을 따르고 있다. 우리는 관찰과 지성을 이용할 때 이런 양육법을 잘 이해하고 그것을 의식적으로 적용해야 한다.

11장
언어에 대하여

아이의 내면에서 이뤄지는 언어의 발달을 보자. 언어를 이해하기 위해선 먼저 언어가 무엇인지에 대해 깊이 생각해 봐야 한다. 언어는 매우 근본적인 것이기 때문에 정상적인 인간생활의 바탕이라 불러도 좋을 것이다. 언어를 통해서 사람들이 서로 연결되고 집단을 이루기 때문이다. 언어는 문명이라 부르는 환경에 변화를 초래하기도 한다.

인간을 다른 동물과 뚜렷이 구분시키는 중요한 사실이 한 가지 있다. 인간은 다른 동물들과 달리 이것저것 정해진 임무를 하도록 안내를 받지 않는다는 점이다. 우리는 사람이 무엇을 할 것인지에 대해 절대로 모른다. 그래서 사람들은 다른 사람들과 조화를 이뤄야 한다. 그렇지 않으면 사람들은 아무것도 해내지 못할 것이다. 조화를 이루고 현명한 결정을 내리기 위해선 생각하는 것만으로는 충분하지 않다. 서로를 이해할 수 있어야 한다. 서로를 이해하는 것은 오직 언어를 통해서만 가능하다. 언어는 서로 함께 생각하는 도구이다. 인간이 세상에 등장하기 전까지 언어는 이 땅에 존재하지 않았다. 어쨌든, 언어란 무엇인가? 단순한 호흡이고, 또 비논리적으로까지 일련의 소리를 서로 결합시킨 것이다.

소리엔 논리가 전혀 없다. '접시'라고 말할 때 일어나는 소리들의 집합은 그 자체에 아무런 논리가 없다. 이 소리들에 의미를 부여하는 것은 사람들이 그 특별한 소리들이 구체적인 어떤 생각을 표현한다는 데 동의했다는 사실이다. 언어는 사람들의 집단 사이에 이뤄진 동의의 표현이며, 그 언어를 이해할 수 있는 사람은 그 소리들에 대해 의견을 같이하는 집단뿐이다. 다른 집단은 똑같은 생각을 다른 소리로 표현한다. 언어는 어떤 집단을 에워싸고 있으면서 그 집단을 다른 집단으로부터 분리시키고 있는 일종의 벽이다. 언어가 신비스런 이유도 바로 거기에 있다. 언어는 사람들의 집단을 국적 그 이상으로 강하게 단결시킨다. 사람들은 언어로 서로 연결되며, 사람들의 사고가 복잡해짐에 따라 언어도 더욱 복잡해졌다. 언어는 인간의 사고와 함께 성장했다.

신기한 사실은 단어들을 만드는 데 쓰인 소리들이 아주 극소수라는 점이다. 그럼에도 그 소리들은 다양한 방법으로 서로 결합하여 아주 많은 단어들을 만들어낸다. 이 소리들의 결합이 얼마나 복잡한지 모른다. 간혹 어떤 소리가 다른 소리 앞에 놓이기도 하고 다른 소리 뒤에 놓이기도 한다. 또 간혹 소리를 부드럽게 내기도 하고 세

게 내기도 한다. 입술을 닫고 내는 소리가 있는가 하면 입술을 열고
내는 소리도 있다. 소리를 내는 다양한 방법과 그 단어들이 표현하
는 관념들을 기억하려면 대단한 기억력이 필요하다.

이젠 생각을 표현할 수 있어야 한다. 생각을 표현하는 것은 문장
이라 불리는 단어들의 집단에 의해 이뤄진다. 생각에 맞춰, 단어들
을 특별한 순서로 배열하여 문장을 만들어야 한다. 환경 안에 있는
다른 엉뚱한 것을 떠올리게 하지 않으려면 이 배열이 아주 정확해
야 한다. 그러므로 듣는 사람이 말하는 사람의 뜻을 정확히 읽도록
안내하는 규칙이 필요하다. 만일 사람이 어떤 생각을 표현하길 원
한다면, 그는 그 대상의 이름을 여기에 놓고 형용사를 그 이름 가까
운 곳에 놓고 또 다른 명사를 다른 곳에 배치하는 식으로 문장을 만
들어야 한다. 쓰이는 단어들의 숫자만으로는 충분하지 않다. 단어
들의 위치까지 고려해야 한다. 만일 이것을 직접 테스트하길 원한
다면, 명확한 의미를 지니는 어떤 문장을 만들어보라. 그런 다음에
그걸 종이에 적고 단어를 하나씩 잘라내서 아무렇게나 섞어 보라.
똑같은 단어가 다 있음에도 불구하고, 그 문장은 말이 되지 않을 것
이다. 그러므로 언어는 초(超)지성의 표현이라 불릴 수 있다.

얼핏 보면 인간의 언어 능력이 자연으로부터 부여받은 능력인 것
처럼 보인다. 그러나 조금 더 깊이 생각해보면, 언어가 자연 그 이상
이라는 사실이 확인된다. 언어는 의식적인 집단지능이 만들어낸 초
자연적인 창조이다. 언어를 중심으로 일종의 네트워크가 형성되어
범위를 점점 더 넓혀 간다. 이 범위에는 한계가 없다. 그래서 기억하

기 어려울 만큼 복잡하고 어려워진 탓에 사라져 버린 언어도 있다. 그런 언어들은 지나치게 멀리 확장되고 지나치게 복잡하게 된 나머지 더 이상 계속 지켜나가는 것이 불가능하게 되자 그만 붕괴하고 말았다. 산스크리트어나 라틴어를 배우길 원한다면 아마 10년을 공부해도 완벽하게 말하지 못할 것이다.

언어와 관련해서 정말 신비로운 사실이 한 가지 있다. 사람들이 무엇인가를 하기 위해서는 함께 모여 합의를 봐야 하는데, 이때 사람들이 더없이 추상적인 도구인 언어를 사용한다는 점이다.

이 문제가 언제나 인류를 불안하게 만들고 있지만, 어쨌든 이 문제는 해결되었음에 틀림없다. 새로 태어난 아이에게 언어를 안겨줘야 하기 때문이다. 이 문제에 주의를 기울이다 보면 아이가 언어를 흡수한다는 것이 확인된다. 이 흡수는 정말로 위대하고 신비하다. 사람들은 "아이를 사람들 틈에 그냥 내버려 둬. 그러면 자연히 말을 하게 돼."라고 말한다. 이 말이 곧 아이가 언어를 흡수하는 현상을 표현한 것이 아닌가! 그런데도 사람들은 수천 년 동안 이 문제에 대해 피상적으로만 생각해왔다.

언어 문제를 연구하는 동안에 또 다른 생각이 떠올랐다. 언어란 것이 배우기에 무척 어렵고 복잡하지만, 어느 언어든 그것을 사용하는 국가 안에서는 더없이 무식한 사람도 다 말할 수 있다는 생각이 든 것이다. 라틴어는 어려운 언어이다. 심지어 라틴어에서 파생된 현대어를 말하는 사람들에게도 라틴어는 여전히 어려운 언어이다. 그러나 고대 로마 제국의 노예들이 사용한 언어도 똑같이 복잡

11장 언어에 대하여

하고 어려운 라틴어였다. 그리고 무식한 농민들이 들판에서 일하면서 말한 언어는 무엇이었는가? 역시 복잡한 라틴어였다. 로마 제국의 세 살짜리 아이들은 무슨 언어를 썼는가? 아이들도 복잡한 라틴어로 자신을 표현하고 다른 사람들의 말을 이해했다. 아마 인도도 마찬가지였을 것이다. 오래 전에 들판에서 일하거나 정글을 떠돌았던 사람은 산스크리트어를 말했다. 오늘날 이 같은 비밀이 호기심을 자극한다. 그 결과, 어린이의 언어 발달이 주목을 받기에 이르렀다.

여기서 가르침이 아니라 발달이라는 표현을 썼다는 사실에 유의하자. 엄마가 아이에게 언어를 가르쳐주는 것이 아니다. 언어는 거침없는 창조로서 자연스럽게 발달한다. 정말로 놀라운 것은 언어가 어떤 법칙을 따라 발달하며, 어느 시기에 이르면 그 발달이 절정에 달한다는 점이다. 이는 모든 어린이들에게 해당되는 진리이다. 언어가 간단하든 복잡하든 상관없이 이런 현상이 나타난다. 오늘날에도 일부 원시적인 사람들 사이에 쓰이는 언어는 매우 간단하다. 그럼에도 그들 틈에 섞여 사는 아이들이 쉬운 언어를 배우는 데 걸리는 시간은 서구의 아이들이 복잡한 언어를 배우는 데 걸리는 시간과 똑같다. 어느 아이에게나 똑같이 음절을 한마디씩 내뱉는 시기와 단어들을 말하는 시기, 그리고 마지막으로 문장과 문법을 완벽하게 구사하는 시기가 뚜렷이 있다. 마지막 단계에 이르면 아이들은 남성형과 여성형, 단수와 복수, 시제, 접미사와 접두사의 차이까지 구분한다. 언어에는 복잡하고 예외적인 규칙이 많다. 그럼에도 흡수하는 아이는 그 복잡한 것을 모두 배울 수 있다. 원시적인 언어를 쓰는 아프리카의 아이가 몇 개 되지 않는 단어를 배우는 그 시간 안에 어려운 언어를 사용할 능력을 갖추게 되는 것이다.

다양한 소리의 발성을 살핀다면, 거기에도 법칙이 있다는 사실이 확인될 것이다. 단어를 구성하는 모든 소리는 어떤 메커니즘을 통해서 나온다. 가끔 코와 목이 동시에 이용되기도 하고, 또 가끔은 혀와 뺨의 근육을 동원해야 할 필요도 있다. 신체의 다양한 기관들이 힘을 합해 이 메커니즘을 만들어낸다. 이 메커니즘의 형성은 아이가 흡수하는 모국어에서 완벽하게 이뤄진다. 외국어에 대해 말하자면, 우리 어른들은 모든 소리를 재생하기는커녕 제대로 듣지도 못한다. 어른은 단지 모국어의 메커니즘만을 사용할 줄 안다. 아이만이 언어의 메커니즘을 구축할 수 있다. 아이는 환경 안에 여러 개의 언어가 있으면 그 언어들을 모두 완벽하게 말할 수 있다.

이 메커니즘의 구축은 의식적인 노력의 결과 일어나는 것이 아니라 아이의 잠재의식의 맨 아래층 깊은 곳에서 일어난다. 아이는 잠재의식의 깊은 어둠 속에서 이 작업을 시작한다. 언어가 영원한 습득으로 발달하고 고착되는 것도 바로 그곳이다. 언어 연구에 관심을 갖도록 하는 것이 이 대목이다. 어른들은 언어를 배우고 싶다는 소망을 의식적으로 품고 언어를 의식적으로 배우기 시작한다. 그러나 의식 밖에서 일어나는 자연적, 아니 초자연적인 메커니즘에 대해 다른 시각으로 봐야 한다. 이 메커니즘은 아주 매력적이다. 이 메커니즘은 성인 관찰자들이 직접적으로 접근하지 못하는 깊은 곳에서 일어난다. 우리는 오직 외부로 나타나는 징후를 토대로 이 메커니즘을 간접적으로만 볼 수 있을 뿐이다. 그러나 제대로 관찰하기만 하면 이 징후는 매우 분명하게 보인다. 왜냐하면 그것이 모든 인간에게서 예외없이 일어나기 때문이다. 특별히 놀라운 것은 언어의 소리들은 세월이 아무리 흘러도 그 순수성을 간직한다는 사실이다. 호기심을 자극하는 또 다른 사실은 복잡한 언어도 단순한 언어만큼 쉽게 흡수된다는 점이다. 어느 아이도 모국어를 배우느라 힘들어하지 않는다. 아이의 메커니즘이 언어를 전체적으로 다듬는다.

아이의 언어 흡수에 비유할 만한 것이 한 가지 떠올랐다. 나의 아이디어는 이 현상의 다양한 요소들과도 전혀 아무런 관계가 없고 현실과도 전혀 아무런 관계가 없지만, 그 아이디어에는 우리가 경험할 수 있는 것과 비슷한 그림을 제시한다. 예를 들어, 뭔가를 그리길 원한다면, 우리는 연필이나 색연필을 잡고 그것을 그릴 것이다. 그러나 그것을 사진으로 담을 수도 있다. 사진으로 담는 경우에는 메커니즘이 달라진다. 어떤 사람의 얼굴을 필름에 담는다고 하자. 이 일은 그리 복잡한 작업을 요구하지 않는다. 만일 한 사람이 아니고 열 사람을 찍는다면, 그래도 필름은 그 전보다 더 필요하지 않다. 카메라만 충분히 크다면, 천 명을 사진에 담는 것도 똑같이 쉬울 것이다. 만일 어떤 책의 제목을 사진으로 찍거나 잔글씨의 외국어로 가득한 책의 어느 페이지를 사진으로 담는다면, 그 사진에 드는 노력은 똑같을 것이다. 그렇다면 사진의 메커니즘은 간단하든 복잡하든 1초도 안 되는 짧은 시간에 모든 것을 흡수할 수 있다. 한편 어느 한 사람을 손으로 그린다면, 그것은 어느 정도의 시간을 필요로 할 것이다. 그리고 열 명을 그려야 한다면, 더 많은 시간이 필요할 것이다. 어떤 책의 제목을 손으로 베낀다면, 그것 또한 어느 정도의 시간이 걸릴 것이다. 그리고 외국어가 자잘하게 적힌 한 페이지를 베낀다면, 그것은 더 많은 시간을 필요로 할 것이다.

사진은 어둠 속에서 찍고 역시 어둠 속에서 현상 과정을 거친 뒤고정된다. 그런 다음에 마침내 밝은 곳으로 나올 것이며, 이후로는 변경이 불가능해진다.

아이의 내면에서 언어를 습득하는 정신적 메커니즘도 이와 똑같다. 이 메커니즘은 잠재의식의 깊은 어둠 속에서 시작하며 거기서 발달하여 굳어진 다음에 공개된다. (나의 비유가 적절한지는 모르겠지만) 아이의 언어 획득에 어떤 메커니즘이 존재하는 것만은 확실하다. 그렇지 않고는 언어를 이해하는 것이 불가능할 것이기 때문이다. 이런 신비한 활동이 있다는 사실을 떠올리기만 하면, 그것이 어떤 식으로 전개되는지 알고 싶어진다. 그래서 오늘날 깊은 잠재의식의 이런 신비한 특징에 대한 연구가 많이 이뤄지고 있다.

아이를 출생 첫날부터 2세 이후까지 매일 관찰하는 작업이 진행되고 있다. 아이에게 하루하루 어떤 일이 일어나는지, 발달이 같은 수준에 머무는 기간은 어느 정도인지 등이 주요 관찰 대상이다. 이 관찰을 통해서 몇 가지 사실들이 이정표처럼 뚜렷하게 나타나고 있다. 우선 아이의 내면에서 매우 위대하고 신비한 발달이 이뤄지고 있는데 반해 외적으로 나타나는 징후는 매우 보잘것없다는 점이 확인된다. 따라서 아이의 내면에서 벌어지는 활동과 외적 표현 사이에 불균형이 심한 것이 분명하다. 외적 징후의 관찰에서 두드러지는 또 한 가지 사실은 아이의 언어 발달이 규칙적으로 쭉 고르게 전개되는 것이 아니고 간혹 급성장하는 모습을 보인다는 점이다. 예를 들어, 어느 시기에 음절의 정복이 이뤄지고 그 다음 몇 개월 동안 아이는 짧은 음절만 내뱉는다. 이때는 외적으로 전혀 진전이 나타나지 않는다. 그러다 갑자기 아이가 단어를 하나 내뱉는다. 그런 다음에도 단어 한두 개만 말하는 기간이 오랫동안 지속된다. 다시 발전이 전혀 이뤄지지 않는 것처럼 보이며, 이를 지켜보는 어른들은 아이의 느린 진전에 낙담하게 된다. 겉으로 보기엔 정말 느려 보이지만, 아이의 언어 사용은 그래도 아이의 내면에서 위대한 진전이 지속적으로 이뤄지고 있음을 보여준다.

어쨌든 이런 현상은 사회에도 그대로 나타나고 있지 않은가? 역사를 보면 인간은 오랫동안 같은 수준에서, 원시적이고 어리석고 보수적이고 전진을 이루지 못하는 수준에서 살았다는 사실이 확인된다. 그러나 이 같은 사실은 단지 역사에 겉으로 드러나는 징후일 뿐이다. 그런 상황에서도 역사의 깊은 속에서는 성장이 계속되고 있었다. 그러다 어느 순간 갑자기 폭발이 일어나지 않는가! 그런 다음에는 또 다시 평온한 시기가 있고 외적으로 진전이 거의 이뤄지지 않는 것처럼 보인다. 또 그렇게 무료하게 이어지다 어느 순간에 한 차례 폭발이 더 일어나지 않던가!

아이의 언어 습득에도 이와 똑같은 현상이 나타난다. 단어를 하나씩 익히며 착실하게 성장하는 과정이 아닌 것이다. 거의 진전이 없는 듯하다가 어느 순간에 갑자기 언어 능력이 폭발하는 현상이 나타난다. 심리학자들이 말하듯, 별다른 가르침이나 이유도 없이 그런 일이 벌어진다. 아이들을 보면 비슷한 시기에 갑자기 단어들을 폭포처럼 쏟아내고 모든 단어들을 완벽하게 발음한다. 그러고 나서 3개월이 지나면 아이들은 명사와 접미사, 접두사, 동사를 복잡한 것까지 아주 쉽게 사용한다. 모든 아이들에게 만 2년이 되는 때에 이런 일이 일어난다. 그러니 어른들은 아이의 이런 행동에 고무를 받으며 기다려야 한다. (그리고 인류 역사에서도 느린 시대를 맞게 된다면 이와 똑같은 현상이 벌어지고 있다고 기대해도 좋을 것이다. 아마 인간은 겉으로 보이는 것만큼 어리석지 않을 것이다. 내면의 삶에서는 경이로운 일들이 벌어지며 폭발이 준비되고 있을지 모른다.) 아이의 표현에 나타나는 이 같은 폭발 현상은 2세 이후에도 계속된다. 간단하거나 복잡한 문장의 사용과 시제까지 정확히 반영한 동사의 사용, 그리고 종속절의 사용까지, 갑작스런 폭발이 나타나는 것이다. 이런 식으로 아이는 자신이 속한 집단의 언어를 완벽하게 표현하는 단계에 이른다. 잠재의식에서 준비된 언어라는 보물은 이제 의식으로 넘어가고, 새로운 파워를 얻게 된 아이는 쉴 새 없이 재잘거린다. 그러면 어른들은 "제발 입 좀 닫아!"라며 신경질을 내게 된다.

생후 2년 반쯤 되어 하나의 인간이 최종적으로 형성되었음을 보여주는 지능의 랜드마크가 나타난 이후에도, 아이의 언어는 지속적으로 발달한다. 이때는 폭발 같은 것은 없지만 활기와 자발성은 대단하다. 이 두 번째 시기는 생후 2년 반부터 4년 반 내지 5년까지 이어진다. 아이가 엄청난 수의 단어들을 흡수하고 문장 표현을 완벽하게 다듬는 시기이다.

만일 아이가 겨우 몇 개의 단어나 속어가 쓰이는 환경에서 지내게 된다면, 아이는 그 단어들만을 사용할 것이다. 그러나 세련된 말과 어휘가 풍부하게 오가는 환경에 산다면, 아이는 그 모든 것을 자신의 것으로 만들 것이다. 이렇듯 환경은 매우 중요하다. 그럼에도 어떤 경우에도 어휘력의 확장은 이뤄질 것이다. 바로 이 점에 큰 관심이 쏠리고 있다. 벨기에에서 과학적으로 관찰한 전문가들에 따르면, 2년 6개월 된 아이는 2백 개의 단어를 알지만 5세가 되면 수천 개의 단어를 알고 사용한다. 이 모든 학습이 선생도 없는 가운데 이뤄진다. 자발적인 습득인 것이다. 아이가 이 모든 것을 배운 다음에야, 어른들은 아이를 학교로 불러 "이제 글자를 배우도록 하자!"고 말한다.

우리는 아이가 이런 이중적인 길을 걸어 왔다는 사실을 늘 기억해야 한다. 언어를 위해 준비시키는 잠재의식적 활동의 길이 있고, 점점 생겨나면서 잠재의식으로부터 그 내용물을 넘겨받는 의식의 길이 있는 것이다. 그렇다면 이 과정의 마지막 결실은 무엇인가? 5세 된 아이, 즉 새로 탄생한 한 사람의 인간이다. 아이가 언어를 잘 말하고 또 언어 관련 규칙들을 모두 잘 알고 이용할 줄 아는 존재로 성장했다는 뜻이다. 아이는 잠재의식의 모든 작업을 모르고 있지만 어쨌든 언어를 창조한 주체는 바로 이 아이이다. 아이는 언어를 자기 혼자 힘으로 창조했다. 만일 아이가 이런 힘을 갖고 있지 않아서 자발적으로 언어를 습득하지 않았다면, 인간 세상과 문명이 이룰 수 있는 것은 하나도 없을 것이다. 그러므로 이 시기의 인간이, 말하자면 모든 것을 건설해야 하는 시기의 아이가 얼마나 소중한지를 우리 모두가 잘 알아야 한다. 만일 이 시기의 아이들이 없다면, 문명은 존재할 수 없었을 것이다. 왜냐하면 이 아이들만이 문명의 토대를 건설할 수 있기 때문이다. 그러므로 우리는 이 시기의 아이에게 아이가 필요로 하는 도움의 손길을 줘야 하고 아이가 혼자서 헤매도록 내버려둬서는 안 된다.

12장
언어의 부름

어른들이 메커니즘을 뛰어넘어 추상의 세계에 살고 있다고 생각하고 있기 때문에, 내가 지금 설명하고자 하는 내용은 공감을 별로 불러일으키지 못할 수 있다는 걱정부터 앞선다. 그럼에도 이런 경이로운 메커니즘은 너무나 흥미롭다. 메커니즘은 기본적인 사항이며 또한 육체적인 사실이다. 살과 피만이 육체적인 것은 아니다. 메커니즘도 마찬가지로 육체적이다. 신경계의 메커니즘에 감각기관과 신경, 신경중추, 운동기관이 있다는 것은 모두가 알고 있다. 언어와 관련 있는 메커니즘이 있다는 사실은 그런 육체적인 사실들의 범위를 다소 벗어난다.

　언어를 관장하는 뇌 센터들이 발견된 것은 19세기가 끝나갈 무렵이었다. 뇌의 피질에 언어를 다루는 두 개의 특별한 센터가 있다. 하나는 귀로 받아들이는 언어를 위한 센터이고, 다른 하나는 언어의 생산을 관장하는 센터이다.

생리학적 관점에서 이 문제를 고려한다면, 언어를 관장하는 신체 기관 센터도 마찬가지로 두 군데가 있다. 하나는 언어를 듣는 데 쓰이는 센터(귀)이고, 다른 하나는 언어를 말하는 데 쓰이는 센터(입과 목, 코 등)이다. 이 두 센터는 정신적으로나 생리적으로나 별도로 발달한다. 언어를 듣는 센터는 언어가 발달하는 잠재의식이 자리 잡고 있는 곳인 정신의 신비한 측면과 관계있으며, 운동 센터의 활동은 우리가 말을 할 때 드러난다.

언어를 밖으로 표현하는 데 필요한 운동을 다루는 이 두 번째 부분의 발달이 더 늦는 것이 확실하다. 왜 그럴까? 소리를 만들어내는 이 섬세한 운동을 자극하는 것이 바로 어린이가 듣는 소리들이기 때문이다. 이 순서는 매우 논리적이다. 인간이 언어를 미리 갖춘 상태에서 태어나지 않는다면, 아이가 소리를 내기 위해서 먼저 자신이 속한 집단이 발명한 언어의 소리를 들어야 하기 때문이다. 따라서 소리를 만들어내는 데 필요한 운동은 타인의 소리들이 정신에 각인시킨 인상에 근거해야만 한다.

이 점은 논리적으로 이해가 쉽게 되지만, 언어를 둘러싼 신체 기관이 그런 식으로 발달하는 것은 논리 때문이 아니라 자연의 메커니즘 때문이다. 자연에 무슨 논리가 있는가? 자연 속에서 어떤 사실들을 처음 확인하게 되면, 사람은 대체로 "이것들이 얼마나 논리적인가!"라며 감탄하면서 "이런 사실들 뒤에는 방향을 잡아주고 있는 어떤 지성이 있음에 틀림없어."라고 말한다. 사물들을 창조하는 신비한 지성은 온갖 아름다운 색깔과 모양이 발견되는 꽃들의 세계보다 인간의 정신적 현상에서 훨씬 더 많이 보인다.

출생할 당시에는 언어를 듣고 말하는 활동이 전혀 존재하지 않는 것이 확실하다. 그렇다면 출생할 때에는 무엇이 있는가? 아무것도 존재하지 않으면서 동시에 모든 것이 거기에 있다. 존재하는 것은 이 두 센터이다. 온갖 소리와 유전으로부터 자유로우면서도 언어를 흡수하고 또 언어를 말할 수 있는 센터들이 있는 것이다. 두 개의 센터는 언어를 종합적으로 발달시키는 메커니즘의 일부이다. 이 문제를 더욱 깊이 파고들면서, 우리는 집중하고 있는 어떤 감수성과 능력이 존재한다는 것을 확인할 수 있다. 언어를 다듬는 것이 출생 후에 시작된다는 것은 쉽게 목격된다. 왜냐하면 언어를 배우는 것이 전적으로 언어를 듣는 것에 좌우되는데, 출생 전에는 아이가 아무것도 듣지 못하기 때문이다. 아이의 활동은 출생 후에 시작된다. 아이가 태어날 때, 언어를 다듬는 작업을 시작할 수 있는 준비가 이미 갖춰져 있다는 사실은 그저 신기할 따름이다.

이제 메커니즘뿐만 아니라 신체기관들까지 공부하도록 하자. 틀림없이 이 메커니즘의 창조는 경이롭지만, 다른 모든 창조도 마찬가지로 경이롭다. 아이가 태어나기 전에 귀(언어를 듣는 신체기관)가 창조된다는 사실도 신기하지 않은가? 대단히 신비한 환경 속에서, 매우 섬세하고 복잡한 이 도구는 저절로 발달했다. 귀가 마치 어떤 음악 천재가 만들어낸 것처럼 생겼다는 사실이 얼마나 신기한가. 꼭 뮤지션이 귀를 만든 것 같다는 생각이 든다. 왜냐하면 귀의 중간 부분이 '현'(鉉)의 길이에 따라 서로 다른 소리에 진동하는 능력을 가진 하프처럼 생겼기 때문이다. 우리 귓속에 있는 하프는 64개의 '현'을 갖고 있으며, 이 '현'은 길이 순서대로 놓여 있다. 또 귀의 크기가 아주 작기 때문에, 이 현들은 달팽이 껍질 모양으로 배열되어 있다. 얼마나 놀라운 지능인가! 공간의 한계를 존중하면서도 음악 소리에 필요한 모든 것을 다 구축해 두었으니. 그러면 누가 이 현들을 연주하는가? 아무도 연주하지 않으면, 하프는 오랫동안 벽을 등지고 앉아서 침묵을 지킬 것이다. 하프처럼 생긴 것 앞에 북 같은 것이 자리 잡고 있다. 무엇인가가 이 북을 건드리면, 하프 현 하나 또는 둘 이상이 진동한다. 그러면 북이 하프를 연주하고, 우리는 언어의 음악을 듣는다고 할 수 있다. 우주의 소리 모두가 귀에 흡수되지는 않는다. 현이 64개에 지나지 않기 때문이다. 그러나 꽤 복잡한 음악도 그것으로 연주할 수 있다. 귀를 통해서 대단히 정교하고 복잡한 언어를 전달할 수 있다. 만약에 이 복잡한 도구가 신비한 태아 단계에서 스스로를 창조했다면, 출생 후에 다른 무엇인가를 창조해야 하는 이유는 무엇인가? 다시 말해, 아이가 자신의 환경 안에서 언어를 발견하고 그것을 스스로 창조해야 하는 이유는 무엇인가? 이제 이 질문에 대한 답을 찾도록 하자.

잠시 자연을 보자. 자연은 얼마나 경이롭고, 또 얼마나 신속한가! 아이가 7개월 만에 태어나더라도, 모든 것이 완벽하고 또 준비가 잘 되어 있다. 자연이 늦는 법은 절대로 없다. 이 악기는 신경 섬유를 통해 받는 소리를 뇌로 어떻게 전달하는가? 이 특별한 소리들을

197   12장 언어의 부름

수집하는 특별한 부위가 자리 잡고 있는 그 뇌로 말이다. 그것도 또한 신비한 일이지만, 이것들은 자연의 사실들이다. 신기한 것은 신생아들을 연구한 심리학자들이 가장 느리게 발달하는 감각이 청력이라고 말한다는 점이다. 심리학자들은 심지어 아이가 청력이 없는 것처럼 보인다고 말한다. 아기 주변이 온갖 종류의 소음으로 시끄러워도 아이는 전혀 아무런 반응을 보이지 않는다. 이것은 이 센터들이 언어를 위한 센터이고 단어를 위한 센터이기 때문이다. 마치 이 막강한 메커니즘은 오직 이런 특별한 소리에만, 말로 하는 단어들에만 반응하는 것처럼 보인다. 그러다가 때가 되면 운동 메커니즘이 생겨나고, 이 운동 메커니즘이 그런 소리들을 만들어 낼 것이다.

만약 이 센터들에게 이런 식으로 특별히 고립되는 기간이 주어지지 않는다면, 인간에게 어떤 일이 일어날 것인지 상상이 되는가? 이 센터들이 무엇이든 자유롭게 받아들인다면, 농장에서 태어난 아이는 아마 농장의 소리에만 인상을 받을 것이고, 따라서 "음매, 음매." 하거나 꿀꿀거리거나 꼬꼬댁 소리만 낼 것이다. 역 가까운 곳에서 태어난 아이는 오직 칙칙폭폭 칙칙폭폭 하며 기차 소리만 낼 것이다. 사람이 말을 할 수 있는 것은 자연이 이 센터들을 특별히 언어를 위해 구축하고 고립시켰기 때문이다. 늑대 어린이들, 말하자면 이런저런 이유로 정글에 버려졌다가 정말 놀라운 방식으로 살아남은 아이들의 예가 있었다. 이 아이들은 새와 동물의 소리, 물소리, 낙엽 떨어지는 소리 등 온갖 자연의 소리 속에 살았음에도 불구하고 완전히 벙어리로 남아 있었다. 그들은 소리를 전혀 낼 줄 몰랐다. 이는 구어의 메커니즘을 유일하게 자극할 수 있는 인간의 말소리를 한 번도 들어 보지 못했기 때문이다. 지금 내가 이런 여러 가지 일화를 전하는 것은 언어를 위한 특별한 메커니즘이 있다는 점을 보여주기 위해서이다. 이 메커니즘이 인간을 인간으로 만든다. 인간은 이 메커니즘을 갖고 있다. 언어를 갖고 있는 것이 아니라, 인간의 특징인 언어를 창조할 수 있는 메커니즘을 갖고 있는 것이다. 단어들은 아이가 스스로 다듬으며 노력한 결실이지만, 아이 자체는 메커니즘이 아니다.

출생 직후 신비한 시기의 자아를 잠을 자고 있는 자기(self)라고 상상해 보자. 잠을 자고 있는 이 자아가 갑자기 잠에서 깨어나 아름다운 음악을 듣는다. 만약 이 신비스런 자아가 말을 할 수 있다면, 자아는 이렇게 말할 것이다. "내가 세상으로 나온 것을 사람들이 음악으로 환영했어. 너무나 신성하고 너무나 감동적인 음악이라서, 나의 존재 전체가, 나의 신경 섬유가 그 음악에 진동하기 시작했어. 다른 소리는 하나도 들리지 않았어. 음악 소리가 나의 영혼에 닿았으며 이 신성한 부름 외에는 어떤 소리도 들리지 않았어!" 만약 생명을 창조하고 보존하는 그 위대한 추진력을 기억한다면, 우리는 이 음악이 영원히 남을 어떤 것을 어떤 식으로 만들어내는지를 볼 수 있다. 새로 태어난 아이의 므네메에서 지금 일어나고 있는 것은 영원히 남는다. 인간 집단은 예외 없이 음악을 사랑하고, 자신들만의 음악과 언어를 창조한다. 각 집단은 음악에 육체의 운동으로 반

웅하고 이 음악은 단어에도 가미되지만, 그 단어들은 그 자체로는 전혀 아무런 의미를 지니지 않으며 단어에 의미를 부여하는 것은 바로 우리이다. 인도에는 언어가 많지만 음악은 그 모든 언어를 통합시킨다. 새로운 아이들에게 각인된 인상이 남는다. 음악을 만들고 춤을 추는 동물은 전혀 없지만, 모든 인간은 어디에 살든 상관없이 음악을 만들고 춤을 춘다.

그러면 이 언어의 소리들은 잠재의식에 고착된다. 아이의 내면에서 무슨 일이 일어나고 있는지 들여다보는 것은 불가능하지만, 외부로 표현되는 것들이 우리에게 길잡이 역할을 할 수 있다. 소리들은 고착되고, 이것이 모국어의 중요한 부분을 이룬다. 그것을 우리는 알파벳이라고 부를 수 있다. 그런 다음에 음절이 오고, 그 다음에 단어가 온다. 아이가 간혹 초급 독본을 보며 그것이 무슨 의미인지도 모르는 상태에서 읽을 것이다. 그러나 아이가 글을 배우는 것을 보면 얼마나 신기한지 모른다. 아이의 내면에 어떤 친절한 선생이 있는 것 같다. 그런 존재가 아이의 내면에서 아이가 알파벳과 음절을 거쳐 마지막으로 단어를 외우도록 만든다. 오직 인간 선생만이 엉뚱한 시간에 그런 것을 가르친다. 말하자면 아이가 언어를 이미 다 배운 뒤에 선생이 그런 것을 가르친다는 뜻이다. 아이의 내면에 있는 선생은 적절한 시기에 아이에게 가르친다. 그래서 아이는 소리를 익히고, 그 다음에 음절을 익힌다. 아이가 언어를 배우는 것은 언어만큼이나 논리적인 점진적 건설이다. 이어 단어들이 오고, 그런 다음에 문법 분야로 들어가는 것이다. 사물들의 이름(명사)이 가장 먼저 온다. 자연의 가르침을 따르는 것이 아주 유익한 이유가 바로 거기에 있다.

자연은 한 사람의 선생과 같고, 자연은 언어 중에서 가장 무미건조한 부분을 가르쳐준다. 자연은 교육 방법을 제대로 아는 진정한 학교이다. 자연은 명사와 형용사, 접속사와 부사, 동사 원형을 가르치고 그 다음에 동사의 활용과 명사의 어형 변화, 접미사, 접두사, 그리고 모든 예외를 가르친다. 그런 다음에 시험이 있을 것이다. 아이는 그 모든 것을 이용할 수 있다는 점을 보여줄 것이다. 그러고 나서야 우리는 그때까지 자연 속에 아주 훌륭한 선생이 있었고 열심히 공부하는 학생이 있었다는 사실을 확인하게 된다. 아이가 그 모든 것을 아주 정확히 사용할 수 있기 때문이다. 그런 아이야말로 정말로 똑똑하지 않은가? 그런 아이를 당연히 칭찬해줘야 한다. 그런데 아무도 그런 아이에게 주목하지 않는다. 시간이 한참 지나서 아이가 학교에 다닐 때, 사람들은 이런 아이에게 메달을 주면서 "훌륭한 선생을 두었군."이라고 말한다.

그러나 진짜로 살아 있는 기적은 바로 아이이다. 선생은 아이에게서 바로 그 기적을, 다시 말해 선생조차도 모르는 놀라운 방법으로 배운 학생을 보아야 한다. 겨우 2년 만에 아이는 모든 것을 배웠다. 정말로 신비한 사실이 아닐 수 없다. 그러면 아이가 2년 동안 밖으로 보인 변화를 추적해 보자. 그것이 아이가 한 것을 보다 쉽게 파악할 수 있는 길이기 때문이다. 아이가 겉으로 드러내는 표현을 조사해 보면, 아이의 의식이 점진적으로 깨어나다가 어느 순간에 갑자

12장 언어의 부름

기 지배적인 위치를 차지하면서 모든 것을 통제하기를 바라는 것이 확인된다. 4개월이 되면(이보다 더 빠른 시기를 제시하는 사람들이 많은데, 나도 그들의 의견에 동의한다), 아이는 자신을 둘러싸고 있으면서 너무나 깊은 곳을 건드리고 있는 신비한 음악이 사람의 입에서 나온다는 것을 지각한다. 그 음악을 만들어내는 것은 입(움직이는 입술)이다. 이런 사실까지 아기가 알기는 어렵겠지만, 그럼에도 아기를 유심히 관찰하면 아기가 주변 사람들의 입술을 열심히 본다는 느낌이 든다. 아기의 의식이 이미 그 문제에 관여하고 있는 것이다. 의식이 그 일에 추진력을 갖고 있기 때문이다. 분명히, 운동은 무의식적으로 준비되고 세밀한 신경섬유들의 정확한 조정도 의식적으로 성취되지 않지만, 의식이 관심을 기울이면서 주변 환경을 조사하는 활동을 벌인다.

입을 2개월 정도 관찰하고 나면(생후 6개월), 아이는 자신의 소리를 낸다. 갑자기, 무의식적인 콧소리밖에 내지 못하던 아기가 어느 날 아침에 (당신보다 먼저) 깨어나서 "바-바-바"라거나 "마-마-마"라고 할 것이다. '파파'와 '마마'를 발명한 것은 이 아기이다. 아기는 이제 꽤 오랫동안 이런 음절 소리만 낼 것이다. 그러면 어른들은 왜 아이가 다른 말은 안 하지, 하고 안달을 내곤 한다. 아기가 여기까지 온 것도 아기 나름대로 엄청난 노력을 기울인 결과였다. 하나의 발견을 이루는 것은 어디까지나 아이의 자아의 노력이라는 점을 기억해야 한다. 아이는 이제 자신의 능력을 자각하고 있다. 아이는 더 이상 하나의 메커니즘이 아니라 메커니즘들을 이용하고 있는 개인이다. 말하자면 작은 인간인 것이다.

아기는 돌이 되기 전 10개월 때에 또 다른 발견을 한다. 사람들의 입에서 나오는 언어가 어떤 목적을 갖고 있다는 사실을 깨닫는 것이다. 언어는 단순히 음악만은 아니다. 우리가 "아이구 귀여운 우리 아기, 정말 예쁘구나!"라고 말할 때, 아이는 "이 말은 나에게 하는 것"이라는 점을 깨닫는다. 그래서 아기는 주위 사람들이 자기에게 하는 소리에 어떤 목적이 있다는 것을 깨닫기 시작한다. 따라서 첫돌이 되기 전에 두 가지가 일어난다. 아기가 무의식의 깊은 곳에서 이해를 하고, 의식의 높은 곳에서 언어를 창조하는 것이다. 언어라고 해야 아직까지 소리를 반복하고 소리를 결합하는 재잘거림에 불과하지만 말이다.

첫돌이 되면, 아이는 자신의 뜻을 말로 표현한다. 여전히 재잘거리는 수준이지만, 그 재잘거림엔 아이의 의도가 담겨 있다. 의도는 곧 의식적인 지능을 의미한다. 그렇다면 아이의 내면에서 어떤 일이 벌어졌는가? 첫돌을 맞은 아이를 연구하면, 아이의 내면에서 겉으로 드러나는 것보다 훨씬 더 많은 일이 벌어지고 있다는 사실이 확인된다. 아이는 언어라는 것이 자신의 주변 환경과 관계있다는 것을 깨닫고는 언어를 의식적으로 통달하기 위해 많은 노력을 기울이고 있다. 여기서 아이의 내면에 심각한 갈등이 일어난다. 의식이 메커니즘에 맞서 벌이는 투쟁이다. 이것이 아이가 인간으로서 처음 겪는 갈등이며, 아이의 내면에 있는 부분들 사이에 처음으로 벌어지는 전쟁이다. 나 자신의 경험을 빌려서 이 문제를 설명하고 싶

12장 언어의 부름

다. 나는 내가 아는 많은 것을 영어권 청중에게 표현하기를 원하지만, 나의 영어 실력이 형편없다. 나는 약간의 영어를 알고 있을 뿐이며, 나의 영어 단어는 쓸데없는 재잘거림 수준이다. 나는 청중이 지적이라는 사실을 잘 알고 있고 우리는 서로 생각들을 교환할 수 있지만, 안타깝게도 나는 영어가 아주 서툴다. 지능이 수많은 생각을 떠올리게 하고 또 사람들이 그런 생각들을 이해할 수 있다는 사실을 알고 있지만 언어 실력이 부족하여 그 생각들을 표현하지 못하는 이 시기는 어린이의 삶에 정말로 극적인 시기이다. 그것이 아이에게 처음으로 실망을 안겨준다. 만약 나에게 통역이 없다면, 내가 할 수 있는 일은 무엇일까? 또 아이가 할 수 있는 일은 무엇일까? 아이는 자신의 잠재의식 속에 있는 학교에 가고, 아이의 욕망이 아이가 배우도록 자극한다. 아이가 이런 식으로 언어를 빨리 습득하도록 하는 것은 자신을 표현하려는 의식적인 충동이다. 이 시기에 아이가 언어에 기울이는 관심이 어느 정도인지 한 번 상상해 보라.

자기 자신을 표현하려고 그처럼 애를 쓰는 존재는 자신에게 단어들을 명쾌하게 제시할 선생을 찾을 필요가 있다. 그렇다면 우리는 그런 선생으로 쓸모 있는 존재인가? 절대로 그렇지 않다. 우리는 아이를 전혀 돕지 못한다. 우리는 단순히 아이에게 아이의 재잘거림을 반복할 뿐이다. 만약 아이에게 이 내면의 선생이 없다면, 아이는 전혀 아무것도 배우지 못할 것이다. 아이가, 아이에게는 말을 걸지 않고 자기들끼리 대화하고 있는 어른들 쪽으로 가도록 이끄는 것이 바로 이 내면의 선생이다. 충동이 아이로 하여금 언어를 정확히 받아들이도록 하고 있지, 우리 어른이 아이에게 정확한 언어를 전하고 있는 것이 아니다.

그럼에도 돌을 넘기면 아이는 정말로 학교에 나갈 수 있다. 지적인 사람들이 아이와 지적으로 대화하는 몬테소리 학교로 말이다. 일부 사람들은 1세와 2세 사이의 아이가 겪는 이런 어려움을 이해하고 또 이 연령대의 아이에게 정확히 배울 기회를 주는 것이 중요하다는 점을 인식하고 있다.

이 글을 쓰기 며칠 전에 나는 실론의 어떤 사람으로부터 편지를 받았는데, 거기에 이런 내용이 있다. "이 나라에 지금 저의 어린 아이를 위한 학교가 있다는 사실이 얼마나 기쁜지 모릅니다." 그런 사람들은 정말로 어린 아이를 위한 학교의 필요성을 잘 이해하고 있다. 그렇다면 "대학이 없는 게 얼마나 불행한 일인지 몰라요!"라고 말하는 사람들이 있는 한편엔 "어린 아이를 위한 학교가 있는 게 얼마나 다행한 일인지 몰라요!"라고 말하는 사람이 있다는 뜻이다.

아이가 문법적 지식을 갖고 있기 때문에, 우리 어른들은 아이와 문법적으로 정확하게 말하면서 아이가 문장을 분석하는 일을 도울 수 있어야 한다. 1세와 2세 사이의 아이들을 가르칠 새로운 선생들은 언어의 발달에 대해 반드시 알아야 한다. 언어 발달이 아주 중요하기 때문에, 어머니들도 그것을 알아야 하고 선생들도 과학적인 측면에서 그것을 알아야 한다. 그러면 아이는 자신에게 필요한 도움을 구하기 위해, 아이에게는 말도 걸지 않은 채 자기들끼리 대화하는 어른들을 찾아 나설 필요가 없어질 것이다. 우리 선생들은 창조하고 가르치는 자연의 하인이 되어야 하며, 그렇게 되는 데 필요한 방법은 이미 준비되어 있다.

대단히 중요한 무엇인가를 말하길 원할 때, 내가 서툰 영어 실력으로 할 수 있는 것은 무엇일까? 아마 나는 자제력이 많지 않아서 화를 내며 울지도 모르겠다. 바로 이런 일이 1세 내지 2세 아이에게 일어나고 있다. 이 연령의 아이는 하나의 단어로 자신이 전하고자 하는 모든 것을 전하길 원하지만 그렇게 하지 못하며, 따라서 아이는 역정을 내게 된다. 그러면 주위 사람들은 이렇게 말한다. "타고난 고집이 나오는구먼!" (뭐라고? 이제 겨우 1년 된 인간에게서 뭐가 나온다고!) 어른이 보기에 아이는 전혀 아무런 이유도 없이 화를 내고 폭력적으로 변하는 것처럼 보인다. 바로 거기에 아이와 어른 사이에 벌어지는 전쟁의 기원이 있다. 어른들은 이런 식으로 말한다. "돌봐주고, 옷도 입혀주고, 어른들이 모든 걸 대신해 주는데 얘는 언제나 버릇없이 굴기만 해." 이건 잘못된 시각이다. 그건 아이가 독립을 얻으려 노력하는 모습이다. 그 어린 나이에 독립을 쟁취하려고 노력하는 것이 얼마나 가상한가! 그런데도 어른들이 그걸 몰라주다니! 언어를 전혀 모르고 또 할 수 있는 표현이라곤 분노뿐인 아이는 그럼에도 자신의 언어를 만들 능력을 갖고 있다. 분노는 단순히 단어들을 지어내려던 노력이 좌절된 것을 표현하는 것이며, 아이는 어떤 식으로든 나름의 단어들을 만든다.

생후 1년 6개월쯤 되면, 아이는 또 다른 사실을 한 가지 알아차린다. 말하자면 각각의 사물은 저마다 이름을 갖고 있다는 사실을 깨닫는 것이다. 이 사실이 아이에게 너무나 경이롭게 다가온다. 왜냐하면 그것이 아이가 듣는 단어들 중에서 명사를, 특히 구체적인 명사를 선택할 수 있다는 것을 의미하기 때문이다. 이전에는 사물들의 세계가 있었는데, 지금은 이 사물들을 가리키는 단어들이 있는 것이다. 애석하게도 명사만으로는 모든 것을 표현하지 못하며, 그래서 아이는 한 가지 생각을 하나의 단어로 나타내야 한다. 따라서 심리학자들은 문장들을 표현하는 데 쓰이는 이 단어들에 특별히 관심을 기울이고 있으며, 그들은 이 단어들을 '융합 단어'(fusive words) 혹은 '한 단어 문장'(one-word-sentences)이라고 부른다.

아이가 우유와 포리지를 먹고 싶어 하는 상황을 가정해 보자. 이런 경우에 아이는 '마 파'라고 외칠 수도 있다. 이 외침은 "엄마, 배고파, 포리지 줘."라는 뜻일 것이다. 아이는 단어 하나로 한 문장 전체를 표현하고 있다. 이 '융합 단어'의 또 다른 특징은 단어 자체에 변질이 있다는 점이다. 종종 축약이 이뤄지는 것이다. 스페인 아기는 '오버코트'를 뜻하는 'paletot' 대신에 'to'를, '어깨'를 뜻하는 'espalda' 대신에 'palda'를 쓸 것이다. 이것은 하나의 변형이며, 우리 어른들이 쓰는 단어들을 압축한 것이다. 어떤 경우에는 아이의 축약이 너무 엉뚱해서 아이가 외국어를 쓰고 있다는 인상까지 주기도 한다. '아이의 언어'가 있지만, 그것을 연구하겠다고 나서는 사람은 별로 없다. 이 나이대의 아이들을 가르치는 선생들은 '아이의 언어'를 공부해 괴로워하는 아이의 영혼이 차분할 수 있도록 도와줘야 한다.

아이가 쓰는 두 단어 'to'와 'palda'는 아이의 내면에서 일어나고 있는 갈등을 그대로 드러내고 있다. 아이가 너무나 화가 나 있는 것이다. 어른들조차도 어떻게 다스려야 할지 모를 만큼 큰 화이다. 아이의 어머니가 자기 코트를 팔에 걸고 있었고, 아이는 소리를 지르고 있었다. 마침내 어머니는 나의 제안에 따라 코트를 입었으며, 그 즉시 아이의 비명이 그쳤다. 아이는 차분해지면서 행복한 표정을 지었으며 이어 'To palda'라며 까르르 웃었다. 그것은 곧 "맞아요. 코트는 어깨 위로 입어야 하지요."라는 뜻이다. 그렇다면 여기서 또 다른 사실이 확인된다. 아이의 신비한 언어가 이 연령대 아이의 심리를, 말하자면 질서에 대한 욕구와 무질서에 대한 절망을 드러낸다는 사실이다. 코트는 팔에 걸고 다니는 그런 것이 아니었다. 팔은 코트를 걸치는 곳이 아니었다. 그 같은 무질서는 아이가 견딜 수 없는 것이었다.

또 다른 예가 있다. 1년 6개월 된 아이도 전체 대화를 이해한다는 사실을 보여주는 예이다. 어른 5명이 아이의 이야기책의 장점과 단점을 놓고 토론을 벌이고 있었다. 그들은 어느 정도 토론을 한 뒤에 "결말이 모두가 행복하게 끝나지요."라는 말로 대화를 끝냈다. 그 즉시 그 방에 있던 꼬마가 "롤라, 롤라!"라고 외치기 시작했다. 사람들은 아기가 보모를 찾고 있다고 생각했다. 그런데 그게 아니었다. 아이는 더욱더 흥분하다가 절망과 화를 이기지 못하고 울음을 터뜨렸다. 그래도 뜻대로 되지 않자, 아이는 책을 집어 뒤표지를 보이며 주인공 아이의 사진을 가리키면서 다시 "롤라, 롤라!"라고 말했다.

어른들은 인쇄된 이야기의 마지막을 책의 끝으로 여겼지만, 아이에 겐 책 뒤표지에 있는 마지막 그림이 책의 끝이었으며, 그 그림 속의 아이는 "그들이 어떻게 행복하게 끝났다고 말할 수 있지?"라며 울 고 있었다. 이 아이는 어른들의 대화를 전부 듣고 있었으며, 그것이 그 책에 관한 대화라는 사실을 이해하고 있었고, 어른들이 실수를 하고 있다는 것을 다 알고 있었다. 아이의 이해력은 세세하고 완벽 했지만, 아이의 언어가 충분하지 않았다. 아이는 스페인어로 'cry' 를 뜻하는 단어인 'llora'조차도 제대로 발음하지 못했으며, 그래서 아이는 'lola'라고 말했다. 'lola'라는 단어는 이 어른들에게 "아니 에요, 틀렸어요. 이 이야기는 행복하게 끝나지 않아요. 아이가 울어 요."라는 뜻으로 쓰였다.

이 예는 내가 1세 내지 1세 반 된 아이들을 위한 특별한 '학교'가 필요하다고 강조하는 이유를 잘 보여주고 있다. 어머니와 사회는 아이들이 최고의 언어를 자주 경험할 수 있도록 특별히 신경을 써 야 한다. 어른들은 친구들을 방문할 때에도 아이를 데려가도록 하 라. 또 사람들이 자신의 말을 강조하고 발음을 정확히 하는 그런 모 임에 갈 때에도 아이를 데려가도록 하라.

13장
장애와 그 영향

이젠 아이의 내면에 있는 어떤 감수성들을 다루고 싶다. 그러면 아이의 숨겨진 성향들이 이해될 것이다. 이 작업은 눈에 보이지 않는 아이의 마음을 대상으로 하는 정신분석과 비슷할 것이다.

　아이의 언어 발달을 보면 대충 이런 식으로 전개된다. 아이가 짤막한 탄성을 지른다든지 말을 하려는 노력을 편다. 그러다 두 개의 소리가 함께 나오며 음절이 형성된다. 이어서 3개의 소리가 나오고 첫 번째 단어가 형성된다. 점점 단어들이 늘어나고, 단어들이 따로 쓰이다가 문장이 쓰이기 시작한다. 단어 수가 몇 개에 불과하지만, 이 발전은 상당히 큰 의미를 지닌다. 그런 다음에 단어들의 폭발이 일어난다. 생후 2년이 지나자마자, 그 다음 단계가 나타난다. 단어들의 순서를 파악하게 되는 것이다. 말하자면, 문장들의 폭발이 이뤄진다. 그렇다면 첫 번째 폭발은 단어들의 폭발이고 두 번째 폭발은 생각의 폭발이다.

물론 이 폭발에 필요한 준비가 있었을 것임에 틀림없다. 이 준비는 비밀리에 이뤄진다. 그렇다고 이런 준비가 이뤄진다고 그냥 추측하는 것은 아니다. 왜냐하면 아이들에게 나타나는 결과가 이런 노력을 암시하기 때문이다. 아이가 자신의 생각을 표현하기 위해선 엄청난 노력이 필요하다. 어른들이 아이의 뜻을 언제나 정확히 이해할 수는 없는 노릇이기 때문에, 이 단계에서 아이에게 내가 앞에서 언급한 분노와 흥분이 일어난다. 흥분은 아이의 삶의 일부가 되다시피 한다. 아이가 펼치는 모든 노력은 성공을 통해 보상을 받지 못할 경우에 흥분을 낳을 것이다. 귀가 들리지 않아 말을 하지 못하게 된 사람들 중에 걸핏하면 싸우려 드는 사람이 있다는 것은 잘 알려진 사실이다. 자신의 생각을 표현하지 못하는 답답함 때문이다. 아이의 마음속에는 표현할 길을 찾고 있는 것이 아주 많다. 아이들의 내면 풍경은 대체로 그렇다. 그러나 아이가 자신의 마음을 표현하는 것은 극히 어려운 일이다.

우리가 반드시 고려해야 할 어려운 시기가 있다. 아이 자신의 한계와 환경 때문에 생기는 어려움들이다. 아이가 적응 과정에 두 번째로 맞는 어려운 시기이다. 첫 번째 어려움은 아이가 갑자기 자신의 힘으로 살아가야 하는 상황으로 내던져지는 출생의 시기이다. 첫 번째 어려운 시기에 아이에게 정성 어린 보살핌과 이해력을 베풀지 않으면 출생 공포가 아이에게 영향을 미치며 퇴행을 야기할 수 있다. 어떤 아이들은 다른 아이들보다 더 튼튼하게 태어나며 또 더 호의적인 환경을 누린다. 이런 아이들은 퇴행하지 않고 정상적인 발달의 길을 밟으며 독립을 향해 똑바로 나아간다. 두 번째 어려운 시기에도 이와 비슷한 상황이 보인다. 언어의 정복은 멋진 독립을 위해 이뤄야 하는 힘든 정복이다. 이 정복은 언어를 자유롭게 구사하는 것으로 종료된다. 그러나 여기에도 당연히 퇴행의 위험이 있다.

이 창조의 시기의 또 다른 특징을 기억해야 한다. 환경에서 얻는 모든 인상과 그 인상의 영향이 아이에게 깊이 각인되어 평생 동안 남는 경향을 보인다는 점이다. 언어와 문법도 마찬가지이다. 이 시기에 지식을 흡수하는 아이들은 그것을 평생 동안 간직한다. 그렇기 때문에 만일 이 시기에 방해가 일어난다면, 이 방해의 영향 또한 영원히 남을 것이다. 이는 모든 창조의 시기의 특징이다.

갈등과 놀람 혹은 다른 방해의 영향도 평생 남을 것이다. 이런 방해에 대한 반작용도 발달 단계의 다른 모든 것들과 마찬가지로 아이에게 흡수되기 때문이다. (마찬가지로, 사진 필름에 빛에 탄 흔적이 있다면, 그 필름으로 뽑는 모든 사진에는 그 흔적이 보일 것이다.) 그러므로 이 시기에 아이는 성격의 발달을 이룰 뿐만 아니라 정상에서 벗어난 정신적 특징들까지 발달시킨다. 정상에서 일탈한 이 특징들을 아이는 나이가 들어도 계속 간직할 것이다. 모국어에 대한 지식과 걷기 능력은 이 시기에 습득된다. 이 창조의 시기는 생후 2년 반 이후에도 계속 이어지는데, 그 치열성은 절대로 덜하지 않다. 모국어 능력과 걷기 능력은 이 시기에 습득되지만, 이 능력은 그 후에도 성장과 발달을 계속한다. 이 시기에 얻은 결점과 장애도 당연히 그 후에도 계속 성장한다. 그렇기 때문에 어른의 결점도 그 원인을 따지면 아득히 먼 이 시기로 거슬러 올라간다.

정상적인 발달을 망쳐놓는 어려움은 억압(특별히 정신분석에서 널리 쓰이고 있는 용어이지만, 일반적으로 심리학에서도 쓰이고 있다)이라는 단어에 담겨 있다. 일반 대중에게도 잘 알려진 이 억압은 어린 시절에 일어난다. 언어와 관련해서도 억압의 예들을 제시할 수 있다. 물론 억압은 언어 외의 다른 활동과 관계가 더 깊다. 폭발하듯 터져나오는 단어들의 집단은 방출의 자유를 누려야 함에 틀림없다. 또한 문장들의 폭발이 있고 아이가 자신의 생각을 정기적으로 표출할 때, 거기에는 표현의 자유가 있어야 함에 틀림없다. 표현의 자유를 특별히 강조해야 한다. 왜냐하면 표현의 자유가 발달 중인 메커니즘의 현재와 관계 있을 뿐만 아니라 그 개인의 미래의 삶과도 밀접히 관계 있기 때문이다.

단어들이나 문장들의 폭발이 일어나야 할 나이에 전혀 아무런 일이 일어나지 않는 예도 있다. 생후 3년이나 3년 6개월 된 아이가 훨씬 더 어린 나이에나 어울리는 단어를 겨우 몇 개만 써서 거의 농아처럼 보이기도 한다. 발성기관은 완벽하게 정상인데도 말이다. 이는 '정신적 함구증'(psychic mutism)이라 불리며, 순전히 심리적 원인 때문에 일어나는 현상이라서 정신적 병으로 여겨진다. 이때는 정신적 병이 시작될 수 있는 시기이며, 정신분석(엄밀히 말하면 의학의 한 분야이다)이 이 병들을 연구하고 있다.

간혹 정신적 함구증이 그야말로 기적처럼 돌연 사라지기도 한다. 아이가 갑자기 문법까지 완벽하게 구사하며 언어를 정확히 아주 잘 하게 되는 것이다. 아이가 내적으로 이미 준비를 갖추고 있었으면 서도 일부 방해 때문에 표현이 저지당한 예이다. 세 살 혹은 네 살 된 아이들이 다니는 몬테소리 학교에 가보면 말을 전혀 하지 않다 가 갑자기 말을 하게 되는 아이들이 더러 있다. 이런 아이들은 두 살 짜리 아이들의 단어조차도 말하지 못하다가 갑자기 말을 시작한다. 이 아이들에게 활동과 호기심을 자극할 환경을 조성해주라. 그러면 아이들이 갑자기 언어 능력을 발휘할 것이다. 그렇다면 왜 이런 일 이 일어날까? 어떤 큰 충격이나 지속적인 반대가 지금까지 아이들 이 말의 보물창고를 열어놓지 못하도록 막았기 때문이다.

어른들 중에도 말을 하는 데 어려움을 겪는 사람이 있다. 이런 사 람들은 말을 하기 위해 엄청난 노력을 해야 한다. 이런 사람들을 보 고 있으면 말하는 방법을 모르는 것이 아닌가 하는 의구심까지 든 다. 그들에게선 망설임 같은 것이 느껴진다. 그 원인으로는 1)말할 용기가 없거나 2)단어들을 발음할 용기가 없거나 3)문장 사용에 어 려움을 겪거나 4)정상적인 사람보다 말이 느리고 "음, 어," 같은 간 투사를 자주 쓰는 버릇 등이 꼽힌다. 이런 어른들은 자신의 내면에 서 평생 동안 이어지고 있는 치명적인 어떤 장애를 발견한다. 이 장 애는 곧 그 사람의 내면에 자리 잡고 있는 영원한 열등감이다.

어른이 단어를 명료하게 말하지 못하게 막으면서 말을 더듬도록 만드는 정신적 장애들이 있다. 이는 언어를 흡수하는 메커니즘이 조직화되는 시기에 시작된 결함이다. 그래서 습득이 이뤄지는 다양한 시기에 그에 따른 퇴행도 일어날 수 있다. 단어들의 메커니즘이 습득되는 첫 번째 시기의 퇴행은 말을 너듬는 것이고, 문장(생각의 표현)의 메커니즘이 습득되는 두 번째 시기의 퇴행은 생각을 제대로 전하지 못하는 것이다.

이 퇴행들은 아이의 감수성과 관계가 있다. 아이는 무엇인가를 생산해내기 위해 외부의 많은 것들을 흡수하면서 민감하게 반응하는 것과 똑같이 자신에게 지나치게 강하게 느껴지는 장애에도 민감하게 반응한다. 여기서 감수성이 저지 당한 결과 생기게 되는 결함은 평생 동안 이어진다. 이런 일이 벌어지는 이유는 아이의 감수성이 어른이 상상하는 것보다 훨씬 더 예민하기 때문이다.

이젠 장애들을 보자. 아이에게 장애가 생기게 한 책임은 어디까지나 어른에게 있다. 아이를 지나치게 폭력적으로 다루는 어른이 그런 예이다. 비폭력이 특히 강조되어야 한다. 어른에겐 폭력이 아닌 것도 아이에겐 종종 폭력이 될 수 있기 때문이다. 어른들은 아이에게 폭력적으로 대하는 때를 제대로 인식하지 못한다. 그렇기 때문에 어른들은 먼저 자기 자신에 대해 많은 것을 알아야 한다. 어른이 아이의 교육을 위해 준비한다는 것은 곧 자기 자신에 대해 공부한다는 뜻이다. 남의 인생을 도와야 하는 선생이 될 준비를 하는 것은 단순히 지적 준비 그 이상의 것을 요구한다. 인격의 준비, 말하자면 영적 준비까지 이뤄져야 하는 것이다.

아이의 감수성은 다양한 양상을 보이지만, 모든 아이들에게 공통

13장 장애와 그 영향

적으로 나타나는 특징들이 있다. 그 한 가지가 바로 이 시기에 충격에 대한 감수성이 특별히 예민하다는 점이다. 아이들의 또 다른 공통점은 아이들의 외적 표현을 막기 위해 단호하게 나서는 어른들의 행위에 예민하게 반응한다는 점이다. 아이들은 어른들이 "이런 짓은 하지 마!"라거나 "아직도 안 했구나!"라는 식으로 간섭하는 일에 민감하게 반응한다. 자식을 위해 훈련이 잘 된 보모를 두기를 원하는 부모들은 보모에게 이런 성향이 있다는 사실을 특히 잘 알아야 한다. 귀족들 사이에 언어 장애가 흔한 이유도 바로 거기에 있다. 귀족들이 용기가 없다는 말은 터무니없이 들릴 것이다. 그런데도 많은 귀족들이 말을 할 때 더듬는 현상을 보인다.

나는 어른의 폭력 문제를 강조하고 싶다. 폭력 문제는 아이의 관점에서 이해되어야 한다. 어른은 행동에 매우 신중해야 한다. 나도 어쩌다 아이들을 폭력적으로 대한 적이 있으며, 이 예를 다른 책에서 제시했다. 아이 하나가 밖에서 신는 신발을 비단 침대보 위에 올려놓고 있었다. 그래서 나는 매우 단호한 태도로 신발을 바닥에 내려놓은 다음에 침대보를 손으로 열심히 닦았다. 신발을 놓는 곳이 아니라는 점을 보여주기 위해서였다. 그러자 아이는 2, 3개월 동안 신발을 볼 때마다 신발의 자리를 바꾸기도 하고 또 깨끗하게 털 비단 침대보나 쿠션 같은 것을 찾아 다니기도 했다. 나의 폭력적인 가르침에 대한 아이의 반응이 반항적인 정신으로 나타나지는 않았다. 아이는 "내 신발을 내 마음대로 놓는데 왜 그래요!"라는 식으로 말을 하진 않았다. 그 대신에 비정상적인 발달이 나타났다. 아이는 어른의 폭력에 대부분 비폭력적으로 반응한다. 솔직히 말하면, 나는 그 아이가 그런 식으로 반응할 것이라고는 예상하지 못했다.

아이가 비정상적인 길을 걷는 것보다는 차라리 반항하는 것이 더 낫다. 어른 때문에 화가 난 아이가 자신을 방어할 방법을 찾으며 비정상적인 발달을 시작할 수도 있다. 아이가 어른의 간섭에 대한 대응으로 자신의 성격을 바꿀 때, 그 변화는 아이에게 평생 영향을 미친다. 현실이 이러한데도 어른들은 이 문제에 대해 전혀 신경을 쓰지 않는다. 어른들은 단지 아이가 화를 표시하는 데 대해서만 언짢아할 뿐이다.

또 다른 중요한 사실이 있다. 어른에게서 발견되는 근거 없는 공포와 침착하지 못한 버릇이 그 원인을 따지고 올라가면 어린 시절의 감수성에 가해진 폭력에 닿는다는 사실이다. 근거 없는 공포의 일부는 고양이와 닭과 같은 동물과 관계가 있다. 또 일부는 닫힌 방에 있던 기억과 관계가 있다. 어떠한 논리도, 어떠한 설득도 이런 공포를 겪고 있는 사람을 돕지 못한다.

이탈리아의 어느 대학에서 교육학 교수로 재직 중인 동료가 한 사람 있었다. 그녀는 45세였는데 어느 날 나에게 와서 고민을 털어놓았다. "당신은 의사니까 나를 이해할 거예요. 나는 암탉만 보면 깜짝 놀라요. 비명을 지르지 않으려면 정말 많이 노력해야 해요. 아무에게도 이런 사실을 밝히지 못했어요. 비웃을 것 같아서요." 아마 두 살 반 정도 되었을 때, 그녀가 병아리를 안으려다가 새끼 쪽으로 신경을 곤두세우고 있던 어미 닭의 갑작스런 공격에 놀랐을 수 있다. 털을 바짝 세운 암탉의 분노가 그녀에게 나이들어서까지 이어질 충격을 안겼음에 틀림없다. 이런 종류의 근거 없는 공포는 병에 해당한다. 너무나 흔한 나머지 밀실공포증 같은 이름을 얻게 된 공포도 있다. 의학 분야를 살피면 이런 예가 엄청 많다. 내가 여기서 굳이 공포증에 대해 언급하는 것은 이 연령의 아이들의 정신 상태를 보여주기 위해서이다.

우리 어른의 행동은 온순하거나 장난꾸러기인 아이의 내면에만 반영되는 것이 아니다. 이 아이가 성장한 뒤에도 지금 우리 어른의 행동이 그대로 반영된다. 그러므로 재차 강조하지만 아이의 삶 중에서 이 시기는 아이의 나머지 인생은 물론이고 인류의 미래에도 매우 중요하다. 그렇기 때문에 이 시기의 아이에 대한 연구가 이뤄져야 한다. 이 연구가 매우 중요한데도 아직 거의 이뤄지지 않고 있다. 인류가 나아갈 길을 발견하는 길이 될 이 분야로 시급히 관심을 쏟아야 한다. 정신분석학자들이 성인의 잠재의식을 뚫고 들어가듯, 어린이의 마음속을 뚫고 들어갈 필요가 있다. 그것은 어려운 작업이다. 왜냐하면 어른이 아이의 언어를 쉽게 이해하지 못하기 때문이다. 설령 아이의 언어를 이해한다 하더라도, 어른들은 아이들이 쓰는 단어들의 의미를 정확히 이해하지 못한다. 아이의 삶을 전부 이해하는 것이 필요한 때도 간혹 있다. 아이의 삶을 이해하는 작업은 탐정의 활동과 비슷하다. 힘은 들어도 아주 유익한 활동이 될 것이다. 아이들을 대상으로 한 연구를 통해서 인류가 이 힘든 시기에 평화를 정착시킬 수 있을 것이기 때문이다.

우리에겐 통역자, 말하자면 아이와 아이의 언어를 해석해 줄 사람이 필요하다. 이 통역이 이뤄지면, 어른들이 아이의 마음상태를 이해하게 될 것이다. 나 자신도 이 쪽에서 일하면서 아이의 통역자가 되려고 노력하고 있다. 아이들이 이런 통역자에게 매우 강하게 끌리는 것은 참으로 신기하다. 아이들이 통역자에게 끌리는 이유는 자신을 도와줄 수 있는 누군가가 있다는 사실을 깨닫기 때문이다. 아이의 이런 열망은 응석받이로 자라는 아이의 애착과는 완전히 다르다. 통역자는 아이에게 위대한 희망이며, 또 이 세상이 문을 닫아버린 때에 아이에게 발견의 길을 열어주는 고마운 존재이다. 통역자는 아이와 아주 밀접한 관계를 형성하게 된다. 단순히 위안만 주는 데서 그치지 않고 도움까지 주기 때문에, 이 관계는 애착 그 이상이다.

내가 거주하며 일하던 집에서, 나는 아침 일찍 일어나 일을 하곤 했다. 어느 날 그 가족의 한 살 반짜리 아이가 매우 이른 시간에 나의 방으로 들어왔다. 나는 아이가 목이 마르거나 배가 고파서 일찍 일어났겠거니 하고 "뭘 좀 줄까?" 하고 물었다. 그런데 아이가 "벌레 줘요."라는 게 아닌가. 나는 깜짝 놀라서 "벌레라니?"라고 되물었다. 그러자 아이는 내가 자기 말을 이해하지 못한다는 사실을 깨닫고 더 설명하려고 애썼다. 그러면서 더한 말이 "알"이었다. 나는 "이 아이가 아침식사를 요구하는 것도 아닐 텐데, 뭘 원하는 걸까?" 하고 생각했다. 그러자 아이가 또 한 단어를 더했다. "니나, 알, 벌레." 그때 퍼뜩 어떤 생각이 머리를 때렸다. 어떤 사실이 기억났던 것이다(내가 어른들이 아이가 살고 있는 환경에 대해 잘 알아야 한다고 주장하는 이유도 거기에 있다). 그 전날 아이의 누나 니나가 색연필로 타원형을 칠하고 있었다는 생각이 났다. 그때 이 아이가 연필을 달라고 졸랐고, 누나는 거부하며 동생을 다른 곳으로 쫓았다. (아이의 마음이 훤히 들여다보이지 않는가?) 아이는 누나에게 대들지 않고 인내하면서 기회를 기다리고 있었던 것이다. 내가 아이에게 연필과 노트를 주자, 아이의 얼굴이 금방 환해졌다. 그러나 아이는 '알'을 그리지 못했다. 그래서 내가 대신 그려주었다. 타원형 알을 그려주자, 아이는 곡선으로 알을 채워나갔다. 자기 누나는 직선을 그려 넣었는데, 자기는 누나보다 더 나은 것을 안다는 생각에 곡선을 그렸다. 아니면 '벌레'를 그리려던 것이었을까?

아이는 자신의 통역자 외에 모두가 잠들기를 기다렸다가 자기를 도와줄 것 같은 통역자를 찾아왔다. 모든 아이들이 이 시기에 보이는 진정한 특징은 짜증이나 폭력적 반응이 아니고 인내이다. 아이는 인내심을 발휘하며 기회를 기다릴 줄도 안다. 폭력적인 반응이나 짜증은 아이가 자신의 내면의 욕구를 표현할 길을 찾지 못할 때 느끼는 격분의 상태를 표현하는 것에 지나지 않는다.

아이의 마음속을 뚫고 들어가기 위해선 아이의 단어들을 이런 식으로 통역하려는 노력이 필요하다. 앞에 제시한 예로부터, 우리는 어린 아이가 자기보다 나이가 많은 아이들의 활동을 따라 하려고 노력한다는 사실을 알 수 있다. 세 살짜리 아이에게 어떤 활동을 소개하면, 한 살 반짜리 아이도 그것을 하기를 원한다. 아마 한 살 반짜리 아이는 방해를 받다가 그만두겠지만 어쨌든 해보려 들 것이다. 이런 예를 깊이 생각해보면, 아이의 정신생활이 우리 어른들의 맹목성 때문에 우리 눈에 보이지 않고 있다고 해도 과언이 아닐 것이다.

이 연령대 아이의 정신에 관한 발견은 어른들을 위한 것이 아니고 아이의 발달을 돕기 위한 것이기 때문에 널리 모든 사람에게 공개되어야 한다. 우리 어른들은 언제나 아이의 삶을 도울 수 있어야 한다. 그것이 통역자로서 엄청난 에너지를 쏟아야 한다는 것을 의미할지라도, 어른은 그런 도움을 외면해서는 안 된다. 어린 아이를 가르치는 선생의 임무는 매우 숭고하다. 선생의 임무에 대한 연구는 아직 더 많이 이뤄져야 하며, 그렇게 되면 아이의 정신적 발달과 성격의 성장을 크게 도울 수 있을 것이다. 무엇보다, 우리는 아이를 다른 개인보다 열등한 존재로 만들 위험이 있는 결함을 아이에게 남기지 말아야 한다. 다른 것은 몰라도 다음 사항을 꼭 기억해야 한다. 1)삶의 첫 2년 동안에 이뤄지는 교육이 아이들의 전체 삶에 매우 중요하며 2)아이들은 어른의 눈에 보이지 않는 위대한 지능을 부여받았으며 3)아이들의 민감한 감수성이 성격적 결함까지 낳을 수 있다는 점이 바로 그것들이다.

14장
운동과 종합적 발달

운동을 새로운 관점에서 고려할 필요가 있다. 일부 오해 때문에, 운동이 실제보다 덜 중요한 것으로 여겨지고 있다. 아이의 경우에 특히 더 그러하다. 불행하게도 교육에서 운동이 경시되고, 오직 뇌에만 중요성이 부여되고 있다. 최근까지 매우 열등한 지위에 놓여 있었던 육체적 교육만이 운동을 고려했지만, 이 교육은 지능을 도외시했다.

복잡하기 짝이 없는 신경계의 조직을 고려해보자. 무엇보다 먼저 뇌가 있다. 그 다음에, 뇌로 전달될 이미지를 받아들이는 감각들이 있다. 세 번째로 신경이 있다. 하지만 신경 조직의 목표는 무엇이며, 신경 조직이 가는 곳은 어디인가? 신경 조직의 목표는 근육(육체)에 에너지와 운동을 전하는 것이다. 따라서 이 복잡한 신경계는 3개의 부분, 즉 뇌와 감각과 근육으로 이뤄져 있다. 운동은 신경계의 목표이자 결론이다. 운동이 없으면, 우리가 어떤 개인에 대해 말할 수 있는 것이 하나도 없다. 위대한 철학자의 경우에는 자신의 명상에 대해 말하거나 그것에 대해 쓸 것이며, 따라서 자신의 근육을 사용해야 한다. 만일 철학자가 명상한 결과를 갖고 아무것도 하지 않는다면, 명상이 무슨 소용이 있겠는가? 근육이 없다면, 철학자의 사상을 표현할 길은 절대로 없을 것이다. 동물로 관심을 돌린다면, 동물의 행동은 오직 운동을 통해서만 표현된다. 그러므로 사람의 행동을 고려하고자 한다면, 우리는 사람의 운동을 반드시 고려해야 한다. 근육은 신경계의 일부이다.

신경계의 모든 부분은 서로 결합하여 사람이 환경과 관계를 맺도록 한다. 신경계가 '관계의 계통'이라고도 불리는 이유가 바로 거기에 있다. 신경계는 사람이 무생물 및 생물의 세계와, 따라서 다른 개인들과 관계를 맺도록 한다. 신경계가 없다면, 개인과 환경 사이에 아무런 관계가 형성되지 않을 것이다.

신체의 조직화된 다른 계통들은 그 목표가 비교적 이기적이다. 왜냐하면 이 계통들이 개인의 육체에만 이바지하기 때문이다. 이 계통들은 단순히 개인이 살아가는 것만을 허용한다. 흔히 말하는 바와 같이, 식물처럼 그저 생장만을 가능하게 한다는 뜻이다. 따라서 이 계통들은 식물적인 삶의 계통과 기관이라 불린다. 그렇다면 각 계통 사이에 다음과 같은 차이가 있다. 식물적인 계통은 오직 그 개인의 성장만을 돕는다. 그러나 신경계는 그 개인이 다른 개인들과 관계를 맺도록 한다. 일종의 외무장관과 비슷하다. 식물적인 계통은 그 개인이 최대의 안락을 누리고 육체의 순수와 건강을 즐기도록 도와준다. 그래서 사람들은 공기가 맑은 곳과 멋진 호텔로 간다.

　신경계를 이와 비슷한 관점에서 보는 것은 큰 실수가 될 것이다. 비록 신경계가 우리에게 가장 아름다운 인상과 생각의 순수함을 안겨주고 또 보다 높은 곳을 향해 지속적으로 노력하도록 만든다고 생각하고 있을지라도 말이다. 물론, 인상이나 생각에서 순수를 유지하는 것은 좋다. 그러나 신경계를 단순히 식물적인 계통으로 낮춰보는 것은 실수이다. 만일 단순히 개인의 순수와 고양이라는 기준만을 고수한다면, 그 사람은 영적 이기심에 빠지게 될 것이다. 사람이 저지를 수 있는 최악의 실수가 바로 그런 이기심이다. 동물들은 행동에서 아름다움이나 우아함을 추구하지 않는다. 동물들의 행동은 그보다 더 깊은 목적을 갖고 있다. 그렇듯 사람도 다른 사람들보다 더 순수하고 더 세련되는 존재가 되는 것이 아닌 다른 어떤 목적을 갖고 있다. 물론, 사람도 아름다울 수 있고 또 아름다워야 하며 가장 섬세한 것들만을 취해야 한다. 그러나 만일 그것이 그 사람의 유일한 목적이 된다면, 그의 인생은 무익한 그런 인생이 되고 말 것이다. 그렇다면 이 뇌 덩어리 또는 근육 덩어리의 쓰임새는 어디에 있을까?

　이 세상에서 보편적인 어떤 질서의 일부가 아닌 것은 아무것도 없다. 만일 우리가 영적 풍요, 혹은 미학적 능력을 갖고 있다면, 그것은 우리 자신을 위한 것이 아니다. 그것은 영적이고 보편적인 어떤 질서의 일부를 이루고 있기 때문에 우주를 위해 쓰여야 한다. 영적 파워는 부(富)이긴 하지만 개인의 부는 아니다. 그 영적 파워는 다른 사람들이 모두 즐길 수 있도록 순환되어야 한다. 영적 파워는 표현되고 이용되어야 하며, 그런 식으로 관계의 고리를 형성할 수 있어야 한다. 만일 나 자신이 천국에 가기 위해 순수해지는 것에 만족한다면, 나는 차라리 죽는 게 더 나을 것이다. 그런 경우에 나는 내 인생의 가장 위대한 부분과 내 인생의 목표 중 가장 위대한 부분을 고려하지 않고 있음에 틀림없다. 만일 어떤 사람이 환생을 믿으면서 "지금 이승에서 제대로 살면, 다음 생에서 더 나은 삶을 살 거야."라고 말한다면, 그런 마음은 이기적이다. 그런 식으로 삶으로써, 우리는 영혼을 식물의 수준으로 전락시킨다. 언제나 자기 자신에 대해, 영원히 자기 자신에 대해서만 생각하게 되는 것이다. 한마디로 말해, 영원히 이기주의자가 되는 것이다. 실제 삶에서뿐만 아니라 교육에서도 다른 관점이 고려되어야 한다. 각자가 자신의 기능을 충실히 발휘할 수 있어야 한다. 자연은 우리에게 여러 기능들을 부여했으며, 따라서 이 기능들은 다 발휘되어야 한다.

조금 더 쉽게 설명하도록 하자. 만일 우리가 폐와 위와 심장을 갖고 있다면, 건강을 지키기 위해선 이 기관들 모두가 기능을 제대로 발휘해야 한다. 그런데 이 규칙을 신경계에 적용하지 않아야 할 이유가 있는가? 뇌와 감각기관, 운동기관이 있다면, 그것들도 당연히 제 기능을 발휘해야 한다. 만일 이 모든 부분을 충분히 활용하지 않는다면, 우리는 그것들을 이해조차 제대로 하지 못하게 될 것이다. 스스로를 향상시키기를 원할 때에도, 예를 들어 뇌를 더욱 예리하게 다듬기를 원할 때에도, 우리는 이 모든 부분들을 두루 이용하지 않고는 그 목표를 달성하지 못한다. 아마 운동이 이 고리를 완성하는 마지막 부분일 것이다. 달리 말하면, 우리는 행위를 통해서 영적 향상을 꾀할 수 있다는 뜻이다. 바로 이런 관점에서 운동을 고려해야 한다. 운동은 신경계의 일부이기 때문에 결코 무시되어서는 안 된다. 신경계는 3개의 부분을 갖고 있음에도 불구하고 하나의 단위로 움직인다. 신경계가 하나의 단위이기 때문에, 신경계가 나아지기 위해선 전체가 다 이용되어야 한다.

현대의 실수 중 하나가 운동을 고차원적인 기능들과 별도로 고려한다는 점이다. 사람들은 근육이 그냥 존재하고 있으며 근육은 육체적 건강을 향상시키는 데 이용되어야 한다고 생각한다. 몸매 관리나 레크리에이션을 위해 사람들은 테니스를 즐긴다. 그런 운동을 하면, 숨을 보다 깊이 쉴 수 있다. 아니, 이게 무슨 소린가! 혹은 소화를 잘 시키고 잠을 깊이 자기 위한 산책은 어떤가? 이 같은 실수가 교육에도 행해지고 있다. 생리학적으로 말하면, 이것은 마치 훌륭한 군주가 양치기로 활동하는 것이나 마찬가지이다. 이 위대한 군주, 즉 근육계통이 식물적인 계통을 자극하는 핸들이 되었다. 이는 엄청난 실수이다. 이것은 분리로 이어진다. 육체적 삶은 이쪽에 있고, 정신적 삶은 저쪽에 있게 된다는 뜻이다. 아이들은 정신적으로뿐만 아니라 육체적으로도 발달해야 하기 때문에, 우리는 육체적 운동과 놀이를 교육에 포함시켜야 한다. 그러면 정신적 삶은 육체적 오락과 무슨 관계가 있을까? 아무런 관계가 없다. 그럼에도, 자연이 붙여 놓은 2가지를 부자연스럽게 분리시켜서는 안 된다. 만일 육체적 삶을 한쪽에 놓고 정신적 삶을 다른 쪽에 놓고 생각한다면, 우리는 관계의 고리를 끊게 되고 사람의 행동은 뇌와 분리되게 된다. 사람의 운동 행위가 음식섭취와 호흡을 돕는 데 이용되고 있지만, 운동 행위의 진정한 목적은 개인의 전체 삶의 하인이 되고 영적이고 보편적인 세계 질서의 하인이 되는 것이다.

사람의 운동 행위들은 센터, 즉 뇌로 조화롭게 연결되어야 하고 또 적절한 위치에서 이뤄져야 한다. 이 점이 근본적이다. 정신과 활동은 같은 고리의 두 부분이며, 운동은 더 고차원적인 부분의 표현이다. 이런 식이 아니라면, 사람은 뇌가 없는 근육 덩어리에 불과할 것이다. 뼈가 부러진 경우처럼 뭔가가 제자리를 벗어나 있다면, 사지는 더 이상 이롭게 움직이지 못한다. 그러면 사람은 식물적인 삶을 발달시키고, 운동 부위와 뇌 사이의 관계가 배제되게 된다. 이것은 절대로 독립이 아니며, 오히려 자연이 지혜를 발휘하여 함께 묶어 놓은 뭔가를 깨뜨리는 것이다. 정신적 발달에 대해 논할 때, 사람들은 "운동? 운동 같은 건 전혀 필요없어. 우리는 지금 정신적 성장에 대해 이야기하고 있어!"라고 말한다. 정신적 성장에 대해 말할 때, 사람들은 모든 것이 가만히 앉은 채 전혀 움직이지 않는 상태를 상상한다. 그러나 정신적 발달은 반드시 운동과 연결되어야 하며 또 운동에 좌우된다. 이것은 교육이론과 실천에 반영되어야 할 새로운 사상이다.

지금까지 대부분의 교육자들은 운동과 근육을 호흡계와 순환계의 향상에 도움이 되는 것으로, 그리고 운동에 심취하면 근육의 강도를 키우는 것으로 여겼다. 운동이 육체적 교육의 일부로만 남았던 것이다. '운동이 무슨 필요가 있어?'라는 식이었다.

새로운 인식은 뇌의 발달을 돕는 것으로서 운동의 중요성을 강조하고 있다. 정신적 발달과 심지어 영적 발달까지 운동의 도움을 받을 수 있으며 또 받아야만 한다. 운동이 없으면, (정신적으로 말하자면) 어떠한 진전도 없고 어떠한 건강도 없다. 이것은 반드시 고려되어야 할 근본적인 사실이다.

이런 사실들을 구체적으로 제시하라는 요구가 있을 수도 있지만, 이 사실들은 단순한 생각도 아니도 개인적 경험도 아니다. 자연을 관찰할 때마다 확인되는 자연의 사실들이다. 아이를 유심히 관찰해도 이 같은 사실들이 그대로 확인된다. 아이를 관찰하고 있으면, 아이가 운동을 이용하면서 자신의 정신을 발달시킨다는 사실이 확인된다. 예를 들어, 언어의 발달은 발성 근육의 이용과 더불어 이해력이 향상된다는 점을 보여준다.

이런 예들 외에, 과학적으로 관찰해 보면 아이는 대체로 운동을 통해 지능을 발달시킨다는 사실이 확인된다. 전 세계에서 이뤄진 관찰들을 보면 아이의 경우에는 운동이 정신적 발달을 돕고, 이 정신적 발달이 더 많은 운동과 행동을 낳는다는 사실이 확인된다. 그래서 정신적 발달과 운동과 행동은 하나의 고리를 형성한다. 정신과 운동이 같은 단위에 속하기 때문이다. 감각도 도움을 준다. 감각적인 활동을 할 기회를 누리지 못하는 아이는 지능이 떨어진다. 어린 아이의 발달을 면밀히 조사하는 것이 교육 전반에 큰 도움이 되는 이유도 거기에 있다.

뇌의 지시에 따라 움직이는 근육을 수의근(隨意筋)이라 부른다. 말하자면, 개인의 의지에 따라 움직이는 근육이라는 뜻이다. 의지는 정신의 가장 위대한 표현 중 하나이다. 의지의 힘이 없으면, 정신 생활은 존재하지 않는다. 따라서 사람의 의지에 좌우되는 수의근은 정신적 기관이다.

근육은 신체의 중요한 부분이다. 포유류 동물을 잡아서 살점을 다 떼어내 보라. 무엇이 남는가? 뼈만 남는다. 뼈의 목적은 무엇인가? 근육을 지탱하는 것이다. 그렇다면 뼈도 중요한 부분에 속한다. 뼈마저도 떼어내 보라. 무엇이 남는가? 별로 남는 게 없다. 자연이 발달시킨 중요한 부분이 다 사라져버린 것이다. 우리가 누군가를 보고 아주 아름답다거나 그와 반대되는 뜻의 말을 한다면, 그때 우리가 바라보고 있는 형태는 뼈들에 붙은 근육이 만들어내는 것이다. 뼈대를 가진 모든 동물은 수의근 덕분에 형태를 갖고 있다. 낙타가 거만한 표정을 짓거나, 부인이 우아하게 걷거나, 아이가 놀 때, 우리가 보고 있는 것은 단지 그들의 근육이 만들어내는 형태뿐이다.

근육의 형태와 수를 연구하는 것은 참으로 흥미롭다. 근육의 숫자는 정말로 많다. 의학을 공부하는 학생들은 근육을 다 외우려면 외웠다가 까먹기를 7번쯤 반복해야 하는데, 그렇게 힘들게 외운 것마저도 조금 지나면 다시 까먹게 된다고 한다. 어떤 근육은 아주 섬세하고, 어떤 근육은 덩어리이고, 어떤 근육은 짧고, 어떤 근육은 길다. 기능도 저마다 다 다르다. 호기심을 자극하는 사실은 어떤 근육이 한 쪽 방향으로 기능을 한다면, 그 반대 방향으로 기능하는 근육도 반드시 있다는 점이다. 또 반대 방향으로 작용하는 이 힘이 활발하고 세련되었을수록, 거기서 비롯되는 운동도 더욱 세련되게 된다는 점도 흥미롭다. 어떤 사람이 보다 조화로운 운동을 성취하기 위해 하는 연습은 동시에 반대 방향으로 조화를 추구하는 연습이기도 하다. 그렇다면 중요한 것은 일치가 아니고 일치 속의 반대이다.

아이나 어른 할 것 없이 누구나 이 반대 방향의 운동에 대해 잘 모르고 있다. 그럼에도 불구하고, 운동은 그런 식으로 일어난다. 동물들에게는 자연이 원래부터 운동의 완벽성을 부여했다. 호랑이가 먹이를 향해 내닫거나 다람쥐가 아래위를 오르내릴 때의 그 우아함은 그런 조화를 얻기 위해 작동하는 그 반대의 힘 때문에 가능하다. 멋지게 작동하는 기계의 복잡한 부속품처럼, 혹은 반대 방향으로 움직이는 톱니바퀴들이 있는 시계처럼 말이다. 시계의 경우 전체 메커니즘이 부드럽게 돌아갈 때에만 정확한 시간을 알려줄 수 있다. 그렇기 때문에 운동의 메커니즘은 상상하는 것보다 훨씬 더 복잡하고 훨씬 더 섬세하다. 인간의 경우에는 이 메커니즘이 출생하기 전에 미리 정해지지 않는다. 그렇기 때문에 아이가 환경 안에서 실제 경험을 통해서 이 메커니즘을 창조해내야 한다.

인간의 몸에 있는 근육의 수가 엄청나게 많기 때문에, 인간은 무슨 동작이든 해낼 수 있다. 그래서 우리는 운동의 연습이 아니라 운동의 조정에 대해 말하고 있다. 이 조정은 자연이 베푸는 것이 아니다. 조정은 아이들 각자의 정신에 의해 창조되고 성취되어야 한다. 달리 표현하면, 아이는 자신의 운동을 스스로 창조하고 또 그렇게 하면서 운동을 완성시켜야 한다. 아이는 이 일에서 창조적 역할을 맡으며, 그런 식으로 창조한 것을 일련의 연습을 통해 더욱 발달시킨다.

인간의 운동은 제한적이지도 않고 고착되어 있지도 않으며, 인간이 운동을 통제할 수 있다는 사실은 정말로 신기하다. 일부 동물들의 경우 위로 올라가거나 달리는 능력이 탁월하다. 이런 운동들은 인간이 잘 할 수 있는 운동이 아니다. 그러나 인간은 오르거나 달리는 운동 모두를 꽤 잘할 수 있다. 어떤 동물은 땅에 굴을 파는 능력이 탁월하다. 굴을 파는 것은 인간의 특성이 아니다. 그럼에도 인간은 다른 어떤 동물보다 더 깊이 팔 수 있다. 아니, 인간은 모든 운동을 다 할 수 있고 또 다른 동물에 비해 꽤 더 잘할 수 있다. 인간은 이 운동 일부를 자신의 것으로 만들 수 있다. 그래서 다재다능이 인간의 한 특징이긴 하지만, 거기엔 한 가지 조건이 붙는다. 인간 자신이 그런 것들을 스스로 창조해내야 한다는 점이다. 이런 의지와 능력이 있기 때문에 인간은 모든 것을 정복할 수 있다. 그러나 사실은 어느 누구도 자신의 근육 모두를 다 정복하지는 못한다. 그럼에도 모든 근육은 그곳에 그대로 있다. 인간은 매우 부유한 사람과 비슷하다. 너무 부유한 나머지 자신이 가진 부의 일부밖에 쓰지 못하는 그런 사람과 비슷하다.

사람은 어느 부분의 근육을 쓸 것인지를 선택한다. 어떤 사람이

14장 운동과 종합적 발달

아주 뛰어난 선수라 하더라도, 그에게 근육의 특별한 능력이 주어진 것은 아니다. 어떤 무용가도 춤을 추는 데 적합한 근육을 갖고 태어나지 않았다. 무용가는 반드시 자신의 의지로 그런 근육을 발달시켜야 한다. 무엇을 원하든, 사람은 그것을 성취할 근육을 풍부하게 물려받았다. 사람의 정신은 어떠한 발달도 성취해낼 수 있다. 미리 확립되어 있는 것은 아무것도 없지만, 개인의 정신이 적절한 방향만 제시한다면 무엇이든 가능하다.

동물의 경우에는 같은 종 안에서 행동이 통일되어 있지만, 사람은 절대로 그렇지 않다. 인간의 경우에 똑같은 일을 하더라도 그 방법은 다 다르다. 우리 모두 글을 쓴다. 하지만 필적은 다 다르다. 우리 각자는 언제나 자기만의 길을 걷고 있다.

우리는 개인의 운동이 발달한 수준에서 그 개인의 노력을 확인하며, 그 개인의 노력은 곧 정신적 삶을 표현하고 있다. 따라서 운동 자체가 그 사람의 정신적 삶이라고 할 수 있다. 정신적 삶은 마음대로 활용할 수 있는 도구로 운동이라는 멋진 보물을 두고 있다. 그래서 운동은 정신적 삶의 핵심적인 부분에 이로운 방향으로 발달한다. 만일에 사람이 모든 근육을 다 발달시키지 않는다면, 이 사람이 일부 발달시킨 그 근육마저도 거친 행위에나 적합할 것이다. 그러기에 사람의 정신적 삶은 그 사람이 선택하는 일의 유형에 의해서도 제한을 받는다. 일을 하지 않는 사람의 정신적 삶은 심각한 위험에 처해 있다. 모든 근육을 다 움직이게 할 수는 없다 하더라도, 사용되는 근육의 수가 일정 수준 밑으로 떨어질 때에는 정신적 삶이 위험해진다. 만일 사용되는 근육의 수가 충분하지 않으면, 전체 삶이 허약해진다. 운동과 놀이가 교육에 도입된 이유도 거기에 있다. 현재 쓰이지 않고 있는 근육이 너무 많다.

정신적 삶이 더 많은 근육을 사용해야 한다. 그렇게 하지 않으면 육체적 활동과 정신적 활동을 번갈아 하는, 지금까지 밟아온 잘못된 길을 계속 따르게 될 것이다. 이 근육들을 사용하는 목적은 무엇인가를 배우는 것이 아니다. "현대"의 교육의 일부 형식들은 사회생활의 어떤 직접적인 목적에 기여하려는 목적에서만 운동을 발달시키고 있다. 예를 들면, 어느 아이는 선생이 되려 하기 때문에 글을 잘 쓸 줄 알아야 하고, 다른 아이는 훌륭한 석탄 운반 인부가 되기 위해 삽질을 잘 해야 한다는 식이다. 이런 식의 직접적이고 편협한 훈련은 운동의 목적에 이바지하지 못한다. 우리의 목적은 사람이 정신생활에 필요한 운동의 조화를 이룰 수 있도록 하는 것이어야 한다. 말하자면 정신적 삶의 실용적이고 실천적인 면을 풍요롭게 가꾸는 것이 운동의 목적이 되어야 한다는 뜻이다. 그렇게 하지 않으면 뇌가 운동을 통한 실현과 별도로 발달할 것이며, 따라서 뇌는 운동과 관련있는 직접적인 기능을 성취하지 못할 것이다. 이런 식으로 상황이 전개된다면, 운동이 정신의 지휘를 받지 않는 가운데 스스로 작동하며 파괴를 부를 것이다. 혁명이 일어나 재앙을 초래할 위험이 있다는 뜻이다. 운동은 환경과 다른 사람들과의 관계 속에 이뤄지는 인간의 삶에 너무나 필요하다. 그렇기 때문에 운동은 사회 전체에 기여하는 방향으로 발달되어야 한다. 이렇듯, 사람

　　　　　　　　　14장 운동과 종합적 발달

의 기술이나 직업에서 첫째로 강조되어야 하는 것은 일이 아니다.

오늘날엔 원리와 이상이 자기완성, 자기실현 쪽으로 지나치게 많이 기울고 있다. 만일 운동의 진정한 목표를 이해하게 된다면, 이런 이기적인 생각은 존재할 수 없다. 운동의 진정한 목표는 우주까지 확장되어야 한다. 요약하면, 우리는 "운동 철학"이라는 것을 가슴에 간직해야 한다. 생명과 무생물을 구분하게 하는 것이 바로 운동이다. 그러나 생명은 아무렇게나 움직이지 않는다. 생명은 언제나 목적을 갖고 법칙에 따라 움직인다. 이 사실을 확인하고 싶다면, 운동 없이 정지되어 있을 경우에 이 세상이 어떻게 될 것인지를 상상하기만 하면 된다. 모든 식물들이 성장하기를 멈추고, 식물 안의 운동이 멈춘다고 상상해보라. 그러면 더 이상 열매도 없을 것이고, 꽃도 없을 것이다. 대기 중에 독성 물질의 비중이 증가하며 재앙을 부를 것이다. 만일 모든 운동이 멈추거나 새들이 나무에 꼼짝 않고 앉아 있거나 곤충들이 모두 땅에 떨어져 가만있거나 야생동물들이 더 이상 정글을 누비지 않거나 물고기들이 바다에서 헤엄을 치지 않는다면, 우리 눈앞에 얼마나 무서운 세상이 펼쳐지겠는가!

움직이지 않는 것은 불가능하다. 행동이 멈춰지거나 생명체들이 목적 없이 움직인다면, 세상은 아마 카오스가 되고 말 것이다. 자연은 생명체들 모두에게 나름의 유익한 목표를 주고 있다. 각 개체는 정해진 목적이 있는 특별한 운동을 갖고 있다. 세상의 창조는 곧 정해진 목적이 있는 이 모든 활동들을 조화롭게 조정하는 작업이다.

운동이 전혀 없다면, 인간 사회가 어떤 모습으로 변할 것인지 한

번 상상해보라. 사람의 운동은 그 사람의 지능을 보여준다. 모든 사람들이 일주일만 운동을 멈춘다면 무슨 일이 벌어지게 될 것인지 생각해보라. 모든 사람이 죽고 말 것이다. 일과 운동은 하나이며, 운동의 문제는 사회문제이다. 운동은 개인의 육체적 단련에 관한 문제가 아니다. 만일 전 세계의 모든 인간 사회가 일부 반사운동 외에 아무것도 하지 않는다면, 인류는 아마 곧 죽고 말 것이다. 그 정도의 에너지라면 아무짝에도 쓸모가 없을 것이기 때문이다.

　서로 다른 개인들이 복잡하게 결합하며 형성하는 것이 사회이다. 개인은 각자의 개인적 목표를 추구하면서 서로 달리 움직인다. 개인은 이 목적을 이루기 위해 움직인다. 유익한 목적을 가진 이 운동이 사회의 바탕을 이룬다. 사람과 동물의 행동에 대해 말할 때, 우리는 사람과 동물의 목적 있는 운동에 대해 이야기한다. 이런 행동이 사람과 동물의 실용적인 삶의 핵심이다. 행동은 가정에서 일어나는 실용적인 생활, 예를 들면 방을 청소하든가 옷을 세탁하는 일 등에만 국한되지 않는다. 물론 이런 일도 중요하다. 그러나 세상의 모든 사람은 이보다 더 큰 목적을 갖고 움직여야 한다. 모든 사람은 자신만 아니라 타인을 위해서도 일해야 한다. 사람이 하는 일이 타인들에게 이바지하는 일이어야 한다는 말이 이상하게 들릴지도 모르겠다. 만일 일이 그런 식으로 이뤄지지 않는다면, 그 사람의 일은 체조 그 이상의 의미를 지니지 못할 것이다. 모든 일은 마찬가지로 다른 사람들에게도 이로워야 한다. 무용은 아마 가장 개인적인 운동 중 하나일 것이다. 그러나 이 무용마저도 청중이 없다면, 이를테면 사회적 또는 초월적 목표가 없다면 아무런 의미가 없을 것이다. 엄청난 노력과 땀을 쏟으며 율동을 다듬는 무용가는 다른 사람들을 위해 춤을 춘다.

만약 세상에 존재하는 모든 형태의 삶이 자신만을 위해서가 아니라 전체를 위해서 목적 있는 운동을 하는 그런 우주적인 비전이 제시된다면, 우리는 아이들의 노력을 더 잘 이해하고 더 좋은 방향으로 이끌 수 있을 것이다.

15^장
지능과 손

15장
지능과 손

운동의 기계적 발달에 관한 연구가 매우 중요한 것으로 여겨지고 있다. 이유는 운동이 복잡한 기계와 비슷하고, 또 기계의 각 부분이 매우 소중하기 때문이다. 그것이 아이의 운동에 관심을 많이 기울여야 하는 이유이다. 아이의 운동엔 숨기는 것이 하나도 없고 모두가 밖으로 드러나기 때문에, 누구나 아이의 운동을 매우 분명하게 관찰할 수 있다.

　모든 동물은 사지가 동시에 발달한다. 그러나 인간은 손과 발이 따로 발달한다. 이는 인간의 경우에 손과 발의 기능이 완전히 다르다는 점을 보여준다. 다리의 기능은 팔의 기능과 많이 다르다. 또 한 가지 두드러진 점은 걷기와 균형의 발달이 모든 사람들에게 너무나 강하게 확립되어 있어서 그것을 하나의 생물학적 사실이라고 불러도 좋다는 점이다. 사람은 출생 후 어느 정도 세월이 지나면 걷게 될 것이고 또 사람은 모두 발로 똑같은 행위를 할 것이다. 그러나 각 개인이 손으로 무엇을 할 것인지에 대해서는 누구도 알지 못한다. 손으로 어떤 특별한 행위가 가능한지, 혹은 과거에 어떤 특별한 행위가 가능했는지에 대해 우리는 모른다. 손의 기능이 결코 고정되어 있지 않기 때문이다. 그래서 운동의 유형들은 손을 고려하느냐 발을 고려하느냐에 따라 다른 의미를 지닌다.

두 발의 기능이 생물학적인 것은 확실하다. 그럼에도 이 기능은 뇌의 발달과 연결되어 있다. 인간만이 두 발로 걷는다. 다른 모든 포유류 동물은 네 발로 걷는다. 두 발로 걷는 기술을 성취하자마자, 인간은 그 후로 줄곧 두 발로만 걸으며 직립 균형이라는 어려운 상태를 끊임없이 지켜왔다. 이 균형은 성취하기 어려우며 그야말로 진짜 정복이라 할 만하다. 균형을 유지하기 위해 사람은 발바닥 전체로 땅을 딛고 선다. 반면에 대부분의 동물들은 발끝으로 걷는다. 네 발을 이용할 경우에는 발바닥 중에서 일부만 땅을 딛는 것으로도 충분하기 때문이다. 걷기에 이용되는 발에 대해서는 생리학적, 생물학적, 해부학적 관점에서 연구가 가능하다. 발은 이 분야들 모두와 연결되어 있다.

행동이 미리 고정되어 있지 않다는 이유로 손이 이런 생물학적 길잡이를 갖고 있지 않다면, 과연 손은 무엇과 연결되어 있을까? 손이 생물학이나 생리학과 연결되어 있지 않다면 심리학과 연결되어 있을 것임에 틀림없다. 그렇다면 손의 발달은 정신에 크게 의존하고, 개인적 자아의 정신뿐만 아니라 다른 시대들의 정신적 삶에도

243

의존한다. 손의 발달은 사람의 지능의 발달과 연결되어 있으며, 역사적으로 보면 손의 발달은 문명의 발달과도 연결되어 있다. 그렇다면 이렇게 말할 수도 있다. 사람은 생각할 때 손을 갖고 생각하고 행동한다고. 또 인류는 이 땅에 등장함과 거의 동시에 손으로 작업한 흔적을 남겼다고 말이다. 과거의 위대한 문명들을 보면 예외없이 인류의 세공품이 있다. 인도에는 모방이 불가능할 정도로 정교한 작품이 있고, 고대 이집트에도 매우 정교한 작품의 흔적이 있다. 조금 덜 세련된 문명이라면, 당연히 수제품도 조금 덜 세련된 모습을 보인다.

그러므로 손의 발달은 지능의 발달과 나란히 이뤄진다. 분명히, 정교한 수제품은 제작에 지능의 집중을 요구했다. 중세 유럽에 위대한 지적 각성의 시대가 있었고 그와 동시에 새로운 사상을 전파하는 글을 아름답게 장식하려는 노력이 전개되었다. 세속과 아주 멀어 보이는 영적 삶조차도 손의 영향을 강하게 받았다. 사람들이 신을 숭배한 신전에서도 그 결과물이 확인되고 있다. 영적 삶이 있는 곳마다, 손의 영향이 발견된다.

소박하고 순수한 영혼의 소유자로 꼽히는 아시시의 성 프란치스코(St. Francis of Assisi)는 언젠가 "산들이 보이지요. 저곳이 우리의 신전이며 거기서 영감을 얻어야 합니다."라고 말했다. 그럼에도 교회를 짓자는 요구가 있자, 그와 가난했던 그의 영적 동료들은 자신들이 구할 수 있었던 거친 돌들을 이용했다. 그들은 모두 예배당을 짓기 위해 돌을 날랐는데, 왜 그랬을까? 자유로운 영혼은 어떤 일로

든 바쁠 필요가 있고 또 손을 사용해야 했기 때문이다. 인간의 손이 거친 흔적이 남아 있는 곳이면 어디서든, 우리는 그 흔적에서 인간의 정신과 그 시대의 사고를 읽을 수 있다.

기독교에 대해 이야기하자면, 기독교의 영향력을 드러내 보여주는 일은 어려울 수 있지만, 교회와 온갖 종류의 예술품, 아름다운 의복, 병원과 교육기관들을 갖추고 있는 나라들을 보면서 우리는 기독교의 영적 및 문화적 영향을 쉽게 깨달을 수 있다.

그리고 뼈대조차 남아 있지 않은 어두운 과거를 들여다볼 때, 무엇이 옛날 사람들과 그들의 시대에 대한 지식을 우리에게 주는가? 바로 과거의 예술 작품들이다. 선사 시대를 조사할 때, 거기서 우리는 힘에 바탕을 둔 조악한 문명을 본다. 그 시대의 조각과 예술 작품들은 거대한 돌덩이로 만들어졌는데, 그 크기를 보면 저 돌덩이를 과연 어떻게 그곳으로 옮겼을까 하는 궁금증이 절로 일어난다. 다른 곳에서 조금 더 세련된 작품을 볼 경우에, 우리는 "여기는 문명이 더 발달한 민족이 살았구나."라고 말한다. 그걸 우리가 어떻게 아는가? 그들 중 지금까지 살아 남은 사람은 아무도 없다. 그러나 인류의 작품들이 우리에게 많은 이야기를 들려주고 있다. 그래서 우리는 사람들의 손이 지능과 정신과 감정을 따르면서 이 모든 흔적을 우리에게 남겼다는 사실을 알 수 있다. 심지어 심리학적 관점을 취하지 않더라도, 사람의 환경에 나타난 모든 변화는 사람의 손에 의해 이뤄졌다는 사실이 확인된다. 정말로, 지능을 갖는 목적이 거의 전적으로 손을 갖기 위한 것처럼 보인다. 왜냐하면 사람의 지능이 단순히 다른 사람들과 소통하기 위해 구어만을 만들었다면, 그 민족이 사라진 뒤에 아무것도 남지 않았을 것이기 때문이다. 그런 상황이었다면 사람들은 자신의 지혜를 단순히 말로만 하고 말았을 것이다. 문명이 구축된 것은 손이 지능을 수반했기 때문이다. 따라서 손은 인간에게 주어진 보물이나 다름없는 신체기관이라 해도 무방하다.

손은 정신적 삶과 연결되어 있다. 실제로 손을 연구한 사람들은 손에 인간의 역사가 새겨져 있으며 손은 정신의 기관이라는 직관을 갖고 있다. 따라서 아이의 정신적 발달에 관한 연구는 손의 발달에 관한 연구와 밀접히 연결되어야 한다. 아이는 발달 과정이 이런 정신적 충동을 드러내는 손과 밀접히 연결되어 있음을 분명히 보여주었다. 이것을 이런 식으로 표현할 수도 있다. 아이의 지능은 손을 사용하지 않을 경우에도 어느 선까지 이를 것이지만, 손을 사용하는 경우에는 그보다 훨씬 더 높은 수준에 이를 것이고, 손을 이용한 아이가 보다 강한 성격을 키우게 된다고 말이다. 따라서 정신적 영역 안에서 아주 완벽해 보이는 성격의 발달까지도 환경을 통해(손을 사용한다는 뜻) 연습할 기회를 갖지 못할 경우에 초보적인 수준에 그칠 수 있다.

(환경을 통해) 손을 사용하지 못한 아이는 성격이 매우 유치한 수준에 머물고, 복종하지 못하고, 독창력도 발휘하지 못하고, 게으르고 또 슬픈 모습을 보인다. 반면에 손으로 뭔가를 할 수 있었던 아이는 강한 성격을 형성한다. 이는 이집트 문명에 관한 아주 흥미로운

사실을 하나 상기시킨다. 당시엔 손을 이용한 작업이 예술과 건축, 종교 등 온 분야에서 행해지고 있었다. 그 시대의 매장지에 새겨진 글을 읽어보면, 사람에 대한 최고의 찬사는 강인한 성격을 갖춘 사람이라는 표현이었다. 성격의 발달은 그 시대의 사람들에게 중요했으며, 그들은 손으로 만든 위대한 작품을 많이 남긴 민족이었다. 이는 손의 운동이 역사를 내려오면서 성격과 문명의 발달을 주도했다는 사실을 보여주는 또 하나의 예이다. 손이 개성과 밀접히 연결되어 있음을 보여주는 예이다. 이 사람들이 어떤 식으로 걸었는지를 조사한다면, 그들이 언제나 두 발로 직립으로 걸으면서 균형을 잘 맞췄다는 사실이 확인될 것이다. 아마 그들이 춤을 추고 또 약간 다르게 달렸을 수는 있지만, 일상의 이동에는 언제나 두 다리를 이용했다.

따라서 운동의 발달은 이중적으로 이뤄지는 것이 분명하다. 한 부분은 생물학적이고, 다른 한 부분은 근육을 이용함에도 불구하고 내면의 정신적 삶과 연결되어 있다. 따라서 아이를 연구할 경우에 당연히 두 가지 발달을 똑같이 연구해야 한다. 균형과 걷기의 발달 외에 손의 발달을 살펴야 하는 것이다. 생후 1년 반이 되어야만 두 가지 발달 사이에 연결이 일어나는 것이 확인된다. 아이의 두 다리가 아이를 도와야 하는 때는 아이가 무거운 것을 옮기길 원할 때이다. 그 외엔, 두 가지 발달 사이에 전혀 연결이 보이지 않는다. 아이가 걸어 다닐 수 있게 하고 아이를 온 곳으로 이동시키는 두 발이 아이를 어딘가로 데려가는 것은 손으로 일을 하도록 하기 위해서이

247

다. 사람은 걷고 또 걸으며 점점 지구 곳곳을 정복해 나가고, 사람은 걷기를 통해 이 같은 정복을 하며 살다가 죽는다. 그러나 그 사람은 손으로 한 작업을 통해 죽은 뒤에도 자신의 흔적을 남긴다.

언어를 연구할 때, 말이 특히 청각과 연결되어 있다는 점이 확인된다. 그런 한편, 운동의 발달에는 시력이 중요하다는 것이 확인된다. 그 이유는 무엇보다 먼저 발을 디딜 곳을 보아야 하고 손으로 일을 하는 경우에는 자신이 하고 있는 것을 끊임없이 보아야 하기 때문이다. 이 감각들, 즉 청각과 시각은 아이의 발달과 특별히 연결되어 있다. 아이의 발달을 보면, 우선 환경에 대한 관찰이 이뤄진다. 아이가 자신이 움직여야 할 곳이 어딘지를 알기 위해선 반드시 환경을 알아야 하기 때문이다. 이 관찰은 아이가 움직일 수 있기 전에 이뤄진다. 이어서 아이는 환경에 적응한다. 그래서 환경에 적응하는 것과 운동은 둘 다 정신의 발달과 연결되어 있다. 그것이 갓 태어난 아이가 처음에 움직이지 못하다가도 조금 지나서 움직이게 될 때 자신의 정신의 안내를 따르게 되는 이유이다.

운동의 첫 번째 발달은 움켜잡거나 포착하려는 움직임이다. 손이 무엇인가를 잡는 순간, 의식이 그런 동작을 하는 손으로 집중된다. 포착하는 것은 처음엔 무의식이지만 금방 의식적인 행위가 된다. 발의 운동에는 의식이 전혀 요구되지 않지만 손의 운동은 의식의 주의를 요구한다. 의식이 이 같은 사실에 눈길을 돌릴 때, 포착이 발달한다. 이로써 본능적이었던 포착이 의도적인 포착이 된다. 아이가 이 같은 발달을 보이는 시기는 대략 6개월째이다. 10개월이 되면 환경이 아이의 관심을 불러일으키고, 아이는 환경 속의 것들을 잡기를 원한다. 의도적인 포착에는 욕구가 따르고, 이로써 단순한 포착은 끝난다. 이후로 아이는 손 운동을 시작하면서 물건들의 위치를 바꾸기 시작한다. 아이의 눈에 환경이 보인다. 아이의 내면에서 그것을 잡으려는 욕망이 일어난다. 그러면 손이 환경 속의 무엇인가를 건드리기 시작한다.

첫돌이 되기 전에, 아이는 손으로 많은 행동을 한다. 행동의 유형도 다양하다. 문이나 서랍을 열거나 닫기도 하고, 병 속에 이런저런 것을 집어넣기도 하고, 물건들을 한쪽에 모았다가 다시 원래의 위치에 갖다 놓기도 한다. 아이가 능력을 얻는 것은 이런 연습을 통해서다.

그러면 그 사이에 아이의 다리에는 무슨 일이 벌어지는가? 다리가 움직이는 데는 지능도 필요하지 않고 의식도 요구되지 않는다. 그러나 해부학적인 어떤 일이 벌어진다. 균형을 지휘하는 기관인 소뇌의 발달이 신속히 이뤄지는 것이다. 마치 종을 울려서 무력한 신체를 깨워 균형을 이루라고 명령을 내리는 것과 비슷하다. 환경은 균형과 아무런 관계가 없다. 소뇌가 균형을 취하라고 명령을 내린다. 그러면 아이는 스스로 노력하는 한편 주위의 도움을 받아가며 앉고 그 다음에 혼자 힘으로 일어서게 된다. 심리학자들은 아이가 4단계를 거치며 일어선다고 말한다. 먼저 아이는 뒤집기를 한다. 그런 다음에 기어다닌다. 아이가 기어다니기 시작하는 이 시기에 당신이 슬며시 아이에게 손가락 2개를 내밀면, 아이는 당신의 손가

15장 지능과 손

락에 의지해 한 걸음씩 발을 조심스럽게 떼어놓을 것이다. 이때 아이는 발바닥이 아니라 발끝으로 걸음을 옮긴다. 그 전까지는 아이가 당신의 도움을 받아도 걷지 못할 것이다. 이유는 환경이 아이를 걷게 하는 것이 아니라 소뇌가 아이를 걷게 하기 때문이다.

그러다 마침내 홀로 서게 될 때, 아이는 발바닥 전체로 땅을 딛는다. 이제 아이는 인간의 정상적인 직립 자세를 습득했으며, 엄마의 치맛자락만 잡아도 걸을 수 있다. 조금 더 지나면 아이는 혼자 힘으로 걸을 수 있다. 이때 아이의 모습을 지켜보고 있으면 아이가 마치 이렇게 말하는 것 같다. "잘 가, 아기야. 이젠 두 발이 있어. 난 어디든 갈 수 있어!" 독립의 또 다른 단계가 성취되었다. 독립의 획득이 곧 스스로의 힘으로 어떤 일을 하기 시작하는 것이니까.

발달의 이런 단계들의 철학은 사람의 독립과 발달은 노력을 통해서만 얻어진다는 이야기를 들려주고 있다. 다른 사람의 도움 없이 무엇인가를 할 수 있게 되는 것이 바로 독립이다. 그러기에 독립은 절대로 편한 것이 아니다. 진정으로 독립이 실천되고 있다면, 아이는 매우 빨리 전진할 것이다. 그렇지 못하다면, 전진이 아주 느릴 것이다. 그래서 이 그림을 마음에 깊이 새긴다면, 아이를 어떻게 다룰 것인지가 분명해질 것이다.

어른은 언제나 아이를 도와주려 안달을 떨지만, 아이를 위한 진정한 교육은 아이를 절대로 도와주지 말라고 가르치고 있다. 홀로 걸을 수 있는 아이는 반드시 자기 힘으로 걸어야 한다. 모든 발전이 연습을 통해서 강화되고, 모든 습득 또한 연습에 의해 더욱 굳어지기 때문이다. 주변에서 흔히 보듯, 세 살짜리 아이까지 안고 다니거나 태워 다니면, 그 아이는 발달에 도움을 받는 것이 아니라 방해를 받는다. 아이가 독립을 획득한 뒤에도 아이를 계속 도와줄 경우에 어른은 그 아이의 발달에 방해가 된다. 따라서 어른들이 아이를 안고 다니거나 태워 다니지 말아야 하는 것이 명백하다. 그렇게 할 것이 아니라 아이가 걷도록 만들어야 한다. 아이의 손이 일을 하고자 한다면, 어른은 아이가 지적 활동을 펴도록 동기를 부여해야 한다. 아이는 자신의 행동을 통해서 독립을 더욱 많이 쟁취하게 된다.

아이가 한 살 반이 될 때, 손과 발의 발달에 매우 중요한 요소가 한 가지 있다는 사실이 확인된다. 바로 힘이다. 민첩함과 능력을 획득한 아이는 이제 힘이 센 인간이다. 무엇인가를 하면서 아이가 처음 느끼는 충동은 최대한의 노력을 발휘하고 싶다는 것이다. 단순히 연습을 하는 것이 아니라 최대한의 노력을 기울이는 것이다. 어른과 아주 다른 대목이다. 이는 자연이 "너에겐 이제 온갖 가능성과 민첩함이 있어. 그러니 강해지도록 해. 그렇게 하지 않으면 가능성 같은 것이 있어봐야 아무 소용이 없을 테니까."라는 식으로 아이에게 가르친 결과이다. 손과 균형의 접촉이 이뤄지는 시점이 바로 이 시기이다. 그러면 우리는 아이에게서 어떤 모습을 보게 될까? 아이는 그냥 걷는 것이 아니라 멀리까지, 그것도 무거운 짐을 든 채 걷기를 원할 것이다.

인간은 걷는 운명만 타고난 것이 아니라 어깨에 짐을 지고 걸을 운명까지 타고났다. 물건을 쥐는 방법을 배운 손은 무거운 것을 들고 다님으로써 스스로 연습을 해야 한다. 한 살 반짜리 아이가 커다란 물주전자를 들고 몸의 균형을 맞춰가면서 천천히 걷는 것도 바로 이 때문이다. 또 중력의 법칙을 깨뜨리고 그 법칙을 극복하려는 경향도 보인다. 걷는 방법을 배웠는데, 걷기만으로 만족할 이유가 있는가? 절대로 그렇지 않다. 아이는 높은 곳으로 올라가야 하고 또 그렇게 하기 위해선 손으로 무엇인가를 잡고 자신을 끌어당겨야 한다. 이는 더 이상 소유하기 위해 잡는 것이 아니고 위로 올라가려는 욕망에서 잡는 것이다. 그것은 힘을 연습하는 것이며, 이 힘의 연습이 이뤄지는 시기가 있다. 여기서는 자연의 논리가 작용한다. 사람은 자신의 힘을 발휘해야 하기 때문이다.

그렇다면 그 다음에는 무슨 일이 벌어질까? 걸을 수 있게 되었고 또 힘을 확신하게 된 아이는 주변 사람들의 행동을 보면서 그것을 모방하려는 경향을 보인다. 자연이 아이에게 내린 첫 번째 과업은 자신의 시기에 어울리는 인간의 행동을 흡수하는 것이다. 그래서 아이가 주변 환경에서 일어나는 행동을 모방하는 시기가 있다. 이는 누군가가 아이에게 모방하라고 지시를 해서 일어나는 것이 아니고 아이의 내면의 충동 때문에 일어난다. 아이가 마음대로 놀도록 내버려둘 때에만, 아이에게서 이런 모방이 보일 것이다. 여기서 자연의 논리를 정리하면 이렇다.

1. 아이를 똑바로 설 수 있게 만든다.
2. 아이가 주변을 돌아다니며 힘을 키우도록 한다.

3. 아이가 주변 사람들의 행동을 흡수하도록 한다.

행동에 앞서 준비의 시기가 있다. 먼저 아이는 자기 자신과 자신의 도구들을 준비시켜야 한다. 그런 다음에는 신체적으로 강해져야 하고 다른 사람들을 보면서 무엇인가를 하기 시작해야 한다. 아이가 이런 과정을 거치는 동안에, 자연도 아이가 의자나 계단을 오르내림으로써 육체적 훈련을 하도록 한다. 이어서 아이가 혼자서 하기를 원하는 단계가 온다. "나 자신을 충분히 준비시켰어요. 이제나도 자유로워지고 싶어요. 그 동안 고마웠어요!" 지금까지 어떠한 심리학자도 아이가 긴 시간 동안 걷고 싶어 한다는 사실을 진지하게 고려하지 않았다. 대체로 보면 어른이 아이를 안거나 보행기에 태워 다닌다. 그런 탓에 가없은 아이는 오직 상상 속에서만 걸을 수 있었다.

아이는 어른에게 안겨 다니거나 끌려 다니는 까닭에 걸을 기회를 누리지 못한다. 아이는 노력을 기울일 기회조차 갖지 못한다. 어른이 아이를 대신해 알아서 다 해주기 때문이다. 이렇듯, 우리 어른은 아이에게 인생의 문턱에서부터 열등감 콤플렉스를 안기고 있다.

16장
발달과 모방

앞 장 끝 부분에서 살핀 아이는 한 살 반이었다. 이 연령이 관심의 초점을 받으며 교육에서 가장 중요한 시기로 여겨지고 있다. 이 시기가 매우 중요하다는 말이 이상하게 들릴지도 모르겠다. 그러나 손을 준비시키는 것과 발을 준비시키는 것이 서로 결합하는 시점이 이때라는 사실을 기억해야 한다. 또한 이 시기의 아이가 한 사람의 인간 존재로서의 모든 가능성을 드러내 보여주기 직전이라는 점을 고려한다면, 이 시기가 아주 중요하다는 주장이 지극히 자연스럽게 받아들여질 것이다. 두 돌이 되면, 아이는 언어의 폭발을 일으키며 완성 지점에 도달한다. 이 완성이 있기 직전의 전야라 할 수 있는 한 살 반에, 아이는 이미 자신의 내면을 표현하려고 노력한다. 이때는 노력의 시기이자 건설의 시기이기도 하다.

무엇인가가 중요한 것으로 확인되기만 하면, 모든 사람이 동시에 그것을 추구하기 시작한다. 인간은 관대하지만 무지하다. 그러기에 무엇인가에 대해 알기만 하면, 인간은 그 일에 맹렬히 매달린다. 이 예도 마찬가지이다. 철학자와 심리학자, 사회학자들은 한 살 반에서 두 살 사이의 아이에게로 관심을 집중하고 있다. 이 시기는 아이가 생명의 경향들을 파괴당하지 않으려면 특별한 보살핌을 받아야 하는 그런 발달의 단계이다. 만일 자연이 아이가 최대한의 노력을 쏟아야 할 시기가 이때라는 점을 분명히 전하고 있다면, 당연히 우리는 아이의 노력을 뒷받침해줘야 한다. 그저 그렇고 그런 주장처럼 들릴지 모르지만, 아이를 대상으로 관찰한 사람들은 아이를 도와야 할 필요성을 아주 절실하게, 또 세세하게 느낄 수 있다.

전문가들은 이 시기에 아이가 모방 본능을 보이기 시작한다고 주장한다. 이것 자체는 새로운 발견이 아니다. 왜냐하면 사람들이 언제나 아이들이 모방한다고 말해왔기 때문이다. 그러나 이 말은 지금까지 피상적인 진술에서 그쳤다. 지금은 아이가 모방하기 전에 이해부터 먼저 해야 하는 것으로 여겨지고 있다. 이 말이 논리적이지만 지금까지 이런 생각은 누구에게도 떠오르지 않았다. 지금까지의 생각은 어른들이 행동하면 아이들은 그냥 따르기만 하면 된다는 식이었다. 어른들에게 그 이상의 책임이 지워지지 않았다. 물론 어른이 멋진 본보기가 되어야 하는 것으로 여겨졌다. 이것이 모든 어른들, 특히 교사들의 중요성을 부각시키고 있다. 훌륭한 인간을 탄생시키려면, 어른들이 좋은 본보기가 되어 줘야 한다. 본보기에 엄마들도 당연히 포함된다.

대체적인 분위기는 나쁜 본보기를 보며 자란 아이들은 나쁜 방향으로 성장하게 된다는 쪽이었다. 그래서 어른은 스스로 자식들이 모방할 좋은 본보기가 되어 주었다는 점을 강조했으며, 진짜 책임은 그런 어른을 보며 자라는 아이들에게로 넘겨졌다. 따라서 만약에 아이들이 훌륭한 본보기를 보면서도 별로 도움을 받지 못한다면, 그것은 어디까지나 아이의 잘못이었다. 그 결과, 곳곳에서 불행이 나타났다. 왜냐하면 그 본보기를 보고 자란 아이들도 당연히 완벽한 본보기가 되어야 하는데 아이들이 본보기와 거리가 멀었기 때문이다. 우리는 스스로 완벽한 인간이 되기를 원하고 또 아이들도 우리를 모방하면 완벽해질 수 있을 터이지만, 우리는 결코 완벽하지 않았다. 아니, 어떻게 그런 착각을 할 수가!

자연은 인간처럼 추론하지 않는다. 자연은 인간과 다른 방식으로 추론한다. 자연은 어른의 완벽성에 대해 별로 신경을 쓰지 않는다. 중요한 것은 아이가 모방하기 위해서는 먼저 모방할 준비를 갖춰야 한다는 점이다. 중요한 것은 이 준비이며, 준비는 아이 개인의 노력에 달려 있다. 본보기는 아이에게 모방할 동기를 부여할 수 있지만, 아이의 목적이 될 수는 없다. 발달하는 것은 모방하려는 노력이지, 주어진 본보기를 그대로 성취하는 것은 아니다. 실제로 보면, 이런 노력을 펴는 아이는 완성도와 정확도에서 자신을 자극했던 본보기를 종종 능가한다.

어떤 사람들은 이렇게 생각한다. "아이를 피아니스트로 키우려면 나 자신이 피아니스트가 되어야 하는 것이 아닌가. 그러면 아이가 나를 모방할 테니." 그러나 일은 그처럼 간단하게 돌아가지 않는다. 아이가 피아노를 치는 데 필요한 민첩성을 얻기 위해선 먼저 손을 준비시켜야 한다. 그럼에도 우리는 아주 높은 차원의 문제에서도 이런 식의 단순한 추론을 따르고 있다. 아이에게 영웅과 성인에 관한 이야기를 읽어주거나 들려주면서 아이가 그들을 모방할 것이라고 짐작하는 것이다. 모방은 절대로 쉬운 일이 아니며, 반드시 아이의 정신이 준비되어 있어야 한다.

사람은 모방만으로 위대한 인물이 되지 못한다. 하나의 본보기가 아이의 영감과 관심을 불러일으키고 또 모방 본능을 자극할 수 있지만, 그런 때조차도 아이가 모방할 준비가 되어 있어야 한다. 교육 분야에선 적절한 준비가 되어 있지 않은 상태에서는 어떠한 모방도 불가능하다는 점을 자연이 보여주었다. 이 노력은 모방을 목표로 하지 않는다. 이 노력의 목표는 아이의 내면에 모방의 가능성을, 즉 아이가 자신이 원하는 것으로 자신을 변화시킬 가능성을 창조하는 것이다. 자연은 아이에게 단순히 모방 능력을 주는 것이 아니라 아이가 자기 자신을 본보기와 비슷한 존재로 바꿔놓을 수 있는 능력을 준다. 교육자로서 우리가 아이의 삶을 돕는 교육 원칙을 믿는다면, 우리가 도와야 할 것들이 어떤 것인지를 확실히 알아야 한다.

이 나이의 아이를 관찰하면, 아이가 이제 막 하기 시작하는 행동이 몇 가지 보인다. 어른이 볼 때에는 너무나 터무니없어 보이는 행동이지만, 그 같은 사실은 중요하지 않다. 아이는 그 행동들을 완벽하게 수행해야 한다. 어떤 것들을 수행하고자 하는 충동이 있는데

혹시라도 이 충동의 사이클이 깨어져 버린다면, 그로 인해 아이에게 일탈과 목표의 상실이 나타날 수 있다. 이 행동 사이클을 완성시키는 것이 요즘 아주 중요하게 여겨지고 있다. 이 사이클의 완성이 일종의 간접적인 준비이기 때문이다. 우리는 평생 동안 간접적으로 미래를 준비한다. 세상에 큰 족적을 남긴 사람들의 삶을 보아도 언제나 사전에 준비하는 과정이 보인다. 이 준비 활동이 최종적인 결과와 똑같은 노선에서 이뤄지지 않을 수 있지만, 거기엔 정신을 준비시키려는 치열한 노력이 따른다. 이런 노력은 최대한 확장되어야 하고 행동의 사이클은 완성되어야 한다. 그러니 아이에게서 어떤 지적 활동이 보이거든, 그 활동이 우리의 눈에 아무리 형편없고 또 우리의 바람과 같지 않다 하더라도 (아이의 생명과 육체에 위험이 되지 않는 한) 아이의 활동에 개입하지 말아야 한다. 왜냐하면 아이 스스로가 행동 사이클을 완성시켜야 하기 때문이다.

이 연령의 아이들은 이 활동 사이클을 매우 흥미로운 형태로 수행하고 있음을 보여준다. 두 살이 채 안 된 아이들이 자기 몸무게만큼 무거운 것을 들고 끙끙거리기도 한다. 우리가 볼 때에는 뚜렷한 이유가 없는데도 말이다. 나의 어느 친구네 집에 매우 무거운 휴대용 발판이 하나 있었다. 그런데 한 살 반짜리 아이가 온 힘을 다해서 이 발판을 거실의 이쪽 귀퉁이에서 저쪽 귀퉁이로 옮겼다. 아이들은 식탁 차리는 것을 도우며 자신의 머리통보다 더 큰 빵을 안고 자기 발조차 보지 못하는 상태에서 식탁으로 옮긴다. 아이들은 물건을 이쪽에서 저쪽으로, 다시 저쪽에서 이쪽으로 옮기는 행위를 지쳐 나가떨어질 때까지 한다. 그러면 어른들은 대체로 안타까워하며 아이들을 도와준다. 그러나 심리학자들은 아이가 선택한 활동 사이클에 방해가 되는 이 '도움'이 이 시기의 아이에게 가장 심각한 억압이 된다는 것을 알아냈다.

많은 아이들의 일탈을 더듬어 올라가다 보면, 이 같은 활동 사이클이 간섭을 받았다는 사실이 확인된다. 아이들이 즐기는 또 다른 노력은 계단을 올라가는 것이다. 어른들의 눈에는 마치 힘든 계단을 오르는 것이 아이의 목표처럼 보인다. 그러나 아이에게는 그렇지 않다. 계단 꼭대기까지 올라가고서도 아이는 만족하지 않는다. 아이는 이 사이클을 마무리하기 위해 다시 출발선으로 와야 한다. 계단을 오르고 내리는 운동 또한 아이들은 몇 번이고 반복한다. 아이들의 놀이터에 있는 미끄럼틀은 이런 활동을 할 기회를 제공한다. 중요한 것은 미끄러져 내려오는 것이 아니다. 중요한 것은 올라가는 즐거움, 즉 노력의 즐거움이다.

아이들이 이런 식으로 노는 모습을 보면서 어른들이 간섭하지 않기란 참으로 힘든다. 그렇기 때문에 모든 심리학자들은 아이들이 간섭을 받지 않고 노력할 수 있는 공간을 요구하고 있다. 따라서 아주 어린 아이를 위한 학교가 매우 중요하며, 특히 한 살 반 정도 된 아이들을 위한 학교가 가장 중요하다. 이런 학교 안에선 온갖 종류의 활동이 이뤄진다. 작은 집을 짓고 그 위에 사다리를 설치하여 아이들이 올라갔다가 내려오도록 하기도 한다. 그 집은 안에서 살거나 쉬는 것이 아니고, 올라갔다가 내려오는 그런 한 지점에 불과하다. 노력 자체가 목표이지만, 집이 관심의 초점이 되어준다. 이런 예는 쉽게 확인된다. 무엇인가를 옮기기를 원하는 아이는 매우 무겁다는 이유로 언제나 갈색 계단이나 벽돌을 선택할 것이다. 아이들에게 아주 뚜렷하게 나타나는 오르기 본능도 단지 스스로를 강화하기 위한 노력이다. 아이는 환경 안에서 의자처럼 오르기 힘든 것들을 찾는다. 계단은 대단한 즐거움을 안겨준다. 아이에겐 위로 올라가려는 성향이 있기 때문이다.

나는 어떤 아이가 집 마루에서 이층까지 매우 가파른 계단을 올라가는 모습을 본 적이 있다. 계단이 너무 가팔라서 계단 하나의 높이가 아이의 허리까지 닿을 정도였다. 아이는 두 손을 이용해서 몸을 쭉 편 다음에 다리를 아주 힘든 자세로 당겨 올렸다. 그런 식으로 아이는 끈기 있게 꼭대기까지 닿았다. 무려 45개나 되는 계단을 올라갔던 것이다. 그런 다음에 아이는 자신이 성취한 것을 돌아보았다. 그러다 몸의 균형을 잃고 머리를 뒤로 젖힌 상태에서 계단으로 미끄러졌다. 물론, 계단엔 두꺼운 카펫이 깔려 있었다. 엉덩방아를 찧으며 다시 바닥으로 내려온 아이는 주위를 두리번거렸다. 우리는 아이가 울 것이라고 예상했다. 그러나 아이는 "올라가긴 정말 힘들었는데, 내려오는 건 일도 아니잖아!"라고 말하듯 씩 웃어보였다.

간혹 이 같은 노력은 주의와 운동을 섬세하게 조정하려는 노력이다. 단순히 힘만 쏟는 그런 노력이 아닌 것이다. 내가 아는 한 살 반짜리 아이는 집안 온 곳을 휘젓고 돌아다니다가 찬장까지 갔다. 거기엔 커다란 냅킨 12장이 빳빳하게 풀을 먹인 상태로 차곡차곡 개어져 있었다. 아이는 두 손으로 맨 위의 것을 집은 뒤 아주 행복한 표정을 지으며 복도의 구석으로 가져가 거기에 놓았다. 아이는 다시 찬장으로 와서 다른 냅킨 한 장을 들고 그 구석에 갖다 놓았다. 아이는 냅킨 12장을 그런 식으로 하나씩 다 끄집어내 구석으로 옮겼다. 그러면서 냅킨을 집을 때마다 "하나"라고 말했다. 냅킨 전부를 복도의 구석진 곳으로 다 옮겼으니, 우리의 관점에서 보면, 그 일은 마무리된 것이었다. 그러나 절대로 그렇지 않다. 마지막 냅킨이 복도 구석에 놓이자마자, 아이는 이제 거꾸로 귀퉁이에 놓인 냅킨을 다시 찬장으로 옮기기 시작했다. 그러면서 똑같이 "하나"라고 말했다. 이런 식으로 아이는 냅킨을 처음 있던 그 자리로 다시 돌려놓았다. 이 작업을 하는 동안에 아이가 보인 주의와 긴장은 보기만 해도 신기할 정도였다. 이 일을 다 끝내고 다른 일을 찾아나서는 아이의 얼굴에 기쁨이 가득했다.

활동 사이클을 보여주는 이런 예들에는 외적 목표가 전혀 없다. 그러나 아이는 자신의 운동들을 섬세하게 조정하는 연습을 하고 있다. 그러면 아이는 그런 행동으로 무엇을 이루었는가? 아이는 뭔가를 모방하기 위해 스스로를 준비시켰다. 이 연습에도 어떤 목적이 있음에 분명하지만, 그 목적은 진정한 목적이 아니다. 아이들이 내면의 어떤 충동을 따르고 있기 때문이다. 아이가 스스로를 준비시키고 있을 때, 아이는 환경을 모방하고 환경은 아이를 고무한다. 마룻바닥을 청소하거나 빵을 만드는 것을 지켜보는 것도 아이에게 그렇게 하도록 고무한다.

걷기와 탐험

대부분의 심리학자들이 고려 대상으로 여기지 않는 두 살짜리 아이와 이 아이의 걷기 욕구에 대해 생각해보자. 아이가 걸으려는 성향을 보이는 것은 지극히 자연스럽다. 아이는 성숙된 인간이 될 준비를 하고 있고, 인간의 기본적인 모든 기능들이 형성되고 있는 중이다. 두 살짜리 아이는 2, 3킬로미터 정도는 걸을 수 있다. 오르기를 좋아하는 아이라면 걷기를 특히 더 좋아할 수 있다. 걷기의 경우에 오히려 힘든 곳이 아이의 흥미를 유발한다.

걷기가 아이에게 어떤 의미를 지니는지를 알아야 한다. 어른의 생각과 크게 다르다. 아이는 먼 거리를 걷지 못한다는 생각은 우리가 아이에게 어른과 같은 속도를 기대하기 때문에 생긴 착각일 뿐이다. 우리가 말을 타지 않고 말과 함께 걷는다고 생각해보라. 우리가 말과 보조를 맞추다 지치면, 말이 "뭐가 걱정인가요? 당신이 내 등에 올라타면 우리 둘 다 목적지에 쉽게 갈 수 있는데요."라고 말할 것이다. 아이는 '거기에 도착하길' 바라지 않는다. 아이는 그냥 걷기를 원한다. 그러나 아이의 다리는 어른의 다리에 비해 턱없이 짧고 또 자신의 신체 크기에 비해서도 짧다. 그렇기 때문에 아이가 어른을 따르도록 해서는 안 된다. 어른이 아이의 뒤를 따라야 한다. 어른이 '아이를 따라야 할' 필요성은 바로 여기서 아주 명쾌하게 드러나지만, 그것이 모든 분야에서 이뤄지는 아이 교육에 두루 통하는 규칙이라는 사실을 우리는 반드시 기억해야 한다.

아이는 나름의 성장 법칙을 갖고 있다. 만일 아이의 성장을 돕기를 원한다면, 우리는 아이에게 어른의 속도를 강요할 것이 아니라 아이의 뒤를 따라야 한다. 아이는 두 다리뿐만 아니라 두 눈으로도 걷는다. 아이가 길을 따라 걷도록 만드는 것은 바로 환경 안에 있는 재미있는 요소들이다. 아이는 걷다가 염소가 풀을 뜯는 모습을 지켜본다. 아이는 재미있어 하면서 그 자리에 앉아서 염소를 유심히 살핀다. 그러다 자리를 털고 일어나 조금 더 걷는다. 이번에는 한 송이 꽃이 눈에 들어온다. 그러면 아이는 다시 꽃나무 옆에 앉아서 향기를 맡아본다. 그러다 어떤 나무를 발견하고는 거기까지 걸어가서 나무를 네댓 바퀴 돌다가 거기에 앉아 또 유심히 관찰한다. 이런 식으로 아이는 몇 킬로미터를 걷는다. 그것은 휴식의 시간임과 동시에 흥미로운 정보를 많이 접하는 시간이기도 하다. 만일 그 길에 큰 바위 같은 넘기 힘든 무엇인가가 있으면, 그것이 오히려 아이에겐 행복의 절정이다. 물도 아이의 관심을 끈다. 간혹 아이는 물가에 앉아서 "물"이라고 말한다. 당신 눈에 들어오는 것은 졸졸 흐르는 시냇물일 뿐인데도, 그것이 아이에게 아주 큰 행복을 안겨준다. 그렇듯 아이가 걷기에 대해 품는 생각은 가능한 한 빨리 목적지에 도착하겠다는 보모의 생각과 아주 다르다. 보모는 아이가 바람을 쐬도록 하기 위해 아이를 유모차에 태워 공원으로 데려간다. 그런 식의 산책이라면, 아이는 절대로 많은 것을 보지 못한다.

아이의 버릇은 이 땅 위의 원시 부족의 버릇과 많이 닮았다. 아이들은 "파리로 가요."라는 식의 말을 절대로 하지 않는다. 아이의 세계에 파리는 없다. 아이들은 "기차 타고 가요."라는 말도 하지 않는

16장 발달과 모방

다. 아이의 세계엔 기차도 없다. 그러기에 아이들의 버릇은 자신의 관심을 끌 재미있는 무엇인가를 발견할 때까지 걷는 것이다. 땔감을 얻을 수 있는 숲도 좋고, 씨앗을 뿌릴 수 있는 밭도 좋다. 그래서 아이는 계속 나아간다. 그것이 자연스런 방식이다. 환경 안에서 이곳저곳 움직이는, 말하자면 눈길을 끄는 이곳에서 다른 곳으로 옮겨다니는 이 본능은 본성의 일부임과 동시에 교육의 일부를 이룬다. 교육은 걸어다니는 아이를 탐험가로 여겨야 한다. 지금 걷기는 교육을 하다가 쉬는 시간 정도로 여겨지고 있는데, 나는 걷기가 교육의 일부가 되어야 한다고, 또 걷기가 아주 일찍부터 시작되어야 한다고 믿는다. 아이들은 흥미 있는 것들에 끌리면서 걸어야 한다. 아이들은 걷기에 나서면서 온갖 색깔과 모양과 형태의 나뭇잎들을 보고 곤충과 다른 동물들의 습성 등을 익히게 된다. 이런 모든 것들이 걷기에 나선 아이의 관심을 끄는 것들이다. 배우는 것이 많을수록, 아이는 더 많이 걷게 된다. 아이는 탐험해야 하며, 이것은 아이가 지적 관심에 끌리게 해야 한다는 뜻인데, 이 지적 관심이야말로 우리가 불러일으켜야 하는 것이 아닌가. 지적 관심은 아이가 걷게 만들고 주변을 돌아다니도록 한다.

걷기는 완벽한 운동이다. 걷기만 해도, 달리 육체적으로 노력할 필요가 전혀 없다. 아이는 호흡도 더 잘 하고 소화도 더 잘 시키며 운동에 바랄 수 있는 모든 이점을 누릴 수 있다. 신체의 아름다움도 걷기로 다듬을 수 있다. 길을 걷는 중에 꺾고 싶은 꽃을 발견하든가 파야 할 도랑을 발견하든가 아니면 화로에 집어넣을 땔감을 발견하게 될 것이다. 그러면 아이가 자연스럽게 팔을 뻗든가 몸을 굽히든가 할 것이기 때문에, 걷기는 운동으로 완벽하다. 지적 관심이 커질수록, 아이의 육체적 활동 또한 커진다. 지적 관심을 추구할 수 있는 아이는 자신이 몰랐던 것을 발견할 것이고, 따라서 아이의 지적 관심은 더욱더 커질 것이다. 교육의 길은 진화의 길을 따라야 한다. 주변을 돌아다니며 걷는 행위는 아이에게 더 많은 것을 볼 기회를 제공할 것이고, 그러면 아이의 삶은 더욱 확장될 것이다.

사람들이 걷지 않고 탈것을 타고 다니는 요즘, 걷기는 특히 더 교육의 일부가 되어야 한다. 삶을 두 부분으로 나누는 것은, 말하자면 운동으로 사지를 단련시킨 다음에 책을 읽어 뇌를 훈련시키는 것은 절대로 바람직하지 않은 방법이다. 삶은 하나의 전체가 되어야 한다. 아이가 발달의 계획과 법칙에 따라서 스스로를 건설해야 하는 초기 단계엔 특히 더 그래야 한다.

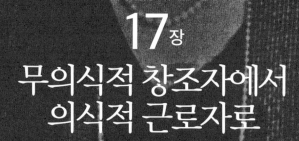

17장

무의식적 창조자에서
의식적 근로자로

지금 아이의 발달 과정 중에서 엄마 뱃속에 있을 때의 삶과 비슷한 점이 많은 시기를 다루고 있다. 이런 유형의 발달은 3세까지 이어진다. 이 시기는 사건들로 가득하다. 창조의 시기이기 때문이다. 엄청나게 많은 사건이 일어나는 시기임에도 불구하고, 이 발달의 단계는 삶의 망각기라 불릴 만하다. 마치 자연이 어떤 분단선을 그어놓은 것 같다. 한쪽에선 사건들이 많이 일어나지만 그것들을 기억하는 것은 불가능하고, 다른 한쪽에선 이제 막 기억이 시작된다. 망각된 시기는 정신적 태아의 시기이며 어떤 기억도 불가능한, 육체가 태어나기 전의 태아기와 비교될 수 있다.

이 정신적 태아기에 언어와 팔의 동작, 다리의 동작 같은 것이 별도로 발달한다. 또 눈의 발달 같이 근육이 필요하지 않은 감각의 발달이 일어난다. 신체기관이 하나씩 따로 만들어지는 출생 전의 육체적 태아기처럼, 이 시기의 정신적 태아도 기능들을 따로 발달시키며, 우리는 그 기능들에 대해 아무것도 기억하지 못한다. 이때 인격의 통일성 같은 것이 전혀 존재하지 않는 이유도 거기에 있다. 모든 것이 하나씩 차례로 발달한다. 그러기에 통일성 같은 것은 있을 수 없다. 통일성은 각 부분들이 다 완성될 때에만 가능하다.

3세가 될 때, 마치 삶이 다시 시작하는 것처럼 보인다. 왜냐하면 이 시기에 의식적 삶이 활짝 시작되기 때문이다. 이 두 시기, 즉 정신적 태아기인 무의식적 시기와 그 뒤의 의식적 발달의 시기는 어떤 뚜렷한 선에 의해 명확히 구분되는 것 같다. 첫 번째 시기에는 의식적 기억의 기능은 아직 발달하지 않는다. 의식이 나타날 때에야, 성격의 통일성이 보이고 따라서 기억이 시작된다.

정신에 대해 말하자면, 3세 이전에는 건설과 창조가 이뤄지고(출생 전의 태아 속에서 육체적 건설과 창조가 이뤄지는 것과 비슷하다) 3세가 지나면 그렇게 창조된 기능들이 발달한다. 이 경계선은 그리스 신화에 나오는 망각의 강 레테에 비유할 수 있다. 분명히, 3세 이전에 일어난 것들을 기억하는 것은 매우 어렵다. 그러니 2세 이전의 일을 기억하기는 더더욱 어려울 것이다. 정신분석이 온갖 수단을 다 동원해 개인의 의식을 그 뿌리까지 캐고 들어가려고 노력했다. 그러나 어떤 사람도 3세 이전의 일을 신뢰할 만하게 기억해 내지 못했다. 이는 매우 극적인 상황이다. 왜냐하면 무(無)에서 모든 것이 창조되는 것이 이 첫 시기인데도 이 모든 창조 행위를 성취한 개인이 아무런 기억을 떠올리지 못하기 때문이다.

잠재의식적이고 무의식적인 창조물, 다시 말해 이 망각된 아이는 그 사람의 기억에서 지워져 버린 것처럼 보인다. 그래서 3세에 어른 앞에 나타나는 아이는 이해할 수 없는 존재처럼 보인다. 이 아이와 우리 사이의 소통이 자연에 빼앗겼기 때문이다. 그래서 우리는 아이의 발달의 그 시기에 대해 알든가 자연을 알든가 해야 한다.

만일 우리가 발달의 자연법칙을 고려하지 않는다면, 또 아이들이 출생 초기와 다른 형태의 삶을 취한다면, 어른은 아이의 출생 초기의 삶에 대해 알아야 하며 그렇게 하지 않으면 자연이 만들어 놓았을지도 모르는 것을 파괴해 버릴 위험이 있다. 따라서 만일 인간이 사회 발달이나 문명의 길 때문에 자연스런 삶의 길을 포기한다면, 자연이 제공하는 혜택을 모두 잃을 것이기 때문에 대단히 큰 위험이 닥칠 수도 있다. 인류가 문명의 발달을 통해서 정신적인 부분이 아닌 육체적인 부분만을 보호했기 때문에, 아이는 자신이 감옥에 갇힌 것 같은 느낌을 받는다. 만일 문명이 정신적 발달의 자연법칙을 적절히 지키지 않는다면, 아이가 정상적인 표현을 막을 장애들이 가득한 환경에서 살 가능성이 아주 커진다. 이 시기에 아이는 스스로 할 수 있는 것이 하나도 없기 때문에 전적으로 어른의 보살핌을 받아야 하며, 따라서 어른들이 자연의 지혜나 과학을 통해 현명해지지 않으면 정작 우리 어른들이 아이의 삶에 가장 큰 장애가 될 수 있다는 점을 반드시 기억해야 한다.

이 시기가 지나면, 아이는 스스로를 지킬 수 있는 특별한 기능들을 습득한다. 아이가 말로 자신을 옹호할 수 있게 되면서 나타나는 현상이다. 만일 아이가 어른의 압박을 느낀다면, 아이는 거기서 달아나거나 짜증을 부릴 수 있다. 그럼에도 불구하고, 아이의 목표는 자신을 방어하는 것이 아니라 환경과 그 안에 있는, 자신의 발달에 필요한 수단을 정복하는 것이다. 이 시기의 아이는 환경 안에서 연습을 통해 발달을 꾀해야 한다.

그러나 아이가 발달시키는 것이 정확히 무엇인가? 아이가 그 전에 창조해 두었던 것들이다. 그러므로 3세에서 6세까지의 시기는 아이가 환경에서 의식적으로 취하는, 의식적인 건설의 시기이다. 아이는 3세 이전의 시기에 일어났거나 본 사건들을 다 망각했지만 앞으로 벌어지는 사건은 이 시기에 창조해내는 기능들을 이용하여 기억할 수 있다. 아이가 창조한 능력들은 아이가 환경 안에서 의식적으로 수행하는 경험을 통해 겉으로 드러난다. 이 경험들은 단순한 놀이도 아니도 우연도 아니며 노력을 통해서 의식적으로 겪는 것이다. 이때 손이 지능의 안내를 받으며 일종의 노동을 한다.

첫 번째 시기에 아이는 환경을 관찰하면서 거기서 건설에 필요한 것들을 흡수하는, 일종의 정신적 존재였지만, 두 번째 시기에 아이는 자신의 의지를 따르고 있다. 처음에는 아이의 의지 밖에 있는 어떤 힘이 아이를 이끄는 것 같았다. 그러나 지금은 아이를 이끄는 것은 분명히 아이의 자아이며, 아이는 손의 활동을 고스란히 보여준다. 마치 예전에 무의식적 지능을 통해서 세상을 받아들인 아이가 이제는 손을 이용하여 세상을 받아들이는 것처럼 보인다. 따라서 이 시기에는 다른 종류의 발달이 전개된다. 예전에 습득한 것들을

17장 무의식적 창조자에서 의식적 노동자로

완벽하게 다듬는 노력이 펼쳐지는 것이다. 예를 들어, 언어의 발달은 4년 반이 될 때까지 자연적으로 계속되지만, 아이가 2년 6개월이 되면 언어 발달은 모든 세부사항에서 거의 완벽에 이르게 된다. 지금은 아이가 언어를 더욱 풍요롭게 가꾸고 또 완벽하게 다듬는 시기이다.

이 시기가 완성을 추구하는 시기임에도 불구하고, 아이는 여전히 지칠 줄 모르고 흡수하는 초기의 힘을 그대로 간직하고 있다. 흡수하는 정신이 계속되지만, 지금은 아이의 손과 그 손의 경험이 아이의 발달을 돕고 또 습득한 것을 더욱 풍요하게 다듬도록 만든다. 이로써 손은 지능의 발달에 꼭 필요한 신체기관이 된다. 따라서 이전에는 단순히 걸음으로써 세상을 흡수하고 지능을 발달시킬 수 있었던 아이가 이제는 손을 갖고 작업을 함으로써 지능을 개발해야 한다. 앞으로의 정신적 발달은 이 길을 밟게 된다. 아이는 단지 생명이 있기 때문에 살아가는 것이 아니다. 아이는 자신의 노력을 표현할 공간을 가져야 한다.

이 나이의 아이를 보면, 아이가 끊임없이 손을 놀리며 행복해 하고 즐거워 한다는 사실이 확인될 것이다. 언제나 손을 바삐 움직이는 것이 보일 것이다. 그래서 이때가 '축복받은 놀이의 나이' (blessed age of play)라 불리지 않는가! 어른들은 언제나 이런 사실을 눈으로 보아왔다. 그런데도 최근에야 이 시기가 과학적으로 연구되기 시작했다. 문명의 추세가 인간을 자연으로부터 더욱 멀리 떼어놓는 쪽으로 나아가고 있는 유럽과 미국에서, 사회는 아이의 활동에 부응하기 위해 장난감을 무수히 많이 제공한다. 아이에게 지능을 창조할 수단 대신에 거의 쓸모없는 장난감이 주어지고 있는 것이다. 이 나이의 아이는 무엇이든 건드리려는 성향이 있는데, 어른들은 아이에게 어떤 것은 만지도록 내버려두고 어떤 것은 만지지 못하도록 금지시킨다. 아이들이 마음대로 만질 수 있는 유일한 것은 모래이다. 모래를 갖고 노는 놀이가 전 세계적으로 퍼지고 있다. 모래가 없는 지역이면, 동정심 강한 어른들이 아이들을 풍요하게 만들어주기 위해 모래를 멀리서 갖고 온다. 모래가 거의 없거나 전혀 없는 곳이라면, 물이 허용될 수 있겠지만 아이가 옷을 적실 것이라는 걱정 때문에 아이에게 물을 많이 주지는 않는다.

장난감과 현실

아이가 모래에 싫증을 낼 때, 아이에겐 어른들이 사용하는 것들을 작게 만든 장난감, 예를 들면 장난감 부엌과 집, 피아노 같은 것이 주어진다. 그러나 이런 것들은 아이에게 전혀 쓸모가 없다. 그런데도 어른들은 "아이들이 원해요. 아이들은 어른들이 하는 것을 그대로 하고 싶어 하니까요."라고 말한다. 그러나 어른들이 아이들에게 던져주는 장난감들은 쓸모가 없다. 장난감 과일은 돌 과일이나 마찬가지이다. 아이들은 그걸 갖고 요리도 하지 못하고 먹지도 못한다. 그것은 가짜일 뿐이다. 아이는 외롭다. 그래서 아이에게 가짜 인간, 즉 인형이 주어진다. 인형은 어쩌면 엄마와 아빠보다 더 현실적인 존재이다. 옷과 보석 등 온갖 종류의 선물이 인형에게 주어진다. 네 살 반이 되면 아이는 언어를 완벽하게 소화한다. 이때 아이가 자유롭게 대화할 수 있는 유일한 상대가 인형이지만, 인형은 아이에게 아무런 대답을 하지 않는다.

서양에서 장난감이 너무나 중요해졌다. 그러다 보니 사람들은 인형이 아이의 지능 개발에 도움이 된다고 생각한다. 물론 없는 것보다야 나은 것은 확실하다. 그러나 인형을 갖고 노는 아이를 지켜보고 있으면, 아이가 항상 새로운 것을 원하며 인형을 깨뜨리고 불평을 터뜨린다는 사실이 목격될 것이다. 아이를 피상적으로 연구하는 사람들은 인형을 깨뜨리는 아이들을 보면서 아이가 모든 것을 분리시키고 파괴하는 데서 기쁨을 느끼는 것 같다는 의견을 내놓는다. 이는 아이가 자신이 필요로 하는 것이 없는 환경 때문에 인위적으로 발달시키게 된 성격을 표출하는 것에 지나지 않는다. 아이는 장난감을 갖고 놀면서 침묵하고 있을 그런 존재가 아니다. 아이는 단 몇 분도 그런 상태를 이겨내지 못한다.

아이를 위해 유모차에 장난감을 가득 싣고 다니는 사람은 보모이다. 보모와 아이가 공원에 도착하면, 아이는 종종 인형에 흥미를 보이지 않는다. 아이가 장난감을 찬찬히 살피다가 땅바닥에 던져 버리는 경우도 있다. 이런 현상만을 연구하면서 그 깊은 원인에는 관심을 두지 않은 심리학자들은 아이에게 파괴 본능이 있다고 말한다. 이런 피상적인 관찰자들이 제기하는 또 다른 주장은 아이가 이런 장난감 어디에도 주의를 집중하지 않는다는 것이다. 아이에 대한 이 같은 관찰도 맞는 말이지만 피상적이다. 이런 행동의 원인에 대한 조사가 이뤄지지 않았다.

아이들이 이런 것들에 전혀 관심을 갖지 않는 이유는 인형에는 현실감이 전혀 없기 때문이다. 아이의 주의력이 부족하기 때문이라는 주장은 어른의 오해에 지나지 않는다. 진짜 생명이 아니고 생명의 모조품, 그러니까 쓸모없는 생명을 놓고 아이의 주의력 부족 운운 하는 것은 터무니없다. 아이는 자연이 개성을 완벽하게 다듬도록 부여한 에너지를 다 쓰지 못하고 있다. 이 에너지가 낭비되고 있다. 아니, 낭비되기보다 나쁜 쪽으로 쓰이고 있다. 그 결과, 아이는 정상적으로 발달하지 못하게 된다. 장난감이 가득한 환경에서 사는 기간이 길어질수록, 아이가 진짜 환경에 적응하는 능력은 더 떨어지고 점진적으로 아이의 성격이 뒤틀리게 된다. 아이는 매 순간 자기보다 나이 많은 사람들을 모방함으로써 스스로를 완벽하게 하려고 의식적으로, 또 진지하게 노력하고 있다. 아이의 의식은 삶의 경험을 통해서 발달한다. 그러기에 이런 삶의 경험이 거부당할 때, 당연히 아이의 발달은 형편없어진다.

아이들을 위한 인형 문화가 아직 발달하지 않은 나라에 가면, 서구의 아이들과는 완전히 다른 아이들이 발견될 것이다. 인형 없이 자라는 아이들이 훨씬 더 차분하고 건강하고 활달하다. 이 아이들은 주변에서 보는 활동에서 영감을 얻는다. 이 아이들은 정상적인 인간 존재들이다. 이 아이들은 어른들의 물건들을 받아서 그대로 사용한다. 엄마가 접시를 닦거나 빵을 구울 때면, 아이도 그런 행동

17장 무의식적 창조자에서 의식적 노동자로

을 그대로 한다. 물론 이것도 모방과 비슷하다. 그러나 지적이고 선택적인 모방이다. 아이는 주변 사람들 사이에서 진정한 영감을 발견하고 또 그렇게 함으로써 자신이 살게 될 환경을 미리 준비한다.

이렇듯 발달의 초기 단계에도 두 단계의 시기가 있는 것이 분명하다. 첫 번째 시기는 0세에서 3세까지이며, 이때 아이는 환경을 흡수한다. 두 번째 시기는 3세에서 6세까지이며, 이때 아이는 손의 작업을 통해서 환경을 깨닫는다. 아이는 자신의 목적을 위하여 사물들을 다뤄야 한다. 이 같은 사실에 대해서는 어떠한 의문도 제기될 수 없다. 최근 서구에서 보는 것처럼, 아이들이 어른들의 행동을 쉽게 따라할 수 있도록 장난감이 아이들의 체구에 맞게 만들어질 때, 아이는 차분히 주의를 집중하게 된다. 이는 아이들이 그저 노는 것이 아니라 지적으로 활동하고 있다는 사실을 보여준다. 이 활동도 대충 모방 본능으로 여겨질 수 있다. 그러나 이 활동은 모방 본능 그 이상이다. 어른들은 아이가 자신의 일상적인 환경 안에 없는 물건들을 사용하지 않으려 한다는 사실을 깨닫게 될 것이다. 왜 그럴까? 아이의 일이 환경에 맞는 어떤 개인을 만들어내는 작업이기 때문이다.

이에 대한 이해가 이뤄지자마자, 모래와 모조품을 갖고 노는 것이 아이들의 기본적인 특징이라는 말은 더 이상 통하지 않게 되었다.

이 모조품은 환경 안에 있는 것이 무엇인지를 배우는 수단일 뿐이며, 자연은 특별한 것들을 성취해내는 아이에게 즐거움을 안겨주길 원한다. 오늘날 새로운 경향은 아이들에게 장난감을 주는 것이 아니라 아이들이 같은 민족과 공동체의 어른들과 똑같은 행동을 하도록 하는 것들로 가득한 환경을 제공하는 것이다. 우리는 아이들이 자신의 힘과 몸의 크기에 맞는 물건들을 갖고 활동하도록 동기를 부여한다. 우리 어른들이 집이나 땅에서 언제나 노동을 하듯이, 아이들도 자신들의 집과 땅을 가질 필요가 있다. 아이들에게 장난감만을 주는 것이 아니라 집도 주어야 한다. 아이들을 위한 장난감을 주는 것이 아니라 땅에서 일을 하는 데 필요한 도구와 함께 땅을 주어야 한다. 아이들을 위한 인형을 줄 것이 아니라 다른 아이들과 놀도록 하고, 사회적 삶을 살 기회를 줘야 한다. 선생이 움직이는 동안에 아이는 의자에 가만히 앉아 있는 그런 환경이 아니라 아이가 스스로 움직이는 그런 환경을 만들어줘야 한다는 뜻이다. 아이가 행동하고, 말하고, 또 지적이고 건설적인 활동에 필요한 모든 도구를 발견할 수 있는 그런 환경을 가꿔줘야 하는 것이다. 오늘날엔 이런 것들이 옛날의 장난감을 대체하고 있다.

지금 대중의 상상을 사로잡고 있는 이 아이디어가 처음 발표되었을 때, 많은 사람들이 놀라움을 감추지 못했다. 미국의 유명한 교육자인 듀이(John Dewey) 교수는 이 아이디어에 동의하면서 아이들이 적절히 사용할 만한 물건들을 찾아 나섰다. 그는 대학 교수였음에도 작은 빗자루와 의자, 테이블, 접시 등을 찾기 위해 뉴욕의 가게들을 다 뒤졌다. 그는 아무것도 찾지 못했다. 그런 것들을 제조해야 한다는 생각조차도 존재하지 않는 것이 확인되었다. 장난감은 수도 없이 많았다. 종류도 정말 다양했다. 말도 있고 탈것도 있고, 집안에

17장 무의식적 창조자에서 의식적 노동자로

쓰는 도구들이 있었지만, 아이를 위한 것은 없었다. 장난감들이 아무리 많아도 정작 아이들이 어른처럼 직접 할 수 있도록 만든 것은 하나도 없었던 것이다. 아주 작은 크기에서 시작한 인형들은 아이의 신체 크기만 한 것까지 두루 다 있었다. 또 인형이 커질수록, 거기에 딸린 물건들도 커졌다. 인형들은 커졌지만, 아이가 그것을 진정으로 사용할 수 있을 만큼 충분히 큰 것은 없었다. 아이는 지금 거의 성취의 문턱에 서 있었지만 문은 아직 닫혀 있었다. 어른들은 아이를 행복하게 만들기 위해 수억 달러씩 지불하고 있으며 아이에게 값비싼 모조품을 제공하는 데 성공했다. 우리는 "이 모든 것을 조금 더 크게 만들어. 그러면 아이가 실제로 쓸 수 있을 것이다."라고 말했다. 그래서 조치가 취해졌으며, 새로운 시대가 열렸다. 그래서 아이들이 0세에서 3세까지 준비한 것들을 완성시키는 데 이용할 물건들과 집을 갖게 되었다. 그에 따른 결과가 나타나자, 이런 물건들은 어디서나 만들어졌으며, 그래서 새로운 산업과 새로운 부의 원천이 생겨나게 되었다.

듀이 교수는 뉴욕에서 아이들이 제대로 활용할 수 있는 물건을 찾으려 노력하다가 실패한 뒤에 "아이들이 망각되었군."이라고 말했다. 나는 그것이 아주 중요한 발견이라고 생각한다. 그러나 아이는 다른 방식으로도 망각되고 있다. 아이는 아이를 위한 것은 하나도 없고 다른 사람들을 위한 것만 있는 세상에 살고 있는 망각된 시민이다. 아이를 위한 것으로는 오직 가짜밖에 없으며, 모래만 있을 뿐이다. 아이는 느릿느릿 걸으며 목적 없이 떠돌고, 화가 나서 울고,

어른들이 준 가짜들을 파괴하고, 오직 자신의 영혼을 만족시킬 것을 찾고 있다. 그런데도 어른은 아이 앞에 서서도 아이의 진정한 존재를 보지 못했다.

이 장벽이 무너지고 비현실이라는 장막이 찢어지기만 하면, 그리하여 아이에게 진짜 물건들이 주어지기만 하면, 우리는 아이가 행복해 하고 아이가 물건들을 갖고 놀려고 하는 적극성을 보일 것이라고 기대했다. 그러나 실제로 일어난 것은 그런 것만이 아니었다. 아이는 완전히 다른 인격을 보여주었다. 최초의 결과는 독립적인 행위였다. 그런 모습을 보고 있으면 마치 아이가 "나 혼자 힘으로 하고 싶어. 그러니 도와주기만 해요."라고 말하는 것 같다. 이것이 자유로워진 아이가 처음 드러내 보이는 현상 중 하나이다. 아이는 장난감을 갖고 놀 때보다 더 큰 물건들을 가진, 더욱 부유한 존재가 되지 않았다. 아이는 독립을 추구하는 존재가 되었다. 아이는 주위의 모든 사람들, 말하자면 보모나 어머니, 선생들에게 놀라움을 안겨주었다. 아이는 도움을 거부했으며 홀로 서기를 원했다. 아이의 첫 번째 행위가 도움을 거부하는 행위일 것이라고는 아무도 상상하지 못했다. 또 아이가 손을 갖고 활동할 때, 보모나 어머니는 관찰자의 역할에서 그쳐야 한다는 것도 아무도 상상하지 못했다.

이 환경은 단순히 아이의 신체 크기에 맞춰서 다듬은 것이 아니라, 아이가 주인이 되는 그런 곳이었다. 사회적 삶과 성격의 발달은 동시에 이뤄진다. 목표는 아이의 행복이 아니라 아이가 인간의 건설자가 되고, 기능에서 독립을 이루고, 자신의 환경의 근로자이자

주인이 되는 것이다. 이것이 개인의 의식적 생활의 시작이 드러내
보이는 그 빛이다.

18장
새로운 선생

몬테소리 학교가 거둔 놀라운 성공은 인도에서 이뤄지고 있는 비슷한 시도와 실험의 전망을 밝게 한다. 왜냐하면 인도에서 들리는 불평 중 하나가 훌륭한 선생이 부족하다는 소리이기 때문이다. 성실한 사람을 찾아서 이용해야 한다. 인도 시골의 부모는 아마 문맹일 것이다. 그것이 어쩌면 아이에게 더 좋은 조건일 수 있다. 빈곤에 대해 말하자면, 그것도 영적 자질을 개발하는 데 가장 필요한 조건으로 널리 인식되고 있다. 모든 사람에게 부(富)를 포기하라고 말하기는 어렵다. 설령 그렇게 한다 하더라도 제대로 먹히지 않을 것이다. 그러나 모든 나라의 종교 지도자들은 세속을 등지고 빈곤을 추구했다. 가난을 강요할 필요는 없지만, 가난에 놀라서는 안 된다. 받아들일 수만 있다면, 영적 발달에 가난보다 더 좋은 조건은 없기 때문이다. 만일 우리가 아이에게 자유를 부여하는 실험을 하길 원한다면,

빈곤 지역이야 말로 최적의 공간이다. 실험을 쉽게 실시하고 또 동시에 성공을 확실히 원한다면, 누구든 빈곤한 아이들의 세계로 가도록 하라. 우리는 그런 아이들에게 지금까지 가져보지 못한 교재와 환경을 제공할 수 있다.

아무것도 갖지 않은 아이에게 과학적으로 만든 교재를 주었는데, 아이는 그런 교재에 열광적인 반응을 보였다. 깊은 관심은 물론이고 정신 집중과 깊은 생각까지 불러일으켰다. 42년 전에 이 같은 사실은 대중들에게 큰 놀라움을 안겨주었다. 3세 된 아이가 정신을 집중할 수 있다는 인식은 그때까지 전혀 없었다. 그러던 것이 이젠 아이의 정신 집중은 기본적인 요소로 통하고 있다. 정신 집중이 환경을 하나씩 치열하게 응시하고 탐험하면서 모든 것에 대해 곰곰 생각하는 것을 의미하기 때문이다. 일상적으로 불만스런 조건에 처해 있다면, 아이는 모든 것을 가볍게 여기며 이곳저곳으로 시선을 옮길 뿐 어느 곳에도 정신을 집중하지 않는다. 그러나 그것이 아이의 특징은 아니다. 불만족스런 환경이 아이에게 그런 식으로 정신을 집중하지 못하도록 만들고 있을 뿐이다.

3세 된 아이의 내면에서도 그 신비한 선생이 여전히 활동하며 아이에게 노력하라고 가르치고 있다. 우리가 자유로운 아이(내면의 자유를 누리고 있는 아이)라고 할 때, 그 아이는 자신의 내면에 있는 자연의 막강한 안내자를 자유롭게 따르고 있다는 의미이다. 이 자연의 안내자는 대단히 현명하며 아이가 일을 제대로 완수하도록 이끈다. 아이는 자연에 이끌려 모든 세부사항(예를 들어, 먼지를 턴

18장 새로운 선생

다면 아이는 탁자의 위와 옆, 아래와 모든 홈을 두루 살피게 된다)
을 다 들여다보게 된다. 몬테소리 학교가 교육에서 추구하고자 하
는 것이 바로 이런 것들이다. 지금 선생이 학생들에게 요구하는 것
은 선생이 하는 것에 주의를 집중하는 것뿐이다. 그러면 학생들이
배워야 할 것을 다 배우게 된다는 인식이다. 선생이 성공으로 기대
할 수 있는 최상의 수준은 바로 그런 것이다.

   아이들이 보여준 놀라운 사실은 그런 것도 아이가 자유로워질 때
자연적으로 하게 되는 행동이라는 점이다. 아이에게 자유를 주고
선생이 전혀 간섭을 하지 않는다면, 아이는 정신을 집중하며 일을
완벽하게 해낸다. 3세 아이는 다른 사람들로부터 기능을 배우지 않
는다. 아이가 자기 자신을 스스로 건설하고 있기 때문이다. 많은 선
생들이 아이에게 너무 많은 것을 제시하고, 아이를 지속적으로 간
섭하고, 아이들이 직접 경험하도록 내버려 두지 않고 언제나 아이
를 가르치려 든다. 따라서 자연의 안내자를 따르면서 자발적인 노
력을 통해 발달하는 이 연령의 아이는 이런 식으로 가르치려 드는
선생을 통해서는 발달을 꾀하지 못한다. 또한 성공(예를 들면, 아이
들이 선생의 말에 복종하는 것과 같이 선생이 중요하다고 판단하는
것을 하도록 하는 것)을 목표로 잡고 있는 선생은 쉬운 것에서 어려
운 것으로, 단순한 것에서 복잡한 것으로 단계를 밟아가며 가르쳐
야 한다고 확신하고 있다. 반면에, 아이는 힘든 것에서 쉬운 것으로
성큼성큼 큰 걸음을 뗀다. 그런 선생은 우리의 노력에 도움이 되지
않는다. 그런데 대부분의 선생이 그런 식으로 접근한다. 그런 식으

로 훈련을 받았기 때문이다. 그러면 아이와 선생 사이에 반드시 갈등이 일어나게 된다.

그런 선생이 품고 있는 또 다른 편견은 활동에 따른 피로에 관한 것이다. 아이는 자신이 하는 일에 관심이 있을 경우에는 그 일을 계속한다. 그때 아이는 전혀 피로를 느끼지 않는다. 그러나 선생이 나서서 아이가 몇 분마다 놀이를 바꾸고 휴식을 취하도록 하면, 아이는 금방 피곤해 한다. 육체적 활동의 사이클을 마무리했다는 사실이 아이에게 힘을 더 많이 불어넣듯이, 아이가 옛날에 습득한 정신적 활동을 더욱 세련되게 다듬는 활동 또한 아이가 더 큰 힘을 느끼도록 만든다.

이런 편견들이 교육대학을 나온 선생들에게 아주 깊이 자리 잡고 있기 때문에, 그걸 없애고자 하면 아마 선생을 죽여야 할지도 모른다. 어떠한 새로운 정신의 비전도 그걸 제거하지 못할 것이다. 사회의 일부 편견도 마찬가지이다. 피를 부르는 혁명이 아니고는 절대로 제거하지 못할 편견도 있다. 가장 현대적인 대학교의 일부도 휴식의 필요성에 대해 이런 식의 편견을 너무나 강하게 품고 있기 때문에 45분마다 혹은 반시간마다 학생들의 공부를 방해하며 휴식을 취하게 한다. 그 결과, 교육 수준이 높은 사람들이 매사에 극단적일 만큼의 무관심을 보이게 된다. 관심과 열정만이 가치 있는 결실을 낳을 수 있는데, 이런 것들이 저절로 죽어버리고 있다.

현대의 교육학은 돌아가는 일들을 피상적이고 그릇된 관점에서 보고 있다. 이는 내면의 삶에 주목하지 않기 때문에 일어나는 현상

287

이다. 정신적 활동에 대한 안내는 깡그리 무시되고 있다. 교육계(혹은 교육계 지도자들)가 인간의 논리의 지배를 받고 있지만, 인간의 논리와 자연의 논리는 많이 다르다. 인간의 논리는 정신적 활동과 육체적 활동을 구분해야 한다고 말한다. 정신적 활동을 위해서 교실에서 꼼짝하지 말아야 하며, 육체적 활동에는 정신적 기능이 필요하지 않다는 식이다. 이것이 아이를 두 부분으로 나누고 있다. 아이가 생각할 때에는 손을 쓰지 않을 것이며, 손을 쓸 때에는 머리를 고려하지 않을 것이다. 그 결과, 머리만 있고 몸통은 없는 사람과 몸통만 있고 머리는 없는 사람이 생겨나게 되었다. 따라서 선생에게도 온갖 종류의 문제와 어려움이 생겨나고 있다. 그럼에도 자연은 아이는 손 없이 생각하지 못하며 손이 지능의 도구라는 사실을 알려주고 있다.

교재는 아이의 손을 유혹하고 아이의 마음에 흥미를 불러일으켜야 한다. 아이는 생각을 할 때에도 지속적으로 움직이고 있다는 것을 우리는 경험을 통해 알고 있다. 위대한 사상가도 산책하면서 얻은 생각들을 우리에게 들려주고 있지 않은가. 철학적으로 사색하는 사람들은 또 어떻게 하는가? 그들은 수도원에 들어가서 생각에 잠겨 숲속을 혼자서 몇 시간이나 걷는다. 3세에서 6세까지의 시기에 아이의 운동과 정신이 함께 움직이는 것이 분명하다. 그런데도 많은 사람들은 아이들이 공부하면서 끊임없이 돌아다닐 수 있는 학교를 두는 것은 불가능하다고 생각한다.

이런 사실을 근거로 판단한다면, 준비가 잘 된 선생(통상적 의미에서)이 아이에겐 최악의 선생이다. 몬테소리 교육 방법에서 가장 많은 노력이 투입된 부분은 선생들이 자기도 모르게 갖고 있을지 모르는 편견에서 자유로워지도록 만드는 것이다. 그렇기 때문에 다수를 대상으로 어떤 교육을 구상 중인데 선생들이 부족하다면, 역설적으로 그보다 더 좋은 조건은 없다고 할 수 있다.

　소박한 사람들 중에서 찾아낸 새로운 선생들은 어렵지 않으면서도 근본적인 것들을 몇 가지 분명히 이해할 수 있어야 한다. 첫 번째 실험에서, 나는 '선생'(아파트 관리자의 딸이었다)에게 어떤 교재들을 갖고 가서 아이들 앞에 어떤 식으로 놓은 다음에 아이들이 방해 받지 않고 그것을 갖고 놀도록 하라고 지시했다. 그녀는 교직을 이수하지 않았기 때문에 이 지시사항을 그대로 실행할 수 있었다. 자격증을 제대로 갖춘 선생이었다면 아마 그렇게 하지 못했을 것이다. 교사 자격증을 가진 사람은 먼저 자신이 배운 바에 따라 지시사항이 터무니없다고 생각했을 것이고, 또 그 지시사항을 그대로 실천에 옮겼다 하더라도 그렇게 간단히 하지는 못했을 것이다. 교사 자격증을 갖춘 선생은 아이들에게 이런저런 설명을 늘어놓았을 것이다. 필요충분한 수준을 넘어서는 것은 무엇이든 혼란과 혼동을 야기하게 되어 있는데도 말이다. 교직을 위한 교육을 받지 않은 '선생'은 지시 받은 그대로 했으며, 아이들은 이 교재들을 갖고 스스로 노력한 끝에 놀라운 결과를 보임으로써 나도 놀라게 만들고 그 선생도 놀라게 만들었다. 그녀는 그 결과에 너무나 놀란 나머지 거기에 눈에 보이지 않는 천사나 영적인 존재가 작용하고 있음에 틀림

　　　　　　　　　　　　　　18장 새로운 선생

없다고 생각했다.

그런 다음에 아이들이 폭발하듯 갑작스럽게 글쓰기 능력을 보여 주었다. 선생이 글쓰기에 대해서 아무것도 가르쳐 주지 않았는데도 그런 놀라운 현상이 나타났다. 방문객들이 찾아와 아이들에게 "누가 글을 가르쳐 주었니?"라고 묻자, 아이들은 "아무도 가르쳐 주지 않았어요."라고 대답했다. 선생도 놀라는 모습으로 "정말로, 글 쓰는 것을 가르쳐주지 않았어요."라고 말했다. 그녀는 나에게 와서 멍한 표정을 지으며 말했다. "선생님, 어제 2시 정각에 아이들이 글을 쓰기 시작했어요!" 그녀는 아이가 왜 2시에 글을 쓸 수 있게 되었는지 도무지 이해가 되지 않았다. 아름다운 필체로 문장까지 완벽하게. 1시까지만 해도 아무것도 쓰지 못하던 아이가. 우리는 아이들에게 처음에 필기체 글자들을 보여주었다. 그러다 인쇄체 글자를 보여 주면 아이들이 조금 더 쉽게 읽을 수 있겠다고 생각했다. 그러나 우리가 인쇄체 글자를 준비하기도 전에, 아이들은 이미 책을 읽고 있었으며 인쇄체 글자를 필요로 하지도 않았다. 42년이 지난 지금, 우리는 그런 폭발이 일어나고 또 그런 현상이 나타나는 이유를 안다. 그러나 이 사건들이 일어날 당시엔 우리는 그 이유를 이해하지 못했다. 지금 우리는 아이에겐 흡수하는 정신이 있다는 것을 알고 있다. 피로를 느끼지 않고 환경을 흡수하는 이 정신은 적절히 준비해 제대로 제시하기만 한다면 문화까지도 모국어처럼 아주 쉽게 흡수할 수 있다. 유일하게 필요한 것이라곤 아이들이 다룰 교재를 과학적으로 정확히 제작하는 것뿐이다. 그러면 엄청나게 많은 문화

관련 지식도 3세에서 6세 사이에 아이들에게 전달할 수 있다.

경험에 따르면, 선생은 더욱더 뒤로 물러나야 한다. 그러기에 이 선생들을 훈련시키는 사람들의 임무는 아주 쉽다. 선생들에게 "아무것도 하지 마라. 그냥 아이들을 위해 준비만 해 두라. 그러면 아이들이 스스로 알아서 잘 할 것이다."라고 일러주기만 하면 된다. 그것은 "자제가 위대한 진리들을 낳는다."라는 위대한 진리를 현실로 실천하는 것이다. 우리의 임무는 불필요한 간섭이 어떤 것인지를 선생에게 가르쳐주는 것이다. 우리는 이것을 '불간섭의 법칙'이라고 부른다. 훌륭한 하인이 주인을 위해 마실 것을 준비한 다음에 주인이 그걸 스스로 마시도록 내버려두는 것과 똑같다. 하인은 주인에게 마시라고 강요하지 않는다. 그것은 하인이 할 일이 아니다. 하인의 일은 오직 준비하는 것이다. 선생도 아이들에게 꼭 그렇게 해야 한다. 선생들을 훌륭한 하인에게 보내 배우도록 하는 것도 좋은 방법이다. 그러면 선생들은 겸손하게 행동하는 법을 배울 것이다. 자신의 뜻을 아이에게 강요하지 않고, 아이를 유심히 지켜보면서 아이들을 위한 준비를 잘 하고, 그런 다음에는 아이가 스스로 노력하도록 내버려두는 것이 선생의 역할이다.

이 연령의 아이를 책임진 사람은 아이들의 정신적 필요를 보살펴야 한다. 이 정신적 필요를 과학적으로 알 필요까지는 없다. 어떤 엄마에게 "한 살짜리 아이는 언제나 데리고 다니도록 하세요. 그래야 아이가 세상을 보게 될 테니까요. 사람들이 대화를 하는 곳에도 아이를 데리고 가세요. 그래야 아이가 모국어를 들을 테니까요."라고

18장 새로운 선생

말하면, 엄마는 이 말의 뜻을 잘 이해한다. 또한 선생은 엄마에게 걸을 수 있을 만큼 자란 아이를 안고 다니는 일이 없도록 하라고 일러주고 또 아이가 무거운 것을 옮기길 원하면 그렇게 하도록 내버려두라고 말해야 한다. 마음이 편견으로 꽉 막혀 있지 않는 한, 이 모든 것은 쉽게 이해될 것이다.

이 모든 것들의 심리적 이유들까지 이해하는 것은 어쩌면 어려울 수도 있다. 그러나 이런 실질적인 일들 자체를 이해하기는 그리 어렵지 않다. 밭에 씨앗을 심는 일이나 식물을 돌보는 일이 대학에서 생물학을 공부해야 가능한 것은 아닌 것과 똑같다. 우리는 자연의 실행과 인간이 자연의 실행을 바탕으로 세운 과학을 구분해야 한다. 자연의 실행은 쉽다. 경이로운 결과들은 언제나 예외 없이 아이가 자연히 생기는 에너지를 발산하는 데서 비롯된다. 그런데 이 에너지의 발산이 대체로 일반 학교에서 차단되고 있다.

부모의 문맹을 고려해보자. 문맹은 무지에 따른 다양한 조건들을 조성한다. 그래서 아이가 집에 돌아와서 자신이 직접 손을 씻을 수 있다는 사실을 보여줄 때, 엄마는 "아이고 똑똑해라!"라며 감탄할 것이고 아이는 고양될 것이다. 또한 글을 쓰지 못하는 부모를 둔 아이가 처음으로 글을 쓸 때, 부모의 경탄은 아이의 마음을 최고조로 띄워준다. 반면에 부잣집 부모들은 아마 이렇게 말할 것이다. "아! 좋아! 그런데 학교에서 미술은 가르치지 않니?" 그 순간, 아이는 갑자기 마음이 굳어지는 것을 느끼며 흥미를 잃는다. 아니면 아이가 어딘가에 쌓인 먼지를 털 때, 부잣집 엄마는 그건 청소부나 하는 일이고 아이를 학교에 보낸 것은 그런 걸 배우라는 뜻이 아니었다고 말하며 아이의 즐거움을 꺾어버릴 것이다. 어떤 경우든, 이 부잣집 아이는 열등 콤플렉스나 우월 콤플렉스를 갖게 될 것이며, 자신은 뭔가를 할 필요가 없다고 생각하게 된다. 진짜 문제는 오히려 교육을 잘 받고 교양이 있는 부모에게 있다. 부모들이 교직에 몸을 담고 있다면, 문제는 더욱더 심각해진다. 그런 부모들이 교육에 대해 모든 것을 다 알고 있다고 생각하기 때문이다.

사회문제의 해결

따라서 우리가 어떤 실험에 나쁘다고 생각하고 있는 조건들이 실제로 보면 좋은 조건이다. 성공은 아이들에게만 국한되지 않으며 부모에게도 영향을 미칠 것이다. 내가 실험적으로 처음 운명한 '어린이의 집'에서 아이들이 현실 생활을 연습하며 삶의 세부사항에 관심을 갖가 시작했을 때, 아이들은 엄마에게 옷에 얼룩을 묻히지 말아야 하고 물을 엎질러서는 안 된다고 말하곤 했다. 그러면 엄마들은 "너도 그렇게 하는구나."라면서 자신의 옷과 외모에 신경을 쓰기 시작했다. 이는 환경을 변화시킬 수 있는 아이의 힘을 보여준다. 문맹인 부모가 스스로를 교육하도록 만들 힘을 가진 유일한 존재는 아마 아이일 것이다. 나의 첫 번째 '어린이의 집'에 참여했던 부모들은 읽기와 쓰기를 배우기 위해 나를 찾았다. 자기 아이들이 읽고 쓰는 데 자극을 받았기 때문이다. 이 나이의 아이들을 다루는 선생은 사회생활에서 거의 마술 지팡이를 휘두르고 있는 것이나 마찬가지이다. 우선, 아이가 변화하는 경이로운 일이 벌어진다. 그 다음에는 아이가 흔히 생각하는 것보다 훨씬 더 많은 것을 해 내는 감동적인 성과가 나타난다. 이것이 어른의 정신 안에서 어린 아이의 정신에 대한 일종의 경외감 같은 것이 일어나도록 만든다. 그러면 성인들을 변화시키고 교육시키는 결과까지 나타나게 된다.

만일 누군가가 대대적인 사회개혁을 꿈꾸면서 옛날 방식에 따라 계획을 세운다면, 그 계획은 수많은 해에 걸쳐(제2차 세계 대전 후의 인도의 교육 발달을 구상한 '사전트 위원회'(Sargent Commission)의 보고서는 40년을 내다보고 있다) 시행될 수 있어야 한다. 온갖 편견을 다 가진 선생들을 새로운 선생으로 다시 태어나도록 하려면, 그 훈련에만도 엄청난 세월이 필요할 것이다. 이 선생들은 이미 민감한 단계를 거친 7세 아이부터 가르치게 된다. 그러면 선생들은 이미 축 처져 있는 아이들(이 연령의 아이들은 이미 더 어렸을 때의 호기심과 열성을 보이지 않는다)을 더욱 몰아붙일 것이고, 따라서 아이들은 더욱더 따분해 할 것이다. 그때까지 비교적 자유를 누렸던 아이는 이젠 자신이 이것저것 하라고 지시하면서 안달을 부리는 선생의 감독을 받고 있다는 사실을 깨닫는다. 그 같은 계획이 성취되려면 40년, 80년, 100년 아니 2세기가 걸릴지도 모른다. 한편, 실행하기 쉬운 심리학적 사실들을 고려한다면, 일들이 그다지 어렵지는 않다. 왜냐하면 우리가 언제나 존재하고 있는 자연의 에너지를 건드리고 이용하기 때문이다. 아이가 연령에 따라 어떻게 달라지는지를 이해하려는 노력이 당연히 필요하지만, 이에 대한 이해가 이뤄지기만 한다면 실질적으로 모든 것을 다 한 것이나 다름 없다. 예를 들어, 나이가 어린 아이의 기억력이 나이가 많은 아이의 기억력보다 더 우수하다는 사실을 기억한다면, 일들이 훨씬 더 간단해진다.

아이는 옛날 방법보다 새로운 방법으로 더 잘 배운다는 사실이 확인되고 있다. 그리고 전반적인 교육의 시작이 아래쪽으로, 출생 쪽으로, 8세에서부터 4세로 이동하고 있다. 따라서 여러 해가 아껴 지고 있다. 이 나이에 흡수하는 정신과 민감한 시기가 작동하기 때 문에, 이때엔 아이의 내면에 무엇인가 계속하려는 소망이 있으며 따라서 교육을 굳이 강요할 필요가 없다. 이 시기에 흡수하는 정신 이 있다는 것은 곧 아이가 관심과 열성을 갖고 모든 것을 흡수한다 는 뜻이다.

그러면 선생은 어떻게 해야 하는가? 아이들이 오랫동안 활동할 것이기 때문에, 선생도 그런 아이들과 똑같이 오랫동안 일을 해야 할 것이다. 그러나 일을 하는 방법은 많이 달라질 것이다. 이 같은 의미에서 어떤 선생이 훌륭한 선생이 되는 순간, 그 선생은 행복해 질 것이다. 미국의 어느 신문기자가 몬테소리 선생인 자기 사촌을 방문했다. 그때 기자는 사촌이 휴대용 의자에 앉아 있는 것을 보고 그녀가 휴가를 얻었나 하고 궁금해 했다. 그녀는 이 기자에게 아이 들을 방해하지 않도록 조용하라고 부탁했다. 기자에겐 아이들도 보 이지 않았고 아이들의 소리도 들리지 않았다. 그러나 그는 창문을 통해서 아이들이 잔디밭에서 소리도 내지 않고 아주 행복하게 무엇

295   **18장** 새로운 선생

인가를 열심히 하고 있다는 사실을 확인할 수 있었다. 이런 식으로 교육 받은 아이들은 언제나 일을 할 것이며, 선생이 늦게 오거나 멀리 떨어져 있어도 마찬가지로 열심히 할 것이다. 이런 식으로 전개된다면 대대적인 개혁이 성공할 가능성도 더 높아지고 성취 기간도 더 짧아질 것이다.

첫 번째 실험 기간에, 나는 선생들에게 일주일에 한 번씩 지시사항을 전하곤 했다. 그리고 10개월이 지나자 아이들의 글쓰기 능력에 폭발이 일어났다. 오늘날엔 관찰을 통해서 이런 기적이 어떻게 일어날 수 있는지를 알게 되었다. 그러나 당시엔 우리는 이유를 알지 못했다. 그렇다고 이유를 굳이 알려고 들 필요도 없었다. 식물을 땅에 심으면, 우리는 그 식물이 흙과 물을 어느 정도 필요로 하는지를 알아야 하고 정기적으로 물을 줘야 한다. 그러다 보면 어느 날 그 식물에서 꽃망울이 생겨나고 있다는 사실이 확인될 것이나. 그렇다고 꽃의 구조나 토양의 산성도에 대해서까지 알 필요는 없다. 우리는 인내심을 갖고 기다리며 꽃을 기대하기만 하면 된다. 아이들의 교육도 마찬가지이다. 필요한 것이라곤 단순하고 선한 의지를 가진 어른들뿐이다.

아이들이 자연적인 방식으로 단순하게 살아가는 모든 나라에서, 말하자면 교육이 심각한 문제로 대두되고 있는, 소위 후진국에서도, 우리의 초기 실험의 위대한 기적이 쉽게 되풀이될 것이며 또 긴급한 문제들이 해결될 것이다. 소박한 선생들이 아마 다른 선생들보다 더 훌륭한 선생이 될 것이며, 이 아이들이 세상의 나머지를 이

끝게 될 것이다. 이 일에 감동을 느끼는 사람들은 자신의 임무를 두려워해서는 안 된다. 그런 사람들이 기억해야 할 것은 우리가 제시한 이론의 어려움이 아니라, 이 이론들이 개발되기 전에 이뤄진 첫 실험의 비전이다.

19장
문화와 상상을 통한 다듬기

3세에서 6세까지의 시기가 가장 흥미롭다. 정신적 태아기(0세에서 3세) 다음에 오는 시기이다. 두 시기 사이의 이동은 분명하지 않다. 대체로 0세에서 6세까지가 하나의 시기로 여겨진다. 그러나 실제로 보면 이 시기도 두 부분으로 구분된다. 첫 부분은 정신적 삶을 창조하는 것과 관련 있고, 두 번째 부분은 일종의 완성 또는 고착의 시기, 즉 첫 번째 시기에 발달한 기능들이 견고해지는 때이다.

첫 번째 시기에는 무의식이 우세하다. 반면에 두 번째 시기에는 의식이 아이의 발달을 이끈다. 따라서 두 번째 시기는 고착의 시기일 뿐만 아니라 완성의 시기이기도 하다. 두 번째 시기에 있는 아이는 더 이상 정신적 태아가 아니며 자기 자신을 완성하고 있는 한 사람의 인간이다.

두 번째 시기는 특별한 형태의 활동을 보여준다. 아이의 의식이 세상과 접촉하면서 세상을 파악하고 다루려고 나섬에 따라 나타나는 현상이다. 그러는 가운데 그때까지 분명하지 않았던 정복들이 더욱 분명해지고 더욱 완벽해진다. 이제 아이는 환경을 흡수할 뿐만 아니라 자기 자신을 실현하기도 한다. 의식적인 개성이 확고히 다져지는 시기이기도 한데, 개성의 확립 자체는 무의식적으로 서서히 이뤄진다. 이때도 여전히 창조의 일부를 성취하는 시기이며, 또한 직접적으로 강요하거나 전달하려 드는 어른의 영향력은 여전히 미치지 않는 시기이다. 그래서 이때는 선생이 아이를 대상으로 통상적인 의미의 교육을 시키는 것이 불가능하다. 그렇기 때문에 이 시기의 교육은 반드시 자연스런 바탕에서 이뤄져야 한다.

발달의 자연법칙에 따라, 이 연령의 아이는 자신의 손을 직접 사용하여 환경과 접촉하면서 문화적인 것이나 다른 것들을 실험하게 된다. 이 시기는 무(無)에서부터 삶으로 넘어가는 과정이다. 이 과정은 최근에 와서야 알려졌다. 이전까지는 아이의 정신적 삶은 어른들의 무관심 속에 깡그리 망각되고 있었다. 지금은 이 시기가 아이의 발달에 너무도 중요하다는 사실이 모든 사람들에게 잘 알려져 있다.

대중이 처음으로 아이의 정신적 삶에 주목하도록 만든 것은 아이들에게서 확인된 글쓰기의 폭발이었다. 이 폭발은 글씨기 능력의 폭발에서 그치지 않았다. 글쓰기 능력은 파이프에서 나오는 연기에 지나지 않았다. 진짜 폭발은 아이의 내면에서 일어난 자아의 폭발이었다. 아이는 화산에, 말하자면 겉보기엔 견고하고 영원히 똑같아 보이지만 안에 불덩이를 품고 있는 산에 비유될 수 있을 것이다. 어느 날 산에 폭발이 일어나고 안에 갇혀 있던 불이 단단한 지표면을 뚫고 나온다. 불과 연기와 미지의 물질의 폭발이다. 이 폭발을 연구하는 사람들은 지구가 품고 있는 것들에 대해 말해줄 것이다.

아이들의 글쓰기 능력의 폭발은 화산 폭발과 비슷했으며, 앞 장에서 설명한 바와 같이, 그 폭발은 그런 표출이 일어나기에 적합하지 않은 상황 때문에 일어났다. 이 표출은 또한 그때까지 '존재하지 않았던' 바탕 위에서 이뤄졌다. 빈곤과 무지가 만연한 데다가 적절한 선생과 강의요강, 규칙도 제대로 마련되어 있지 않았다. 우리는 아무것도 발견하지 못했다. 아무것도 없었기 때문에, 오히려 아이의 영혼은 확장할 수 있었다.

폭발로 인해 장애들이 제거되었다. 그러나 당시엔 아무도 그 장애가 어떤 것인지를 몰랐다. 이것을 잘 이해해야 한다. 아이의 내면에 엄청난 에너지가, 어떤 우주적인 에너지가 잠재해 있기 때문이다. 이 같은 사실을 아는 것이 대단히 중요하다. 이런 우주적인 에너지가 아이의 내면에서 들끓으면서 찬란한 폭발을 기다리고 있다는 것을 안다면, 우리 어른이 아이의 교육에 성공할 수 있는 길에 올라섰다고 볼 수 있기 때문이다. 이 폭발을 야기한 것은 교육방식이 아니었다. 폭발이 일어났을 때, 교육방식 같은 것은 아예 존재하지도 않았으니까. 어린이의 심리를 추적하고 방법을 마련하려는 노력은 화산처럼 터진 아이들의 폭발의 결과 일어난 일이었다. 폭발은 교육방식의 결과로 일어난 것이 아니었다. 언론은 처음부터 이 폭발에 대해 '인간 영혼의 발견' 운운했다. 바로 거기서 아이들이 표출하는 것을 차근차근 연구하는 새로운 학문이 탄생했다.

아이의 글쓰기 능력의 폭발에 대해 조금 더 설명하고 싶다. 글쓰기의 폭발은 하나의 사실이며, 직관이 아니다. 나는 내가 본 것을 묘사했을 뿐이다. 여기서 확인된 사실들이 새로운 과학의 바탕이 되고 있다.

이 표출에서 두 가지 집단의 사실들이 중요하다. 한 집단의 사실들은 아무도 가능할 것이라고 생각하지 않는 삶의 시기에 아이의 정신이 아이 자신의 능력으로 문화를 습득할 수 있다는 점을 보여주고 있다. 문화는 다른 사람으로부터 받아들여질 수 없으며, 오직 일과 자기실현의 증대를 통해서만 습득될 수 있다. 3세에서 6세 사이 아이의 흡수하는 정신이 발휘하는 힘을 알게 된 지금, 우리는 아이가 아주 어린 나이에 문화를 흡수할 수 있다는 사실을 잘 알고 있다.

다른 한 집단의 사실들은 성격의 발달과 관계있다. 성격의 발달은 언제나 교육의 중요한 과제이지만, 3세에서 6세 사이의 시기는 어른들이 체계적으로 아이의 성격에 영향력을 미칠 수 있는 때가 아니라는 데 모든 교육자들은 동의한다. 어느 누구도 이 시기의 아이들을 훈육할 생각을 하지 않는다. 어디까지나 훈육은 그 이후에나 가능하다. 지금까지 아이의 성격에 영향력을 행사해야 하는 사람은 어른으로 여겨졌고, 악을 선으로 바꿔놓는 문제가 영원한 숙제였다. 그런데 어른들의 생각이 틀렸다. 이 시기는 성격을 발달시키는 때이긴 하지만, 어디까지나 아이가 성장의 법칙에 따라서 자신의 성격을 직접 개발해야 한다. 정신이 어떻게 형성되는지에 대해서는 우리는 이미 많은 것을 보았다. 그러나 이 시기에 정신이 작동하는 방식과 정신이 어떤 내용물로 채워지는지에 대해 곰곰 생각해보는 것도 흥미로운 일이다. 성격의 형성에 대해서는 다른 장에서 다룰 것이다.

아이는 이미 자신의 정신 안에 있는 것들, 말하자면 이전에 흡수한 것에 특별히 관심을 보이며 거기에 집중한다. 이유는 아이가 정복한 것은 모두 아이의 정신에 남고, 따라서 아이의 정신이 자연히 그런 것들에 대해 깊이 생각하게 되기 때문이다. 그렇다면 글쓰기의 폭발은 특별한 감수성과 언어의 정복 때문에 일어난 것이었다. 이 감수성이 다섯 살 반에서 여섯 살 사이에 멈추기 때문에, 이 나이 이전의 글쓰기는 오직 즐거움과 열정으로 성취되는 것이 분명하다. 반면에 6, 7세를 넘긴 아이들은 글쓰기를 예전만큼 빨리 성취하지 못하고 열정도 그다지 뜨겁지 않았다. 그렇듯 몬테소리 교육 방법은 아이들을 관찰함으로써, 말하자면 사실들을 관찰함으로써 얻은 것이다.

아이들이 글쓰기에 필요한 신체기관들을 사전에 미리 준비시키는 것이 목격되었다. 그래서 아이들의 준비를 간접적으로 돕는 것이 몬테소리 교육 방법의 한 부분으로 채택되었다. 이리하여 몬테소리 방법의 몇 가지 바탕이 정해졌다. 자연이 태아의 안에서 간접적으로 준비시키는 것을 우리는 보았다. 자연은 아이가 명령을 따를 수 있는 신체기관들을 갖출 때까지 명령을 내리지 않는다. 그것이 아이가 단순한 모방과 복종으로는 아무것도 해내지 못하는 이유이다. 아이에겐 반드시 복종할 수단이 주어져야 한다. 이런 사실들을 관찰함으로써 아이의 정신과 성격 모두가 도움을 받을 수 있었다. 이전까지는 필요한 것이라곤 어른의 훌륭한 본보기와 아이의 선의(善意)밖에 없다는 것이 지배적인 인식이었지만, 어른들은 자연이 가진 어떤 지혜를, 말하자면 아이가 명령에 복종하기 위해선 필요한 수단을 갖춰야 한다는 것을 깨닫지 못하고 있었다. 명령을 자주 받는다고 해서 복종심이 생겨나는 것은 아니다. 복종은 내면의 준비를 통해서 간접적으로 성취되는 것이기 때문이다. 어른의 자의적인 명령에 복종하는 것으로는 아이가 발달을 이루지 못한다. 아이가 내면에 자신을 안내하는 지혜의 원천 같은 것을 갖고 있기 때문에, 어른의 잦은 간섭은 아이의 발달에 도움이 되기는커녕 오히려 장애가 된다. 오늘날에는 아이를 위해 환경을 매우 세심하게 조성하고 또 아이에게 그 환경 안에서 영혼을 확장할 자유를 부여하는 것이 대단히 중요한 것으로 여겨진다.

우리가 발견한 바와 같이, 아이가 두 번째 시기에 첫 번째 시기에 정복한 것들을 재차 들춰가며 다듬는다면, 첫 번째 시기는 우리가 똑같은 발달의 방식을 따르는 두 번째 시기를 보살피는 데 길잡이 역할을 할 것이다. 언어를 예로 들어보자. 첫 번째 시기에 아이는 거의 문법이라 해도 좋을 어떤 방식을 따른다는 것이 확인되었다. 아이는 소리와 음절, 명사, 형용사, 부사, 접속사, 동사, 전치사를 차례로 흡수하고 사용한다. 그렇다면 우리는 이와 똑같이 문법적 방식을 따름으로써 두 번째 시기로 접어든 아이를 도와야 한다. 가장 먼저 가르쳐야 할 것은 문법이다. 평소의 사고 방식에 따른다면, 3세 아이에게 문법부터 가르쳐야 한다는 주장이, 말하자면 아이가 읽기나 쓰기를 배우기 전에 문법부터 배워야 한다는 주장이 터무니없이 들릴 것이다. 그러나 곰곰 생각해 보면, 언어의 바탕이 문법이 아니면 도대체 뭐란 말인가? 어른이나 아이나 할 것 없이, 말을 할 때에는 문법을 따른다. 그러므로 우리가 언어를 완벽하게 다듬으며 어휘를 늘리고 있는 4세짜리 아이에게 문법적 도움을 준다면, 그거야말로 아이에게 진정한 도움이 될 것이다. 아이에게 문법을 가르침으로써, 우리는 아이가 주변에서 쓰이고 있는 언어를 보다 완벽하게 흡수하도록 도울 수 있다.

경험에 따르면, 이 연령의 아이들은 분법에 관심을 보였으며, 이때가 문법을 가르칠 최적기이다. 첫 번째 시기(0세에서 3세까지)의 습득은 거의 무의식적으로 이뤄졌다. 두 번째 시기에는 이미 습득한 것을 의식적 연습을 통해서 완벽하게 다듬는다. 우리가 간파한 또 다른 사실은 이 나이의 아이는 많은 수의 단어를 습득하며, 또 감수성이 아주 강하고 단어에 대한 관심이 아주 높다는 점이다. 많은 실험이 실시되었으며, 그 결과 모든 아이들이 이 시기에 어휘력을 대단히 풍성하게 가꾸는 것으로 드러났다. 물론 아이들이 습득하는 단어는 환경 안에서 쓰이고 있는 것들이다. 그렇기 때문에 문화적 수준이 높은 환경은 아이에게 많은 단어를 배울 기회를 준다. 그러나 어느 환경에서든 아이의 본능은 그 안에서 단어를 최대한 많이 흡수하게 되어 있다.

아이는 정말로 단어에 굶주린 듯 보였다. 수준 높은 환경이라면 아이는 상상을 초월할 정도로 많은 단어를 흡수한다. 이 나이의 아이에게는 최대한 많이 주는 것이 도움이 된다. 도움을 받지 못하는 아이는 무질서하게 단어들을 흡수할 것이다. 따라서 이때 아이를 돕는 목적은 아이의 노력을 덜어주고 질서를 부여하는 데에 있다.

이 관찰 결과에 따라서 아이에게 최대한 많은 단어를 전하기 위해 또 다른 세부사항이 마련되었다. 우리가 첫 번째 실험에 동원한, 교직을 특별히 전공하지 않은 '선생들'이 이런 사실에 주목하며 아이들에게 단어를 적어주었다. 선생들은 자신이 아는 단어들을 죄다 적어준 다음에 나를 찾아와 옷과 집과 길, 나무 이름에 관한 단어를 죄다 알려주었는데도 아이들은 더 많은 단어를 원한다고 일러주었다. 그래서 우리는 이 나이의 아이들에게도 문화 분야의 단어들을 가르치지 않을 이유가 전혀 없다고 판단했다. 예를 들어, 아이들이 교재를 다루면서 보는 기하학적 도형, 즉 사다리꼴이나 다각형 등의 이름들을 제시했다. 그랬더니 아이들은 모든 것을 단 하루 만에 다 흡수해 버렸다. 그래서 우리는 과학 도구, 온도계, 기압계 등의 단어로 범위를 더욱 넓혔다. 그런 다음에 식물의 이름을 적어주었다. 이런 단어들 역시 열광적으로 흡수되었다. 아이들은 "더 없어요?"라고 물었으며, 선생들은 아이들을 밖으로 데려나가면 아이들이 자기도 모르는 자동차 이름을 줄줄 외운다고 불평하기도 했다.

19장 문화와 상상을 통한 다듬기

단어에 대한 갈증은 결코 해소될 수 없으며, 단어들을 흡수하는 힘은 결코 소진되지 않는다.

한편, 이 시기를 넘기면 이런 현상이 나타나지 않는다. 이젠 다른 것들이 발달하며, 처음 보는 단어를 기억하는 데 어려움이 따랐다. 일찍이 이런 낯선 단어들을 배울 기회를 누렸던 몬테소리 학교의 아이들은 나중에 8세나 9세, 아니면 12세나 14세에 일반 학교에서 이 단어들을 접할 때 쉽게 기억하는 것으로 확인되었다. 그러나 이때 이 단어들을 처음 접한 아이들은 외우는 데 힘들어 했다. 그렇다면 논리적인 결론은 과학 용어들을 3세부터 6세 사이에 가르치는 것이 바람직하다는 것이다.

물론, 이 단어들을 기계적으로 제시해서는 안 되며, 특별히 준비한 도구들과 연결시켜 제시해야 한다. 그러면 이 단어들은 진정한 이해와 경험을 통해서 아이들에게 흡수된다. 어른들에게도 외국 사람의 이름은 기억하기 어렵고 복잡하다. 그럼에도 외국 아이는 자기 이름을 아주 쉽게 말한다. 이탈리아에는 외국인들에게 낯선 이름이 많다. 그러나 이탈리아 아이에게는 이 낯선 이름과 삼각형 같은 단어를 외우는 데 아무런 차이가 없다. 단어에 대한 아이들의 갈증을 해소시키기 위해, 우리는 아이들에게 식물학, 동물학, 지리학 등 다양한 주제에 걸쳐 다양한 난이도의 단어들을 제시했다. 이 단어들은 아이의 환경 안에서 쉽게 접하는 것들을 뜻하는 것이기에 아주 적절했다. 이 단어들도 아이들에겐 전혀 어렵지 않았다. 문제는 오히려 이 단어들을 몰라서 새삼 기억하느라 어려움을 겪는 선생들에게 있었다.

그러면 아이들이 배울 수 있는 단어의 한계는 어디까지일까? 나는 모른다. 아이의 정신은 눈에 보이는 사물들과 그것들에 관한 사실들을 흡수하는 데서 그칠까? 그렇지 않다. 아이는 구체적인 한계 그 너머까지 나아가는 그런 정신을 갖고 있다. 아이는 사물들을 상상하는 능력을 갖고 있다. 눈에 보이지 않는 것들을 시각화하는 이 힘은 보다 높은 유형의 정신을 보여준다. 내가 눈으로 직접 볼 수 있는 대상을 알기는 쉽다. 그러나 나 스스로 상상해야 하는 상황이라면, 그 대상을 알기가 좀 더 어려워진다. 만일 사람의 정신이 자신이 볼 수 있는 것에만 국한된다면, 정신은 매우 제한적일 수 있다. 사람은 보지 않으면서도 본다. 문화는 눈에 보이는 것들에 관한 지식만으로 이뤄지지 않는다. 지리학이 좋은 예를 제시한다. 만일 우리가 호수나 눈(雪)을 한 번도 보지 못해서 상상해야 하는 상황이라면, 상상력을 발동하지 않을 수 없다. 아이들은 사물을 어느 선까지 상상할 수 있을까? 우리는 이 부분에 대해 알지 못했으며, 그래서 우리는 6세 아이들을 대상으로 약간의 실험을 실시했다. 그 결과, 아이들이 몇 가지 점에서 우리가 상상하는 것과 정반대라는 사실이 확인되었다. 그때까지 우리는 아이들이 큰 것에 관심이 있을 것이라고 생각했다. 그러나 아이들은 세부적인 것에 관심을 두고 있었다. 우리는 지구의를 이용했다. 아이들은 세계를 알았고 세계에 대해 많이 들었다. 그런데 '세계'라는 단어는 감각적인 이미지를 금방 떠올리게 하는 그런 단어는 아니다. 그럼에도 아이는 세계에 대

　　19장 문화와 상상을 통한 다듬기

해 어떤 생각을 품고 있으며, 이 생각이 아이의 상상력을 유감없이 보여준다. 우리는 특별히 제작한 작은 지구의들을 준비했다. 육지엔 "작은 별들"을 그려 넣고, 바다에는 옅은 청색을 칠했다. 아이들이 말하기 시작했다. "이게 땅이야." "이게 물이야." "여기가 미국이야." "여기가 인도야." 아이들은 지구의를 대단히 좋아했다. 지구의가 우리 학급에서 가장 좋아하는 교재가 되었다. 3세에서 6세 사이 아이의 정신은 사물들과의 관계 속에서 지능뿐만 아니라 상상과 직관까지 개발한다. 이는 곧 이 연령대 아이의 지능은 감각을 통해서 단순히 흡수하는 그 이상의 힘을 발휘한다는 것을 의미한다. 이때의 지능은 훨씬 더 큰 힘을, 말하자면 아이가 볼 수 없는 것까지 보게 하는 상상의 힘을 갖는다. 이 말이 아이의 나이에 비춰볼 때 과장처럼 들릴지도 모르겠다.

그러나 이 문제에 대해 조금만 더 깊이 생각한다면, 이 말이 그다지 과장이 아니라는 사실을 우리는 깨닫게 될 것이다. 심리학에서 이 시기가 상상력의 시기라고 말해왔기 때문이다. 아주 무지한 사람도 자기 아이들에게 동화를 들려준다. 그러면 아이들은 동화에 열광한다. 아이들은 마치 위대한 상상력을 발휘할 기회를 고대하고 있었던 듯하다. 아이들은 식탁을 집이라고도 부르고, 의자를 말(馬)이라고도 부른다. 우리 모두는 아이가 상상하기를 좋아한다는 사실을 알고 있다. 그런 아이에게 유일한 도움으로 주어지는 것이 동화와 장난감이다. 만일 아이가 요정을 사실적으로 묘사하고 요정의 나라를 시각적으로 상상할 수 있다면, 그 아이가 미국을 상상하는 것은 그리 어려운 일이 아닐 것이다. 미국에 대해 막연히 들려주기만 할 것이 아니라, 미국의 전반적인 모양이 그려진 지구의를 동원한다면 아이의 상상력에 구체적으로 도움을 주게 될 것이다. 상상은 사물들의 진실을 발견하려고 노력하는데, 이 같은 사실이 종종 망각되고 있다. 만일 아이의 환경 안에서 '미국'이나 '세계'라는 단어가 어디에서도 나오지 않는다면, 아이가 그런 것에 관심을 갖기 어려울 것이다. 그러나 아이가 이 단어들을 너무나 자주 들었기 때문에, 그 단어는 아이의 정신 속으로 들어가고 아이는 상상력으로 그 단어에 옷을 입힌다. 사람의 정신은 흔히 생각하는 것과 달리 수동적인 실체가 아니다. 사람의 정신은 하나의 불꽃, 언제나 게걸스레 삼키는 불꽃이며 한 순간도 가만히 멈춰 있지 않고 언제나 움직이고 있다.

장난감을 갖고 노는 행위와 동화를 통한 상상은 이 특별한 시기에 필요한 2가지를 상징적으로 보여주고 있다. 장난감을 갖고 노는 행위는 아이가 환경과 직접적 관계를 맺으며 환경을 지배하도록 한다. 그렇게 함으로써 아이는 엄청난 정신적 발달을 꾀한다. 동화를 통한 상상은 상상력의 힘을 보여준다. 만일 아이에게 상상력을 촉발시킬 어떤 물건을 준다면, 그것은 아이에게 도움을 줌과 동시에 아이가 환경과의 관계를 보다 정확히 파악하도록 할 것이다.

이 연령의 아이들은 종종 정보를 원한다. 아이들은 사물들에 관한 진실을 더 많이 알기 위해 질문들을 던진다. 아이가 호기심이 많아서 어딜 가나 질문을 던진다는 사실은 잘 알려져 있다. 수많은 질문이 한꺼번에 쏟아져 나온다면, 그것은 아이가 지식을 필요로 하고 있다는 의미이다. 아이들의 질문을 성가신 것으로 받아들이지 말고 정보를 추구하는 정신의 표현으로 받아들인다면, 어른들에게 아이들의 질문이 더욱 흥미롭게 다가올 것이다.

이 연령의 아이들은 긴 설명을 이해하지 못한다. 그래서 우리는 아이에게 세계에 대해 길게 설명하지 않고 지구의를 보여준다. 그런데 어른들은 대체로 길게 설명한다. 어떤 아이가 자기 아버지에게 나뭇잎이 왜 푸른지를 물었다. 그러자 아버지는 자기 아이가 아주 똑똑하다는 생각에 기뻐하면서 엽록체니 엽록소니 하는 어려운 용어를 써가며 길게 설명했다. 그러자 아이가 고개를 갸우뚱거리며 중얼거리듯 말했다. "아빠, 제가 뭘 물었죠? 저는 나뭇잎이 왜 푸른지를 알고 싶어요. 엽록체나 엽록소가 아니고요."

놀이와 상상과 질문은 이 나이대 아이들이 보이는 3가지 특징이다. 이 특징들은 모든 사람들에게 잘 알려져 있는 한편으로 모든 사람들에게 잘못 이해되고 있기도 하다. 질문들이 "엄마, 나 어디서 왔어?"라는 것처럼 어려운 때도 간혹 있다. 그러나 이는 아이가 이런 질문을 할 만큼 이론적으로 생각한다는 뜻이다. 어느 지적인 부인은 자기 아이가 언젠가 이런 질문을 해 올 것을 미리 예상하고 진실을 전하기로 마음을 먹었다. 그래서 정말로 아이가 네 살 때 그런 질문을 물어오자, 그녀는 "애야, 내가 널 만들었단다."라고 대답했다. 대답은 신속하고 짧았으며, 아이는 금방 알아듣고 입을 닫았다. 그리고 1년 정도 지나서 그녀는 아이에게 "지금 엄마가 아이를 하나 더 만들고 있단다."라고 말했다. 그리고 산부인과로 아이를 낳으러 들어가면서, 그녀는 아이에게 자기가 만든 아이를 데려올 것이라고 말했다. 그녀는 집에 돌아와서 "네 동생이다. 내가 널 만들었듯이. 네 동생도 내가 만들었어."라고 말했다. 이때 6세였던 아이는 이렇게 말했다. "내가 어떻게 세상에 태어났는지 말해줘요. 나도 이만큼 컸어요. 사실을 말해줘요. 저번에 엄마가 아기를 만들고 있다고 했을 때, 엄마를 유심히 살폈는데 아무것도 하지 않았어요." 진실을 말하는 것이 언제나 쉬운 일은 아니다. 그렇기 때문에 선생과 부모에겐 아이의 상상력을 도울 수 있는 지혜가 필요하다.

선생은 특별한 준비가 필요하다. 문제를 푸는 것이 어른의 논리가 아니기 때문이다. 이 나이의 아이를 다루는 데 있어서 논리는 아무런 도움이 되지 않는다. 그렇기 때문에 어른은 아이의 발달에 대해 잘 알고 고정관념을 버려야 한다. 3세에서 6세 사이의 아이의 마음을 돌보는 데는 대단한 재치와 섬세함이 필요한데, 어른이 이런 것들을 두루 갖추기는 매우 어렵다. 다행히 아이는 선생보다 환경에서 더 많은 것을 얻는다. 우리는 아이의 심리를 알아야 하고 또 최대한 아이를 도와주어야 한다.

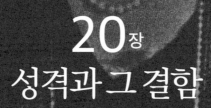

20장
성격과 그 결함

성격 교육은 옛날식 교육법에서 가장 중요한 항목이었다. 또한 교육의 중요한 목적이기도 했다. 그럼에도 성격이 무엇인지에 대한 정의는 명확히 내려지지 않았으며, 성격을 교육시키는 방법 또한 분명히 제시되지 않았다. 옛날의 교육법은 단지 정신적 교육만으로도 충분하지 않고 실용적 교육만으로도 충분하지 않다고만 말했다. 성격이 필요하지만, 그것은 미지의 X이다. 이 같은 태도를 보인 옛날의 교육자들은 성격에 대한 직관을 갖고 있었다. 왜냐하면 그들이 진정으로 의미한 것이 인간의 가치를 실현시키는 것이었기 때문이다. 그러나 이 가치들이 어떤 것인가 하는 문제로 들어가면, 그들은 또 확실한 것을 제시하지 못한다. 교육의 다른 많은 것들과 마찬가지로, 인간의 가치 또한 모호하게 정의되고 있다. 용기와 끈기, 이웃과의 도덕적 관계, 의무 등 미덕에 가치가 부여되고 있다. 성격 문제에서 도덕적 교육이 일정 역할을 하고 있는 것이다.

세계 어딜 가나 성격 문제에 대한 인식은 모호하다. 내가 볼 때 성격 문제는 다른 관점에서 봐야 할 것 같다. 우리는 성격 교육에 대해 말할 것이 아니라 성격의 건설에 대해, 즉 개인의 노력을 통해 이뤄지는 성격의 발달에 대해 논의해야 한다. 첫 번째 몬테소리 학교에서 외적인 요소를 통해 성격 교육을 실시하는 것이 아니라 아이들 본인이 성격을 창조하도록 하는 노력이 전개되었다. 성격 건설에 관한 몇 가지 중요한 사항을 전하고 싶다. 이 사항들이 교육에 새로운 사상을 불어넣고 있다.

삶의 관점에서, 우리는 성격에 관한 모든 것을 사람의 내면에 있는 행동으로 여길 수 있다. 앞에서 설명한 바와 같이, 0세에서 18세까지 개인의 삶은 3개의 시기로 나뉜다. 0세에서 6세까지(이 책에서 다루는 시기임), 6세에서 12세까지, 12세에서 18세까지로 구분되는 것이다. 각각의 시기는 또 다시 두 부분으로 나뉜다. 이 시기들 각각을 놓고 고려한다면, 시기마다 사고방식의 유형이 너무나 다르기 때문에 마치 각 유형이 서로 다른 사람의 성격처럼 보인다.

앞에서 본 바와 같이, 첫 번째 시기는 창조의 시기이다. 아이가 아무런 성격을 갖지 않은 상태에서 태어남에도 불구하고, 성격의 뿌리들이 발견되는 것은 이 시기이다. 그러므로 0세에서 6세까지의 시기는 성격과 관련해서도 인생에서 가장 중요한 시기이다. 바로 이 시기에 성격이 형성되기 때문이다. 이 시기의 아이는 외부 본보기의 영향을 받지 않는다. 그러니 아이의 성격의 토대를 놓는 것은 자연임에 틀림없다. 이 연령의 아이는 어떤 것이 훌륭하고 어떤 것이 나쁜지에 대한 이해도 전혀 없고 또 그런 문제에는 관심도 없다. 이 연령의 아이는 어른의 도덕적 시야 밖에서 산다. 대체로 이 같은 인식이 널리 받아들여지고 있다. 왜냐하면 어른들이 이 연령대의 아이를 놓고 악하다거나 나쁘다고 생각하지 않고 그냥 장난꾸러기 라고만 생각하기 때문이다. 이는 이 시기의 행동이 유치하다는 것을 암시한다.

그래서 이 책에서는 선이나 악 혹은 도덕에 대해서는 논하지 않을 것이다. 이 연령에 이 단어들은 다른 의미를 지니기 때문이다. 내가 이 점에 대해 언급하는 이유는 사람들이 조상들이나 애국적 행위 등 훌륭한 본보기를 이용하는 것과 관련해서 온갖 질문을 던지기 때문이다. 본보기도 중요하지만 이 나이의 아이에게는 별로 중요하지 않다. 이이의 의식에서 선과 악의 문제가 시작되는 것은 두 번째 시기(6세에서 12세)이다. 이 연령대가 되면 아이는 자신의 행동에 대해서만 아니라 다른 사람의 행동에 대해서도 판단을 내리기 시작한다. 선과 악의 문제는 이 연령대의 특징으로 의식 속으로 들어온다. 따라서 도덕적 양심이 형성되기 시작하고, 후에 이 도덕적 양심은 사회적 양심으로 이어진다. 세 번째 시기(12세-18세)에 아이들은 애국심과 어떤 집단에 대한 소속감과 집단의 명예에 눈을 뜬다. 내가 이 점을 여기서 언급하는 이유는 그것이 0세에서 6세 사이의 아이와는 무관하다는 점을 명확히 해 두기 위해서이다.

앞에서 나는 각 시기마다 아이의 성격이 너무나 달라서 마치 그것이 서로 다른 사람의 성격처럼 보인다고 말한 바 있다. 그럼에도 각 시기는 그 다음 시기의 바탕이 된다. 두 번째 시기에 정상적인 발달을 꾀하기 위해서, 모든 아이들은 첫 번째 시기를 잘 살아야 할 것이다. 유충과 나비 사이에서 그 관계가 극명하게 드러난다. 유충과 나비는 생김새도 서로 너무나 다르고 습성 또한 너무나 다르다. 그렇지만 나비의 아름다움은 그 앞의 삶의 단계인 유충의 진정한 삶을 통해 얻어진다. 다른 나비의 본보기를 모방함으로써 얻어지는 것이 아닌 것이다. 우리 모두 미래를 건설하기 위해 현재에 충실해야 한다. 어느 한 시기를 그 시기가 요구하는 것을 충실히 수행하며 알차게 살수록, 그 다음 시기가 성공할 가능성은 그만큼 더 커질 것이다.

생명은 개인이 수태되면서 시작한다. 만일 수태가 알코올 중독자나 마약 중독자가 아닌 2명의 순수한 존재에 의해 이뤄진다면, 그 결과로 생겨나는 개인은 유전적 결함으로부터 다소 자유로울 것이다. 태아의 올바른 발달은 수태에 좌우된다. 그 나머지 기간엔 아이는 환경의 영향을, 예를 들어 엄마 뱃속에 있는 동안에는 엄마의 영향을 받는다. 환경이 호의적이면, 강하고 건강한 존재가 태어난다. 고려할 가치가 있는 한 가지 사실은 이 수태와 임신의 상태가 아이의 신경계에 영향을 미친다는 점이다. 그러기에 출생 후에 일어나는 일의 원인은 대부분 임신 기간에 있다. 따라서 인생에서 가장 중요한 것은 수태이고 그 다음이 임신 기간, 또 그 다음이 출생이다. 출생할 때 아이가 겪는 충격에 대해서는 앞에서 논한 바 있다. 이때의 충격이 퇴행으로 이어질 수 있다는 점에 대해서도 논했다. 이때의 퇴행도 심각하지만 알코올 중독이나 유전병보다는 덜 심각하다. 이는 시간이 흐를수록 장애들의 위험은 점점 줄어들지만 장애들의 특징은 언제나 정신적이라는 점을 보여준다. 장애들은 개인에게 퇴행의 방향으로나 독립의 방향으로 영향을 미친다.

출생 직후에 우리가 이미 연구한 그 중요한 3년이 시작된다. 2년 혹은 3년 동안에, 아이와 아이의 성격을 바꿔놓을 영향들이 있다. 예를 들어, 이 기간에 아이가 어떤 충격을 받거나 엄청난 장애에 봉착할 경우에, 아이에게 공포증이 생기거나 아이가 내성적이거나 우울한 성격을 키울 수 있다. 따라서 이 기간에 아이의 성격은 장애 속에서 발달하거나 장애로부터 자유로운 가운데서 발달한다. 만일 아이가 수태와 임신, 출생, 그리고 이 첫 시기에 과학적으로 다뤄진다면, 3세 때 아이는 모범직인 개인이 되어 있이야 힌다. 그러나 이런 완벽한 이상은 절대로 성취되지 않는다. 다른 어떤 이유보다, 이런 발달이 이뤄지는 동안에 아이가 많은 사건들을 겪기 때문이다.

3세가 될 때, 아이들은 저마다 성격이 다 다르다. 성격은 아이들의 숫자만큼이나 다양하다. 서로 다른 경험들이 서로 다양하게 결합하며 다양한 성격의 아이들을 만들어내는 것이다. 만일 아이의 특징이 출생 후에 겪은 어려움 때문에 생긴 것이라면, 그 특징은 임신 기간에 생긴 어려움보다 덜 심각하다. 그리고 임신 기간에 생긴 어려움은 수태 때 생긴 어려움보다 덜 심각하다. 만일 출생 후에 생긴 문제라면, 3세에서 6세 사이에 치료가 가능하다. 이 시기에 완성이 성취되고 그 과정에 결함이 바로잡아질 수 있기 때문이다. 그러나 그 결함이 출생이나 그 전의 충격에 의한 것이라면, 바로잡기가 매우 힘들어진다. 따라서 일부 결함이 나타날 수 있지만, 그것을 바로잡는 완성의 기간도 있다고 볼 수 있다.

따라서 출생 후에 생긴 어떤 결함을 바로잡는 것은 가능하지만 유전적인 것은 어떠한 도움으로도 치유되지 않는다. 신체기관의 장애를 제외한 모든 것이 치유될 수 있다는 사실은 참으로 흥미롭다. 그러나 만일 0세에서 3세 사이에 생겨난 결함이 3세에서 6세 사이에 치료를 통해 바로잡아지지 않는다면, 그 결함은 그대로 남을 뿐만 아니라 3세에서 6세 사이의 그릇된 치료로 인해 더욱 악화될 수 있다. 그럴 경우에 6세가 되면, 아이가 0세에서 3세 사이에 얻은 결함이 더욱 심각해져 있을 것이다. 그것만이 아니다. 3세에서 6세 사이에 새로 생긴 결함까지 아이를 더욱 힘들게 만들 것이다. 이는 당연히 두 번째 시기에 영향을 미치고 또 선과 악을 구분하는 양심의 발달에도 영향을 미치게 될 것이다.

이 모든 결함은 아이의 정신적 삶과 지능에 영향을 미친다. 아이들의 경우에 그 전 시기에 좋은 조건에서 발달을 꾀하지 못했다면 그 다음 시기에 학습 능력이 떨어진다. 그러므로 6세 아이는 진정으로 자신의 것이라 보기 어려운 특성들, 말하자면 환경의 영향 아래에서 습득된 특성들이 축적된 결과물인 셈이다. 만일 어떤 아이가 3세에서 6세 사이에 무시당하는 상태에서 지냈다면, 이 아이는 7세에서 12세 사이에 발달하는 도덕적 양심이나 도덕적 지능을 제대로 갖추지 못할 수 있다. 그렇게 되면 아이는 도덕적 개성도 전혀 없고 또 학습 능력도 전혀 없는 아이가 된다. 이 아이는 자신이 겪은 어려움 때문에 상처투성이 어른으로 커 갈 것이다.

몬테소리 학교에서(그리고 다른 많은 현대식 학교에서), 우리는 아이를 다루는 방법을 찾기 위해서 각 아이의 생물학적 세부사항을 기록하고 있다. 만약 아이가 다양한 시기에 겪게 되는 어려움에 대한 지식을 갖추고 있다면, 우리는 아이들이 어느 정도 심각한 상태인지를 알고 아이를 다루는 방법을 생각해낼 수 있을 것이다. 그래서 우리는 부모들에게 유전병이 있는지, 부모가 몇 세에 아이를 낳았는지, 엄마가 임신 기간에 쓰러진 일이 있는지 등에 대해 꽤 꼼꼼하게 묻는다. 출산이 정상적으로 이뤄졌다면, 아이가 질식했다든지 하는 일은 없었는지를 묻는다. 만약에 문제아나 장난꾸러기 아이가 발견된다면, 우리는 아이가 그때까지 살아온 삶에서 그 이유를 찾아내려고 노력한다. 3세가 되어 몬테소리 학교에 들어오는 아이들 거의 모두가 이상한 특징들을 보이지만 그 특징들은 모두 치유 가능하다. 이 시기에 아이들에게 나타날 수 있는 일탈의 유형들을 간단히 보도록 하자.

정상적이지 않고 또 불완전한 온갖 징후들이 일반적으로 성격이라 불리는 영역으로 들어간다. 아이들은 모두 서로 다 다르며, 따라서 각 아이들의 결함을 치료하는 방법도 당연히 서로 달라야 한다. 그러나 우리는 잘못된 특징을 두 집단으로 나눈다. 한 집단은 싸우며 장애물을 극복하려 하는 강한 아이들에게 속하는 특징이고, 다른 한 집단은 불리한 조건에 굴복하는 허약한 아이들에게 속하는 특징이다.

강한 아이들의 결점

격한 짜증과 화, 반항과 공격의 행동이 나타난다. 가장 두드러진 공통점은 불복종과 파괴성이다. 소유욕도 강하다. 그래서 이런 아이들에게선 이기심과 시기심이 자주 목격된다(시기심은 그냥 수동적으로 드러나지 않는다. 다른 아이들이 가진 것이면 뭐든 가지려 드는 적극적인 모습으로 나타난다). 변덕(아이들에게 매우 흔하다)과 집중력 결핍, 그리고 손의 동작이 조화를 이루지 못해 물건을 깨거나 떨어뜨리는 현상이 나타난다. 또 비명을 지르거나 시끄럽게 군다. 이런 아이들은 약한 아이나 동물들을 학대하고 괴롭히며 잔인하게 군다. 식사량이 많다. 이런 것들도 그런 아이들이 안고 있는 문제들 중 일부에 지나지 않는다.

연약한 아이들의 결점

수동적인 유형이며, 게으르거나 무력하며, 다른 사람에게 자기를 대신해 해달라고 보채곤 한다. 이런 아이들은 다른 사람이 자기를 즐겁게 해주기를 바라며 쉬이 싫증을 낸다. 모든 것에 두려움을 느끼며 어른들에게 매달린다. 또 거짓말을 하거나(수동적인 형태의 방어), 훔치거나(다른 사람의 소유물을 수동적으로 약탈하는 행위), 그 이상의 짓을 한다.

이런 문제들에 육체적 특징들도 수반된다. 말하자면, 이런 육체적 결함들은 정신적 기원을 갖고 있는데도 육체적 병과 혼동된다는 뜻이다. 그런 결함 하나가 바로 음식 거부와 식욕 상실이며, 이와 정반대의 결함은 과식에 따른 소화불량이다. 이 두 가지 결함은 정신적 기원을 갖고 있다. 이 외에 악몽과 어둠에 대한 공포, 불면이 있으며, 이 징후들은 육체적 건강을 해치고 빈혈을 낳는다. 어떤 종류의 빈혈과 간(肝) 문제는 심리적 사실들에 의한 것이다. 또 신경증도 있다. 이 모든 것들은 정신적 기원을 갖고 있으며, 그러기에 약으로는 절대로 치료될 수 없다.

이 모든 특징들은 도덕 문제와 행동이라 불리는 영역으로 들어간다. 이런 아이들 중 많은 수(특히 강한 아이들)는 가족 사이에 축복으로 여겨지지 않으며, 부모들은 이런 아이에게 가급적 손을 떼고 유치원이나 학교로 떠넘기려 한다. 그러면 아이는 부모가 있으면서도 고아 신세가 된다. 그런 아이들은 건강한 몸을 가진 상태에서 아프다. 이런 상태에 있는 아이들은 버릇없이 굴고 삶을 우울하게 보게 된다. 그런 아이들은 문제투성이이고, 아이들의 부모는 아이들을 다루는 방법을 알기를 원한다. 일부 부모들은 그 방법을 묻고, 일부 부모들은 스스로 해결하려고 노력한다. 또 일부 부모들은 아이가 그런 행동을 하지 못하게 하기만 하면 문제가 해결될 것이라고 확신하면서 엄격한 훈육을 택한다. 결점이 나타날 때 곧바로 저지하기만 하면 그 결점이 더 이상 발달하지 않을 것이라는 판단에서다. 온갖 수단이 다 동원된다. 아이의 뺨도 때리고, 꾸짖기도 하고, 굶긴 상태에서 자러 보내기도 한다. 그런데도 아이들은 더욱 포악하고 더욱 나빠질 뿐이다. 오히려 아이가 똑같은 결점을 수동적인 방향으로 키워가는 것이 확인된다. 그래도 되지 않자 부모는 설득을 시도해본다. 어른들은 이런 아이를 보면서 아이가 부모의 애정을 악용하고 있다고 생각한다. "왜 엄마를 괴롭히니?"라거나, 아니면 그 문제에서 손을 털며 아이를 그냥 내버려둘 것이다. 이런 부모들은 이런 식으로 말한다. "여동생네 아이들은 자기 하고 싶은 대로 하는데도 얼마나 올바른지 몰라요!" "당신의 아이들은 어떤데요?" "아, 애들 아빠한테 애들을 때리지 말라고 달래고 있어요." "그런데도 아이들은 괜찮아요?" "그럴리가 있겠어요? 아빠를 쏙 빼닮았어요."

아이를 혼자 내버려두는 사람도 있다. 이런 아이는 대체로 수동적인 아이이다. 이런 아이는 아무것도 하지 않는다. 엄마는 자기 아이가 착하고 순종적이라고 생각한다. 아이가 엄마한테 매달리면, 엄마는 아이가 자기를 대단히 사랑하기 때문이라고 생각한다. 아이가 엄마를 너무나 사랑하기 때문에 엄마 없이는 잠을 자려 하지 않는다는 것이다. 그러나 어쨌든 엄마는 아이가 말이 늦고 걸음도 제대로 걷지 못한다는 사실을 발견한다. "이 아이는 건강하지만 지나치게 예민해서 그래요. 아이가 모든 것을 두려워하고 있어요! 먹는 것도 즐기지 않고. 영적인 아이라고나 할까. 꼭 이야기를 들려줘야만 뭘 먹으니 말이에요. 애는 틀림없이 성자가 되거나 시인이 될 거예요!" 마지막으로, 엄마는 아이가 아프다고 판단하고 약을 짓기 위해 의사를 찾는다. 이런 정신질환은 소아과 의사들 돈벌이만 시켜줄

뿐이다.

만약에 어른이 아이가 인격을 형성하기 위해 해야 할 활동의 사이클에 대해 잘 알고 있다면, 만약에 우리 어른이 아이가 어른들의 목소리를 듣고 어른들의 행동을 보면서 경험을 직접 수행할 필요가 있다는 점을 깨닫는다면, 이 문제들은 모두 쉽게 이해되고 쉽게 해결될 수 있다. 이 문제들은 초기에 아이들을 잘못 다룬 데서 비롯되었다. 아이들이 정신적으로 크게 놀랐거나, 아이들의 마음이 인격 형성에 필요한 것들을 갖추지 못한 채 텅 비어 있었을 수도 있다. 이처럼 정신을 형성할 수단을 갖추지 못해 굶주리고 있는 정신(오늘날 이 문제에 대해 심리학이 주목하고 있다)이 결함의 주된 원인이다. 또 다른 원인은 아이의 건설적 충동에 따른 자발적인 활동의 부족이다.

완벽한 발달에 필요한 조건을 모두 발견할 수 있는 아이는 거의 없다. 아이들은 어른들로부터 고립된 상태로 지내며 온종일 잠을 잘 수도 있다. 어른들이 아이를 대신해 모든 것을 다 해주기 때문이다. 그래서 아이들은 활동의 사이클을 마무리할 수 없었다. 아이들은 물건들을 제대로 관찰할 수 없었다. 아이가 만지려 들면 어른들이 빼앗아버리기 때문이다. 물건들을 보기만 하고 만지질 못하다보니, 아이는 자연히 그걸 소유하길 원한다. 그 결과, 아이는 물건이나 대상을 다루는 방법을 배우지 못한 까닭에 꽃이나 곤충을 갖게 되면 그냥 찢어버린다. 수동적인 아이는 대신에 무력증을 키운다.

공포의 원인도 어린 시절 초기까지 거슬러 올라간다. 만일 작은 아이가 계단에서 넘어지기라도 하면, 어른들이 아이에게로 달려가 야단법석을 떨 것이다. 이렇게 되면, 아이는 정작 웃어넘길 수 있는 일에 공포를 느낄 것이다. 이렇듯 종종 어른의 행동이 아이가 공포를 일으키는 원인이 된다.

몬테소리 학교를 두드러지게 만든 사실 중 하나가 이런 결함들이 사라진 점이다. 이 같은 현상은 한 가지 사실 때문에 나타났다. 아이들이 환경을 직접 경험하고, 그런 경험이 아이들의 마음을 풍요롭게 가꾼다는 사실 말이다. 아이들은 활동에 대한 관심을 가진 상태에서 연습을 되풀이하면서 이 집중의 시기에서 다음 집중의 시기로 넘어간다. 아이가 이 시기에 이르러 어떤 관심사에 정신을 집중하며 노력할 때, 결점들이 사라지게 된다. 무질서가 질서로 바뀌고, 수동적인 성격이 능동적인 성격으로 바뀌고, 훼방꾼이 조력자가 되는 것이다. 이는 경이로운 사실이며, 이런 결점들이 사라졌다는 사실은 곧 이 결점들이 아이의 진정한 특징이 아니고 습득된 것이었다는 점을 의미한다. 아이들이 서로 다르다고 하는 것은 한 아이는 거짓말을 하고 다른 아이는 복종을 하지 않는다는 뜻에서 하는 말이 아니다. 모든 문제는 똑같은 원인에서 비롯된다. 아이들이 정신적 삶에 필요한 수단을 갖추지 못하고 있는 것이 그 원인이다.

그렇다면 엄마들에게 어떤 조언을 할 수 있을까? 아이들에게 흥미를 느낄 일거리를 주라고 권하고 싶다. 또 불필요하게 아이들을 도와주지 말 것이며, 아이들이 지적 활동을 시작했다면 방해를 하지 말라고 권하고 싶다. 달콤한 말이나 엄격한 처벌, 약은 전혀 도움이 되지 않는다. 아이들은 정신적 굶주림으로 고통 받고 있다. 만약에 누군가가 육체적 굶주림으로 힘들어 하고 있다면, 우리는 그런 사람을 놓고 어리석다고 꾸짖거나 때리거나 감상적으로 다루지 않는다. 그래 봐야 아무런 도움이 되지 않는다. 그가 필요로 하는 것은 먹을거리이다. 아이의 정신적 굶주림도 마찬가지이다. 엄하게 다스리거나 부드럽게 대한다고 해서 문제가 해결되지 않는다. 인간은 본래 지적인 생명체이며, 육체적인 양식보다 지적인 양식을 더 많이 필요로 한다. 다른 동물들과 달리, 인간은 자신의 행동을 스스로 건설해야 한다. 또 생명은 이런 욕구가 있기 때문에 생명일 수 있다. 따라서 아이가 삶에 필요한 행동을 건설할 수 있는 길에 올라 선다면, 모든 것이 순조롭게 돌아갈 것이다. 육체적 병도 사라지고, 악몽도 사라지고, 소화도 정상적으로 이뤄질 것이다. 마침내 정신이 정상적으로 작동함에 따라 아이 자체가 정상으로 돌아올 것이다.

이것은 도덕교육의 문제가 아니고 성격의 발달에 관한 문제이다. 성격의 결핍, 그러니까 그릇된 성격은 어른들의 설교나 본보기의 도움을 받지 않고도 사라질 수 있다. 협박도 필요하지 않고 약속도 필요하지 않다. 삶의 조건만 정상적으로 돌아온다면, 아이의 문제는 저절로 해결된다.

21장

아이가 사회에 기여하는 길, 정상화

앞 장에서 강하거나 연약한 아이들의 행동을 추적하면서 설명한 모든 특징들이 일반적으로 다 나쁜 것으로 여겨지지는 않는다. 일부는 좋은 특성으로 받아들여지고 있는 것이다. 수동적인 성격을 보이며 자기 엄마에게 바짝 달라붙어 지내는 아이는 착한 아이로 여겨지고 있다. 탁월함을 보여주는 신호로 여겨지는 특징도 있다. 늘 부산하게 움직이고, 대단히 건강하고, 상상력이 풍부한 아이들은 매우 탁월한 아이로 여겨진다. 이런 아이들은 언제나 이 일에서 저 일로 쉽게 마음을 바꾸고 있는데도, 부모들은 그런 자식을 똑똑한 아이라고 생각한다.

그렇다면 이 세상은 아이를 3가지 유형으로 분류하고 있다고 말할 수 있다.

1. 특성을 바로잡을 필요가 있는 아이

2. 착해서(수동적이라서) 본보기로 여겨지는 아이

3. 탁월한 존재로 여겨지는 아이

두 번째와 세 번째 유형은 바람직한 아이로 여겨지고 있고, 부모들은 그런 아이를 둔 것을 자랑스러워 한다. (세 번째 유형의 아이를 다룰 때처럼) 아이와 가까이 있을 때 어느 정도 불편이 느껴질 때조차도, 부모는 자기 아이에 대해 자랑스럽게 말한다.

내가 이 같은 분류를 강조하면서 주의를 기울이도록 하는 이유는 이 같은 특징들이 수 세기 동안 이어지고 있기 때문이다. 이런 특징 외에 다른 특징은 보이지 않는다. 그럼에도 내가 첫 번째 몬테소리 학교와 다른 학교들에서 관찰한 것은 아이가 관심 가는 일에 흥미를 갖게 되는 순간 이 특성들이 한꺼번에 사라진다는 사실이다. 소위 나쁜 특성도, 소위 좋은 특성도, 소위 탁월한 특성도 다 사라지고 그런 특성이 전혀 없는 오직 한 가지 유형의 아이만 나타났다. 이는 곧 지금까지 이 세상이 좋거나 나쁘거나 탁월한 것을 제대로 평가하지 못했다는 것을 의미한다. 말하자면 우리가 좋거나 나쁘거나 탁월하다고 생각하는 것들이 전혀 좋거나 나쁘거나 탁월하지 않다는 뜻이다. 몬테소리 학교의 아이들은 모든 아이들의 진정한 목표가 줄기차게 어떤 일을 하는 것이라는 점을 보여주었다. 그런데도 지금까지 이 같은 사실은 한 번도 주목을 받지 못했다. 아이들이 일을 선택하는 데 있어서도 선생의 지도를 받지 않고 자발성을 보인다는 점도 지금까지 한 번도 확인되지 않았다.

몬테소리 학교의 아이들은 내면의 길잡이를 따르면서 각자 일(저마다 다 달랐다)에 몰두했으며, 일이 아이들에게 평온과 기쁨을 안겨주었으며, 그 결과 아이들의 집단에 한 번도 나타나지 않았던 어떤 것이 나타났다. 바로 자발적인 훈련이었다. 이 현상은 글쓰기 능력의 폭발보다 훨씬 더 강한 인상을 남겼다. 자유로운 분위기에서 이뤄진 이 훈련은 그 동안 풀 수 없었던 어떤 문제를 해결할 것 같았다. 그 문제란 바로 아이들에게 자유를 부여하면서 훈련의 효과를 끌어낼 수 없을까 하는 고민이었다. 이 아이들은 자유로이 일을 찾아 돌아다녔고, 아이들 각자는 서로 다른 유형의 일에 몰입했다. 그럼에도, 대체로 아이들은 완벽한 훈련을 보여주었다. 마침내 알게 된 아이들의 진짜 천성을 살필 것이지만, 그에 앞서 아이들에게 일어난 변화를 묘사할 생각이다.

모든 아이들은 질서있는 활동을 허용하는 환경에 놓이게 되면 이처럼 전혀 새로운 모습을 보인다. 그렇다면 모든 인간에게 공통적인 어떤 정신 유형이 있다는 말도 가능하다. 지금까지 이 유형은 겉으로 나타나는 특성들에 가려져 있었다. 우리 아이들을 모두 같은 유형의 아이처럼 보이게 만든 변화는 점진적으로 찾아오지 않고 어느 순간 갑자기 찾아왔다. 변화는 언제나 아이가 한 가지 활동에 집중하고 있을 때 나타났다. 그래서 우리는 게으른 아이가 있더라도 그 아이에게 일을 하라고 강요하지 않았다. 우리는 단지 이 아이가 준비된 환경 안에서 발달의 수단을 쉽게 접할 수 있도록 하는 데에

만 신경을 쏟았다. 아이가 놀 만한 것을 발견하자마자 아이의 모든 문제가 한꺼번에 사라졌다. 아이들이 어떤 일을 시작하게 만드는 것은 그 일이 자신에게 좋을 것이라는 판단이 아니라 아이의 내면에 있는 그 무엇이다.

손이 어떤 일을 하고 있고 정신이 그 손을 이끌고 있을 때, 아이 (특히 형성기에 있는 아이)는 하나의 통합체가 되어 스스로를 형성해 나간다. 정신과 손이 하나로 결합되지 못할 때, 그 아이의 개성에 통일성이 전혀 없게 된다. 바로 이런 때, 앞에서 나쁘거나 좋거나 탁월하다고 한 피상적인 특성들이 나타난다. 이 같은 결론은 나 자신이 직접 아이들을 관찰한 결과 끌어낸 것이다. 새로운 주장이어서, 아마 이해가 어려울 수 있을 것이다. 그 이유는 아마 우리가 (보상하거나 처벌하는) 미덕과 결함의 세계에서, 앞에서 묘사한 그런 특성들을 보이는 아이들 틈에 살고 있기 때문일 것이다. 그러나 이 아이들이 그런 특성을 보이는 것은 그 외의 다른 특성을 표현할 기회를 한 번도 누려보지 못했기 때문이다. 아이들을 지도할 가이드나 멘토로서 어른을 두는 것은 필요하지 않지만, 아이에게 지금까지 거부했던 일의 기회를 주는 것은 반드시 필요하다.

피상적인 특징에서 정상적인 특징으로 넘어가는 것은 언제나 어떤 기능을, 말하자면 손과 정신이 하나로 결합된 지적 활동을 통해서 이뤄졌다. 〈도표 5〉를 보면 우리가 대체로 알고 있는 아이들의 특성들이 적혀 있다. 그 수는 무수히 많다. 중앙의 짙은 수직선은 한 가지 일에 집중하는 것을 상징한다. 이것이 정상을 말해주는 선이

21장 아이가 사회에 기여하는 길, 정상화

다. 아이들이 집중할 수 있을 때, 가운데 수직선의 오른쪽에 있는 특징들은 모두 사라지고 왼쪽의 특징들을 보이는 한 가지 유형의 아이만 나타나게 된다. 피상적인 모든 특징들을 상실하는 것은 어른에 의해 성취되는 것이 아니라 정성을 쏟아 일에 매진하는 아이에 의해 성취되는 것이다. 아이는 그와 동시에 정상을 되찾게 된다.

〈도표 5〉 아이 성격의 정상적인 특징과 일탈한 특징

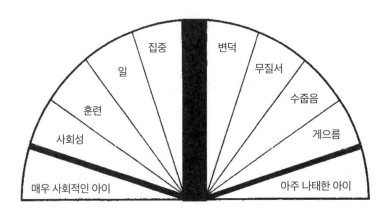

특별한 조건을 갖췄던 첫 번째 몬테소리 학교 이후에 성과를 거둔 다른 몬테소리 학교들에서 나타난 예들을 소개하고 싶다. 나의 강의를 듣기 위해 세계 각지에서 사람들이 왔다. 이들은 자기 나라로 돌아가 그곳에서 학교를 시작했다. 이 학교들 대부분은 부유한 집안의 아이들, 그러니까 하인들을 두고 있어 정상적인 기능을 할 기회를 많이 갖지 못해 오히려 결함을 더 많이 갖고 있던 아이들을 위한 곳이었다. 내가 각국의 몬테소리 학교 선생들로부터 처음 받은 편지들은 주로 절망적인 내용이었다. 심각한 무질서에 관한 기록이었다. 모두가 기이한 문제들에 관한 것이었다.

1. 한 아이는 교재를 마치 그것이 기차나 비행기라도 되는 것처럼 생각하며 논다. 아이는 농담하고 큰 소리로 떠들고 다른 아이들을 괴롭힌다(옛날에 말하던 탁월한 유형).
2. 다른 아이는 속물적이고, 교재를 험하게 다루고, 게으르다.
3. 어떤 아이는 자기 형의 꽁무니를 졸졸 따라다니며 형이 하는 대로만 하고 형이 일어나면 자기도 따라 일어난다.
4. 또 다른 아이들은 물을 겁내는 등 거의 병적인 모습을 보인다. 세 살 반 된 한 아이는 말을 한 마디도 하지 않는다.

이 같은 아이들이 모여 있으니, 선생에겐 학교가 혼란 그 자체일 수밖에 없다. 어느 선생은 아이들이 교재를 바닥에 던지고 그 위에서 춤을 춘다고 했다. 따라서 꼬마 천사들이 하늘에서 뚝 떨어질 것으로 기대했던 선생들은 실망이 이만저만이 아니었다.

그렇게 몇 개월이 지나자 편지의 내용이 바뀌기 시작했다. 우리가 '정상화'라고 부르는 변화가 일어났던 것이다. 서로 아무런 관련이 없는 선생들(뉴질랜드, 로마, 프랑스, 미국, 영국 등지에 흩어져 있었다)이 모두 똑같은 내용을 전해왔다. "아이들이 일을 발견하고는 스스로 변했어요." 형이 가는 곳마다 졸졸 따라다니던 아이도 분홍색 탑을 발견한 다음에는 거기에 주의를 집중했다. 형이 다른 방에 가도, 동생은 형을 따라나서지 않았다. 그러자 형이 충격을 받고 볼멘소리를 했다. "아니, 어찌 된 거야? 내가 딴 방에서 그림을 그리고 있는데도 너는 여기서 탑을 만들고 있으니!" 어린 동생도 자신의 가치를 발견했으며 더 이상 형의 도덕적 지지를 필요로 하지 않게 되었다. 또 다른 아이는 자기 엄마 없이는 학교에 오지도 못했고 또 학교에 있지도 못했다. 자기 엄마가 구석에 앉아 있다가 몰래 빠져나가기라도 하면 아이는 금방 그 사실을 알아차리고 울었다. 그러던 아이가 어느 날 테이블 닦는 일에 관심을 보였다. 그래서 엄마는 몰래 빠져나갈 기회라고 생각했으나 혹시 아이가 나중에 엄마가 없어진 사실을 알고 울까봐 겁이 났다. 그래서 아이에게 다가가 "엄마 가도 돼?"라고 물었다. 그랬더니 꼬마가 "응, 알았어. 잘 가, 엄마." 라며 엄마를 보내줬다. 이후로 아이는 학교로 올 때나 학교 안에 있을 때나 더 이상 엄마를 필요로 하지 않았다. 엄마와 형에게 매달렸던 아이들은 그때까지 독립의 자유를 누리지 못한 탓에 혼자서 무엇인가를 하지 못했다. 언제나 누군가가 대신해 줘야 했다. 형을 졸졸 따라다니던 아이나 항상 엄마를 옆에 두려 한 아이나 똑같이 자신의 일에 관심을 두게 되자마자 자신의 독립을 발견하고 스스로의 힘으로 움직일 수 있게 되었다.

아이가 일을 발견하게 되는 순간 모든 성격적 문제들이 사라지는 것은 결코 돌발적인 현상이 아니라는 점을 강조해야 한다. 전 세계에 걸쳐 있는 몬테소리 학교에서 공통적으로 나타난 현상이다. 그래서 우리는 차분하고 두려움을 모르는 이런 유형의 아이가 정상적인 아이로서 어린 시절의 진정한 행동과 성격을 보여준다는 것을 깨달았다. 내가 이 현상의 진정한 의미를, 즉 아이들은 스스로를 건설해야 한다는 사실을 충분히 이해할 수 있었던 것은 그 뒤의 일이었다. 만일 조건들이 아이에게 이런 자율을 허용하지 않으면, 정상은 사라지지만, 아이가 정신을 건설할 조건이 조성되면, 정상적인 유형이 다시 나타난다. 따라서 우리는 몬테소리 학교에서 발달한 유형의 아이들을 '정상화'된 아이라고 부르고 다른 아이들을 일탈한 아이라고 불렀다.

가장 중요하고 가장 흥미로운 요소 한 가지는 정상화된 아이들에게 두드러지게 나타나는 규율이었다. 모든 아이들이 자신이 선택한 일에 몰두했다. 이를 두고 신문들은 "사실이라면 아주 신기한 일이지만 믿기지 않는다."라고 보도했다. 몬테소리 학교들을 방문한 사람들은 어떤 속임수가 있다고 믿으면서 그 속임수를 찾아내려고 들었다. 어떤 사람들은 그 같은 결과를 낳은 것은 나의 개인적 최면이라고 말했다. 이에 대해 나는 "이 일은 뉴욕에서 일어났어요. 그때 나는 로마에 있었구요."라고 대답했다. 다른 사람들은 아이들이 사전에 선생에 의해 준비가 되어 있었다고 생각했다. 선생이 눈짓으로 아이들에게 찬성이나 반대의 뜻을 전한다는 식의 해석도 있었다. 하지만 그때까지 한 번도 나타나지 않았던 현상을 증명하기 위해 이 모든 어려움들을 다시 밟아 보겠다고 나서는 사람이 과연 있겠는가?

이 모든 것들을 근거로, 우리는 아이에게 정신적으로 가장 필요한 것이 바로 아이가 자신의 정신적 법칙에 따라 사는 것이라고 결론을 내려야 한다. 활동이 아이를 인간의 정상적인 행동으로 이끈다. 아이는 정신과 손이 하나로 결합된 가운데 개인적으로 활동하고 독립을 향해 나아가면서 발달할 수 있어야 한다. 만일 자연법칙들이 지켜지지 않는다면, 어려운 일이 많이 일어날 것이다. 그러나 자연법칙들이 지켜진다면, 어려움들은 곧바로 사라질 것이다. 따라서 준비된 환경 안에서 자유로운 선택에 따라 손을 갖고 일을 하는 행위 자체가 첫 번째 시기의 활동을 확장하고 완성시킨다면, 3세에서 6세 사이에 모든 문제를 극복하는 것이 가능해진다. 사실들은 아주 단순하지만, 그 사실들은 어디까지나 삶의 사실들이다. 지난 40년 동안 전 세계에서 목격된 사실인 것이다. 이런 사실들을 종합적으로 분석한 결과, 새로운 특징들이 많이 확인되었으며, 그에 따라 학교를 새롭게 조직하는 작업이 시작되었다. 이 조직화의 목표는, 아이들은 능동적으로 활동하고 선생들은 환경을 통해 간접적으로 행동하면서 수동적으로 움직이는 그런 학교를 확립하는 것이다.

이런 성격 변화가 모든 아이들에게서 일어나지는 않는다. 신체기관의 일부 장애와 출생 전에 발생한 질병은 치료하지 못한다. 여기에 해당하는 아이들은 수적으로 극히 적다. 그러나 백치와 광인, 범죄자들 중에 6세가 되기 전에 특별한 도움을 받았더라면 그렇게 되지 않았을 사람들이 많다. 그래서 우리는 사회문제에 대해 약간 이해하기 시작하고 있다. 예를 들어 미국의 경우 통계에 따르면 매년 수용시설에 들어가는 사람이 10만 명을 넘어선다. 부자연스러울 만큼 많은 수치이다. 이들 중 대부분은 적절한 시기에 도움을 받았더라면 나아질 수 있었던 사람일 것이다. 그러나 도움은 반드시 6세가 되기 전에 이뤄져야 한다. 교도소는 이미 만원이며, 젊은이들을 위한 특별 교도소까지 지어지고 있는데, 비극이라 아니할 수 없다.

이들의 반대편에 우리가 도움을 줄 수 없는 사람들이 있다. 그들은 우리를 필요로 하지 않는 성자와 천재들이다. 정상화는 다수의 사람들을 위한 것이지 좌우 양쪽의 극소수 예외적인 사람들을 위한 것은 아니다. 이들은 정상화를 필요로 하지 않는다. 우리는 이런 이해를 통해서 많은 사람들이 도움을 받고 또 정신병 환자와 범죄자들의 수가 줄어들기를 바란다. 그러나 이런 효과를 누리려면, 학교와 사회생활이 바뀌어야 한다. 그 문제의 상당 부분에 대한 책임이 학교와 사회생활에 있기 때문이다.

아이는 사회를 더 나은 쪽으로 개선시킬 길을 보여준 위대한 시민이며, 그 길이 단순하고 독특한 것은 바로 아이의 공헌이다. 개혁은 오직 일을 통해서만 성취될 수 있지만, 그 일은 어디까지나 아이에게 기쁨을 주는 일이어야 하며 생명의 법칙에 반하게 강요되는 일이어서는 안 된다.

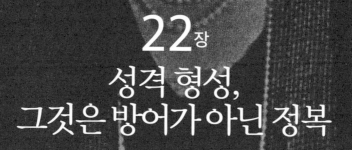

22장
성격 형성,
그것은 방어가 아닌 정복

앞 장에서, 출생 후에 생겨난 결함들은 아이가 6세가 되기 전에 적절한 환경을 누리게 될 경우에 사라지게 된다는 점에 대해 설명했다. 이 결함들이 사라지는 것은 결함을 하나씩 공격한 결과가 아니다. 결함들은 아이가 어떤 행위에 집중할 때 한꺼번에 갑자기 사라진다. 그런 다음에 일련의 현상들이 시작되었으며, 이 현상들은 꾸준히 이어졌다. 정상화된 모든 아이들은 똑같은 방식으로 행동했다. 즉, 아이들은 무엇인가에 차분하게 집중하며 그 일을 해냈던 것이다. 당시에 이 같은 사실은 놀라운 것으로 받아들여졌다. 아주 어린 아이에게서 그런 집중이 관찰된 예가 그때까지 하나도 없었기 때문이다. 정상화된 아이들은 또 어른들에게도 나타나지 않고 또 그때까지 아이들에게도 한 번도 나타나지 않았던 특별한 특징을 보였다. 아이들이 최대한의 노력을 기울이면서 일에 매달리고, 또 자신이 택한 일을 완전하게, 또 정확히 마무리할 때까지 몇 번이고 반복한다는 점이다. 어떤 임무를 그처럼 정확히 이뤄내는 것은 어른들 사이에도 흔하지 않다. 그럼에도 아이들은 자신이 택한 일을 극단적일 만큼 철저히 해낸다. 아이들은 일을 끝낸 뒤에도 몇 번이고 그것을 반복한다. 어른들의 눈으로 보면 미련해 보일 만큼 반복한다. 아이들은 놋쇠 용기를 10번 이상 닦으며 광을 낼 것이고, 또 실린더를 갖고 하는 연습을 40번 아니 200번 이상도 지루해 하지 않고 할 것이다.

아이들은 외적인 목표를 갖고 일을 하지 않는 것이 확실하다. 아이들에겐 밖으로 드러나지 않는 다른 목표가, 자연의 명령을 받은 목표가 있음에 틀림없다. 이처럼 반복적이고 집중적인 활동은 언제나 한 가지 특징을 보인다. 정신과 손이 그 일에 함께 관여한다는 점이다. 우리는 이 점에 주목하며 깊이 이해하려고 노력해야 한다.

아이들은 인간의 성격을 건설하고 있으며, 또 우리 어른이 소중하게 여기는 그런 내면의 자질들을 다듬고 있다. 신속히 결정하고, 일을 인내심 있게 하는 능력을 키우고 있는 것이다. 이 자질들은 어른의 설교나 본보기에 대한 반응으로 발달하는 것이 아니다. 우리는 성격을 긍정적인 관점에서 연구해야 한다. 성격은 수년에 걸친, 길고 점진적인 연습을 통해서만 습득될 수 있다. 성격은 3세에서 6세 사이에 성취되며, 성격의 특성들을 창조하고 다듬는 작업은 자연이 인간의 인격 형성을 위해 확립해 놓은 길을 따라서 이뤄진다. 0세에서 3세 사이에 어떤 습득이 일어나듯(예를 들면, 언어), 3세와 6세

22장 성격 형성, 그것은 방어가 아닌 정복

사이에도 성격의 창조와 다듬기가 자연의 안내를 받으며 이뤄진다. 0세에서 3세 사이의 모든 습득은 흡수하는 정신을 통해서 이뤄지기 때문에 아이가 그냥 사람들 사이에 끼어 살면서 언어를 흡수하게 되지만, 3세와 6세의 아이는 자신의 성격을 직접 적극적으로 건설해야만 한다. 성격 건설에 아이의 일이 수반되는데, 그래서 6세가되면 정신적 자질과 성격의 건설이 기본적으로 완수된다. 이 점을 고려한다면, 우리 어른이 성격의 미덕들을 가르치지 못한다는 점이 분명해질 뿐만 아니라 3세에서 6세 사이의 정상화된 아이가 자신의 성격을 건설하고 있을 때 그 아이를 방해하지 말아야 한다는 점도 분명해진다. 만약 어른이 불필요하게 간섭한다면, 결과적으로 아이의 성격 건설을 방해하게 된다. 따라서 이 연령대의 아이들을 위해서 교육적으로 할 일은 아이들에게 설교를 하지 않는 것이다.

아이의 성격이 이런 식으로 자발적으로 발달하는 것을 도울 수 있는 길은 한 가지밖에 없다. 그것은 아이들의 발달에 필요한 환경을 조성해 준 다음에 아이들의 지적 활동을 존중하면서 그들을 가만 내버려 두는 것이다. 이런 아이들 앞에 본보기를 제시해 봐야 아무런 소용이 없다. 첫째 이유는 아이들이 이미 본보기보다 더 잘 할수 있기 때문이다. 어쨌든 아이에게 설교하는 것은 부질없는 짓이다. 그것은 바람에 대고 말을 거는 것과 다를 바가 하나도 없다. 평범한 부모조차도 이 같은 진리에 대해 어느 정도 알고 있는 것이 확인된다. 그들이 아이를 때리는 것이 아이에게 말을 하는 것이 아무소용이 없다는 것을 잘 알고 있기 때문이 아닌가.

우리의 아이들에게 나타나는 현상들은 교육의 이 부분을 과학적인 바탕 위에서 다시 검토할 것을 요구하고 있다. 아이의 나이가 조금 더 많아지면, 어른들이 아이의 정신에 직접 다가가면서 설교와 권고로 관여할 수 있게 된다. 6세를 넘긴 아이에게만 어른은 도덕 전도사의 역할을 할 수 있다. 6세와 12세 사이에 양심이 일깨워지고, 아이가 옳고 그른 문제를 볼 수 있게 되기 때문이다. 12세와 18세 사이, 그러니까 아이가 애국심 같은 이상과 종교의 사회적 측면 등을 느끼기 시작하는 연령대에 그보다 훨씬 더 많은 성공이 획득될 수 있다. 그러면 어른들은 아이들에게만 아니라 어른들에게도 선교사가 될 수 있다. 도덕적인 설교 행위는 언제나 어른들 사이에서 성취될 수 있으며, 따라서 우리 어른이 도덕 선교사의 역할을 할 기회는 아주 많다. 유일한 문제는 6세를 넘기면 아이들이 성격의 자질을 자발적으로 발달시키지 못하는데 도덕 선교사들 본인부터 불완전한 존재이기 때문에 어려움을 겪지 않을 수 없다는 점이다. 교육자들은 자신들이 과학과 문학 등을 잘 가르칠 수 있는데도 청년들이 기질을 전혀 보이지 않는다고 한탄한다. 기질이 부족할 때, 삶의 활력이 떨어지게 마련이다. 기질이 뚜렷이 나타나는 청년들은 환경의 폭풍과 실수에도 불구하고 성격적 특성들 전부 혹은 일부를 지켜낼 수 있었던 이들이다. 잘못은 어른들이 아이들에게 6세가 되기 전에 어른의 방해를 받지 않는 가운데 자연스런 활동을 통해 성격을 건설할 기회를 주지 않았다는 사실에 있다.

지금 우리는 집중력을 충분히 키우지 못한 청년들이 집중하도록

22장 성격 형성, 그것은 방어가 아닌 정복

만들지 못한다. 이 청년들에게 일에 지속적으로 매달리며 정확히 하라고 요구한들, 그런 능력을 갖추지 못한 상태에서 어떻게 그렇게 할 수 있겠는가? 그건 마치 똑바로 걸을 다리가 없는 이에게 "똑바로 걸어!"라고 말하는 것이나 마찬가지이다. 이 같은 능력은 오직 연습에 의해서만 습득된다. 명령으로 습득되는 것은 절대로 아니다. 나는 피아노도 연주하지 못하고, 비나라는 인도의 현악기도 연주하지 못한다. 아무리 강력한 명령이 있어도, 또 나 자신이 연주하고 싶어 하더라도 안 된다. 그런 능력이 없기 때문이다. 이 악기들을 연주하는 것에 관한 한, 나는 기회를 잃어버린 것이다.

창조의 시기에 아이들이 잃어버린 많은 것들은 다시 창조될 수 없다. 그러면 우리는 어떻게 해야 하는가? 일반적으로 사회는 이렇게 말한다. "아이들이 어린 동안엔 그냥 꾹 참으세요. 그러면서 좋은 생각을 품고 좋은 본보기를 보여주도록 하세요." 우리는 인내심을 발휘하며 시간이 흐르길 기다리다 보면 무엇인가가 이뤄질 것이라고 생각한다. 이뤄지는 건 아무것도 없다. 시간이 흐르면 나이만 들 뿐이지, 우리는 아무것도 창조하지 못한다. 시간과 인내로 성취할 수 있는 것은 아무것도 없다. 만약에 창조의 시기에 그 기회를 이용하지 않는다면, 당신은 욥과 같은 인내심으로 영원히 기다리기만 해야 할 것이다.

실제로 보면 제대로 발달하지 않은 혼란스런 정신들의 집단에 불과한 인류를 조사해 보면, 또 다른 한 가지 사항이 명쾌하게 드러날 것이다. 모든 사람이 "사람은 다 달라."라는 식으로 말하지만, 서로 다른 이 개인들을 몇 가지 범주로 나눌 수 있다는 사실이다. 우리가 정신적 독수리가 되어 위에서 사람들을 내려다보면, 이런 범주들이 드러난다. 아이들과 마찬가지로, 어른들도 결함이라는 측면에서 다양한 모습을 보이고 또 모두에게 공통적인, 심오하고 깊은 무엇인가를, 숨겨진 무엇인가를 갖고 있는 것 같다. 모든 사람의 내면에는, 간혹 모호하고 무의식적이긴 하지만, 스스로를 향상시키려는 경향이, 영성을 추구하려는 경향이 있다. 정말로 성격의 결함을 바로잡으려는 행위들은 훗날 향상을 촉진시키는 특징을 띤다. 개인과 사회는 이런 경향을 공통적으로 갖고 있다. 지속적인 진보 말이다. 이것은 외적으로나 내적으로 하나의 사실이며, 이 같은 사실은 인간의 잠재의식에 그 사람을 보다 나은 방향으로 안내하는 자그마한 횃불이 하나 있다는 것을 의미한다. 바꿔 말하면, 사람의 행동은 다른 동물들과 달리 고정되어 있지 않고 발전할 수 있으며, 따라서 사람이 진보의 충동을 갖는 것은 너무나 자연스럽다.

사람들을 대체로 본다면, 인격적으로 잘 발달되지 않은 사람들이 대부분이다. 이런 사람들이 일반적으로 정상적인 집단으로 통한다. 그 외에 사회 밖에 있거나 반사회적인 사람들이 극소수 있다. 정신이 박약한 사람과 광기가 있는 사람, 반사회적인 사람, 범죄자 등이 이 부류에 속한다. 범죄자와 광인은 사회에 적응하지 못했으며, 다른 모든 사람은 사회에 어느 정도 적응할 수 있었다. 따라서 교육 문제는 어느 정도 적응할 수 있는 사람들을 대상으로 한다.

환경에 적응하는 것은 아이가 6세 이전에 하는 것이며, 따라서 인간 성격의 기원은 바로 이 시기가 된다. 그러니 환경에 제대로 적응하는지 여부가 얼마나 중요한 문제인가! 다소 완벽하게 적응하는 사람들이 있다. 이들은 사회의 요구에 어느 정도 부응하고 있다. 이들이 앞에서 말한 정상적인 집단이다. 이들 중에서 완벽에 보다 가까이 다가선 사람이 있다. 이들은 활력을 더 많이 쏟고 보다 나은 환경을 발견하기 때문에 더 강한 반면에, 다른 사람들은 활력이 떨어지고 많은 장애에 봉착하게 된다. 사회에서, 완벽에 가까운 사람들은 보다 강한 성격을 가진 것으로 여겨지고, 다른 사람들은 약한 성격을 가진 사람으로 여겨진다.

평범한 집단에 속하는 사람들 중 일부는 많은 유혹을 만나게 되고, 따라서 지속적으로 노력하지 않을 경우에 미끄러져 내려가며 열등감을 느끼기 쉽다. 우리는 이런 사람들이 유혹에 빠져 미끄러지지 않도록 그들을 도덕적으로 받쳐줘야 한다. 유혹에 빠져드는 것은 유쾌한 끌림이 아니다. 범죄나 광기 쪽으로 미끄러지는 것을 즐길 사람은 아무도 없을 테니까. 유혹은 거역할 수 없는 중력의 끌림 같은 것이며, 그래서 유혹에서 벗어나려면 끊임없는 노력이 필요하다. 미덕으로 여겨지는 것은 바로 아래로 미끄러지려는 경향에 저항하는 이런 노력이다. 미덕은 실제로 우리가 도덕적으로 타락하지 않도록 막아준다. 그런 사람들은 '구렁텅이로 떨어지지 않도록 조심해. 떨어지는 날엔 후회하게 될 거야.'라는 식의 말을 듣게 된다. 그러면 그들은 도덕적 구렁텅이로 떨어지지 않는 것을 삶의 원칙으로 정하거나, 자신보다 더 훌륭한 사람을 따르거나, 전지전능한 존재에게 유혹에 넘어가지 않도록 해 달라고 기도할 것이다. 그들은 그런 식으로 스스로를 미덕으로 더욱 단단하게 감싸겠지만, 그것은 매우 힘든 삶이다. 참회는 삶의 즐거움이 아니다. 참회는 낭떠러지를 오르면서 바위로 떨어져 박살나지 않기 위해 돌출 부분에 매달리고 있는 사람의 노력과 비슷하다.

청년은 중력의 이런 당김을 느끼며, 그런 청년을 본보기와 권고를 통해 도우려 노력하는 사람은 교육자들이다. 교육자들도 간혹 중력의 당김을 청년들만큼 강하게 느끼지만, 그럼에도 그들은 하나의 본보기가 될 수 있다. 교육자들은 이런 말을 자주 한다. "내가 본보기가 되어야 해. 그렇지 않으면 학생들이 뭘 보고 배우겠어?" 그러면서 교육자들은 본보기가 되어야 한다는 사명감에 따른 속박을 느낀다. 학생과 교육자는 모두 미덕을 갖춘 집단에 속한다. 그래서 사람들의 과반은 언제나 미덕을 갖춘 사람이 되며, 사람들은 대체로 이런 식으로 지속적으로 자신을 방어하는 사람을 진정한 사람으로 여긴다.

완벽에 끌리는 부류를 보자. 거기엔 중력의 끌림은 전혀 없고, 대신에 완벽에 보다 가까운 쪽으로의 진정한 끌림이 있다. 완벽을 요구하는 것이 실제로 보면 완벽을 갖출 가능성이 없는 상태에서 품는 하나의 포부에 지나지 않을 때가 종종 있지만, 어떻든 이 부류에 속하는 사람들은 자연스럽게, 거의 아무런 노력을 기울이지 않고 완벽을 향해 나아간다. 그들은 경찰이 무서워 도둑이 되지 않거나 소유욕을 억누르는 그런 사람이 아니다. 그들은 폭력에 끌리는 사

22장 성격 형성, 그것은 방어가 아닌 정복

람이 아니라 미덕에 의해 폭력으로부터 멀어지는 사람이다. 그들은 주변 사람들의 소유물에도 끌리지 않고 폭력적이지도 않다. 그들은 오직 한 가지 끌림을 느낀다. 완벽으로의 끌림이다. 그들이 이 끌림을 느끼는 것은 그것이 그들의 삶의 한 특징이 되었기 때문이다. 그들은 다른 사람들과 똑같은 이유로 미덕을 필요로 하지 않는다. 이유는 이런 사람들은 불완전으로 이끄는 중력의 당김에 덜 노출되기 때문이다. 그들은 불완전을 혐오한다. 그들은 완벽을 추구하는 것을 하나의 희생으로 여기지 않고 가장 고귀한 소망으로 여긴다. 그들은 완벽을 향해 기꺼이 나아가기를 원한다.

여기서 이해를 돕기 위해 채식주의자와 비(非)채식주의자를 고려해 보자. 고기를 먹는 많은 사람들은 한 주 중에서 특정한 날에 고기 먹는 것을 자제하고, 사순절에는 40일 동안이나 굶는다. 이는 그 사람들이 고기만 아니라 다른 것도 먹지 않는다는 뜻이다. 그것은 그들에게 종종 지루한 참회의 기간이 되며, 그런 가운데서도 그들은 덕이 매우 높다는 느낌을 받는다. 이 기간이 끝나면, 반작용의 시기가 오고 사람들은 아마 온갖 종류의 고기로 폭식할 것이다. 사순절 동안에 그들은 유혹 앞에서 "오, 주님이여, 저를 도와주소서!" 라고 기도한다. 이들은 다른 사람들과 종교 지도자들의 규칙을 따르는 도덕적인 사람들이다. 이들도 순수하지만, 채식주의자는 고기 앞에서 아예 아무런 유혹을 느끼지 않는다. 채식주의자들에게 고기를 먹지 말라고 가르치는 선교사를 보내 봐야 아무런 소용이 없다. 채식주의자들이 고기를 먹지 않는 규칙을 이 선교사보다 더 잘 지키기 때문이다.

또 다른 예를 보자. 육체적으로 강한 사람과 허약한 사람(예를 들면, 만성 기관지염을 앓는 사람)을 고려해 보자. 후자는 따뜻한 옷으로 폐를 보호할 필요가 있다. 아마 그는 좋지 않은 순환계를 위해서 목욕도 하고 마사지도 받아야 할 것이다. 이런 사람들도 꽤 정상적인 사람처럼 보인다. 그들은 병원에 입원하지 않은 상태에서 스스로를 돌본다. 아마 그들은 소화계통도 좋지 않은 탓에 컨디션을 제대로 유지하기 위해 특별한 시간에 특별한 방식으로 특별한 음식을 먹어야 할 것이다. 이 모든 사람들은 정상적인 사람들 사이에 섞여 있지만, 자신의 몸에 대해 세세하게 신경을 쓰고 있으며 환경 안에 병원과 죽음에 대한 두려움이 언제나 존재하고 있다. 그들은 늘 의사와 간호사, 가족에게 집착하며, "도와 달라."는 소리를 지속적으로 하고 있다. 그러나 건강을 누리고 있는 사람을 보라. 그들은 원하는 것을 맘껏 먹으며 규칙 따위에 신경을 쓰지 않는다. 그들은 추운 날에도 오히려 추위를 즐기려 밖으로 나간다. 그들은 수영을 하러 차가운 물에도 뛰어든다. 다른 사람들은 문밖으로 나설 엄두조차 내지 못하는 상황에서도 말이다. 극지 탐험가들은 모험을 하나의 즐거움으로 느낀다. 그들은 육체적 불편 따위에는 거의 신경을 쓰지 않는다. 미덕 분야에도, 금욕주의자를 비롯해 온갖 부류의 영적 스승이 필요하다. 그렇지 않으면 유혹의 구렁텅이로 추락하는 일이 일어날 것이다. 그러나 완벽을 추구하는 사람들은 그런 스승을 필요로 하지 않으며, 그들은 그 과정에 다른 사람들이 꿈도 꾸지 못하

22장 성격 형성, 그것은 방어가 아닌 정복

는 즐거움을 누린다.

이제 성격을 사실들의 바탕 위에 올려놓기 위해 완벽이라는 것에 대해 생각해보자. 무엇이 완벽인가? 모든 미덕을 최고 수준으로까지 끌어올리는 것이 완벽인가? 어느 수준에 이르는 것이 완벽인가? 여기서도 우리는 가능하고 사실인 무엇인가를 내놓아야 한다. 성격이라고 할 때, 우리는 인간의 내면에 있는 행동을 의미하며, 이 행동은 (많은 경우에 무의식적으로 이뤄지더라도) 앞으로 나아가는 쪽으로 행해진다. 이것이 일반적인 경향이다. 인간과 사회는 반드시 진화해야 한다.

어떤 사람들은 신에게 끌림을 느낀다. 그러나 여기서는 단순히 인간적인 완벽에 대해서만, 말하자면 인간의 진보에 대해서만 고려하도록 하자. 한 개인이 어떤 발견을 하면, 사회는 그 노선을 따라 앞으로 나아간다. 영적 분야도 마찬가지이다. 어느 개인이 어떤 수준에 이르면, 그 사람은 사회까지 그쪽 방향으로 미는 결과를 낳는다. 영적으로 우리가 아는 모든 것과 물질적으로 우리가 보는 모든 것은 언제나 어떤 사람의 성취의 결과였다. 지리나 역사를 공부하면, 어떤 개인이 이따금 완벽성에서 어느 정도 앞으로 나아간 덕분에 지속적인 진보가 이뤄질 수 있었다는 사실이 확인된다. 이 개인이 완벽성을 어느 정도 이룬 그 지점은 하나의 끌어당기는 힘이 되는데, 이 힘은 자기 자신을 확신하면서 규칙이나 참회 같은 것을 필요로 하지 않는 사람에게만 작용한다. 이런 사람들은 유혹에 맞서는 데 에너지를 쏟을 필요가 없다. 따라서 그들은 유혹에서 벗어나기 위해 힘들게 싸워야 하는 사람들에겐 불가능한 일을 성취하는 데 에너지를 쏟을 수 있다. 그래서 버드 제독(Richard Byrd)은 남극을 탐험하면서 온갖 고통에 스스로를 노출시키는 길을 택할 수 있었다. 그런 그를 두고 비아냥거리는 사람도 있었지만, 그는 탐험에서 고통 같은 것을 전혀 느끼지 않았으며 오히려 미지의 무엇인가를 이룬다는, 완벽에 대한 끌림을 느꼈다.

끝으로, 성격의 관점에서 본다면 유혹을 피하기 위해 버팀목 같은 것을 필요로 하는 사람들의 숫자가 너무 많다. 세상이 이 수준에 교육의 초점을 맞춘다면, 그것은 사람들을 이 수준으로 유지하는 것이나 마찬가지이다.

평범한 부류에 속하는 어느 도덕 선교사가 완벽을 추구하는 성향이 있는 아이들에게 와서 "고기를 먹지 마라. 말을 듣지 않으면 악의 구렁텅이로 떨어질 거야."라고 말한다면, 아이들은 이렇게 대답할 것이다. "나는 그런 곳으로 떨어지지 않아요. 고기엔 전혀 끌리지 않으니까요." 아니면 또 다른 도덕 선교사는 "옷을 단단히 입도록 해. 그렇지 않으면 감기에 걸릴 거야."라고 말한다. 그러면 아이들은 "옷을 굳이 두껍게 입을 필요 없어요. 감기는 전혀 무섭지 않거든요."라고 대답할 것이다. 교육 분야에서 지극히 평범한 집단의 사람을 멘토로 제시하려는 경향이 모든 아이들을 이 수준으로 떨어뜨릴 위험이 있다는 사실을 깨달아야 한다. 아이들이 위쪽을 향하거나 완벽을 추구하도록 유도하기가 어려워지는 것이다. 교육 계획표를 살펴보면, 정보가 부족하고 주어진 정보마저도 낡았다는 사실이 확인된다. 이 같은 사실은 오늘날의 교육을 모욕하는 일이며, 열등 콤플렉스를 초래하고, 인간의 힘을 약화시키는 결과를 낳고 있다. 또 지식을 인간이 갖출 수 있는 수준 이하로 떨어뜨리고 있다. 현재의 교육은 혼자서 달릴 튼튼한 다리를 가진 인간에게 목발을 주는 것이나 마찬가지이다. 그런 교육은 인간의 탁월한 자질이 아니라 열등한 자질에 근거한 엉터리 교육 방식이다. 오늘날 열등한 집단에 속하는 사람이 많은 것은 6세 이전에 자신의 성격을 건설하지 않은 사람들이 많다는 뜻이다. 우리는 인간이 진정으로 이룰 수 있는 수준을 다시 확립하고 아이가 창조적인 힘을 스스로 이용할 수 있도록 허용해야 한다. 그러면 아마 방어에 치중하지 않고 정복에 나서며 완벽을 추구하려는 성향이 평범한 사람들의 집단까지 스며들 것이다. 사람의 일생에서 정신적으로 스스로를 건설할 수 있는 시기가 딱 하나뿐인데 그런 건설이 이뤄지지 않거나 잘못된 환경 때문에 나쁜 방향으로 이뤄진다면, 당연히 발달을 제대로 성취하지 못한 사람들이 크게 늘어날 것이다. 그러나 우리가 아이의 성격이 자연에 따라 발달하는 것을 허용하고 또 충고만 할 것이 아니라 아이에게 건설적인 활동을 할 기회까지 부여하길 원한다면, 당연히 다른 유형의 교육이 필요하다.

　인위적인 제한을 없애고, 인간 앞에 성취할 위대한 것들을 제시하라. 나 자신도 모든 역사와 철학을 다 읽을 수 있으면서도 열등생으로 남을 수 있지만, 대단한 노력으로 이어질 수단을 제공한다면 결과가 엄청나게 달라질 것이다. 그렇게 하기 위해서 우리는 사람의 내면에서 반응을 불러일으킬 수 있는 무엇인가를 고수해야 한다. 우리가 권할 수 있는 자질들은 창조적인 시기에 만들어지는 창조적인 자질들이다. 만약에 그 시기에 우리가 그 자질들이 자리를 잡을 기회를 주지 않는다면, 나중에 그 자질들은 거기에 없을 것이다. 창조의 시기에 있는 아이들을 상대로 설교하고 본보기를 제시하는 것은 부질없는 짓이다.

옛날식 교육 방식과 새로운 교육 방식의 차이는 이것이다. 우리는 아이가 적절한 시기에 인간을 창조하는 것을 돕기를 원하고, 그리하여 아이가 가진 가능성을 최대한 꽃피울 수 있기를 바란다. 사회가 장벽을 쌓아올렸지만, 우리는 이 벽들을 허물고 넓은 지평선을 보여줘야 한다. 새로운 교육은 하나의 혁명이지만 비폭력적인 혁명이다. 이 방법이 성공한다면, 훗날엔 폭력적인 혁명은 불가능해질 것이다.

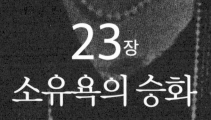

23장
소유욕의 승화

전반적인 현상을 대략적으로 보았으니, 이젠 아이들에게 일어나는 사실들과 어른들이 이 사실들을 어떤 식으로 해석하는지를 세세하게 살피도록 하자. 아이들의 나이와 아이들이 보여주는 집중력의 치열성을 고려한다면, 자연스럽게 나타나는 이 사실들은 너무나 놀랍다. 그러나 아이들이 보여주는 성격과 인간의 고귀한 특성의 관계를 고려한다면, 이 사실들은 더욱 놀랍게 다가온다.

아이들에게 나타나는 모든 현상을 연구하면, 거기서 예외 없이 어떤 건설 과정이 보일 것이다. 이 건설 과정은 애벌레의 어느 단계를 빌려 설명할 수 있다. 애벌레들은 분명히 많은 나뭇가지를 돌아다닐 수 있을 텐데도 그렇게 하지 않고 한 지점에 머물면서 거기서 매우 활동적인 모습을 보인다. 조금 지나면 애벌레 주변에 미세한 실 같은 줄들이 보일 것이다. 이 줄은 아주 가늘고 연약해 보인다. 그러나 이것이 그 튼튼한 고치의 시작이다. 우리가 아이에게서 확인하는 최초의 현상은, 애벌레에서 보는 것처럼, 어떤 사물에 대한 집중이다. 첫 번째 몬테소리 학교에 다닌 세 살 반짜리 아이의 집중력은 정말 대단했다. 환경 안에 다른 자극이 많았는데도, 이 여자 아이의 집중력은 결코 깨어지지 않았다.

물론 어른들에게도 비슷한 정도의 집중력이 관찰될 수 있다. 그러나 그만한 집중력은 아르키메데스(Archimedes)처럼 아주 예외적인 인물에게서만 관찰된다. 아르키메데스의 경우를 보면 기하학 문제에 지나치게 집중한 나머지 그의 집까지 쳐들어온 적군에게 "나를 방해하지 말라!"고 했다는 이야기가 전설처럼 내려오고 있다. 그는 도시가 적군에게 함락되었다는 사실조차 모르고 있었던 것이다. 시인들도 밖에 요란한 축제 행렬이 지나가도 방해 받지 않고 창작에 몰두할 수 있다. 그러나 이만한 집중력을 발휘하는 성인은 모두 천재들이다.

세 살 반짜리 아이에게 나타나는 집중 현상은 이런 종류의 집중이 아니었다. 아이의 경우에는 자연이 주는 집중력이다. 여러 나라에서 서로 다른 아이에게서 그런 집중력을 거듭해서 확인함에 따라, 우리는 그것이 건설 계획의 일부임에 틀림없다고 결론을 내렸다. 컴퍼스를 갖고 무엇인가를 하기 위해선 반드시 한쪽을 고정시켜야 하듯, 아이의 내면에서 일어나는 건설의 경우에도 주의의 집중이 첫 번째 단계이다. 언제나 똑같은 것에 집중할 필요는 없다. 하지만 집중이 일어나지 않은 상태에서는 절대로 건설이 시작될 수

23장 소유욕의 승화

없다. 어른도 마찬가지이다. 무엇인가를 조직하기를 원한다면, 우리는 그것과 관계있는 모든 일에 집중해야 한다. 이 집중이 이뤄지지 않는다면, 아이가 관심을 갖는 대상이 오히려 아이의 마음을 사로잡아버릴 것이고, 그렇게 되면 아이는 온갖 자극에 흔들리게 된다. 그러나 이 집중의 초점이 확고해지고 나면, 아이가 환경을 지배하며 통제하게 될 것이다.

어른의 세계에서 관심의 대상을 자주 바꾸는 사람을 두고 사람들은 성격에 일관성이 없다고 말한다. 그런 사람은 인생에서 책임 있는 일을 맡지 못한다. 반면에 자신에게 주어진 일에 주의를 집중하는 사람을 보면, 사람들은 뭔가를 해낼 것 같다는 인상을 받는다. 어른들은 아이들이 집중하는 모습을 보면서 공부도 저렇게 집중적으로 하면 얼마나 좋을까, 하고 생각한다. 그러나 어른이 억지로 하라한다고 해서 아이들이 그렇게 하는 것은 아니다. 이는 곧 아이들의 집중은 일상적인 교육으로 이룰 수 있는 것이 아니라는 뜻이다. 나이 많은 아이들(고등학생과 대학생)도 그런 집중력을 이루기 힘든 상황에, 어떻게 세 살 반짜리 아이로부터 집중력을 끌어낼 수 있다고 생각하는가? 학급의 아이들이 춤을 추거나 이리저리 돌아다니고 있는 상황에, 선생이 아이에게서 그만한 집중력을 끌어내는 것은 불가능한 일이다. 한 학급 전체가 그런 집중력을 발휘하도록 하는 것은 더더욱 불가능한 일이다. 그럼에도 이탈리아 메시나에서 고아들을 모아 만든 학급에서는 그런 일이 실제로 일어났다. 60여 명의 아이들이 커다란 교실에서 각자 작업에 매달리고 있었다. 그

때 100명의 학생이 교실로 들어와 주변을 돌아다녔지만, 이 학급의 아이들은 다른 학생들이 들어온 것도 몰랐고 학생들을 쳐다보지도 않았다.

이 같은 현상은 자연이 인간 정신의 위대한 몇 가지 요소를 건설하고 있다는 사실을 보여준다. 이것을 바탕으로, 우리는 이미 인간 의지의 요소들이 건설되고 있다는 것을 알 수 있다. 아이들이 놀라운 집중력을 성취하는 것은 이미 존재하는 어떤 의지의 힘을 통해서가 아니고 자연에 의해서이다. 자연은 그런 식으로 의지를 건설한다. 이후로 아이에게서 혼란과 이상한 점들이 모두 사라지고 성격이 형성된다.

그 다음에는 무슨 일이 일어나는가? 아이에게서 항구성(연습의 반복)이 확인될 것이다. 이때는 외적인 목적을 추구하는 것이 아니기 때문에 내적인 목적을 추구하고 있는 것이 분명하다. 이 항구성은 아이들의 특징이다. 어른에게는 없다. 어른들은 오랜 시간이 걸리는 작업에서 항구성을 보일 수는 있어도 똑같은 일을 되풀이하는 일에서는 항구성을 보이지 않는다. 아이의 반복적인 활동은 일종의 성격 형성을 위한 훈련이다. 아이의 성격은 어른에 의해 형성되는 것이 아니고 아이 본인에 의해 형성된다. 아이가 아주 정확하게 연습을 되풀이하는 것을 참아주지 못하는 어른들이 있다. 그래도 아이가 자신의 의지력을 바탕으로 그렇게 줄기차게 연습하는 것은 아니다. 아이는 천성적으로 그렇게 하고 있다. 아이는 이 연습을 통해서 인간의 의지를 건설하고 있다. 따라서 이런 연습을 하면서 의지

　　　　　　　　　23장 소유욕의 승화

의 요소들을 발달시킬 기회를 갖지 못한 청년이 인내나 의지를 발휘하지 못한다 해도, 엄격히 따지면 그 청년을 나무랄 일은 아니다.

집중력이 처음 발휘된 다음에는 아이가 자신이 수행할 일을 스스로 결정하는 현상이 나타난다. 몬테소리 학교의 아이들은 할 일을 스스로 자유롭게 선택하면서 이 결단력을 연습한다. 이 결단력 또한 몇 년 동안 매일 반복을 통해 강화된다. 주변에서 자신이 하고 싶어 하는 일을 결정하지 못하는 사람이 보이면, 우리는 의지가 없는 사람이라고 말한다. 사람들 태반이 그렇다. 자신이 원하거나 할 바를 분명히 밝히는 사람을 보면, 우리는 의지가 강하거나 결단력 있는 사람이라고 말한다. 아이들은 자연의 법칙에 의해 자신의 행동을 결정하고, 어른들은 깊은 생각을 통해 결정한다. 이 결단력을 행사하기 위해서는 아이가 반드시 어른들로부터 독립을 확보해야 한다. 어른이 항상 아이 곁에서 이래라 저래라 하는 상황에서는 아이가 결단력을 키우지 못한다. 결단력은 내면의 발달과 내면의 힘에서 비롯되는 것이기 때문이다.

만일 주변의 어른이 아이의 내면에 있는 길잡이를 대신하게 된다면, 아이는 결단력과 집중력을 발달시키지 못한다. 그렇기 때문에 아이가 이 자질을 발달시키기를 원할 경우에, 우리 어른이 가장 먼저 해야 할 일은 아이에게 독립을 부여하는 것이다. 아이의 활동을 유심히 지켜보면, 아이의 가장 강력한 본능이 어른으로부터의 독립이라는 사실이 드러날 것이다. 다른 동물들도 마찬가지이다. 아이의 성장과 건설을 안내하는 자연법칙이 있으며, 아이는 성격을, 즉 정신을 건설하기 위해서 반드시 자연법칙을 따라야 한다.

우리는 정신의 형성을 직접 목격할 수 있다. 인간의 성격은 교육의 결과가 아니라 창조의 한 사실이다. 인간의 성격은 자연에 의해 형성된다. 어른이 강요하여 생기는 것이 아니다. 그것은 교육의 결과가 아니고 창조의 결과이다.

몬테소리 학교의 아이들에게서 사라진 결점 중 몇 가지를 고려해 보자. 적절히 발달하지 못한 아이들에게 가장 흔하게 나타나는 결점 하나가 소유욕이다. 아이의 소유욕은 "달을 따 줘."라는 말 한 마디에 고스란히 표현되고 있다. 이것이 본능적인 충동이 아니라면 달리 무엇이겠는가? 정상적인 아이라면, 이 단계에서 대상에 관심을 두지 않고 대상에 대한 지식에 관심을 두게 된다. 따라서 소유욕에도 변화가 일어나게 된다.

어떤 물건을 갖길 원했던 아이들이 잠시 후 그 물건을 잃어버리거나 깨뜨린다는 사실은 호기심을 자극한다. 그 물건은 잠시 아이의 관심을 끌다가 금방 옆으로 밀쳐질 것이다. 시계를 예로 들어보자. 시계는 시간을 알려주게 되어 있고, 또 시간을 알려주는 것이 시계의 진정한 가치이다. 아이는 시간을 모른다. 그래서 시계에 대한 진정한 관심이 시간에 있는 것이 아니다. 그렇기 때문에 아이는 금방 시계를 깨뜨린다. 나이가 조금 더 많은 아이라면 시계가 어떻게 만들어졌는지 궁금해 하면서 시계 케이스를 열고 톱니바퀴가 어떻게 돌아가는지 살필 것이다. 이때는 이 복잡한 기계가 그 작동 방식 때문에 아이의 관심을 끈다. 이 작동에 병적일 정도의 관심을 보이는 사람도 있다. 역사에도 그런 예들이 많다.

프랑스의 루이(Louis) 16세는 시계의 작동에 대한 관심이 아주 커서 많은 시간을 시계 실험실에서 보냈다. 유럽 대부분 지역을 통치한 샤를(Charles) 5세도 이런 관심을 갖고 있었다. 그는 시계를 12개나 갖고 있으면서 12개의 시계가 모두 똑같이 움직이도록 만들려고 노력했으나 끝내 뜻을 이루지 못하자 이렇게 말했다고 한다. "시계 12개도 똑같이 맞추지 못하는 주제에 어떻게 유럽을 통합시킬 수 있겠어? 그러니 내가 물러나는 게 낫겠어." 그 길로 그는 수도사가 되었다. 이것은 두 번째 유형의 소유욕, 즉 기계의 작동에 대한 관심이다.

다른 분야에서도 이런 소유욕이 확인된다. 아이들은 단순히 소유하기 위해 꽃을 꺾어 놓고는 금방 찢어버린다. 물질적 소유에는 언제나 파괴성이 따른다. 지금 이 세상에서도 이 진리가 목격되고 있지 않은가? 만일 아이가 꽃의 각 부분과 잎의 종류, 줄기가 성장하는 방향에 대해 알게 된다면, 소유욕도 없어지고 꽃을 찢는 일도 사라질 것이다. 대신에 아이는 식물에 지적 관심을 보일 것이다. 이를 지적인 소유라고 불러도 좋을 것 같다. 만약에 아이가 곤충을 단순히 소유하기만을 원한다면, 아이는 나비도 찢어 죽일 것이다. 그러나 아이의 관심이 곤충의 생명과 기능에 있다면, 아이의 관심은 여전히 나비에 가 있겠지만 소유나 파괴가 아니라 관찰로 모아질 것이다. 이런 지적 소유가 대단한 힘을 발휘한다. 그래서 우리는 그것을 사랑이라고 부른다. 이 단계에 이르면 아이는 이런 물건이나 생명체들을 아주 섬세하게 돌보게 될 것이다.

이 소유욕은 지적 관심 때문에 보다 높은 차원으로 올라가고, 지적 관심은 아이로 하여금 자신이 연구하는 생명을 더욱 깊이 들여다보도록 한다. 이처럼 보다 높은 차원으로 올라가면, 아이가 소유욕 대신에 무엇인가를 알고, 사랑하고, 이바지하려는 노력을 보일 것이다. 소유가 사랑으로 승화되는 것이다. 이렇게 되면 사물이나 생명체를 보존하려는 마음뿐만 아니라 그것들을 보호하려는 마음까지 일어난다. 본능적인 충동이 고상하게 승화되었다고 할 수 있을 것이다. 이와 똑같이, 호기심이 과학적 연구로 승화된다. 호기심이 공부하려는 충동으로 변하고, 이 충동에서 공부할 힘이 생김과 동시에 공부에 끌리는 현상도 나타난다. 어떤 사물이나 생명체를 사랑하고 존중하게 될 때, 아이는 모든 사물과 생명체를 보존하는 일에 열정적으로 매달리게 된다. 참으로 신기한 현상이 아닐 수 없다. 첫 번째 몬테소리 학급에 다녔던 아이들도 당연히 이런 변화를 보였다. 아이들의 소유욕이 높은 차원의 사랑과 봉사로 바뀌었던 것이다.

역사와 진화를 통해서 확인되듯, 이 같은 승화를 이루는 것은 인간의 본능이다. 인간은 온갖 분야로 들어가 그 분야를 보호하고 발전시키려고 노력한다. 따라서 인간은 생명의 법칙들을 지적으로 파악함으로써 생명을 돕는다. 농부들은 평생 동안 식물과 동물들을 돌본다. 과학자들은 현미경과 렌즈를 사랑하며 그런 사랑하는 마음을 도구들을 지극히 조심스럽게 다루는 것으로 표현한다. 인간은 어떤 대상을 손으로 잡고 파괴하다가 마지막에는 그 대상을 지적으로 사랑하고 지극한 정성으로 돌보게 된다. 최근에 전쟁을 통해서 도시를 파괴하면서 이와 정반대의 모습을 보여주기도 했지만, 그건 어디까지나 사건일 뿐이다.

대체로 보면 원칙은 인간이 세상에 이바지하고 세상을 사랑하는 것이다. 인간의 내면에서 사랑과 봉사의 정신이 일어나게 되어 있다. 그 씨앗이 인간의 본성 안에 있기 때문이다. 정원에서 꽃을 꺾고 찢었던 아이도 이제는 식물의 성장을 지켜보며 식물의 잎을 사랑하고 또 잎을 유심히 관찰한다. 꽃은 더 이상 나의 식물이 아니고 그저 식물일 뿐이다. 이 승화와 사랑은 지식에 의해서, 마음의 통찰에 의해서 이뤄진다. 설교로는 절대로 파괴성을 극복하지 못한다. 아이를 때리거나 아이의 감정을 건드리거나 도덕심을 심는 방식으로 아이를 바로잡으러 노력한다면, 아이는 5분 정도 바뀌는 모습을 보일지 몰라도 금방 원래의 자리로 돌아온다. 오직 지식을 주고 사랑을 안겨주는 일과 집중만이 변화를 성취해낼 수 있다. 무엇인가를 알고 사랑하고 이롭게 하는 것은 인간의 영적인 면을 드러내 보이는 것이다. 그런 마음은 오직 자신의 경험과 발달을 통해서만 얻어질 수 있다. 설교를 통해서 얻어지는 것이 아니다. 아이의 지능이 세부적인 것에 관심을 쏟자마자, 사랑이 일어나고 세세한 모든 것을 알고 싶어 하는 욕망이 일어난다. 그러니 어른이 아이의 이런 사랑과 욕망을 본의 아니게 꺾는 일은 없어야 한다.

모든 종교가 알고, 사랑하고, 봉사하라고 가르친다. 그러나 영성을 건설하는 존재는 어디까지나 아이이다. 아이는 자연이 인간의 행동이나 성격을 위해 어떤 계획 같은 것을 갖고 있다는 점을 보여주었다. 나이에 따라 기능을 세밀하게 나눠놓은 그런 치밀한 계획이다. 아이가 이 계획을 제대로 따르기 위해서는 스스로 자유를 누리고 활동을 치열하게 할 수 있어야 한다. 또 육체적인 연습뿐만 아니라 지적인 연습도 반복적으로 이뤄져야 한다. 이때 연습은 물리학이나 식물학 쪽의 지식을 얻거나 구두를 깨끗이 닦는 방법을 배우는 것에서 그치지 않는다. 의지와 정신의 요소들도 함께 형성된다. 어른은 아이가 키워나가는 의지를 이용할 수 있다. 그래서 아이는 우리 모두의 정신적 건설자가 된다. (최근의 전쟁에서 확인한 것처럼) 우리가 이룩한 훌륭한 발견의 결과물이 종종 우리의 머리 위로 떨어진다. 이는 우리 어른이 아이가 건설한 영혼을 망각했거나 아이가 영혼을 정상적으로 형성하지 못하도록 막았기 때문에 일어나는 현상이다.

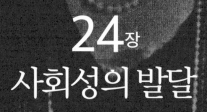

24장
사회성의 발달

아이가 가장 먼저 해야 할 일은 집중하는 방법과 수단을 발견하는 것이다. 이 집중이 아이의 성격의 바탕이 되고 또 아이가 사회적 행동을 하도록 준비시킬 것이다. 이는 곧 환경이 중요하다는 점을 보여준다. 왜냐하면 어느 누구도 아이에게 집중력을 안겨줄 수 없고 외부에서 아이를 조직하는 것도 불가능하기 때문이다. 아이는 자신을 스스로 조직해야 한다. 몬테소리 학교의 중요성은 아이에게 집중할 일을 스스로 발견할 기회를 준다는 데에 있다. 폐쇄된 환경(학교 또는 교실)이 집중에 도움이 된다. 이 사실을 우리 모두 잘 알고 있다. 그래서 사람들은 집중할 곳을 찾길 원할 때 신전이나 사당을 짓는다. 폐쇄된 환경 안에서 집중을 촉진하는 어떤 행동을 통해서 성격이 형성되고 개인의 창조가 이뤄진다. 일반 학교에서는 5세가 된 아이들을 받는다. 형성의 첫 번째 중요한 시기를 넘겼거나 형성

기회를 갖지 못했더라도 적어도 그 연령에 이른 아이들만 입학시키는 것이다.

반면에 몬테소리 학교는 아이를 보호하는 환경이며, 그 안에서 성격의 최초의 요소들이 형성되고 또 중요하게 여겨질 것이다. 몬테소리 학교의 결과가 세상에 처음 공개되었을 때 교육에서 환경을 준비하는 것이 지대한 관심을 끌었던 이유가 바로 거기에 있다. 화가와 건축가와 심리학자가 함께 모여 교실의 크기와 높이, 학교에 배치할 예술적 요소들을 면밀히 준비했다. 이런 관심이 일어날 수 있었던 것은 그때 처음으로 몬테소리 학교가 아이들의 단순한 휴식처가 아니라 아이들의 집중력을 도울 수 있는 그런 학교를 구상했기 때문이다. 몬테소리 학교는 아이들을 보호하는 환경 그 이상이었다. 그것은 심리적인 요소를 강조한 환경이었다. 몬테소리 학교에서 중요한 것은 학급의 크기나 형태, 색깔보다는 학급 안에 배치되어 있는 교재들이다. 왜냐하면 집중이 일어나는 때는 아이가 관심을 기울일 만한 교재를 갖고 있을 때이기 때문이다. 이 교재들도 아무렇게나 선택된 것이 아니었다. 아이들과 함께한 우리의 경험에 의해 특별히 결정된 교재들이었다.

첫 번째 아이디어는 많은 교재로 환경을 풍성하게 가꿔 아이들에게 교재를 선택할 자유를 폭넓게 주자는 것이었다. 그 결과, 아이들이 특정한 일부 교재만을 선택한다는 사실이 드러났다. 다른 교재들은 아이들이 사용하지 않은 채 그대로 있었다. 그래서 우리는 아이들이 사용하지 않는 교재를 환경에서 제외시켰다. 지금 환경 안

                                               24장 사회성의 발달

에 그대로 두기로 결정한 교재들은 실은 아이들에 의해 선택된 것이었다. 한 국가에서만 이런 실험을 한 것이 아니었다. 전 세계적으로 실시했다. 그랬더니 각국의 아이들이 똑같이 선택하는 교재들이 있는 것으로 확인되었다. 이 교재들을 우리는 기본 교재로 여기고 환경 속에 넣었다. 그런 한편 (어른들의 판단엔 아이들이 사용할 것으로 여겨졌지만) 모든 나라의 아이들이 거의 사용하지 않은 교재도 있었다. 이 교재들은 배제되었다. 정상화된 아이들이 있고 선택의 자유가 주어지는 곳이면 어김없이 이런 일이 벌어졌다. 그것을 보면서 나는 곤충들이 언제나 자기들에게 필요한 꽃만을 찾는다는 사실을 떠올렸다.

그렇듯 아이들이 필요로 하는 자극은 따로 있었다. 아이들은 스스로를 건설하는 일을 도울 교재들을 선택했다. 처음에 장난감이 아주 많았다. 그러나 아이들은 장난감을 이용하지 않았다. 색깔을 가르칠 물건도 많았다. 아이들은 이 중에서도 오직 한 가지 유형만을 택했다. 지금 우리가 이용하고 있는 색상 태블릿만을 선택한 것이다. 모든 나라에서 똑같이 이런 현상이 나타났다. 아이들이 선택한 교재들의 크기와 색깔의 명도도 중요한 요소로 받아들여졌다. 몬테소리 교육 방법에 쓰일 교재들을 결정한 방식은 그런 식이었다. 이 원칙은 사회생활에도 그대로 통한다. 30명 내지 40명 되는 아이들의 집단에 교재가 지나치게 많거나 한 세트 이상의 교재가 있으면, 반드시 혼란이 일어나게 되어 있다. 따라서 아이들이 많을지라도 교재의 수는 적다.

아이들이 많은 학급에도 교재들은 각각 하나씩만 있을 것이다. 만일 어떤 아이가 이미 다른 아이가 사용하고 있는 교재를 사용하길 원한다면, 그 아이는 그것을 사용하지 못할 것이며 정상화가 된 아이라면 다른 아이가 끝낼 때까지 기다릴 것이다. 따라서 여기서 매우 중요한 사회적 자질들이 발달할 수 있다. 예를 들어, 아이는 다른 아이가 어떤 교재를 사용하는 것 자체를 존중해줘야 한다는 것을 배울 것이다. 이때 아이는 누가 말로 가르쳐서가 아니라 자신의 사회적 경험을 통해서 어떤 사실을 배움으로써 그런 이치를 스스로 터득한다. 몬테소리 학교엔 교재의 종류는 아주 다양하지만 모두 하나씩밖에 없다. 그렇기 때문에 다른 아이가 갖고 노는 교재를 사용하고 싶어 하는 아이가 할 수 있는 유일한 길은 기다리는 방법밖에 없다. 이런 일이 여러 해에 걸쳐 매일 일어나기 때문에, 남을 존중하고 기다리는 경험이 개인의 삶에 녹아들게 된다.

따라서 아이에게 변화와 적응이 일어나게 되는데, 이것이 사회생활을 구축하는 것이 아니고 무엇이겠는가? 기본적으로 좋아하는 것만을 바탕으로 해서는 사회가 형성되지 못한다. 여러 활동이 결합하며 서로 조화를 이룰 때, 사회가 형성된다. 아이들은 이런 경험을 통해서 또 다른 사회적 가치를 개발한다. 인내이다. 인내는 충동을 자제하는 것이다. 그러므로 우리가 미덕이라고 부르는 성격적 특성들은 아이들 스스로가 터득하는 것이다. 어른은 세 살짜리 아이에게 이런 유형의 도덕성을 가르치지 못한다. 오직 아이의 경험만이 아이를 가르칠 수 있을 뿐이다. 다른 환경에 있는 아이들이 정상화를 성취하지 못했기 때문에, 이 점이 대중에게 대단히 크게 부각되었다. 다른 세상의 아이들은 이 나이에 남의 것을 빼앗으려 들지만 몬테소리 학교의 아이들은 기다릴 줄 알았다. 사람들은 아이들의 변화한 모습에 이런 반응을 보였다. "아니, 어떻게 저렇게 어린 아이들을 이런 식으로 가르칠 수 있었지?" 그것은 준비된 환경과 그 환경 안의 자유가 이룬 성취였으며, 그 결과 3세에서 6세 사이의 아이들에게 대체로 나타나지 않는 자질이 나타나게 되었다. 아니, 이 특성은 25세 내지 30세 성인들에게도 나타나지 않을 수 있지 않은가!

어른이 이런 식으로 전개되는 아이의 사회적 행동을 조정하기 위해 개입한다면, 그건 거의 언제나 실수가 될 것이다. 예를 들어 보자. 2명의 아이가 서로 마주보며 같은 선(線)을 밟으며 걷고 있다. 아이 하나가 방향을 잘못 잡은 것이다. 따라서 충돌이 불가피하다. 이때 어른은 둘 중 하나를 돌려세우고 싶은 충동을 느낄 것이다. 그러나 아이들은 자신들의 문제를 스스로 해결한다. 아이들은 매번 문제를 잘 해결한다. 언제나 똑같은 방식은 아니지만 언제나 만족스런 해결책을 발견한다. 다른 활동 영역에서도 이와 비슷한 문제가 자주 일어난다. 문제들이 끊임없이 발생하고 있으며, 아이들은 이 문제들을 해결하면서 대단한 즐거움을 느낀다. 어른들이 끼어들어 조정하고 나서면, 아이들은 신경이 날카로워진다. 그러나 자기들끼리 해결하도록 내버려두면, 아이들은 문제를 평화적으로 해결한다. 이것은 또한 사회적 경험을 연습하는 것이며, 만일 이 문제들이 평화적으로 해결된다면, 아이들은 선생이 제시할 수 없는 사회적 상황을 지속적으로 경험하는 효과를 누리게 될 것이다.

대체로 그런 문제에 개입하는 선생은 아이들의 생각과 매우 다른 생각을 품고 있기 때문에 학급의 사회적 조화를 교란시키게 된다. 아이들 사이에 문제가 발생하면, 극히 예외적인 경우를 제외하고는 아이들이 스스로 해결하도록 가만 내버려 둬야 한다. 그렇게 하면서, 우리는 아이들이 문제를 해결하는 방식을 살피고 아이들의 행동을 관찰할 수 있기 때문이다. 아이의 사회성은 이런 일상적인 경험을 통해서 형성된다. 대체로 보면 선생은 인내심이 부족한 탓에 아이들의 문제에 개입하고 나선다. 사실 선생의 이런 성향이 아주 본능적인 것이기 때문에, 나의 실험 초반에 선생들은 이 충동을 이기지 못했다. 그럴 때면 나는 선생들에게 "당신의 몸을 기둥에 꽁꽁 묶어둬요."라고 말하곤 했다. 몇몇 선생은 실제로 그렇게 하려고까지 했다. 또 어떤 선생들은 묵주를 돌리며 기도를 했다. 아이들의 문제에 개입하고 싶은 충동이 일어날 때마다 묵주를 잡고 마음을 다스렸던 것이다. 그럴 때면 언제나 선생들은 아이에게 개입하지 않는 것이 현명하다는 사실을 확인할 수 있었다.

보통의 교육자들은 사회생활을 양성하려고 노력하는 우리의 교육 방식을 이해하지 못한다. 그들은 몬테소리 학교들이 커리큘럼에 신경을 쓴다고 생각하지 사회생활을 육성하기 위해 노력하고 있다고는 생각하지 않는다. 그들은 이렇게 묻는다. "아이들이 혼자 활동한다면 어떻게 사회생활이 가능한가?" 그러나 사회생활이란 것이 문제를 해결하고 사회생활에 맞는 계획을 짜고 거기에 맞춰 행동하는 것이 아니고 무엇인가? 몬테소리 교육 방법에 의문을 품는 교육자들은 사회생활을 서로 함께 앉아서 선생이나 다른 사람의 말을 듣는 것으로 생각하고 있다. 그러나 그런 것만이 사회생활의 전부는 아니다. 실제로 평소의 삶을 보면 사회적 경험은 '휴식 시간' 또는 유람 정도로 제한되지만, 몬테소리 학교의 아이들은 언제나 공동체 안에서 살며 일하고 있다.

학급에 아이가 많을 때, 거기선 다양한 성격이 나타나고 다양한 경험이 가능하다. 아이들의 수가 적은 곳에서는 성격과 경험이 다양할 수가 없다. 정말로, 아이들의 완성은 학급 안에서 일어나는 사회적 경험을 통해서 성취된다.

이제 이 아이들의 사회가 어떤 식으로 구성되어 있는지를 보도록 하자. 아이들의 사회는 우연히 구성되었지만, 그렇게 운 좋은 우연은 아니었다. 폐쇄된 환경 안에 서로 함께 있게 된 아이들은 나이가 모두 달랐다(3세에서 6세까지). 일반 학교의 경우에는 지진아가 있지 않은 이상 학급의 학생들 사이에 나이 차이가 없다. 아이들은 대체로 연령으로 구분된다. 오직 극소수의 학교에서만 나이가 서로 다른 아이들을 같은 학급에 두고 있다. 그러나 아이들을 통해서, 우리는 같은 연령과 같은 능력의 아이들에게 문화를 전달하는 것이 지극히 어렵다는 사실을 확인할 수 있었다.

아이가 여섯이나 되는 가정도 매우 부드럽게 돌아간다. 그러나 쌍둥이가 있거나 세쌍둥이, 네쌍둥이가 있다면, 문제가 시작된다. 엄마가 똑같은 것을 원하는 아이들을 다루는 것이 여간 피곤한 일이 아니기 때문에 그런 현상이 나타난다. 나이가 모두 다른 아이 여섯을 키우는 것이 아이 하나를 키우는 것보다 힘이 덜 들 수 있다. 외동은 언제나 어렵다. 아이의 응석을 받아줘야 해서 그런 것이 아니라, 아이에게 사회가 전혀 없어서 그렇다. 가족들이 첫 아이로 인해 힘들어 하면서도 그 이후의 다른 아이들로 인해 힘들어 하지 않는 경우가 종종 있다. 그러면 가족들은 경험이 쌓였기 때문이라고 생각하지만, 사실은 아이가 사회를 갖게 되었기 때문이다.

사회는 그것을 구성하는 다양한 유형들 때문에 매우 흥미롭다. 늙은 남자들만의 양로원이나 늙은 여자들만의 양로원이 가장 힘든 사회이다. 같은 나이의 사람들을 한곳에 모아놓는 것은 지극히 부자연스럽고 잔인한 일이다. 아이들에게도 똑같이 적용된다. 같은 연령의 아이들만을 한곳에 모아놓으면, 사회생활의 끈을 끊어버리는 것이나 마찬가지이다. 그런 곳에는 사회생활에 필요한 자양분이 전혀 없다. 대부분의 학교를 보면 먼저 남녀에 따라, 그 다음에 나이에 따라 학급을 나눈다. 이것이 온갖 종류의 잘못을 낳는 근본적인 실수이다. 또 그것은 사회적 감각을 발달시킬 수 없게 하는 인위적 고립이다. 우리는 대체로 어린 아이들에게는 남녀공학을 실시한다. 남녀공학은 그다지 중요하지 않으며 남녀 성별에 따라서 학교를 달리할 수 있다. 그러나 한 학급에 다양한 연령의 아이들을 둘 수 있어야 한다.

몬테소리 학교들은 다양한 연령의 아이들이 서로 도울 수 있다는 사실을 보여주었다. 나이가 어린 아이는 나이가 많은 아이들이 하는 것을 보면서 그것에 대해 묻고, 그러면 나이가 많은 아이는 그에 대해 설명해준다. 이거야말로 진정한 가르침이다. 그러나 5세 아이의 설명과 가르침이 3세 아이의 이해력과 아주 가깝기 때문에, 3세 아이는 5세 아이의 설명을 아주 쉽게 받아들인다.

반면에 어른은 아이의 지능에 닿지 못한다. 어른과 아이 사이에 불가능한 생각의 조화와 교감이 아이들 사이엔 가능하다. 아이의 사회와 어른의 사회를 비교해보면, 이것을 쉽게 볼 수 있다. 대학교수가 무식한 사람을 상대로 강연을 하면, 청중이 아무것도 이해하지 못한다. 그렇기 때문에 대학교수에게 무식한 사람들을 도와달라고 요구하는 것은 현명하지 못하다. 대학교수들은 쉬운 수단을 찾지 못하며, 수준이 그처럼 차이가 많이 나는 환경에서 지식을 전달하는 것은 불가능하다. 성인을 대상으로 한 교육이 아주 어려운 이유도 거기에 있다.

로마에 대중을 위한 대학이 처음 설립되었을 때, 유명 대학의 교수들이 모두 돕겠다고 나섰다. 그 중 한 교수는 교육을 제대로 받지 못한 가난한 사람들에게 위생법을 가르치려고 노력했다. 주제는 전염병이었다. 교수가 세균 사진을 보여주었다. 청중이 물었다. "세균이 뭡니까?" 그러자 교수는 "슬라이드 위에 보이는 저것이 세균입니다."라고 대답했다. 그러자 다시 "슬라이드가 뭡니까?"라는 질문이 나왔다. 이에 교수는 "현미경 밑에 놓는 작은 유리 조각입니다."라고 대답했다. 그 다음 질문은 "현미경이 뭡니까?"였다. 결국 교수는 대중 대학의 자리를 포기하고 말았다. 대중을 교육시키기 위해 위대한 교수를 찾는 일은 없어야 한다. 교수보다는 기본적인 지식을 쉬운 언어로 전달할 수 있는 능력과 선의를 갖춘 사람을 찾아야 한다.

선생은 3세 아이가 많은 것을 이해하도록 돕지 못한다. 그러나 5세 아이는 3세 아이가 많은 것을 이해하도록 도울 수 있다. 5세 아이와 3세 아이 사이에는 정신적 삼투가 자연스럽게 일어난다. 또한 3세 아이는 5세 아이가 하는 일에 관심을 가질 수 있다. 5세 아이가 하는 일이 3세 아이의 가능성에서 그리 멀리 벗어나 있지 않기 때문이다. 나이가 많은 모든 아이들은 영웅과 선생이 되고, 나이가 적은 아이들은 그 숭배자가 된다. 나이가 적은 아이들은 나이가 많은 아이들을 보고 영감을 얻은 다음에 혼자서 일을 처리해낸다. 같은 연령의 아이들이 함께 모여 공부하는 일반적인 학교에서는, 능력이 뛰어난 아이가 다른 아이들을 가르칠 수도 있지만 선생이 대체로 이를 허용하지 않는다. 능력이 더 뛰어난 아이들은 단지 다른 아이들이 대답을 하지 못할 때 정답을 제시할 수 있을 뿐이다. 그리하여 이런 학급에선 시기심이 일어날 수 있다.

나이가 어린 아이에게는 시기심이 전혀 없다. 아이들은 자기보다 나이가 많은 아이들에게 배운다고 해서 수치심을 느끼지 않는다. 아이들은 자신이 지금은 어리지만 나중에 크면 나이가 많은 아이들이 하는 것을 똑같이 할 수 있다는 사실을 알고 있기 때문이다. 거기에는 사랑과 동경과 진정한 형제애가 싹튼다. 옛날의 학교에서 보

24장 사회성의 발달

다 높은 수준에 닿는 유일한 길은 경쟁을 통하는 것이었다. 이는 곧 시기와 혐오와 수치심을 의미한다. 이런 것들은 삶을 우울하게 만드는 반사회적인 요소들이다. 똑똑한 아이는 자만하면서 다른 아이들에게 힘을 행사하려 들 것이다. 그러나 3세 아이와 함께하는 5세 아이는 스스로를 보호자로 느낀다. 이런 보호와 존경의 분위기가 학급의 활동을 얼마나 많이 증대시키고 심화시키는지 모른다. 학급은 애정으로 똘똘 뭉친 집단이 된다. 아이들은 서로의 성격을 충분히 잘 알고 서로를 평가하게 된다. 일반 학교라면 아이들은 단지 "저 아이는 일등상을 받았고, 저 아이는 맨 꼴찌야."라는 정도만 알 것이다. 이런 조건에서는 형제애가 일어날 수 없다. 이때가 환경에 따라서 사회적 및 반사회적 자질들이 형성되는 시기인데도 말이다. 자질의 형성은 바로 이 나이에 시작된다.

5세 아이들이 언제나 자기보다 어린 아이를 가르친다면, 아이들이 그렇게 하면서도 충분한 지식을 얻을 수 있을까? 많은 사람들이 이런 걱정을 한다. 먼저, 5세 아이가 언제나 가르치고 있는 것은 아니다. 5세 아이도 자유를 누리고 있으며 아이의 자유는 존중되고 있다. 5세 아이도 3세 아이를 가르치면서 자신의 지식을 확고히 다진다. 왜냐하면 5세 아이도 어떤 문제를 가르치기 위해선 그것을 분석하고 다시 익혀야 하기 때문이다. 그렇기 때문에 5세 아이는 그 문제를 아주 신중하게 다시 살피게 된다. 이렇듯 나이가 많은 아이도 이 교류로 혜택을 누리게 된다.

3세에서 6세 사이의 아이들로 구성된 학급도 7세에서 9세 사이의 아이들로 구성된 학급과 아주 엄격하게 구분되어 있지 않다. 그렇기 때문에 6세 아이도 다음 학급을 경험함으로써 영감을 얻을 수 있다. 우리 학교의 모든 벽은 언제나 열려 있다. 모든 아이들이 이 학급에서 저 학급으로 마음대로 이동할 수 있기 때문에, 학급과 학급 사이에 교류가 일어난다. 만일 3세 아이가 7세에서 9세 사이의 학급으로 간다면, 이 아이는 거기에 오래 머물지 못할 것이다. 거기서 유익한 것을 얻기가 어려울 것이기 때문이다. 그러므로 한계가 있긴 해도 분리는 전혀 없다. 모든 집단 사이에 소통이 이뤄지는 것이다.

집단들은 각각 독특한 환경을 갖고 있지만 고립되어 있지는 않다. 거기엔 언제나 지적 산책의 가능성이 있다. 3세 아이는 9세 아이가 제곱근 문제를 푸는 것을 지켜보면서 9세 아이에게 뭘 하고 있는지 물을 수 있다. 만일 그 대답이 아무런 영감을 주지 못한다면, 3세 아이는 자신에게 영감을 주는 교재가 있는 자신의 학급으로 돌아갈 것이다. 그러나 6세 아이라면 제곱근 문제에 관심을 보이며 그곳에서 영감을 발견할 수도 있다. 이런 자유를 통해서 각 연령의 지식의 한계가 확인된다. 8세와 9세 아이들은 12세에서 14세 아이들이 푸는 제곱근 문제를 이해할 수 있다는 사실도 그런 과정을 통해서 확인되었다. 또 8세 아이가 대수에 흥미를 느끼고 문제를 풀 수 있다는 것도 확인되었다. 따라서 아이가 발전을 이루도록 하는 것은 나이만이 아니며, 이리저리 이동하는 자유도 아이의 발전에 중요하다는 사실이 드러난다.

사회 안에서 당신은 온갖 연령의 사람들을 다 발견한다. 그리고 어떤 역사에서도 연령 집단으로 구분된 사회는 발견되지 않는다. 연령을 기준으로 구분된 일반 학교 안에는 학교의 주장과 달리 사회적인 것이 아무것도 없다. 연령이 다른 아이들 사이의 교류는 행복과 조화를 낳는다. 왜냐하면 나이 많은 아이가 자신이 아직 교육대학을 다니진 않았지만 진정한 선생이란 사실을 깨닫기 때문이다. 시험 결과를 바탕으로 판단하면, 이 아이들은 교사 자격을 갖춘 선생들이 가르치지 못하는 것까지 가르치고 있다.

연령이 서로 다른 아이들이 함께 모인 곳에는 어딜 가나 활기가 돌고 열등감 콤플렉스 같은 것은 전혀 없다. 나이가 어린 아이가 생기를 느끼는 이유는 자신이 나이 많은 아이가 아는 것을 이해하고 있기 때문이고, 나이가 많은 아이가 생기를 느끼는 이유는 자신이 아는 것을 가르칠 수 있기 때문이다. 그렇기 때문에 거기에는 정신적 힘들의 고양이 일어난다.

이런저런 사실들은 아주 특별해 보이는 이 모든 현상들이 실은 그다지 특별하지 않다는 점을 보여준다. 이 현상들은 단지 자연의 법칙을 따른 결과일 뿐이다.

일반 학교의 교육에서는 이런 모든 에너지가 허비되고 있다. 만일 지금부터라도 이 에너지를 낭비하지 않는다면, 새로운 세대들이 새로운 정신적 부를 누릴 수 있을 것이다. 많은 비용을 추가로 지불하지 않아도 누릴 수 있는 결실이다. 선생들이 많이 필요하지도 않을 뿐더러, 적은 수의 선생들마저도 개입을 최대한 자제해야 할 것이니 말이다.

이처럼 자유를 누리는 상황에서 아이들의 행동과 아이들이 서로에게 하는 반응을 연구한다면, 사회의 진정한 비밀들이 드러날 것이다. 이 비밀들은 영적 현미경을 갖고 들여다봐야 하는 섬세한 사실들이지만 대단히 흥미롭다. 왜냐하면 이것들이야말로 사람의 본성에 고유한 사실들을 드러내 보여주기 때문이다. 그래서 학교들은 심리학적 연구를 위한 실험실로 여겨진다. 거기서 수행되고 있는 것이 진정한 연구가 아니고 관찰에 지나지 않긴 하지만 말이다. 그런데 이 관찰이 대단히 중요하지 않은가.

매우 중요한 사실들이 있다. 한 예를 들면, 아이들이 자신의 문제를 스스로 해결할 수 있다는 사실이다. 아이들의 문제에 관여하지 않고 그대로 내버려둔 상태에서 아이들을 관찰하면, 한 가지 중요한 사실이 확인될 것이다. 아이들은 어른들이 아이를 도와주는 그런 방식으로는 서로를 도와주지 않는다는 사실이 드러날 것이다. 어떤 아이가 무거운 교재를 낑낑거리며 옮기고 있어도 아무도 그 아이를 도와주러 가지 않는다. 어떤 아이가 복잡한 일을 끝낸 뒤에 흩어진 교재들을 정리하고 있어도 아무도 도와주지 않는다. 아이들은 서로를 존중하며 진정으로 도움을 필요로 하는 아이가 있을 때에만 도와준다. 이것이 어른들로 하여금 많은 것을 깨닫게 만든다. 아이들은 기본적으로 도움을 원하지 않는다는 사실을 아이 본인들이 잘 보여주고 있기 때문이다.

언젠가 한 아이가 기하학 공부에 쓰이는 카드들을 몽땅 바닥에 쏟은 일이 있었다. 그때 갑자기 밖에서 어떤 행렬이 지나가고 음악

소리가 들려왔다. 그러자 모든 아이들이 행렬을 보러 창가로 달려 갔지만 이 아이만은 달려가지 않았다. 이 아이에겐 카드를 그런 식으로 흩뜨려 놓은 채 자리를 떠난다는 것이 상상조차 되지 않았기 때문이다. 카드를 정리해야 했지만, 아무도 이 아이를 도와주려 하지 않았다. 그러자 아이의 눈에 눈물이 글썽거렸다. 자기도 행렬이 보고 싶었기 때문이다. 이때서야 다른 아이들도 비상사태라는 사실을 깨닫고 이 아이에게 와서 도와주었다.

어른들은 도와줘야 할 때를 결정할 때 이처럼 섬세한 구분을 하지 않는다. 어른들은 필요하지 않을 때에도 곧잘 돕는다. 숙녀가 혼자 힘으로도 충분히 의자에 앉을 수 있는데도, 신사는 의자를 빼내준다. 또는 숙녀가 아무런 도움을 받지 않고도 계단을 충분히 올라갈 수 있는 때에도 굳이 신사는 그녀의 팔을 잡아준다. 그러나 정작 누군가가 재산을 잃어 힘든 상황에 처하면, 아무도 그를 도와주지 않는다. 도움이 필요하지 않은 상황에서는 억지로 도와주면서, 정작 도움이 필요한 상황에 처하면 아무도 손길을 내밀지 않는 것이다.

또 다른 흥미로운 점은 아이들이 훼방꾼을, 말하자면 새로 학교에 입학해 그곳의 행동에 익숙하지 않은 아이를 대하는 방식이다. 새로 온 아이가 학급을 어지럽게 만들어 선생과 아이들에게 똑같이 문제가 되고 있다고 가정하자. 이런 상황이면 대체로 선생은 "장난이 아주 심하구나. 그건 좋지 않은 행동이야."라고 하거나 간혹 "나쁜 애로구나."라고 할 것이다. 그러나 아이들의 반응은 재미있다. 어느 아이는 새로 들어온 아이에게 다가가 "너, 장난꾸러기구나. 하지만 걱정 마. 우리도 처음 들어왔을 때 너처럼 그랬거든."이라고 말했다. 장난이 불행한 일로 여겨졌으며, 이 아이는 장난꾸러기 아이를 격려함과 동시에 진정한 소년의 모습을 끌어내려고 노력했다. 이 아이는 새로 온 아이에게 동정심을 느꼈다. 나쁜 짓을 한 사람이 다른 사람들의 동정심을 사고 또 모든 사람이 나쁜 짓을 한 사람을 위로하려 애를 쓴다면, 우리 사회에 얼마나 큰 변화가 일어나겠는가? 어떤 사람에게 동정심을 품는다는 것은 곧 그 사람이 육체적 아픔을 느낄 때 마치 우리가 그 아픔을 겪는 것처럼 느낀다는 뜻이다.

잘못된 행동이 좋지 않은 환경이나 출생의 조건 또는 다른 불운 때문인 경우가 종종 있다. 잘못된 행동은 단순히 처벌을 부를 것이 아니라 동정과 도움을 불러야 한다. 이것이 우리 사회의 구조를 바람직한 쪽으로 바꿔놓을 것이다. 어떤 사고가 일어날 경우에 우리 학급의 아이들이 하는 것처럼 말이다. 예를 들어, 어떤 아이가 유리병을 깨뜨렸다고 가정해보자. 그러면 병을 깨뜨린 아이는 종종 절망에 빠진다. 왜냐하면 아이들이 천성적으로 파괴를 좋아하지 않고 또 제대로 옮기지 못해 생긴 사건이 열등을 암시하기 때문이다. 이런 경우에 어른은 본능적으로 이런 식으로 반응한다. "기어이 꽃병을 깨뜨리고 말았군. 건드리지 말라고 했는데 왜 건드렸어?" 아니면 적어도 어른은 아이에게 화병 조각을 쓸어 담으라고 지시할 것이다. 아이가 사고의 결과를 직접 정리할 경우에 그 일에 따르는 가르침을 더욱 깊이 새길 것이라는 판단에서다. 그러나 아이들은 어

24장 사회성의 발달

떻게 하는가? 아이들은 도우러 달려갈 것이다. 그러면서 나직이 말할 것이다. "걱정 마! 다른 꽃병을 구하면 돼." 그리고 일부 아이들은 유리 조각을 줍고, 또 다른 아이는 마루에 엎질러진 물을 닦을 것이다. 그렇다면 아이들에겐 약한 아이를 격려와 위로의 말로 도우러 나서게 만드는 어떤 본능이 있다고 봐야 한다. 이것이 사회적 진화의 본능이다.

사회가 약자를 돕고 나섰을 때, 정말로 사회적 진화의 상당한 부분이 이뤄졌다고 할 수 있다. 우리의 모든 의학은 이 원칙에 입각하여 발달했으며, 또 이 본능으로부터 동정의 대상이 되는 사람들뿐만 아니라 인류 전체를 위한 도움이 비롯되었다. 허약하고 열등한 사람들을 격려하는 것은 잘못이 아니다. 그것은 올바른 일이며 사회 전체가 앞으로 나아가게 만드는 힘이다. 아이들은 정상화되자마자 서로에게만 아니라 동물들에게도 이 같은 감정을 보인다.

동물에 대한 존중을 가르쳐야 한다고 모두가 생각하고 있다. 이는 아이들이 동물에게 잔인하게 구는 성향을 갖고 있다고 판단하고 있기 때문이다. 절대로 그렇지 않다. 아이들은 동물을 보호하는 본능을 갖고 있다.

인도의 코다이카날에 있는 몬테소리 학교에 아기 염소가 한 마리 있었다. 나는 아기 염소가 뒷발로 서야 닿을 수 있을 만한 높이에 먹이를 놓아두고 매일 염소에게 풀을 먹였다. 그러면서 나는 아기 염소가 높은 곳의 먹이를 먹는 모습을 재미있어 하며 지켜보았다. 그녀석도 마치 그걸 즐기는 것처럼 보였다. 그러던 어느 날, 어떤 아이가 불안한 표정으로 새끼 염소에게 다가가더니 염소의 앞발을 잡아주는 것이 아닌가. 이 아이는 어린 염소가 뒷발로만 서 있어서는 안 된다고 생각한 것이다. 매우 감동적인 장면이었다.

몬테소리 학교에서 두드러지는 또 한 가지 특징은 자기보다 잘하는 아이들에 대한 동경이다. 아이들은 잘하는 아이들을 그냥 부러워만 하지 않는다. 다른 아이들의 성취가 열정적 동경과 기쁨을 불러일으킨다. 글쓰기 능력이 폭발적으로 커지던 때에도 이런 일이 일어났다. 어느 아이가 처음으로 단어를 썼는데, 그것이 아이들 사이에 대단한 기쁨과 웃음을 야기했다. 아이들은 단어를 쓸 줄 아는 아이를 경탄의 눈길로 바라보았다. 그 아이의 성취가 갑자기 다른 아이들로 하여금 "나도 할 수 있어!"라는 생각을 품게 만들었다. 한 아이의 훌륭한 결과는 전체 집단의 향상을 초래했다. 알파벳에 대한 열정이 일어날 때에도 마찬가지였다.

아이들 사이에 선한 정서를 바탕으로 소통이 이뤄지고 있으며, 따라서 아이들의 집단 안에 단결이 형성되고 있다. 이런 예들을 근거로 우리는 아이들이 정상화될 때 조성되는 훌륭한 분위기 안에 일종의 끌림 같은 것이 있다는 사실을 깨닫는다. 나이가 많은 아이들이 나이가 적은 아이들에게 끌리고 나이가 적은 아이들이 나이가 많은 아이들에게 끌리듯이, 정상화된 아이들은 정상화되지 않은(새로 온) 아이들에게 끌리고 정상화되지 않은 아이들은 정상화된 아이들에게 끌리고 있는 것이다.

25장
응집력 강한 사회

나의 경험 중에서 기억해 두면 좋을 만한 또 다른 일화를 들려주고
싶다. 어느 날 나는 그 자체로 그다지 매력적이지 않은 주제를 가르
치게 되겠구나, 하고 생각했다. 아이들에게 코를 푸는 방법을 가르
쳐 주었는데, 아이들은 나의 생생한 시범에 아주 재미있어 했다. 그
때 나는 코를 푸는 방법이 사람마다 어떻게 다른지를 가르쳤다. 여
봐란 듯이 손수건을 펼치고 소리 내어 코를 푸는 사람이 있는가 하
면, 교양 있는 사람들은 거의 모든 동작을 숨기며 소리도 내지 않고
처리한다는 점을 전했다. 나를 놀라게 만든 것은 아이들이 나의 시
범을 아주 진지하게 지켜보았다는 사실이다. 어느 누구도 웃으려
들지 않았다. 내가 시범을 끝냈을 때, 정말 놀랍게도, 어린 청중은
일제히 박수를 쳤다. 그런 장면을 나는 그때까지 한 번도 경험하지
못했다. 내가 아는 한, 인류 역사에도 아이들 집단이 연설에 그렇게

박수를 친 적은 없었다.

두세 명의 아이가 아니었다. 모든 아이들이 일제히 그때까지 오직 "일"만 했던 작은 손으로 열정적으로 박수를 쳤다. 나는 여느 때처럼 밖으로 나갔고 잠시 좁은 길을 걷다가 뒤를 돌아보았다. 아니, 이럴 수가. 모든 아이들이 나를 따르고 있는 것이 아닌가. 아이들이 정말로 꿀벌 무리처럼 보였다. 아이들이 너무나 조용히 움직이고 있었기 때문에, 나는 아이들이 나의 뒤를 따르고 있다는 사실조차 몰랐다. 이렇게 신기한 상황이 다 벌어지다니! 한 여인이 길을 걷고 있는데 그 뒤를 40명의 어린이가 따르고 있었으니, 행인들이 봤다면 무슨 생각을 했을까? 나는 아이들 쪽으로 몸을 돌리며 차분히 말했다. "너희들 모두 학교로 돌아가거라. 발끝으로 살금살금 걷고 문기둥에 받히지 않도록 조심해야 한다." 나는 이런 식으로 지시를 했다. 왜냐하면 아이들에겐 행동을 정확히 묘사하는 것이 대단한 흥미를 유발하기 때문이다. 마치 마법이 일어난 듯, 아이들은 모두 뒤로 돌아서서 발소리를 죽이며 달렸다. 문에 닿자, 아이들은 문기둥에 받히지 않기 위해 귀퉁이를 피하여 출입문 가운데로 들어갔다. 그렇게 아이들은 사라졌다.

"저런 열성은 도대체 어디서 나오는 것일까?" 나는 생각했다. 아마도 내가 아이들이 매우 민감하게 반응할 어떤 사회적 문제를 건드렸을지도 몰랐다. 사실 모든 아이들은 지저분한 코 때문에 대체로 수치심을 느낀다. 이탈리아에서는 사람들이 아이를 아이라고 부르지 않고 "코흘리개"라고 부르기도 한다. 아이들의 코는 언제나 지저분하다. 그래서 어머니들은 간혹 아이의 오른쪽 가슴에 손수건을 달아준다. 이 손수건을 아이들은 수치스런 열등의 표시로 느낀다. 아마 나의 가르침이 성공을 거둘 수 있었던 이유도 거기에 있지 않을까? 나는 아이들에게 모욕을 주지 않고 가르침을 주었다. 따라서 아이들은 자존심을 되찾고 개인적 존엄을 높일 지식을 습득했다. 나의 행동은 대중의 지도자, 말하자면 대중을 고무하고 인간적 존엄을 지키는 혁명가의 행동과 비슷했다.

이 작은 에피소드는 정말 놀라운 것이었다. 그러나 중요한 사실은 이 아이들이 하나의 집단으로 느끼며 행동을 했다는 점이다. 아이들은 정말로 신비한 끈으로 묶인 사회를 형성하고 집단으로 행동했다. 이 결속은 각 개인이 느끼는 공통의 정서에 의해 형성되었다. 아이들이 "독립적인 개인들"이고 서로 의지하지 않고 있었음에도 불구하고, 아이들은 똑같은 충동에 의해 움직였다. 그런 사회는 의식보다는 흡수하는 정신에 의해 서로 더 밀접히 연결되는 것 같다.

아이들이 연대를 구축하는 과정은 세포들이 유기체를 만들어나갈 때의 과정과 비슷하다. 분명히, 사회의 형성에도 아이들이 발달하는 과정에 거치는 태아기와 비슷한 단계가 있음에 틀림없다.

아이들이 어떤 공동체가 형성되는 것을 서서히 자각해 가는 과정을 살피는 것은 매우 흥미로운 일이다. 아이들은 자신이 어떤 집단에 속하며 그 집단의 행동에 기여하고 있다는 사실을 자각하게 되는 것 같다. 아이들은 집단에 관심을 보이는 데서 그치지 않는다. 공동체에 빠져 있다고 해도 과언이 아닐 정도로 공동체 생활에 열심으로 임한다. 이 단계에 이르면, 아이들은 더 이상 기계적으로 움직이지 않는다. 아이들은 성공을 목표로 잡고 집단의 명예를 특별히 고려한다. 사회적 의식을 향한 이 첫걸음을 나는 원시사회에 빗대어 "씨족정신"이라고 부른다. 이 사회 안에서 개인들은 이미 집단의 가치를 활동의 목표로 잡고 그 가치를 사랑하고, 방어하고, 소중히 여긴다.

어른의 영향이 전혀 개입되지 않은 가운데서 나타난다는 점을 감안하면, 이 현상의 첫 번째 표현들은 특히 더 인상적이다. 이 현상은 발달을 연속적으로 드러내는 사실들을 통해 표현된다. 어느 단계에 이르면 이빨이 잇몸을 뚫고 나오듯이 말이다. 아이들의 타고난 충동에 의해 형성되고, 그 자체의 힘으로 움직이고, 어떤 사회적 정신에 고무되는 이 연대를 나는 '응집력 강한 사회'(cohesive society)라고 부른다.

이때 아이들은 선생의 감시가 없는 상황에서도 무슨 일이든 자기들끼리 알아서 잘 처리한다는 사실이 확인되었다. 아이들의 이런 사회적 감정은 가르침을 통해 형성된 것이 아니며 경쟁심이나 개인적 흥미와는 아주 달랐다. 한마디로 말해, 자연의 선물 같았다. 그럼에도 아이의 사회적 감정은 어디까지나 아이들이 노력을 통해 이룬 성취였다. 해부학자 조지 코그힐(George E. Coghill)의 말대로, "자연이 행동을 결정하지만, 행동은 어디까지나 환경 안에서 경험을 통해야만 발달한다". 성격의 건설과 사회의 건설에 필요한 설계도를 주는 것은 분명 자연이다. 그러나 이 설계도를 바탕으로 성격과 사회를 현실로 만들어내는 것은 자연에 충실한 아이의 활동을 통해서만 가능하다. 아이는 그렇게 함으로써 나름으로 발달의 단계들을 거친다. 응집력 강한 사회에 팽배한 이 씨족정신은 미국 심리학자이며 교육자인 칼튼 워시번(Carleton Washburne)이 '사회 통합'(social integration)이라고 부른 것과 아주 비슷하다. 워시번은 이것이 사회 개혁의 열쇠이고 교육의 바탕이 되어야 한다고 주장한다. 각 개인이 자신이 속한 집단과 자신을 동일시할 때, 사회 통합이 이뤄진다. 사회 통합의 정신을 가진 사람은 개인의 평판보다 집단의 성공을 더 중요하게 여기게 된다.

사회 통합이 존재하는 사회의 한 예가 바로 마법적인 자연의 힘들을 통해서 성취한 아이들의 응집력 강한 사회이다. 우리는 아이들이 창조해 내는 사회를 그대로 받아들이고 소중히 여겨야 한다. 성격이나 정서 같은 것은 가르친다고 형성되는 것이 결코 아니기 때문이다. 성격과 정서는 생명의 산물인 것이다.

그러나 응집력 강한 사회는 인간의 운명을 지배하는 조직화된 사회와 다르다. 응집력 강한 사회는 단지 아이의 진화에 나타나는 마지막 단계일 뿐이며, 일종의 사회적 태아의 창조라 할 수 있다.

조직화된 사회

아이가 6세가 되어 또 다른 발달 단계로 접어들기만 하면 금방 또 하나의 자발적인 형태의 사회생활이 아주 분명하게 나타난다. 이 단계는 말하자면 사회적 태아에서 사회적 신생아로 넘어가는 과도기이다. 이때 나타나는 사회생활은 조직화된 연합의 형태를 띤다. 이때 아이들은 사람에 의해 확립된 원칙과 법들을 추구한다. 아이들은 공동체를 이끌 지도자를 찾는다. 규칙과 지도자에 대한 분명한 복종이 이 사회를 연결하는 끈이다. 우리가 알고 있는 것처럼, 이 복종은 이 발달 단계 앞에 오는 태아 단계에서 준비된다. 맥두걸(William MacDougall)은 6세와 7세 아이들이 이미 형성하기 시작하는 이런 유형의 사회에 대해 묘사한다. 아이들은 나이 많은 다른 아이에게 복종한다. 그런 모습을 보고 있으면 아이들이 맥두걸이 '군집 본능'(gregarious instinct)이라고 부른 본능의 지배를 받는 것처럼 보인다. 무시되거나 버림받은 아이들은 종종 이 단계에서 갱단을 조직한다. 특별히 어른들의 원칙과 권위에 반항하며 만드는 집단이다. 그러나 종종 반항적인 태도를 낳기도 하는 이런 자연스런 충동은 보이 스카우트 운동으로 승화되고 있다. 보이 스카우트 운동은 아이들과 청년들의 본성 안에 있는, 사회적 발달 욕구에 부응하고 있다.

이 '군집 본능'은 유아들의 사회의 바탕인 응집력과는 다르다. 성인들의 사회에 이를 때까지 지속적으로 발달하는 이런 사회들은 모두 의식적으로 조직화된 사회들이다. 이 사회들은 모두 인간이 만든 규칙과 구성원들을 이끌 지도자를 필요로 한다. 그러므로 인간이 사회 안에서 생활해야 하는 것은 타고난 숙명이며 또한 인간의 천성에 속한다. 사회생활은 자연스런 진화의 과정에 서로 다른 특징들을 보이면서 하나의 유기체로서 발달해간다.

사회는 조직만 아니라 응집력도 필요로 한다. 둘 중에서 응집력이 더 근본적이며 조직의 건설에 반드시 필요한 바탕이다. 만일 개인들이 각자를 결합시켜 집단을 이룰 무엇인가를 갖추고 있지 않다면, 법이나 지도자가 아무리 훌륭해도 개인들을 뭉치게 하거나 행동하게 하지 못한다. 집단의 힘과 적극성은 개인들의 성격이 발달한 정도에 따라서 달라진다. 사회의 조직화는 환경과 사건들뿐만 아니라, 무엇보다 개인들과 그 개인들의 내적 지향(志向)에도 크게 좌우된다.

예를 들어, 고대 그리스인들은 성격 형성을 사회 건설의 바탕으로 삼았다. 그들의 지도자였던 알렉산더 대왕은 소규모의 병사로 페르시아 전역을 정복했다. 이슬람교 신자들을 보도록 하자. 그들은 가공할 만한 단결을 상징한다. 이 단결은 이슬람 율법과 지도자들의 덕분이라기보다는 이슬람교 신자들이 공통의 이상으로 똘똘 뭉친 결과이다. 이슬람교 신자들은 정기적으로 무리를 지어 메카로 순례를 떠난다. 이 순례자들은 서로를 모른다. 순례자들은 개인적인 이해관계도 없고 야심도 없다. 그들은 개별적으로 모두 같은 목표를 향하고 있다. 어느 누구도 그들을 강제하지 않는다. 그들에게 명령하는 사람도 없다. 그런데도 이슬람교 신자들은 자신의 목표를 성취하기 위해 엄청난 희생을 감내한다. 이 순례는 응집력에 의해서만 성취될 수 있다.

중세 유럽의 역사를 보면, 전쟁에 찢긴 우리 시대의 지도자들이 엄청나게 노력하고 있음에도 불구하고 아직 성취하지 못하고 있는 어떤 것이 보인다. 유럽의 UN이랄 수 있는 것이 중세에 이미 형성되어 있었던 것이다. 어찌 그런 것이 가능할 수 있었을까? 성공의 비결은 그 시대의 국가들과 제국들 모두가 같은 종교적 신앙에 정복당했으며, 이 종교적 신앙이 무서운 응집력을 발휘했다는 사실에 있다. 당시의 왕들과 황제들은 자국 국민을 자신의 법에 따라 통치하는 한편으로 똑같이 기독교의 힘에 의존하고 복종했다.

20세기 전반기에 우리는 이를 보여주는 새로운 예를 역사에서 목격했다. 무솔리니(Benito Mussolini)와 히틀러(Adolf Hitler)는 정복에 성공하려면 개인들을 아주 어릴 때부터 준비시켜야 한다는 사실을 처음으로 깨달은 인물들이다. 이 두 지도자가 전쟁을 일으킬 목적으로 군사력을 증강시키기 몇 년 전에, 파시스트의 어린이 조직인 '이리의 아들'(Figli della Lupa)과 나치의 청년 조직인 '히틀러 청소년단'(Hitler Jugend)이 먼저 결성되었다. 두 지도자는 학교에 다니던 청년들과 아이들을 준비시키고 하나로 단결시킬 어떤 이상을 외부에서 강요했다. 도덕적 가치 판단을 떠나서, 이것은 새롭고, 논리적이고, 과학적인 과정이었다. 이 지도자들은 자신들의 계획의 바탕으로 "응집력 강한 사회"를 가질 필요성을 충분히 이해하고 유아 시절부터 준비시켰던 것이다.

그러나 응집력 강한 사회는 자연적인 현상이며 자연의 창조적 충동을 바탕으로 자발적으로 건설되어야 한다. 어느 누구도 신을 대체할 수 없으며, 사회에서 그렇게 하려는 사람은 누구든 악마 같은 어른이 되어 아이의 개성이 지닌 창조의 에너지를 억누르게 된다.

25장 응집력 강한 사회

어른들의 내면에 있는 응집력도 우주적 명령에, 말하자면 조직의 메커니즘보다 우위에 있는 이상을 따르고 있다. 두 개의 사회가 있음에 분명하다. 이 두 개의 사회는 서로 얽혀 있다. 하나는 잠재의식과 창조적인 무의식적 정신에 그 뿌리를 내리고 있으며, 다른 하나는 의식적으로 행동하는 사람들에 의존하고 있다. 이런 식으로 표현할 수도 있다. 한 사회는 어린 시절에 시작하고, 다른 한 사회는 성인에 의해 그 사회 위로 포개지는 사회라고 말이다.

아이가 혼자 발달하도록 내버려두라. 아이가 눈에 보이지 않는 창조의 뿌리에서부터 스스로 어른으로 성숙해가도록 가만 내버려두라는 뜻이다. 그러면 우리는 개인적 및 사회적 힘을 좌우하는 비밀들을 배울 수 있다.

오늘날의 어른들은 아이들이 혼자 발달하도록 둘 생각은 하지 않고 사회의 의식적이고 조직적인 부분을 바탕으로 해서만 판단하고, 행동하고, 규제한다. 어른들은 마치 자신들만이 조직의 창조자인 것처럼 조직을 강화하고 보장하길 원한다. 어른들은 조직에 반드시 필요한 바탕에 대해서는 전혀 생각하지 않는다. 어른들은 오직 인간의 지도만을 허용하고 있으며, 어른들의 포부는 지도자를 발견하는 쪽으로 흐른다.

만약에 일반 학교에서도 자발적인 조직이 허용되고 또 이 학급에서 저 학급으로 쉽게 옮겨다닐 기회가 주어진다면, 학교가 훨씬 더 나아질 것이다. 결과를 낙관하는 이유는 일반 학교에서 사람들이 몬테소리 학교와 정반대의 관점에서 시작하기 때문이다. 일반 학교의 선생들은 아이들이 배움에 적극적으로 나서지 않는다고 생각하고 있으며, 따라서 아이들이 열심히 배우도록 하기 위해서는 강요하거나 격려하거나 처벌하거나 상을 줘야 한다고 믿고 있다. 이 선생들은 노력을 촉진시킬 격려의 수단으로 경쟁을 이용한다.

사람들은 악을 퇴치하는 일에 대체로 악을 동원하는 경향을 보인다. 어른의 태도는 악을 누르기 위해 악을 찾는 쪽이다. 그러면 악의적으로 비판하고 판단하는 것이 불가피해진다. 어딜 가나 "움직이지 마라!"거나 "가르쳐주지 마라!"거나 "도와주지 마라!"거나 "이름을 부르지 않으면 대답하지 마라!"라는 소리가 들린다. 한결같이 하지 말라는 식의 부정적인 표현들이다. 이런 상황을 우리는 어떻게 해결해야 하는가? 대체적인 생각은 모든 아이들이 잘못되어 있으며, 따라서 우리가 아이들이 현재보다 조금 덜 잘못될 수 있도록 도와야 한다는 것이다. 그러나 아이들은 선생의 머리에 떠오르지 않는 것들을 한다. 아이들은 자기보다 더 우수한 아이를 단순히 시기하는 것이 아니라 존경할 것이다. 그러나 경쟁자를 존경하는 것은 사람이 명령한다고 해서 되는 것이 아니다. 그런 것이 선생의 한계이다.

그러면 선생은 어떻게 해야 하는가? 정신의 어떤 태도들은 존재하지 않는 이상 끌어내는 것이 불가능하다. 그러나 만약에 정신의 어떤 태도들이 존재하는데 그것이 본능적이라면, 그것을 지키고 격려하는 것이 아주 중요해진다. 그것은 "원수를 갚지 마라."라는 성경의 가르침과 똑같다. 아이는 자신을 해치거나 자신을 대신해 주목을 받는 아이를 종종 친구로 만들지만, 아이에게 어른들이 그렇게 하라고 명령하지는 못한다. 사람은 나쁜 짓을 하는 사람들에게 동정과 사랑을 보여야 하지만, 그것을 명령하는 것은 가능하지 않다. 사람은 무능한 사람에게 도움을 줘야 하지만, 그것을 명령하지는 못한다. 그렇다면 아이의 영혼에는, 명령으로 끌어내어질 수는 없지만 지켜줘야 할 감정들이 있다. 불행하게도 그 감정들은 일반적으로 질식당하고 있다. 선생은 가장 먼저 아이가 무능하기 때문에 유능하게 만들어야 한다고 생각한다. 그래서 선생은 "이것 또는 저것을 하지 마라."라는 식으로 말하면서 아이를 유능하게 만들려고 한다. 달리 말하면, 선생은 아이에게 "주변부로 미끄러지지 마라."라고 하는 것이다. 미끄러지려 하는 아이들을 미끄러지지 않도록 하려는 노력이 전개되고 있다. 그것이 전부다. 그러나 정상화된 아이들은 언제나 이런 식으로 악을 피하려는 모습을 보여주지 않고 선(善)을 과도하게 실천하는 모습을 보인다. 시간표에 정해진 시간을 따르거나 휴식 시간을 지키느라 아이의 일을 방해하는 것도 아이에게 부정적으로 작용한다. "한 번에 공부를 너무 많이 하지 않도록 해라. 그렇게 하면 지치고 말 거야." 그러나 아이는 최대한의 노력을 쏟고 싶은 욕망을 분명히 보인다. 보통 학교들은 아이들의 창조적 본능을 절대로 도와주지 못할 것이다. 아이들이 원래 어른의 눈으로 보면 과하다 싶을 만큼 지나치게 많은 활동을 보이기 때문이다. 과다한 활동, 즉 일을 많이 하고, 모든 일을 아름답게 보고, 고통 받는 아이를 위로하고, 약자를 돕는 것은 어린 아이들의 본능이다. 보통 학교와 정상화된 아이들을 비교하다 보면, '구약성경'과 '신약성경'이 떠오른다. '구약성경'의 십계명은 "죽이지 마라." "훔치지 마라." 등 모두가 하지 말라는 식이다. 이 십계명들은 열등한 사람을 위한 것이고, 혼란을 느끼는 사람에게 필요하지만, '신약성경'은 그리스도를 아이들과 비슷한 모습으로 그린다. '신약성경'은 긍정적인 것들을 말한다. 언제나 뭘 하라는 식이다. 예를 들면, "적을 사랑하라."고 했다. 긍정의 과다라고 할 수 있다. 그렇듯, 법을 따르면서 그것으로 칭찬받기를 원하는, 다른 사람들보다 탁월해 보이는 사람들이 왔을 때에도, 그리스도는 "나는 죄인들(열등한 존재)을 위해 왔도다."라고 했다. 아이들의 천성이 꼭 그렇다. 그것은 선(善)의 과다를 표현하고 있다. 하지만 결과는 어떻게 되는가? 사람에게 이런 원칙들을 가르치는 것만으로도 충분하지 않고, 사람이 이런 원칙들을 갖는 것만으로도 충분하지 않다. 이 원칙들을 되풀이 말하는 것도 아무 소용이 없다. "적을 사랑하라." 이런 말은 교회에서나 하는 말이지 전쟁터에서는 하지 않는다. 전쟁터에선 그와 정반대의 행위가 이뤄진다. "죽이지 마라."라고 말하는 사람들은 단순히 자기 자신을 보호하기 위해 악 쪽으로 관심을 돌리고 있다. 왜냐하면 그들에게 선은 비실용적이기 때문이다. 원수를 사랑하는 것은 비실용적인 것으로 비치며, 그래서 그 가르침은 공허한 이상으로 남았다.

어쩌다 이런 일이 일어났을까? 그 이유는 선(善)의 뿌리가 사람의 가슴에 있지 않기 때문이다. 한때 선의 뿌리가 사람의 가슴 안에 있었을지라도 지금은 죽어 사라졌다. 만일 교육이 이뤄지는 시기 전반에 걸쳐 미움과 경쟁, 대립을 촉진하고 고무한다면, 그런 분위기에서 자란 사람도 다른 사람들로부터 선에 대한 설교를 들으면서 스무 살이나 서른 살에 선한 사람으로 성숙할 수 있을까? 나는 불가능하다고 생각한다. 정신의 감각 기관은 그런 설교를 받아들일 준비가 전혀 되어 있지 않거나, 설령 감각기관이 준비를 시작했다 하더라도 파괴되었을 것이며, 따라서 설교는 소 귀에 경을 읽는 꼴이나 마찬가지일 것이다.

설교가 중요한 것이 아니라 창조적인 본능들이 중요하다. 이 본능들이 어떤 실체를 드러낼 것이기 때문이다. 어린 아이들은 자연이 하라는 대로 행동한다. 선생이 하라고 시켜서 하는 것이 아니다. 선(善)은 상호 도움에 의해, 정신적 응집력으로 이룬 단결에 의해 생겨나야 한다. 아이들이 보여주는 응집력 강한 사회가 모든 조직의 바탕이다. 3세에서 6세 사이의 아이들을 가르칠 수 있는 사람은 어른이 아니라는 주장을 내가 계속 펴는 이유가 바로 거기에 있다. 우리는 정확한 방식으로 아이들을 관찰하면서 아이들이 매일 연습을 통해 발달을 어떤 식으로 성취하고 있는지를 볼 수 있다.

자연이 주는 것은 지속적 연습을 통해서만 발달하게 되어 있다. 자연이 길잡이 역할을 맡긴 하지만, 어느 분야든 무엇인가를 발달시키기 위해선 개인의 지속적인 경험과 노력이 반드시 필요하다. 만일 나 자신이 직접 추구할 기회를 갖지 못한다면, 설교는 아무런 쓸모가 없다. 성장은 활동을 통해서 이뤄지는 것이지 지적 이해로 이뤄지는 것이 아니며, 따라서 어린 아이들의 교육이 아주 중요하다. 3세에서 6세 사이 아이들의 교육이 특히 더 중요하다. 이때가 성격 형성과 사회 형성의 태아기에 해당되기 때문이다. 아이들이 3세와 6세 사이에 수행하는 것들은 어떤 인위적인 원칙을 따르는 것이 아니고, 신이 형성 과정에 있는 정신에게 내리는 지령을 따른다. 아이들이 이 시기에 하는 것들은 행동의 싹들이며, 이 싹들은 자유와 질서가 확립된 올바른 환경 안에서만 꽃을 활짝 피울 것이다.

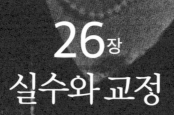

26장
실수와 교정

몬테소리 학교에서 아이들은 자유를 누린다. 그렇다고 몬테소리 학교에 조직화가 이뤄져 있지 않다는 말은 아니다. 몬테소리 학교에도 조직화는 반드시 필요하다. 아니, 몬테소리 학교의 조직화가 다른 학교의 조직화보다 훨씬 더 치밀해야 한다. 그래야만 아이들이 자유롭게 일에 몰입할 수 있기 때문이다. 아이는 준비된 환경 안에서 실험을 수행함으로써 스스로를 완벽하게 다듬는다. 그러나 어느 정도의 도구가 필요하고 공간도 필요하다. 아이는 많은 활동에서 한번 집중을 이루기만 하면 계속 집중을 유지할 수 있다. 아이가 적극적으로 활동할수록, 선생은 덜 적극적으로 움직이게 된다. 그러다 보면 선생은 거의 완전히 옆으로 비켜나게 된다.

아이들은 자유로운 분위기에서 반복적인 연습을 통해 서로 결합하면서 특별한 사회를 형성하며, 이 사회는 성인의 사회보다 훨씬 더 섬세하다. 그렇기 때문에 아이들을 간섭하지 말고 자기들끼리 발달을 꾀하도록 내버려둬야 한다. 사회의 형성은 생명의 한 현상이고, 또 태아의 생명의 현상만큼이나 정교한 현상이다. 어른들이 건드려서는 안 되는 현상이다.

이 환경 안에서 선생과 학생 사이에 명확한 관계가 설정된다. 상세하게 정해지는 선생의 임무에 대해서는 다른 장에서 논할 것이다. 그러나 선생이 하지 말아야 할 것 한 가지는 아이의 일에 간섭하거나 칭찬하거나 처벌하거나 실수를 바로잡아주는 일이다. 대부분의 교육자들에게 이 원칙은 잘못된 것처럼 보인다. 몬테소리 교육 방법에 반대하는 교육자들은 언제나 이 점을 못마땅하게 여긴다. 그런 교육자들은 "실수를 바로잡아주지 않고 어떻게 아이들의 노력을 향상시킬 수 있어?"라고 묻는다. 일반 학교의 교육에서는 선생의 기본적인 임무가 도덕 및 지적 분야의 실수를 바로잡아주는 것으로 여겨지고 있다. 그렇게 하지 않으면 선생은 자신의 임무를 다했다는 느낌을 받지 못한다. 교육은 상을 주고 벌을 내리는 행위로 이뤄진다. 그러나 어떤 아이에게 상이나 벌이 내려진다면, 그것은 곧 그 아이가 스스로를 이끌 에너지를 갖지 못하고 있으며 선생이 아이를 일일이 따라다니며 방향을 잡아주고 있다는 뜻이다.

몬테소리 학교에서는 자연스레 상과 처벌이 사라졌다. 그럴 필요성이 전혀 없기 때문이다. 상과 처벌은 외부에서 오는 것이다. 그렇기 때문에 상과 처벌이 주어질 때 영혼의 자발성이 사라진다. 몬테소리 교육 방법이 자발적인 방식이기 때문에, 상이나 처벌을 내리는 것은 말이 되지 않는다. 사실은 이 점을 이해하기가 아주 어렵다. 그러다 보니 심지어 몬테소리 학교에서조차도 상과 처벌이 행해지고 있다. 몬테소리 학교로부터 상을 수여해 달라는 초대장이 나에게 얼마나 자주 오는지 모른다. 만일 아이들에게 자유가 주어진다면, 아이들은 상에 전혀 관심을 두지 않는다.

나의 첫 번째 실험에서 앞에서 소개한, 시설관리인의 딸이었던 그 선생도 상과 처벌을 생각하고 있었다. 어쨌든 상과 처벌은 학교에서뿐만 아니라 가정에서도 매우 흔하기 때문에 인간의 영혼에도 거의 각인되어 있을 정도이다. 나는 상벌에 반대했지만 그렇다고 달리 마땅한 대안이 없었다. 내가 상벌을 그냥 보아 넘겼던 이유는 선생도 뭔가 할 일이 있어야 했기 때문이다. 그녀는 금박지나 은박지로 훈장 같은 것을 만들어서 어떤 일을 잘 처리한 아이의 가슴에 상으로 달아주었다. 나는 그 같은 발상을 좋아하지 않았으나 그냥 내버려 두었다. 상은 그다지 많은 문제를 일으키지 않을 것이다. 상이란 것이 원래 소수의 아이들만 받는 것이고 또 상을 주는 행사가 학년 말에만 일어나기 때문이다.

그러나 처벌은 완전히 다른 문제이다. 처벌은 일 년 내내 매일 일어나고 있으며, '교정'(矯正) 역시 자주 일어나고 있다. 예를 들어, 습자 교본의 경우에 '교정'은 무엇을 의미하는가? A, B 또는 C 같은 학점이거나 100점 아니면 0점 같은 점수를 의미한다. 0점을 매기는 것이 어떻게 교정이 될 수 있을까? 그런 경우라면 선생은 이렇게 말하는 것이나 마찬가지이다. "매일 똑같은 실수를 반복하고 있네. 넌

내 말을 안 듣고 있어. 그러면 시험에 떨어질 거야." 이런 식의 교정
과 비난은 아이의 에너지와 흥미를 떨어뜨리는 결과를 낳는다. 이
를테면 "넌 형편없어."라거나 "넌 열등생이야."라는 말은 아이를 부
끄럽게 만드는 말이다. 모욕과 공격의 말이지 결코 교정은 아니다.
왜냐하면 누군가를 바로잡는다는 것은 그 사람이 더 나아지게 만
든다는 뜻이기 때문이다. 이미 평균보다 떨어지는 아이에게 선생이
추가로 모욕을 안기는데, 어떻게 그 아이가 더 나아질 수 있겠는가?

옛날에는 선생들이 둔한 아이에겐 당나귀 귀를 달아주고 글을 쓰
지 못하는 아이는 손바닥을 때리곤 했다. 선생들이 당나귀 귀를 만
드는 데 이 세상의 종이를 다 소비하고 아이의 손바닥을 피가 나도
록 때려도, 바로잡아지는 것은 아무것도 없을 것이다. 경험과 연습
만이 실수를 바로잡을 수 있으며, 능력을 습득하려면 오랜 연습이
필요하다. 자제력이 부족한 아이가 있다면, 이 아이는 응집력 강한
사회 안에서 다른 사람들과의 연대와 일을 통해 자제력을 배우게
될 것이다. 이 아이가 충분히 오랫동안 자유로운 분위기 속에서 스
스로 훈련할 수 있을 때에만, 교정과 완성이 성취된다.

실수는 언제든 저지를 수 있는 것이다. 아이들은 실수를 잘 보지
못할 수 있다. 그러나 선생들도 실수를 저지르면서 그것이 실수라
는 사실을 잘 모를 수 있다. 불행하게도, 선생은 언제나 자신이 완벽
한 존재이고 본보기인 것처럼 행동한다. 따라서 선생은 실수를 저
지를지라도 틀림없이 아이에게 실수에 대해 말하지 않는다. 선생의
존엄은 언제나 옳은 것에 근거를 두고 있다. 일반 학교라면 선생은

26장 실수와 교정

오류가 있을 수 없는 존재이다. 그래서 그곳의 교육은 엉터리 바탕 위에서 이뤄지고 있다고 할 수 있다.

실수 자체에 대해 생각해보자. 우리 모두 실수를 저지른다는 사실을 인정할 필요가 있다. 실수는 삶의 현실이며, 따라서 그것을 인정하는 것 자체가 우리의 발전에 중요한 큰 걸음이다. 만일 진리와 현실의 길을 따라 걷고 있다면, 우리는 모두가 실수를 저지른다는 사실을 인정해야 한다. 그렇지 않으면 우리 자신이 완벽해야 하는데, 실제로 보면 절대로 그렇지 않다. 따라서 가장 좋은 방법은 실수와 친숙해지는 것이다. 그렇게 되면 실수가 더 이상 우리를 놀라게 만들지 않을 것이며, 실수도 우리들 사이에 함께 끼어 사는 다정한 사람 같은 존재가 되어 나름의 역할을 수행할 것이다.

많은 실수들은 삶을 통해 저절로 바로잡아진다. 직선을 따라 걷고 있는 한 살짜리 아이는 뒤뚱뒤뚱 걸으며 구르기도 하고 넘어지기도 하지만 마지막엔 똑바로 걷게 될 것이다. 아이는 성장과 경험을 통해서 자신의 실수를 바로잡는다. 우리는 완벽을 향해 삶의 길을 걷고 있다는 환상을 품고 있다. 그런 가운데 늘 실수를 저지르면서도 바로잡지 않는다. 실수를 인정하려 들지도 않는다. 그래서 현실과 동떨어진 채 환상 속에서 살고 있다. 완벽한 본보기처럼 굴면서 자신의 실수를 인정하지 않는 선생은 훌륭한 선생이 아니다. 완벽으로 향하는 길로 올라섰다면, 우리는 조심스럽게 실수를 살펴야 한다. 왜냐하면 완벽이란 것도 실수를 바로잡음으로써만 가능하기 때문이다. 우리는 실수를 비춰줄 등불을 들어야 한다. 삶이 있는 곳에는 반드시 실수가 있다는 것을 알아야 한다.

정밀 과학(수학, 물리학, 화학 등)은 실수에 관심을 기울일 것을 요구한다. 그래서 이 학문들은 일부러 실수가 두드러지도록 만든다. 오차에 대한 과학적 연구는 오차가 없는 것으로 여겨지는 실증 과학에서 시작했다. 왜냐하면 이 과학들이 정확히 측정하는 까닭에 오차를 높이 평가할 수 있기 때문이다. 따라서 삶에는 두 가지가 중요하다. 어느 정도의 정확도를 이루는 것과 그 정확도에 나타난 실수를 측정하는 것이 중요한 것이다.

과학이 내놓는 것은 무엇이든 근사치이지 절대치가 아니다. 근사치라는 사실이 결과와 함께 고려되고 있다. 예를 들어보자. 항생제 주사는 환자의 95%에서 확실하게 효력을 발휘한다. 그러나 효력이 불확실한 5%가 있다는 사실을 아는 것이 중요하다. 또한 측량을 할 때, 1인치의 천분의 몇 정도의 차이는 정확한 것으로 여겨진다. 과학에서는 확률 오차를 제시하지 않으면 어떠한 자료도 받아들여지지 않는다. 자료에 중요성을 부여하는 것은 바로 이 오차 계산이다. 연구 결과에 예상 오차가 수치로 제시되지 않은 자료는 어떠한 것이든 진지하게 받아들여지지 않는다. 예상 오차는 결과만큼이나 중요하다. 정밀 과학에 오차가 그처럼 중요하다면, 선생의 일에는 오차가 그보다 훨씬 더 중요하지 않겠는가. 이런 식으로 접근하면, 실수는 흥미롭고 중요한 것이 되며 실수를 인정하는 것이 실수를 바로잡거나 관리하는 데 반드시 필요하게 된다.

그러면 우리는 진리의 원칙이기도 한 과학적 원칙, 즉 '실수 관리'

를 할 수 있게 된다. 주체가 누구든 학교에서 행해지는 행위에는 반드시 실수가 따르기 마련이다. 따라서 학교 안에서 외부의 교정이 아닌 독립적인 실수 관리가 이뤄져야 한다. 나는 나 자신이 일을 제대로 처리했는지 여부를 알아야 한다. 그렇기 때문에 나에게는 실수도 아주 중요한 것이 된다.

일반 학교에서는 아이들이 실수를 저지르고도 그런 사실조차 모른 채 지나간다. 왜냐하면 거기서는 아이가 실수를 저질렀다는 사실을 알도록 하는 주체가 아이가 아니고 선생이기 때문이다. 이런 환경이라면 자유로운 환경과는 너무나 동떨어지지 않는가! 자신의 잘못을 관리할 능력을 갖추고 있지 않은 아이라면 잘못을 바로잡기 위해 다른 누군가에게로 가지만, 그 사람 역시 아이보다 나을 게 하나도 없다. 아이가 자신이 실수를 저지르고 있고 또한 그 실수를 스스로 관리할 수 있다는 사실을 알게 된다면, 그 아이는 스스로에 대해 아주 중요한 존재라고 생각할 것이다.

정신적 자유에 따르는 위대한 깨달음 중 하나가 바로 우리 모두가 실수를 저지를 수 있고 또 실수를 관리할 수 있다는 사실을 깨닫는 것이다. 다른 사람의 도움 없이도 스스로 실수를 파악하고 그것을 관리할 수 있다면, 얼마나 멋진 일이겠는가. 우유부단한 성격을 형성하게 하는 한 가지 요소는 다른 사람의 도움 없이는 어떠한 것도 관리하지 못하는 무능력이다. 어떤 사람이 자신에게 잘못된 것이 있는지에 대한 판단을 전적으로 남에게 의존해야 할 때, 그 사람은 열등감과 절망을 느끼고 자신에 대해 확신을 품지 못하게 된다.

그렇기 때문에 실수 관리는 우리가 삶의 길을 제대로 걷고 있는지 여부를 말해주는 길잡이가 된다. 사람에겐 완벽을 향해 나아가려는 본능이 있다. 사람은 자신이 옳은 길로 들어섰는지 여부를 스스로 알기를 원한다.

따라서 실증 과학과 실제 생활에 요구되는 것은 교육에 맨 처음부터 포함되어야 한다. 실수 관리를 두고 하는 말이다. 또한 실수 관리는 교수법과 교재에도 반영되어야 한다. 앞으로 나아가는 방법은 자유를 누림과 동시에 실수를 저지를 때 스스로 그 사실을 알 수 있는 확실한 수단을 확보하는 것이다. 이 원칙이 학교와 실제 생활에서 실현될 때, 선생이나 엄마가 완벽한지 여부는 그다지 중요하지 않다. 나이 많은 사람들의 실수가 아이들에게 재미있게 다가오고, 아이들은 그런 어른들에게 동정을 표할 것이다. 이렇게 되면 실수가 재미있는 것이 되고 인간적인 것이 될 것이다. 실수도 자연에 고유한 한 가지 사실이 될 것이며, 우리 모두 실수를 저지를 수 있다는 사실이 아이들의 가슴에 감동을 불러일으킬 것이다. 누구나 실수를 저지를 수 있다는 사실이 우리를 보다 다정한 존재로 만든다.

형제애는 실수의 길을 따라 형성되는 것이지 완벽의 길을 따라 형성되는 것이 아니다. 만일 어떤 사람이 완벽하다면, 그 사람은 더 이상 변할 수 없다. '완벽한' 두 사람은 언제나 싸우기만 한다. 거기엔 변화의 가능성과 서로를 이해하려는 노력이 전혀 없기 때문이다. 만일 어떤 사람이 실수를 저지르지 않으면서 성숙했다면, 그 사람에겐 더 이상의 발전도 없고 따로 받을 도움도 없을 것이다. 따라서 스스로에 대해 완벽하다고 생각하는 사람은 진리의 영역 안에 있지 않다. 그 사람이 완벽이라는 환상에 속고 있을 뿐이다.

기하학을 빌려 쉽게 설명해보자. 사각형들을 서로 포개놓을 수 있다. 우리 아이들이 내접(內接) 사각형들을 갖고 연습할 때처럼 말이다. 그런 다음에 조금씩 내접시켜나가면, 마지막 사각형과 그 앞의 사각형 사이의 차이가 점점 줄어든다. 만일 우리가 실수 문제를 사각형 사이의 '오차'를 점진적으로 좁혀나가는 것으로 여긴다면, 그 오차가 결과적으로 아주 작아질 수는 있어도 오차를 완전히 제거하는 것은 불가능하다는 사실이 확인될 것이다.

이제 아이들이 초기에 하는 실용적인 연습 한 가지를 보자. 높이는 같고 직경만 다른 원통들이 여럿 있다. 당연히 원통이 꽂힐 구멍의 넓이도 다 다르다. 원통들이 서로 다르다는 것을 알아차리는 것이 첫 번째 완성이고, 원통들을 손가락으로 잡는 것이 또 다른 완성이다. 아이는 원통들을 구멍에 꽂기 시작한다. 그러나 아이는 작업을 끝낸 뒤에 자신이 실수를 저질렀다는 사실을 깨닫는다. 굵은 원통이 하나 남았는데 구멍은 좁은 것이 하나 남아 있기 때문이다. 다른 구멍에도 원통이 헐렁하게 꽂혀 있다. 그러자 아이는 원통과 구멍을 더 면밀히 살펴본다. 아이는 자신이 실수를 저질렀으며, 그런 식으로 해서는 원통 하나를 꽂을 수 없다는 것을 깨닫게 된다. 만일 거기에 이런 실수의 가능성이 없었더라면, 아이는 강한 관심을 쏟지 않았을 것이다. 아이가 연습을 거듭하도록 만드는 것이 바로 이 실수이다. 그렇기 때문에 교재는 두 가지 조건을 충족시켜야 한다.

아이의 감각을 세련되게 가꿀 수 있어야 하고 또 실수를 바로잡을 기회를 제공할 수 있어야 하는 것이다.

앞에 언급한 교재가 포함하고 있는 실수 관리는 매우 뚜렷하고 두드러진다. 그래서 두 살짜리 아이도 이 교재를 이용할 수 있고, 그렇게 함으로써 완벽을 추구하는 길에 실수 관리라는 지식을 습득할 수 있다. 이런 연습을 통해 매일 실수를 접하면서 아이는 동시에 실수를 관리하는 능력을 얻고 스스로를 확신할 수 있게 된다. 자기 자신에게 확신을 품는다는 것은 완벽을 의미하는 것은 아니지만, 그것은 자신의 가능성에 대해 알고, 따라서 무엇인가를 할 수 있다는 자신감을 의미한다. 아이는 속으로 이렇게 생각할 것이다. "나는 완벽하지 않아. 모든 것을 다 하지는 못해. 하지만 나는 나의 힘을 알고 있고 또 실수를 저질러도 관리할 수 있다는 것을 알아. 그래서 나는 나의 길을 믿어." 이런 아이한테서 사려 깊음과 확신, 경험이 확인될 것이다. 이런 요소들이 앞으로 아이를 완벽으로 이끌 것이다.

형제애는 이런 실수 관리에 대한 관심에서 일어난다. 실수는 사람들을 분리시키지만 실수 관리는 형제애를 이루는 수단이 된다. 어떤 분야든 실수를 극복하는 것이 보편적인 관심사가 되고 있다. 실수 자체가 흥미로운 것이 되고 있다. 실수가 어떤 연결 고리가 되고, 모든 존재들 사이에, 특히 아이와 어른 사이에 응집력의 수단이 된다. 이렇게 되면 어른에게서 작은 실수를 발견하는 것이 존경심이나 존엄의 훼손으로 이어지지 않는다. 실수는 그 사람 자체와는 별

415   **26장** 실수와 교정

개의 것이 되며 관리 가능한 것이 된다. 이렇듯, 간단한 걸음들이 아주 위대한 것들로 이어지는 법이다.

27장
복종의 3단계

일반적인 성격 교육의 주된 관심은 의지와 복종이다. 이 두 가지 개념은 일반적으로 서로 반대되는 것으로 여겨진다. 이런 성격 교육의 주된 목적 하나는 아이의 의지를 꺾어 어른의 의지로 대체하고 아이의 복종을 끌어내는 것이다.

나 자신의 견해가 아니라 나 자신의 경험을 근거로 의지와 복종의 개념을 명확히 설명하고 싶다. 무엇보다 먼저 이 주제를 둘러싸고 큰 혼란이 일어나고 있다는 점을 인정해야 한다. 일부 생물학 연구들은 사람의 의지는 어떤 보편적인 힘('호르메')의 일부이며, 이 보편적인 힘은 육체적인 것이 아니라 진화의 길을 따르는 생명의 힘이라고 말한다. 모든 생명은 당연히 진화 쪽으로 나아가게 되어 있으며, 이 충동이 호르메라 불린다. 진화는 법칙에 따라 일어나지 결코 우연히 일어나지 않는다. 이 생명의 법칙들은 인간의 의지가 바로 그 생명의 힘을 표현하고 있고 또 인간의 의지가 행동을 결정 짓는다는 점을 보여준다. 아이가 스스로 결정한 무슨 일인가를 수행하게 되자마자, 이 힘이 아이에게 부분적으로 자각된다. 그렇다면 이 활기찬 힘은 아이의 내면에서 오직 경험을 통해서만 발달한다고 할 수 있다. 따라서 의지는 반드시 개발되어야 하고, 의지는 자연스러운 것이기에 자연의 법칙을 따라야 한다는 말부터 먼저 하도록 하자.

이 주제를 둘러싼 혼란은 아이의 자발적 행동은 당연히 무질서하고 간혹 폭력적이기까지 하다는 생각에도 나타나고 있다. 이런 인식이 아주 널리 퍼져 있기 때문에, 사람들은 아이에게서 이런 행동을 보면서 아이의 의지가 표현된 것이라고 생각한다. 절대로 그렇지 않다. 아이의 이런 행동은 보편적인 힘, 즉 호르메에서 나오는 것이 아니다. 여기서 잠깐 어른들의 행동을 고려해보자. 어떤 사람의 발작적인 행동을 자발적인 표현으로, 화가 폭발한 상태에서 의지의 지시를 받아 행하는 행동으로 본다면, 그건 아주 불합리할 것이다. 어른들은 어른들의 행동을 그런 식으로 보지 않는다. 우리는 의지가 있는 사람을 보면 주로 목적이 있고 힘든 무엇인가를 수행할 사람이라고 생각한다. 만약에 자발적인 행위를 주로 아이 혹은 어른의 무질서한 동작으로 여긴다면, 당연히 우리는 그 의지를 꺾거나 깨뜨려야 한다고 느낄 것이다. 그리고 이 의지를 깨뜨릴 필요가 있다고 판단이 서면, 우리는 아이에게 복종을 요구함으로써 아이의 의지를 성인의 의지로 대체해야 할 것이다.

27장 복종의 3단계

진정한 사실은 사람(아이)의 의지는 무질서나 폭력으로 나타나지 않는다는 점이다. 무질서나 폭력은 일탈과 고통의 흔적이다. 자연 상태의 의지는 우리가 각자의 생명을 이롭게 할 행위를 수행하도록 강요하는 어떤 힘이다. 자연이 아이에게 내린 임무는 성장이다. 그래서 아이의 의지는 성장과 발달을 강요하는 어떤 힘이다.

개인이 할 일을 스스로 정하는 의지는 의식이 발달할 때에 시작한다. 몬테소리 학교의 아이들은 자신이 할 일을 자발적으로 선택하고, 이 선택을 되풀이 연습하면서 자신의 행동에 대한 자각을 키운다. 처음에는 호르메의 충동이 아이가 행동을 하도록 강요했으나 이제는 의지가 아이의 행동을 이끈다. 처음에는 아이가 본능적으로 행동했지만 이제는 의식적으로, 또 자발적으로 행동하고 있다. 이로써 아이의 정신이 깨어난다.

한 가지 명심해야 할 것이 있다. 의식적인 의지는 반드시 연습을 통해서, 말하자면 노력을 통해서 발달하는 힘이라는 점이다. 우리의 목적은 의지를 배양하는 것이지 의지를 깨뜨리는 것이 아니다. 의지는 언제든 순식간에 깨어질 수 있으며, 의지의 발달은 환경 안에서 수행되는 지속적 활동을 통해 이뤄지는 더딘 과정이다. 의지는 쉽게 파괴될 만큼 여리다. 어떤 건물이 폭탄 하나나 한 차례의 지진에 의해 몇 초 만에 파괴되는 것이나 마찬가지이다. 그럼에도 그 건물을 짓는 일 자체는 얼마나 힘든 작업인가! 조화로운 건물을 세우기 위해선 평형과 장력에 관한 법칙을 정확히 알아야 할 뿐만 아니라 예술까지도 필요하다.

생명이 없는 빌딩의 건설에도 이 모든 것들이 필요하거늘, 하물며 인간 영혼의 건설에는 얼마나 더 많은 것이 필요하겠는가! 인간 영혼의 건설은 내면에서 일어난다. 따라서 엄마도 그렇고 선생도 그렇고 아이의 영혼의 건축가가 절대로 될 수 없다. 엄마와 선생은 건축가가 아니다. 엄마와 선생은 단지 아이 스스로 하는 창조 작업을 도와줄 수 있을 뿐이다. 그것이 엄마와 선생의 역할이 되어야 하고 목표가 되어야 한다. 그런데 엄마와 선생에겐 억압을 통해 아이의 창조적 작업을 파괴하거나 깨뜨릴 힘이 있다. 수많은 편견에 가려져 있는 이 같은 사실은 명확히 밝힐 가치가 충분하다.

일반적인 교육에 팽배한 편견은 단순한 가르침을 통해서나(아이의 청각을 이용함으로써) 아니면 아이들이 모방할 본보기를 제시함으로써(시청각 교육의 일종이다) 모든 것을 성취할 수 있다고 주장한다. 그러나 진실은 이와 크게 다르다. 성격은 오직 개인의 연습을 통해서, 말하자면 개인의 활동을 통해서만 발달할 수 있다. 그런데 수업 현장을 보면 아이는 대체로 능동적인 개인이 아니라 수동적인 존재로 여겨지고 있다. 모든 분야에서 이런 현상이 나타나고 있다. 상상력의 발달조차도 이런 식으로 여겨지고 있다. 어른들은 아이들에게 왕자와 매력적인 요정이 등장하는 동화를 들려줌으로써 상상력을 키워주려고 노력한다. 그러나 그런 경우에 아이는 단지 인상만 받을 뿐 인간 지능의 최고봉인 상상력을 진정으로 개발하지는 못한다.

의지에 대해 말하자면, 이 같은 실수는 더욱 심각하다. 왜냐하면

　　　　　　　　　27장 복종의 3단계

일반적인 교육의 경우에 지금 의지가 발달할 기회를 주지 않을 뿐만 아니라 실제로 이 발달을 방해하고 의지의 표현을 직접적으로 금지하고 있기 때문이다. 아이 쪽에서 저항하려는 모든 시도는 이같은 주장에 대한 반란으로 여겨져 억압되고 있다. 교육자는 정말로 아이의 의지를 파괴하려고 애를 쓰고 있다.

우리는 이런 착각에서 빠져나와 용감하게 현실을 직시해야 한다. 전통적인 교육에서 선생은 논리 정연하게 사고한다. 이런 식이다. "아이들을 교육시키기 위해서 나는 선해야 하고 완벽해야 한다. 나는 해야 할 일이 무엇이고 하지 말아야 할 일이 무엇인지를 잘 알고 있다. 따라서 아이들이 나를 모방하고 나에게 복종하게 하는 것으로도 충분하다." 복종이 가르침의 은밀한 바탕으로 여겨지고 있는 것이다.

민주주의와 자유의 시대에, 우리는 이런 케케묵은 선생을 압제자와 비슷한 존재로 본다. 그러나 이 말도 진실과 거리가 멀다. 이런 부류의 선생은 압제자와 비슷하지 않다. 압제자가 훨씬 더 지적이다. 압제자들은 의지력과 어느 정도의 독창성과 상상력을 갖고 있다. 그러나 낡은 스타일의 선생들은 망상과 편견을 갖고 있으면서 비합리적인 규칙을 옹호하고 있다. 압제자와 낡은 스타일의 선생 사이의 차이는 이렇다. 압제자들은 자신의 목표를 이루기 위해 폭력을 동원하는 반면에, 선생은 자신의 목표를 이루지 않기 위해 폭력적인 수단을 이용한다. 개인이 복종하도록 만들기 위해서, 다시말해 개인이 다른 사람의 결정을 받아들이고 수행하도록 하기 위해서 그 개인의 의지를 파괴해야 한다는 생각은 근본적으로 틀렸다. 만일 이런 생각을 지적인 교육에 적용한다면, 아이가 어른의 문화를 받아들이도록 하기 위해 아이의 지능을 파괴해야 한다고 말하는 것이나 마찬가지이다.

의지를 잘 발달시킨 아이들이 자유로운 선택에 의해서 어른의 의지를 따르기로 결정하고 복종하는 것은 이와 매우 다르다. 이런 복종은 선생의 탁월성을 인정하는 행위이자 경의의 표현이며, 선생으로 하여금 스스로에게 만족해 하며 좋은 기분을 느끼도록 만든다.

의지가 발달의 바탕이고 복종이 발달 과정의 두 번째 단계에 나타나는 특징인 만큼, 의지와 복종은 서로 연결되어 있다. 따라서 복종은 교육에서 일반적으로 인식되는 것보다 훨씬 더 고귀한 의미를 지닌다. 복종은 개인의 의지의 승화로 여겨질 수 있다. 또한 복종은 삶의 현상의 하나로 해석되어야 하고 따라서 자연의 한 특성으로 여겨질 수 있다. 실제로 우리는 아이들에게서 복종의 발달이 진화의 한 단계라는 사실을 목격하고 있다. 복종은 자발적으로 나타난다. 복종은 완벽성이라는 긴 과정의 목적지를 상징한다.

만일 인간의 영혼에 이런 특징이 없다면, 그리고 인간이 진화의 과정에 복종할 수 있는 단계로까지 성숙하지 못했다면, 사회는 존재하지 못했을 것이다. 현재 국제사회가 돌아가는 모양새를 얼핏 보기만 해도, 사람들이 얼마나 심하게 복종할 수 있는지를 쉽게 알 수 있다. 이런 종류의 복종이야말로 인류를 파괴의 나락으로 빠뜨릴 수 있는 원인이다. 통제되지 않은 복종, 그것은 모든 국가들에게 재앙을 안겨주는 복종이다. 세상에 복종이 넘치고 있다. 복종이 인간 영혼이 발달하는 과정에 자연적으로 일어나는 것은 분명하지만, 복종에 대한 통제가 터무니없을 만큼 이뤄지지 않고 있다.

아이의 자연적 발달을 돕기 위해 특별히 준비한 환경 안에서 아이들의 활동을 관찰하면, 아이들 사이의 복종도 성격의 다른 특성들과 똑같은 방식으로 발달한다는 사실이 드러난다. 복종은 처음에 호르메의 충동을 따르다가 그 다음에 의식의 차원으로 넘어가 거기서 다시 몇 단계로 발달한다.

그러면 복종이란 무엇인가? 복종은 흔히들 알고 있는 그대로이다. 선생이 아이들에게 할 것을 지시하고, 아이들은 그 지시를 실천함으로써 선생의 명령에 복종한다.

아이의 내면에 일어나는 복종의 자연스런 발달은 세 단계로 구분된다. 첫 번째 단계에서는 아이가 늘 복종하지 않고 이따금 복종한다. 아이의 변덕스런 행동 탓으로 돌려질 수 있는 이 같은 사실에 대해서도 분석이 이뤄져야 한다.

복종이 "기꺼이 하려는 마음"이라 불리는 것하고만 관계있는 것은 아니다. 복종은 능력의 형성에 크게 좌우된다. 지시된 행동을 수행할 수 있기 위해서는 어떤 능력과 어느 정도의 성숙이 필요하다. 따라서 복종도 아이의 발달과 생활조건과의 관계 속에서 판단되어야 한다. "코로 걸어라!"라는 명령은 불가능하다. 육체적으로 절대로 불가능한 일이기 때문이다. 마찬가지로 글을 쓸 줄 모르는 아이에게 "글자를 적어라!"고 명령을 내리는 것은 불가능하다. 그러므로 먼저 아이가 발달의 측면에서 복종할 수 있는 바탕을 다질 필요가 있다. 0세에서 3세 사이의 아이가 복종적이지 않은 이유가 바로 거기에 있다. 이 연령대의 아이는 아직 스스로를 건설하지 않았다. 아이는 아직 성격의 무의식적 작용을 따르고 있다. 그렇기 때문에 아이는 먼저 자신의 목적을 위해 성격을 의식적으로 지배할 수 있을 만큼 정신적 성숙을 이뤄야 한다. 이는 곧 발달에서의 전진을 의미한다. 어른과 아이가 함께 어울려 사는 방식과 습관을 보면 2세짜리 아이에게는 복종을 기대할 수 없다. 이 나이의 아이는 꾸짖어야 한다.

그러나 복종은 금지만으로 끌어낼 수 있는 것이 아니다. 복종은 아이가 본인의 의지가 아닌 다른 사람의 의지에 따라 행위를 수행하는 것이다.

복종할 수 있는 능력은 하룻밤 사이에 발달하지 않으며, 몇 단계를 거치며 내면적으로 형성된다. 이 형성의 시기가 이어지는 동안에, 아이가 얼마 전에 터득한 능력을 바탕으로 어떤 행동을 이따금 성공적으로 수행한다. 그러다 이 능력이 아이의 영원한 자산이 될 때, 아이는 자신의 의지를 발휘할 수 있게 된다. 아이가 운동 능력을 터득하려 노력할 때에도 똑같은 현상이 나타난다. 1세가량 된 아이는 몇 걸음을 떼다가 금방 넘어진다. 그러고 나면 오랫동안 그 걸음을 되풀이하지 않을 것이다. 아이가 마음대로 걸을 수 있게 되는 것은 걷는 능력이 확고히 정착될 때이다. 이때가 아주 중요한 시점이다. 이 단계에 있는 아이의 복종은 무엇보다 자신의 능력의 발달에

27장 복종의 3단계

좌우된다. 따라서 아이가 선생에게 한 번 복종해 놓고는 그 다음에는 복종하지 않는 그런 사태가 벌어질 수 있다. 따라서 복종의 행위를 되풀이하지 못하는 이 무능력은 "내키지 않는 마음" 탓으로 돌려질 수 있다. 그렇다면, 고집과 비판의 정신이 강한 선생이 그때 아이에게 일어나고 있는 내면의 발달에 장애가 될 수 있다.

전 세계의 학교 교육에 막강한 영향력을 행사한 스위스의 유명한 교육학자 페스탈로치(Johann Pestalozzi)의 행적을 돌아보면, 주목할 만한 사실이 한 가지 두드러진다. 페스탈로치는 학생들을 다루는 문제에 소위 아버지의 인자함을 최초로 도입한 인물이다. 그는 언제나 동정심을 표현하고 용서할 준비가 되어 있었다. 그러나 그의 용서의 대상에 포함되지 않는 것이 한 가지 있었다. 지금은 복종해놓고 조금 있다가 복종하지 않는 그런 변덕스러운 행동이었다. 어떤 명령을 실천했던 아이가 다른 때에 똑같은 명령을 수행하지 않는다면, 페스탈로치는 어떠한 변명도 인정하지 않았을 것이다. 그가 관대한 모습 대신에 엄격한 모습을 보인 유일한 경우가 바로 그런 때였다. 페스탈로치에게 이런 일이 벌어질 수 있다면, 보통 선생은 그 같은 실수를 얼마나 자주 저지르겠는가!

한편 발달의 한 측면이 건설되고 있는 이때에는 아이에게 실망을 안겨주는 것보다 더 해로운 것은 없다. 아이가 아직 자신의 행동의 진정한 주인이 되지 못하고 또 자신의 의지에 복종하지 못하는 때, 그 아이가 다른 사람의 의지에 부응하는 것은 더더욱 어려운 일일 것이다. 아이가 한 번 복종해 놓고도 복종의 행위를 반복하지 못하는 일이 벌어지는 것도 이 때문이다. 이런 일은 어린 시절에만 일어나는 것이 아니다. 악기를 처음 연주하는 초심자가 한 소절을 멋지게 연주해 놓고는 그것을 되풀이하지 못하는 경우가 얼마나 많은지 모른다. 연주하려는 의지가 약해서 그런 것이 아니다. 능력이 아직 완벽하게 정착되지 않아서 그런 것이다. 그러므로 복종의 첫 번째 단계는 아이가 복종할 수 있지만 언제나 복종하지는 않는 시기이다. 말하자면 복종과 불복종이 공존하는 시기이다.

복종의 두 번째 단계는 아이가 언제나 복종할 수 있는 시기이다. 말하자면, 아이의 통제력 부족에 따른 장애가 더 이상 일어나지 않는다는 뜻이다. 확고하게 다져진 아이의 능력은 언제든 끌어내어질 수 있으며, 아이 본인의 의지뿐만 아니라 다른 사람의 의지에 따라서도 동원될 수 있다. 이 가능성은 위대한 선물이다. 우리는 이것을 어떤 언어를 다른 언어로 옮길 수 있는 능력에 비유할 수 있다. 아이는 다른 사람의 의지를 흡수하고 그에 따라서 행동할 수 있다. 이는 일반적인 교육이 닿고자 하는 최고의 수준이다. 보통의 선생은 아이가 언제나 복종하는 그 이상의 단계를 추구하지 않는다. 그러나 아이에게 자연의 법칙을 따를 기회가 주어질 때면 언제나 그렇듯, 아이는 우리 어른의 예상을 훨씬 뛰어넘는다.

아이는 여기서 멈추지 않고 세 번째 단계의 복종을 향해 성숙해 간다. 이 단계에서 복종은 탁월한 인물에게로, 아이의 발달에 이바지하며 도움을 주는 선생에게로 향한다. 마치 아이가 선생은 어린 자기가 할 수 있는 것과는 비교가 되지 않는 것들을 할 수 있다고 생

　　　　　27장 복종의 3단계

각하며 스스로에게 이렇게 말하는 것처럼 보인다. "나보다 훨씬 더 훌륭한 선생님은 나의 머리 속까지 침투할 수 있어. 선생님은 나를 자기만큼 훌륭한 사람으로 만들 수 있어. 선생님은 마치 내 마음 속에 들어 와 있는 것 같아!" 이런 생각이 아이에게 대단한 기쁨을 안겨주는 것 같다. 탁월한 존재로부터 가르침을 받을 수 있다는 생각이 아이의 마음에 새로운 형태의 열정과 즐거움을 일으킨다. 이것은 돌연한 깨달음이다. 이후로 아이는 복종하길 갈망하게 된다. 이 신비한 자연 현상을 무엇에 비유할 수 있을까? 주인의 명령에 충실한 개가 떠오르기도 하지만, 아이는 약간 다른 방식으로 복종의 욕구를 느낀다. 어떻든 아이는 놀라울 정도의 신속성으로 명령을 따른다.

　교직 경험이 10년인 어느 선생이 발견한 내용이 아주 흥미롭다. 그녀는 학급을 잘 꾸려왔지만 아이들에게 조언하는 것을 자제하지 못했다. 어느 날 그녀는 아이들에게 "모든 걸 정리하도록 해라. 오늘밤 집에 가기 전에."라고 말했다. 아이들은 그녀가 문장을 다 끝낼 때까지 기다리지 않았다. 그녀가 "모든 걸"이라고 하자마자, 아이들은 모든 걸 조심스럽게, 그러나 재빨리 정리하기 시작했다. 그러다 아이들은 "오늘밤 집에 가기 전에"라는 말을 듣고는 깜짝 놀랐다. 아이들의 복종이 워낙 즉시적이었기 때문에 그 선생은 단어 사용에 더 신중해야겠다고 느꼈다. "오늘밤 집에 가기 전에 모든 걸 정리하도록 해라"라고 했으면 더 좋았을 것이다. 그녀는 말을 부주의하게 할 때마다 그와 비슷한 일이 벌어졌다고 말했다. 그래서 그 선생은 말을 할 때마다 아이들의 즉시적인 반응 때문에 책임감을 강하게 느꼈다. 그녀에겐 이상한 경험이었다. 왜냐하면 명령이 권위의 자연스런 속성처럼 보이기 때문이다. 그녀는 자신의 일에 대한 책임을 엄청나게 강하게 느꼈다. 학생들이 입을 닫게 하는 것도 아주 쉬웠다. 칠판에 '조용히'라는 단어를 다 쓸 필요조차 없었다. 조용히 중 'ㅈ'을 쓰는 순간 모든 아이들이 입을 닫았던 것이다.

복종은 의지가 발달하는 과정 중 맨 마지막 단계에서 생긴다. 그렇다면 의지의 발달이 복종을 가능하게 할 것이다. 몬테소리 학교의 아이들은 선생이 하는 말이면 무엇이든 따르는 단계에까지 이르렀다. 그럴 때 선생이 느끼는 것은 이런 유형의 복종을 악용하지 않도록 조심해야겠다는 다짐이다. 동시에 선생은 지도자로서 갖춰야 할 성격의 진정한 본질을 깨닫게 된다. 지도자는 자신이 내리는 명령에 대해 막중한 책임을 느껴야 한다. 따라서 지도자는 권위 의식을 가진 사람이 아니라 막중한 책임감을 느끼는 사람이라 할 수 있다.

28장
몬테소리 선생

지금까지 설명한 모든 것을 고려한다면, 몬테소리 선생은 일반 학교의 선생과 확연히 달라야 한다는 점이 이해될 것이다. 이 점을 지나치게 표면적으로 생각하지 않도록 조심해야 한다. 모든 것을 지나치게 글자 그대로의 의미로 받아들이는 몬테소리 선생이 있기 때문에 하는 말이다. 그런 선생들은 이런 식으로 말한다. "아이들이 적극적으로 나서야 하고 선생은 간섭해서는 안 돼." 그래서 그들은 아이들을 그냥 내버려 두고 아무것도 하지 않는다.

아이들의 발달을 도울 수단을 준비하는 과정에, 몬테소리 선생은 매우 적극적으로 나서야 한다. 그 수단을 제시하는 방법과 디테일을 고려한다면, 몬테소리 선생은 매우 능동적인 선생이 되어야 한다. 그래서 몬테소리 선생의 역할은 아주 복잡하다. 그렇다고 몬테소리 선생은 적극적이고 일반 학교의 선생은 적극적이지 않다는 뜻은 아니다. 그보다는 몬테소리 선생이 수행해야 하는 일은 전부 준비이고 안내라는 뜻이다. 따라서 선생의 "무(無)활동"은 성공의 척도가 된다. 겉보기에 몬테소리 선생이 활동하지 않는 것처럼 보이는 것은 선생의 임무가 성공적으로 완수되고 있다는 뜻이다. 무활동이 이상적인 목표라고 말할 수 있다. 자신의 학급을 두고 "내가 있든 없든 상관없이 잘 돌아가고 있어요."라고 말할 수 있는 선생이라면 틀림없이 축복받은 사람이다. 그런 학급의 아이는 각자의 활동을 통해서 독립을 성취했고, 집단도 마찬가지로 독립을 성취했다. 선생의 무활동은 성공의 한 특징이다. 그러나 이 단계에 이르기까지 따라야 할 길이 있다. 몬테소리 선생 본인도 마찬가지로 발달을 꾀해야 하는 것이다.

우리가 두 눈으로 확인하는 한 가지 사실은 몬테소리 선생과 일반 학교 선생은 각자 다른 차원에 있다는 점이다. 일반 학교 선생이 그대로 몬테소리 선생이 되지는 못한다. 몬테소리 선생을 새로 창조해야 한다. 몬테소리 선생으로 다시 태어나기 위한 첫 걸음은 자기준비이다. 몬테소리 선생은 상상력을 준비해야 한다. 왜냐하면 보통 학교의 교사는 아이들의 행동을 보는 순간 그 행동을 바탕으로 아이들이 어떤 아이인지를 파악하지만, 몬테소리 선생은 아직 그곳에 있지 않은 미래의 아이를 봐야 하기 때문이다. 이것이 중요한 차이이다. 몬테소리 선생은 한 차원 높은 곳을 보고 있다. 우리 학교에 오는 선생들은 아이들이 일을 통해서 스스로를 드러내게 될 것이라는 믿음을 가져야 한다. 몬테소리 선생은 아이들의 현재 수준에 대해서는 어떠한 생각도 품지 않는다. 모두가 일탈한 모습을 보이게 마련인 아이들의 다양한 유형은 몬테소리 선생에게 아무런 영향을 미치지 않는다. 몬테소리 선생은 정신적 영역에 살고 있는 다른 유형의 아이를 본다. 몬테소리 선생은 자기 눈앞의 아이들이 마음에 드는 일을 발견하기만 하면 진정한 모습을 드러낼 것이라는 믿음을 갖고 있다. 그러면 몬테소리 선생은 무엇을 찾고 있는가? 몬테소리 선생이 기대하는 것은 무엇인가? 다른 것이 아니다. 아이들이 저마다 어딘가에 관심을 쏟게 될 때까지 끈기 있게 기다린다.

몬테소리 선생이 이 일을 하면서 겪는 정신적 진화의 길은 3단계로 나뉜다.

첫 번째 단계부터 보자. 선생은 환경의 보호자이자 관리자가 된다. 따라서 일탈한 아이들에게 매달리지 않고 환경에 집중한다. 이처럼 선생이 환경에 집중하는 이유는 치료의 길이 거기서 나오기 때문이다. 환경은 아이들의 의지를 자극할 요소를 담고 있다. 가정을 예로 든다면, 아내는 가족의 행복을 위해 남편에게 지나치게 관심을 쏟기보다는 자신과 남편을 위해 가정을 매력적인 환경으로 꾸미면서 그 안에서 정상적이고 건설적인 관계가 형성되도록 노력한다. 그럴 때 아내는 흥미로운 자극으로 가득한, 평화롭고 안락한 가정을 만들 것이다. 그런 가정의 기본적인 요소는 청결과 질서이다. 모든 것이 제자리에 깨끗하게 놓인 가운데 밝게 빛나고 있어야 한다. 이것이 아내의 첫 번째 보살핌이다. 학교도 마찬가지이다. 선생의 첫 번째 보살핌도 그래야 한다. 교재를 충실히 보살피고 질서를 확립해야 한다. 그러면 교재는 언제나 아름답게 빛을 발할 것이며 망가진 부분이 하나도 없을 것이다. 모든 것이 아이들에게 새롭게 보일 것이고, 완전하고, 언제나 사용 가능한 상태를 유지할 것이다.

선생의 인품이 매력적이어야 한다. 선생은 젊고, 아름다워야 하며, 청결의 향기를 풍기고, 행복하고, 품격이 있어야 한다. 물론 이것은 이상이다. 모두가 이상을 자기 나름대로 바꿀 수 있다. 그러나 학생들 앞에 나설 때, 우리는 아이들이 선한 인간이라는 점을 반드시 깨달아야 한다. 선생은 무엇보다도 아이들을 진정으로 이해하고 존경하고 있다는 인상을 풍겨야 한다. 선생은 자신의 동작을 연구하고 가능한 한 점잖고 우아하게 행동해야 한다.

이 연령의 아이는 자기 어머니를 이상으로 여긴다. 아이들의 엄마가 어떤 유형인지 몰라도, 우리는 아이가 아름다운 부인을 볼 때면 "정말 아름다워. 꼭 우리 엄마 같아!"라고 말하는 소리를 자주 듣는다. 실제로 아이의 엄마는 그처럼 아름답지 않을 수 있지만 아이에겐 어쨌든 엄마라는 존재는 그렇게 보인다. 아이에겐 자신이 동경하는 모든 사람이 "엄마만큼 아름다운" 존재가 된다. 따라서 몬테소리 선생이 외모를 돌보는 일은 아이의 환경 안에 형성되는 질서의 일부가 되어야 한다. 환경 안에서 가장 생생한 한 부분이 바로 선생이어야 하기 때문이다.

이처럼 환경을 돌보는 것이 선생의 첫 번째 일이며 다른 것들보다 앞서야 한다. 그것은 어디까지나 간접적인 일이다. 환경에 충분히 신경을 쓰지 않으면, 다른 영역, 즉 육체적 영역이나 정신적 혹은

28장 몬테소리 선생

영적 영역에 가치 있는 결과가 지속적으로 나오지 못한다.

이제 두 번째 단계로 넘어가자. 환경에 질서를 잡았다면, 이젠 아이들에 관한 일이 중요해진다. 아직까지 정신이 럭비공처럼 곳곳으로 흩어지고 있는 아이들이 일에 집중하게 하려면 어떻게 해야 하는가? 간혹 나는 언제나 좋은 뜻으로 쓰이지만은 않는 한 단어를 사용한다. 바로 유혹이다. 선생은 이 단계의 아이들을 유혹할 수 있어야 한다. 어떤 아이가 컴컴하고 지저분한 환경으로 들어간다고 상상해보자. 선생도 지저분하고, 아이에게 흥미를 갖고 놀으라면서 주는 교재도 마찬가지이다. 이런 환경에서 과연 무엇을 기대할 수 있겠는가? 분명히 말하지만, 선생이 가장 먼저 매력적인 존재가 되어야 한다. 외모만 아니라 태도에서도 똑같이. 이 점에 있어서는 몬테소리 선생과 일반 학교의 선생은 비슷하다. 그러나 아이가 집중력을 발휘하기 전까지만 그렇다.

집중력이 확립되기 전까지, 선생은 다소 자신이 원하는 대로 행동할 수 있다. 이 단계에서는 선생이 아직 중요한 것을 망쳐놓지는 않기 때문이다. 필요하다면 선생은 아이의 활동을 간섭할 수 있다. 어느 도시의 거리에서 버림받은 소년들이 나쁜 버릇을 배우는 것을 보고는 그 소년들의 환심을 사기 위해 노력한 어느 성자에 관한 이야기를 읽은 적이 있다. 그는 어떤 행동을 했을까? 소년들을 즐겁게 해주기 위해 온갖 수단을 다 동원했다. 이 단계의 선생이 해야 하는 것도 바로 그런 것이다. 시와 시가(詩歌), 노래, 이야기, 연극도 이용하고 필요하다면 어릿광대 노릇도 해야 한다. 회초리를 제외하고는 어떤 것이든 괜찮다. 아이들을 매료시키는 선생은 아이들의 관심을 끌고, 그렇게 함으로써 아이들이 어떤 일에 매달리게 할 수 있다. 쾌활한 선생이 아이들의 주의를 더 쉽게 끌 수 있다. 그렇다면 그 점을 이용하지 않을 이유가 있는가? 무엇이든 밝게 말하도록 노력하라. "오늘은 이 가구를 옮겨보는 게 어떨까?"라고 말한 다음에 아이들과 함께 행동하라. 선생이 직접 물건을 조심스럽게 옮기면서 물건 옮기는 방법을 가르쳐주면 된다. 그 일도 밝은 마음으로 해야 한다. "아름다운 이 놋쇠주발을 반짝반짝 광을 내보지 않을래?" "정원에 가서 꽃을 꺾을까?" 매력적인 선생이라면, 행동도 매력적일 것이다.

이것이 선생이 발달을 이루는 두 번째 시기이다. 만일 이 단계에서 다른 아이들을 괴롭히는 아이가 있다면, 현실적인 방법은 그의 행동을 말리는 것이다. 어떤 아이가 일에 집중하고 있는 동안에 그 아이의 활동 사이클을 깨뜨리는 일은 없어야 한다고 누누이 강조하지만, 이런 경우에는 그 반대가 옳은 방법이다. 그 아이를 간섭하여 혼란스런 활동의 끈을 끊어줘야 한다. 이 간섭도 짧막한 외침이면 충분하다. 아니면 그 아이에게 관심을 집중하는 것도 한 방법이다. 선생이 관심을 몇 배 더 많이 쏟는 행위 자체가 아이에게 충격으로 다가올 것이며, 아이도 그에 대해 반응할 것이다. 만일 어떤 아이가 다른 아이들을 괴롭힌다면, 선생은 이렇게 말할 수 있다. "조지, 오늘 기분 어때? 이리 와 볼래. 네게 재미있는 일을 주고 싶구나." 아마 그 아이가 그것을 하고 싶어 하지 않을 수도 있다. 그러면 이렇게 말하면 된다. "하고 싶지 않니? 그래도 괜찮아. 그러면 정원에 나가

　　　　　　　　　　　　28장 몬테소리 선생

볼까?" 이렇게 말하면서 당신이 직접 아이와 함께 정원으로 나가든 가 보조 교사가 데려나가도록 하라. 그러면 아이의 장난기가 다스 려지고 다른 아이들은 방해를 받지 않게 될 것이다.

　이젠 세 번째 단계이다. 아이들이 무언가에 관심을 갖는 단계이 다. 아이가 어떤 교재에 관심을 갖게 될 때, 선생은 아이를 방해하지 말아야 한다. 왜냐하면 아이의 행동이 자연의 법칙을 따르고 있고 어떤 사이클을 갖고 있기 때문이다. 만약에 방해를 받게 되면 아이 의 관심은 비누 거품처럼 금방 꺼지고 만다. 이제 선생은 극도로 조 심해야 한다. 불간섭은 어디까지나 불간섭이어야 한다. 여기서 종 종 선생들이 실수를 저지른다. 성가신 존재였던 아이도 마침내 일 에 집중하게 된다. 그러면 선생은 지나치면서 아이에게 "아주 좋 아!"라고만 하면 된다. 그것으로 충분하다. 그러고 나서 아이가 2, 3 주 동안 일을 거들떠보지 않을 수도 있다. 어떤 아이가 어려움에 처 해 있을 경우에 선생이 개입하며 그것을 처리하는 방법을 가르쳐주 게 되면, 아이는 그 일을 선생에게 넘기고 다른 곳으로 가버릴 것이 다. 아이의 관심은 단순히 일에만 있지 않고 어려움을 정복하는 데 에도 있다. "선생님이 대신해서 어려움을 정복하겠다면, 그렇게 하 세요. 나의 관심은 사라졌어요." 또한 아이가 무거운 것을 들어 올 리고 있을 때 선생이 도와주면, 아이는 그것을 내동댕이치고 다른 곳으로 가버릴 것이다. 칭송하거나 도와주거나 심지어 아이를 지켜 보고 있다는 사실조차도 아이의 활동을 파괴할 만한 간섭이 된다. 정말로, 누군가가 지켜보고 있다는 사실을 아이가 아는 것만도 충분히 간섭이 될 수 있다. 어쨌든 어른의 경우에도 어떤 일에 집중하고 있는데 누군가가 어깨너머로 지켜보고 있다면 집중력이 떨어질 것이다.

선생의 성공을 이끄는 대원칙은 이것이다. 아이의 집중이 사라지는 순간에도 거기에 전혀 관심을 주지 말라. 마치 아이가 그곳에 없는 것처럼 행동해야 한다. 선생은 단 한 번의 눈길로도 아이가 하는 것을 모두 파악할 수 있다. 아이가 선생을 의식할 정도로 아이에게 관심을 집중할 필요는 전혀 없다. 그러면 아이는 다시 자신의 행동을 선택하기 시작할 것이다. 같은 교재를 놓고 여러 학생이 다툴 때, 학급에 문제가 일어날 수 있다. 이런 문제 앞에서도 선생은 아이들이 부탁하지 않는 이상 절대로 간섭하고 나서지 말아야 한다. 그러면 아이들이 스스로 잘 해결할 것이다. 선생의 임무는 아이들이 환경 안의 교재들을 두루 경험하게 되는 즉시 새로운 교재를 제시하는 것뿐이다.

선생이 간섭을 자제할 줄 아는 능력도 다른 능력과 마찬가지로 실천을 통해 생겨난다. 선생은 마치 아이들을 섬기기 위해 그곳에 있는 것처럼 행동해야 한다. 훌륭한 본보기가 되길 원하는 선생이라면 훌륭한 하인이 되는 길을 공부할 필요가 있다.

하인은 주인을 즐겁게 해줄 일들을 준비하지만 주인에게 무엇을 하라는 식으로 말하지는 않는다. 하인은 주인의 빗을 제자리에 놓아두지만 주인에게 빗질을 하라고 말하지는 않는다. 하인은 주인의 음식을 정성껏 마련하지만 주인에게 먹으라고 명령하지는 않는다.

　　　　　　　　　　　28장 몬테소리 선생

하인은 음식을 잘 차려 준비해 놓은 다음에 거치적거리지 않게 사라진다. 우리도 우리의 주인에게, 성장 중인 아이의 정신에게 그렇게 해야 한다. 우리가 섬겨야 하는 주인은 아이의 정신이다. 아이가 어떤 소망을 표현할 때, 우리는 그것을 충족시킬 준비가 되어 있어야 한다. 하인은 주인이 홀로 있을 때 방해하고 나서지 않는다. 그러나 주인이 부르면 하인은 즉각 그 자리에 나타나 "예, 주인님."이라고 대답하며 주인이 원하는 것을 해줘야 한다. 그러다 필요하다면 하인은 아름다운 구석이 하나도 보이지 않을 때조차도 "정말 아름답군요."라고 말한다.

정신을 집중해서 무엇인가를 처리한 아이에게도 마찬가지로 그렇게 해줘야 한다. 우리는 아이들을 방해하지 말아야 한다. 그러나 아이가 우리에게 자신이 성취한 것을 보여주며 칭찬을 바란다면, 칭찬을 아끼지 말아야 한다.

아이들을 위한 계획과 기술은 특별하지 않다. 아이의 정신을 섬기고 또 섬기는 것이다. 아이를 섬기는 노력은 특별한 것은 아니지만 새로운 것이다. 교육 영역에서 특히 더 새롭다. 우리 모두 아이를 섬기고 싶어 하는 것이 사실이다. 하지만 일반 선생도 아이를 진정으로 섬기는 법을 알고 있는가? 일반 학교의 선생은 아이가 더러우면 씻겨줄 것이고, 옷이 단정치 못하면 옷을 제대로 입혀줄 것이다. 이렇게 하는 것이 일반 학교 선생의 생각이다.

누군가가 아이들을 섬기길 원한다면, 그 사람은 아이들을 위해 모든 것을 하고 아이들을 씻겨주고 입혀주고 먹여줘야 한다. 그러나 몬테소리 선생은 이런 유형의 선생은 아니다. 우리는 육체의 하인이 아니다. 어떤 아이가 발달을 꾀하려면 이런 일들을 직접 해야 한다는 사실을 우리는 잘 알고 있다. 우리의 가르침의 핵심은 아이가 육체적인 측면에서 섬김을 받아서는 안 된다는 것이다. 아이는 스스로를 돌봄으로써 육체적 독립을 이뤄야 한다. 아이는 홀로 자유로이 선택함으로써 의지의 독립을, 홀로 일하며 방해를 받지 않음으로써 생각의 독립을 이뤄야 한다. 아이의 발달이야말로 독립을 얻는 지름길이라는 점을 몬테소리 선생들은 명심해야 한다. 우리는 아이들이 자기 혼자 힘으로 행동하고, 스스로 결정하고, 홀로 생각하도록 도와줘야 한다. 이것이 아이의 정신을 섬기는 기술이다.

아이에게서 이런 특징들을 보는 것은 정말 행복한 일이다. 몬테소리 선생의 즐거움은 아이의 정신이 겉으로 표현되는 것을 보는 것이다. 그것은 엄청난 특권이다. 왜냐하면 대부분 그 특징들이 숨어 있기 때문이다. 그 특징들이 겉으로 드러날 때, 선생은 그것을 환영해야 한다. 아이가 자연이 성장해주길 바라는 모습으로 아주 아름답게 커준 것이다. 일을 하면서도 지칠 줄 모르고, 차분하고, 늘 최선의 노력을 기울이고, 약한 자를 도와주려 하고, 다른 사람을 존경할 줄 아는 아이가 선생 앞에 나타난 것이다.

일반 학교의 선생은 자신이 학생들을 사랑한다고 말한다. "학생들이 지나갈 때면, 나는 학생들의 머리를 쓰다듬거나 입맞춤을 해줘요. 아이가 아프기라도 하면 문병도 간답니다." 그러나 이것은 개인적인 사랑일 뿐이다. 그러기에 사랑에도 두 가지 차원이 있다고 할 수 있다. 하나는 육체적인 차원의 사랑이며, 옛날식 교육의 개념은 이 차원에 속한다. 이 차원에서 아이들은 육체적인 존재들이다. 만일 아이들과 관련하여 영적인 것을 생각한다면, 그것은 당신이 아이들에게 가르쳐줄 수 있는 기도나 의식을 뜻한다. 그러나 우리의 차원은 정신적이며, 우리의 사랑은 육체적이지 않다. 아이들이 우리를 그런 사랑으로 안내했다. 그래서 몬테소리 선생이 자신의 아이들을 알고 있다고 말할 때, 그 선생은 아이들이 드러내는 탁월한 무엇인가에 대해 언급하고 있다. 그리고 선생이 "나는 아이를 섬긴다."라고 말할 때, 그 말은 "나는 스스로를 해방시켜야 할 아이의 정신을 섬기고 있다. 나는 아이의 정신을 알고 있다."는 뜻이다.

이 같은 차원의 차이는 정말로 몬테소리 선생이 아닌 아이들에 의해 성취된다. 몬테소리 선생도 자신이 과거에 몰랐던 차원까지 올라왔다는 사실을 깨닫는다. 선생이 이 차원까지 성장하도록 도운 존재는 바로 아이들이다. 이제 선생은 이 차원에 올라와 있고 또 행복하다. 일반 학교의 선생의 행복은 아마 일을 가능한 한 적게 하면서 임금을 가능한 한 많이 받는 것일지도 모른다. 이외에 만족을 추구할 만한 것으로 달리 뭐가 있을까? 아마 아이들에게 행사하는 권위와 자신이 아이들의 이상(理想)이라는 느낌 정도일 것이다. 일반 학교의 선생은 아마 권력욕과 허영심에 만족했을지도 모른다. 교장이나 교육감을 꿈꿀 수도 있을 것이다. 그러나 거기에는 진정한 행복이라곤 하나도 없다. 아이들의 정신이 표출되는 데서 얻을 수 있는 행복을 이런 선생들은 절대로 느끼지 못한다.

몬테소리 선생의 성공의 정점은 어디인가? "우리 아이들은 마치 내가 없는 듯 자기들끼리 할 일을 하고 있어요."라고 말할 수 있을 때이다. 선생은 무(無)가 되고, 아이들이 전부가 된다. 일반 학교의 선생은 이런 식으로 말할 것이다. "내가 아이들을 이 수준으로까지 올려놓았어요. 내가 가르쳐서 아이들의 지적 파워를 이만큼 키웠어요. 내가! … 내가 말이에요." 하지만 그 선생들이 뭘 했단 말인가? 아무것도 안 했다. 그들은 발달하지 않았다. 그들은 아이들에게 강요했고, 아이들을 짓눌렀고, 방해했다. 바로 이 점이 학교가 6세 이하의 발달기 아이들에게 저지른 죄이다. 우리는 "이 생명이 스스로를 창조할 수 있도록 도왔어요."라고 말할 수 있어야 한다.

6세까지의 아이들을 가르치는 몬테소리 선생은 자신이 발달의 결정적 시기를 맞은 인간들을 돕는다는 사실을 잘 알고 있다. 몬테소리 선생은 아이들에 관한 육체적인 사실에 대해서는 별로 잘 알지 못할 수 있다. 또 훗날 이 아이들에게 무슨 일이 생길지에 대해서는 신경을 쓸 필요가 없다. 다만 아이들이 형성기에 성취해야 할 것을 성취했다는 사실을 아는 것만으로 만족한다.

보다 높은 차원의 교육적 활동에서 보면, 정의(正義)는 정말로 정신적인 것이다. 이 차원에서의 정의는 모든 아이가 개인적 능력을 최대한 성취할 수 있도록 돕는 것이다. 정의는 모든 인간 존재들에게 최고의 정신적 위치에 닿도록 온갖 도움을 제공하는 것이다.

정의는 미래 사회의 바탕이 될 것이다. 소위 오늘날의 정의는 터무니없다. 어떤 사람은 전혀 기회를 누리지 못하는 반면에 다른 사람들은 온갖 기회를 다 누릴 수 있는 입장이면서도 그 기회를 전혀 이용하지 않을 수 있는 그런 자유를 정의라고 부르고 있을 뿐이다. 정신적 보물에는 버려야 할 것이 하나도 없다. 정신적 보물과 비교하면 경제적 보물은 아무것도 아니다. 만일 나 자신의 잠재력을 활짝 꽃피울 수 있다면, 내가 부자인가 가난한가 하는 문제는 중요하지 않다. 경제적 문제는 저절로 정리될 것이다. 인류가 영적 자기를 충분히 성취할 수 있을 때, 인류는 보다 생산적인 존재가 될 것이다. 그러면 경제적인 것들은 독점적 가치를 잃게 될 것이다. 사람들은 발이나 몸으로 생산하지 않고 정신과 지능으로 생산한다. 해결 불가능해 보였던 문제들도 해결될 것이다.

아이들은 특별한 도움을 받지 않는 가운데서도 질서 잡힌 사회를 발달시킨다. 우리 어른은 경찰과 곤봉, 군인, 자동소총을 필요로 한다. 아이들은 문제를 평화롭게 해결한다. 아이들은 자유와 훈육이 동전의 양면이라는 점을 어른들에게 보여주었다. 왜냐하면 과학적 자유가 훈육을 낳기 때문이다. 동전에는 양면이 있다. 한쪽 면은 얼굴이나 인물이 아름답게 새겨져 있고, 다른 한 면은 그냥 평평하게 글자만 적혀 있다. 평평한 면은 자유이고 아름답게 새겨진 면이 훈육이다.

아이들을 섬기면서, 우리는 생명을 섬긴다. 자연을 도움으로써 우리는 그 다음 초(超)자연의 단계로 넘어간다. 왜냐하면 자연의 법칙은 언제나 보다 높은 곳을 향하게 되어 있기 때문이다. 그리고 다른 차원으로 올라가는 아름다운 구조물을 세운 것은 아이들이다. 자연의 법칙은 질서이다. 그렇기 때문에 질서가 자연스럽게 찾아오면, 우리가 우주적 질서에 닿았다는 것을 알 수 있다. 아이들의 임무 중 하나는 어른들을 보다 높은 차원으로 끌어올리는 것이다. 이것은 내가 억지로 다듬은 이론이 아니다. 하나의 사실이다. 아이들은 어른을 어떤 정신적 차원으로 끌어올리면서 육체적 차원의 문제들을 해결한다.

29장
사랑의 원천, 아이

몬테소리 훈련 코스 중에 간혹 사교 모임이 열린다. 그럴 때면 학생들이 친척이나 친구들을 데리고 온다. 그래서 아기와 아이, 젊은이, 늙은이, 전문가, 비전문가, 지식인, 무식한 사람들이 한자리에 모이게 된다. 거기에 리더는 없다. 우리의 강의에는 다른 대부분의 강의와 달리 온갖 부류의 사람들이 다 모인다. 우리 강의를 듣기를 원하는 학생은 어느 정도의 교양을 갖추기만 하면 된다. 그것이 유일한 제한이다. 우리 강의에서는 대학생과 교수, 변호사, 의사, 환자들이 나란히 앉는다. 유럽에서는 모든 국가 출신의 사람들이 모이고, 미국에서는 아나키스트도 있었다.

이처럼 다양한 사람들이 모임에도 불구하고, 학생들 사이에 갈등이 불거진 적은 한 번도 없다. 어떻게 이런 일이 가능할까? 우리 모두가 공통의 이상으로 서로 연결되어 있기 때문이다. 벨기에의 경우 크기가 아주 작은 나라이지만 프랑스어와 플라망어가 통용되고 있다. 그 결과, 국민들이 정치적으로 분열되고 있다. 그래서 벨기에 사람들을 같은 회의장에 모으기는 거의 불가능에 가깝다. 그러나 몬테소리 강의에서는 그것이 가능했다. 너무나 특이한 일이었기 때문에 신문에 이런 논평이 실리기도 했다. "여러 해 동안 우리는 출신 성분이 다양한 벨기에인들을 한자리에 모으려고 노력했으나 실패했다. 그런데 아이를 연구하는 이 코스에서 우리가 꾀했던 일이 벌어지고 있다." 이것이 바로 아이들의 힘이다. 종교나 정치적 색깔이 어떻든, 아이를 귀여워하지 않는 사람은 없다. 모두가 아이를 사랑한다. 그렇기 때문에 아이는 통합의 힘을 갖고 있다. 어른들은 강력한 신념을 품고 있으며, 이 신념 때문에 집단으로 갈리고 있다. 어른들이 이런 신념에 대해, 말하자면 정치적 및 종교적 이상에 대해 말하기 시작할 때, 그들 사이에 싸움이 시작된다.

그러나 아이에 대해서는 어른들 모두가 똑같이 느낀다. 사회적으로 아이가 아주 중요한 이유이다. 세계가 조화를 찾기 위해 펼치는 노력의 출발점이 바로 아이가 되어야 함이 분명하다. 아이에 대해 말할 때, 모든 사람들은 감동을 받고 사랑을 느끼고 감수성이 깊어진다. 인류 전체가 우정을 불러일으키는 이 깊은 감정으로 인해 서로 묶여 있다. 그것은 사랑의 한 형태이다. 어떤 사람이 아이를 건드릴 때, 그 사람은 사랑을 건드린다. 그러면서도 이 사랑에 대한 정의를 제대로 내리지 못하고 있다. 모두가 그것을 느끼면서도 설명을 하지 못하고 있다. 이렇게 말할 수 있을 것이다. "나는 이 사랑을 느끼고 있어. 이 사랑은 틀림없이 존재해. 그러나 그 뿌리와 넓이는 모르겠어." 우리가 감각을 통해서 사물들을 자각하는 것과 똑같이, 우리는 이 사랑의 감정을 느낀다. 우리는 이 사랑의 감정에 강한 인상을 받는다. 우리는 그 감정이 거기에 있다는 것을 느낀다.

그럼에도 어른들의 삶을 돌아보면, 사랑의 감정을 잊어버린 것 같다. 어떤 어른이 다른 어른에 대해 생각할 때, 거기엔 대체로 방어적인 힘들이 일어난다. 그러나 아이에 대해 생각할 때면, 우리는 부드러워지고 달콤해진다. 이유는 그때 우리가 생명의 근본을 다루고 있기 때문이다. 인간들만이 그런 것은 아니다. 모든 생명체가 다 똑같다. 새끼가 나타나면 사랑의 감정이 느껴진다. 그렇다면 어른의 삶에는 2가지 측면이 있다고 할 수 있다. 방어의 측면이 있고 사랑의 측면이 있는 것이다. 그러나 근본적인 것은 아이에게 느끼는 사랑의 측면이다. 왜냐하면 아이가 없으면 성인도 존재하지 못할 것이기 때문이다.

이 사랑을 보다 의식적으로 이해하려고 노력해보자. 예언자들과 시인들이 이 사랑에 대해 어떻게 말했는지 보자. 예언자들과 시인들이 우리가 사랑이라고 부르는 이 위대한 에너지에 형태와 표정을 부여할 수 있기 때문이다. 분명, 사랑을 그린 시인들의 단어들만큼 아름답고 가슴 뛰게 하는 것은 이 세상에 없다. 이 시인들 덕분에 사람들은 사랑을, 모든 존재의 바탕에 있는 에너지인 사랑을 어느 정도 머릿속으로 그릴 수 있다. 아무리 포악한 사람일지라도 시인들과 종교인들의 아름다운 어휘들 앞에서는 "정말 아름답군!"이라고 감탄할 것이다. 이는 곧 이 사랑이 포악한 사람들의 내면에도 그대로 남아서 그들의 삶의 태도에도 불구하고 진동을 일으키고 있다는 것을 의미한다. 그렇지 않다면, 포악한 사람들은 그런 구절을 읽으면서 터무니없다거나 어리석다는 반응을 보였을 것이다. 사랑이 아직 자신들의 삶에 깊이 침투하지 못했음에도 불구하고, 포악한 사람들도 사랑의 영향을 받고 있는 것이다. 이는 포악한 사람들이 자각하지 못할지라도 그들 역시 사랑에 목말라 하고 있다는 것을 의미한다.

전쟁이 너무나 파괴적인 지금과 같은 때에도 사람들이 사랑에 대해 말하고 있다는 것이 정말 신기하다. 사람들은 사랑의 통합을 계획하고 있다. 이는 사랑이 근본적인 힘이라는 의미이다. 사람들은 파괴하는 동안에도 통합에 대해 이야기하고 있다. 만일 주변에서 이뤄지고 있는 모든 것에 귀를 기울인다면, 교황과 트루먼(Harry Truman), 처칠(Winston Churchill), 교회의 지도자들, 교회에 반대하는 사람들, 지식인과 무식한 사람, 부자와 빈자, 온갖 사상의 추종자들이 한결같이 "사랑"을 이야기하는 소리가 들릴 것이다.

그렇다면 인류가 사랑이라는 이 위대한 사실을 연구하지 않는 이유는 무엇인가? 증오가 판을 치는 마당에 사랑에 대해 말만 하고 있는 이유는 무엇인가? 사랑의 에너지를 이용할 수 있도록, 사랑을 늘 연구하고 분석하지 않는 이유는 무엇인가? 그리고 이 에너지가 지금까지 연구되지 않은 이유를 분석하지 않는 이유는 또 무엇인가? 인간은 다른 자연적인 사건들을 연구하는 데 지적 노력을 매우 많

29장 사랑의 원천, 아이

이 쏟았다. 그 결과, 그 분야에서 많은 것이 발견되었다. 그렇다면 이 지적 노력의 일부를 인류를 단결시킬 사랑을 연구하는 데 쏟지 않는 이유는 무엇인가? 사랑의 예가 있으면 무엇이든 우리가 열정적으로 그것을 흡수하고 두드러지게 만들어야 한다고 나는 생각한다. 나는 시인들과 예언자들이 사랑에 대해 마치 그것이 이상(理想)인 것처럼 노래했다고 생각한다. 그러나 사랑은 이상이 아니라 현실이다. 사랑은 언제나 거기에 있었고 또 앞으로도 영원히 거기 있을 것이다.

만일 지금 이 순간 사랑의 실체를 느끼고 있다면, 학교에서 사랑을 배워서 그러는 것이 아니라는 사실을 우리는 깨달아야 한다. 설령 우리가 사랑의 아름다운 묘사들을 배웠다 하더라도, 그런 단어들은 극소수였으며 그 극소수의 단어들마저도 곧 사라졌을 것이다. 또 그 단어들에 대한 기억도 여러 사건들에 묻혀 사라져 버렸을 것이다. 사람들이 사랑을 애절하게 간청할 때, 그것은 그들이 젊은 시절에 사랑에 대해 들었거나 시나 종교에서 읽었기 때문은 아니다. 그것은 가슴으로 배우지 않은 무엇인가를, 우리 생명의 위대한 유산의 일부로 우리에게 주어진 무엇인가를 표현하는 것이다. 말을 하는 것은 생명이다. 시인들이나 예언자들이 아니다. 사랑을 종교와 시가 아닌 다른 측면에서 볼 수도 있다. 우리는 사랑을 생명의 관점에서 볼 수 있어야 한다. 그러면 사랑은 단순히 상상력이나 영감의 결실이 아니라 영원한 에너지이며 절대로 소멸되지 않는 하나의 실체가 된다.

나는 이 실체에 대해, 그리고 시인들과 예언자들이 말한 것들에 대해 약간 언급하고 싶다. 우리가 사랑이라고 부르는 이 에너지는 가장 위대한 우주적 에너지이다. 이런 거창한 용어를 쓸 때조차도, 우리는 여전히 사랑을 약간 폄하하고 있다. 왜냐하면 사랑은 에너지 그 이상이기 때문이다. 그것은 창조 그 자체이며 "신은 곧 사랑" 이라는 구절 안에 보다 잘 표현되고 있다.

사랑의 이 모든 특징들이 이상하게도 아이들의 자질을 떠올리게 만든다. 이 특징들은 흡수하는 정신의 힘을 묘사하는 것 같다. 흡수하는 정신은 모든 것을 흡수한다. 판단하거나 퇴짜를 놓거나 반응하지 않는다. 흡수하는 정신은 모든 것을 흡수하여 그것을 자신의 내면에서 구현한다. 아이는 다른 사람들과 함께 살아가는 삶에 스스로를 적응시키고 그들과 동격이 되기 위해 그 구현을 하나하나 성취해나간다. 아이는 모든 것을 감내한다. 만일 아이가 추운 환경에서 태어난다면, 아이는 그 환경 안에서 살기 위해 스스로를 형성하고 훗날 성인이 되어서 거기서만 행복해할 것이다. 만일 사막에서 태어난다면, 그곳에서 아이는 다른 기후에서는 행복할 수 없도록 스스로를 건설할 것이다. 아이를 받아들인 곳이 사막이거나 바닷가에 인접한 평원이거나 산악지대의 언덕일지라도, 아이는 어느 것이든 즐기고 바로 그곳에서만 최고의 행복에 도달한다.

흡수하는 정신은 모든 것을 믿고 또 모든 것을 소망한다. 그 정신은 빈곤마저도 부(富)와 똑같이 받아들이고, 모든 믿음을 환경의 편견과 관습과 똑같이 받아들인다. 흡수하는 정신은 정신 안에서 이

29장 사랑의 원천, 아이

모든 것을 구체화한다.

바로 이런 것이 아이이다.

만일 아이가 이런 존재가 아니라면, 인류는 세계의 어느 곳에서도 안정을 누릴 수 없었을 것이며 문명의 지속적 발전을 이뤄내지 못했을 것이다.

흡수하는 정신은 인류가 창조한 기적적인 사회의 바탕을 이루고 있으며, 그런 정신은 사랑이라는 미덕으로 인간 운명의 신비한 어려움들을 해결하는 작고 섬세한 아이로 위장해 우리 앞에 나타나고 있다.

따라서 만일 우리가 지금까지 한 것보다 조금 더 열심히 아이를 연구한다면, 우리는 아이의 모든 면에서 사랑을 발견할 것이다. 그 사랑은 시인이나 예언자들이 분석한 사랑이 아니라 아이가 현실로 보여주는 사랑이다.

어른들의 모든 창조는 비록 그 자체로는 위대한 성취일지라도 사랑이 없으면 아무런 결실을 끌어내지 못한다. 그러나 아이의 내면에 있는 사랑을 우리가 흡수한다면, 그리고 그 사랑의 가치와 잠재력이 실현된다면, 그렇지 않아도 이미 위대한 우리의 성취는 정말 어마어마하게 위대한 성취가 될 것이다. 어른과 아이가 함께 어울려야 한다. 어른은 더욱 위대해지기 위해 겸손한 마음으로 아이로부터 배워야 한다. 인간이 이룬 모든 기적들 중에서 아직 고려되지 않은 기적이 한 가지 있다는 사실은 참으로 신기하다. 그 기적이란 바로 신이 처음부터 보낸 기적, 즉 아이이다.

이 무거운 주제를 조금 가볍게 풀기 위해 짤막한 이야기를 하나 하고 싶다. 어떤 젊은이가 결혼을 하길 원하면서 자신이 선택한 여자에 대한 칭찬을 늘어놓았다. 그러면 나이든 인생 스승이 그에 대한 평가를 적게 되어 있었다. 이야기는 이런 식으로 전개되었다. 젊은이가 신부의 아름다움을 칭찬하자, 스승은 0을 적었다. 이에 젊은이가 아름다움으로는 충분하지 않구나 하고 생각하면서 신부가 부자라고 말했다. 다시 스승은 0을 적었다. 젊은이는 그녀가 배움도 깊다고 했지만 스승은 또 다시 0을 적었다. 그러자 젊은이가 이렇게 말했다. "이 모든 것이 아무것도 아니라는 말씀이군요. 맞아요. 그녀는 운동도 잘하고 말도 잘 타고 수영도 잘하고 테니스도 잘 쳐요." 다시 스승은 0을 적었다. 젊은이는 신부가 가졌을 것 같은 자질들을 죄다 묘사했다. 그래도 스승은 계속 0을 써나갔다. 그러다 젊은이가 "그녀는 성품이 훌륭해요."라고 말하자 스승은 "그건 괜찮군."이라며 많은 0 앞에 1을 적었다. 훌륭한 성품이라는 이 자질 때문에 다른 모든 장점도 가치를 얻었으며, 그 1 하나로 인해 그녀의 전체 가치는 몇 천배나 뛰었다. 문명도 마찬가지이다. 문명의 모든 성취는 파괴를 낳을 수 있기 때문에 0이다. 그러나 만일 거기에 사랑이 있다면, 그 모든 성취는 엄청난 가치를 얻게 된다.

사랑의 힘으로서 아이가 던지는 이런 가르침은 성 바오로(St. Paul)의 가르침과도 같지 않으며, 사랑을 마음으로 이해하는 것과도 같지 않다. 사람이 이런 사랑을 아이들에게 가르치는 것도 아니다. 사람이 사랑을 묘사조차 하지 못하는데 어떻게 사랑을 가르치겠는가? 아이의 사랑은 자연의 한 힘이며 아이의 내면에 있는 힘이다. 이는 자연이 사람의 본질 안에 이 힘을 배치해 놓았다는 것을 의미한다. 그러므로 사랑은 다른 어떤 것보다 더 중요하며 인간의 모든 창조물보다 앞에 놓여야 한다. 이것이 우리를 또 다른 영역으로, 달리 말하면 인간의 공상으로서의 사랑의 영역이 아니라 창조적 본성 안에 있는 한 힘으로서의 사랑의 영역으로 이끈다. 이 사랑이 취할 수 있는 형태와 양상을 보도록 하자.

우리가 사랑이라고 부르는 것은 각자의 의식 안에 있다. 우리가 의식적으로 느끼는 것은 우주적 에너지의 일부이다. 그러나 우주적 에너지는 인간과 아무런 관계가 없다고 말하는 사람도 있을 것이다. 우주적 에너지를 분석해 보자. 그것은 하나의 인력(引力)이다. 우주의 힘이 당기는 것이 아니면 달리 무엇이겠는가? 우주를 생각해보자. 별들이 자기 자리를 지키면서 정해진 경로로 움직이도록 만드는 것은 무엇인가? 인력이다. 별들이 땅으로 떨어지지 않는 이유는 무엇인가? 인력 때문이다. 물질의 원자들이 전체를 구성하도록 원자들 사이에 작용하고 있는 것은 무엇인가? 역시 인력이다. 만일 인력이 존재하지 않는다면, 카오스가 있을 뿐이며 아무것도 존재하지 않을 것이다. 인력이 없다면, 창공도 없고 별도 없을 것이다. 그리고 만일 지구로의 끌림이 없다면, 우리가 점프를 하면 공중에 그대로 남을 것이다. 나머지 다른 것들도 다 그런 식일 것이다. 어떤 요소들의 결합을 가능하게 하는 화학적 결합도 인력 없이는 불가능하다. 그리고 인력은 사랑이다.

사랑은 단순한 공감만은 아니다. 존재의 정수 그 자체이다.

만일 의식적인 사랑을 고려한다면, 우리는 이 분석을 더 멀리 끌고 갈 수 있다. 모든 동물은 어느 순간에 생식의 본능을 갖는다. 이 본능도 사랑의 한 형태이다. 이 사랑의 형태는 자연의 명령이다. 왜냐하면 이 끌림이 없다면 어떠한 것도 지속될 수 없을 것이기 때문이다. 그래서 한 줌의 우주 에너지가 종(種)의 지속을 위해 한 동안 이 본능에 제공된다. 모든 동물은 한 동안 이 본능을 느끼지만 이 본능은 조금 있으면 사라진다. 이는 자연이 사랑을 빌려주면서 아주 신중하게, 또 경제적으로 작동한다는 점을 보여주고 있다. 사랑을 충분할 만큼만 주지 그 이상으로는 절대로 주지 않는 것이다.

새끼가 태어나면, 부모는 새끼에 대해 특별한 사랑을 느끼며 새끼들을 가까이 둔다. 이것이 종을 보호하는 결과를 낳는다. 그러나 새끼가 어느 정도 자라기만 하면, 사랑은 시간이 다르게 식어간다. 사랑은 우리가 생각하는 것과 달리 어떤 감정이 아니다. 그것은 매우 조심스럽게 또 경제적으로 주어지는 에너지이다. 가느다란 어떤 광선이 의식의 어둠을 겨우 관통할 수 있을 만큼의 양만 주어진다. 그러나 뜻한 일을 다 끝내는 즉시, 사랑은 사라진다. 사랑이 이런 측면을 갖고 있다면, 그 사랑은 우리에게 뭘 전달할까? 이 감정은 단순한 감정이 아니다. 사랑이 동물보다 인간에게서 더 오래 지속되는 것은 사실이다. 그러나 사랑은 정말로 감정이 아니다. 우주적으로 보면, 그것은 이 우주가 모든 생명체들에게 빌려줬다가 목적이 성취되는 즉시 도로 회수하는 에너지이다.

29장 사랑의 원천, 아이

그렇기 때문에 이 힘은 사람에게도 정해진 한도 안에서만 주어진다. 그러나 그렇다 할지라도 이 힘은 다른 어떤 힘보다 강하다. 왜냐하면 그것이 사람을 사회 조직으로 이끌기 때문이다. 사람은 이 힘을 소중히 여기고, 발달시키고, 최대한 확장해야 한다. 사람은 자신에게 주어진 이 힘을 고상하게 승화시키며 더욱더 크게 가꿔 추상적인 개념으로 발달시켜야 한다. 이 힘을 추상적 개념의 영역으로 승화시켜 소중히 여기는 것, 그거야말로 바로 인간이 해야 하는 일이다. 이 힘을 흡수하여 상상력의 영역으로 끌어올린 다음에 보편화시키도록 하자. 이 힘을 소중히 여기자고 말하는 이유는 그것이 우주를 하나로 묶는 힘이기 때문이다. 우리가 의식적으로 소유하고 있는 이 부분이 바로 우리에게 주어진 것이며, 만일에 아이가 태어날 때마다 이 힘이 인간에게 부활한다면 그것은 당연히 소중히 여겨져야 한다. 이 힘을 통해서 인간은 손과 지능을 갖고 창조하는 모든 것을 하나로 연결시킬 수 있다.

사랑은 '우주 의식(意識)'이 특별한 목적을 위해 내린 하나의 선물이다. 인간에게 주어진 모든 것이 '우주 의식'이 빌려준 것이듯이 말이다. 만일 이 특별한 목적이 성취되지 않는다면, 어떠한 것도 존재할 수 없다. 모든 것이 허물어질 것이다. 사랑이 없으면 모든 것이 무(無)라던 어느 성자의 말을 우리는 이해할 수 있다. 어둠 속에서 빛을 밝히는 전기보다도, 우리의 메시지를 아주 먼 곳까지 전달하는 전파보다도, 인류가 발견하고 이용한 그 어떤 에너지보다도 더 강한 것이 이 사랑이다. 모든 것들 중에서 가장 중요한 것이 이 사랑이다. 인류가 전기나 에테르 파의 힘으로 할 수 있는 모든 것은 그것을 이용하는 인류의 의식에 달려 있다. 훗날 환경이 이 사랑의 에너지를 파괴한다 하더라도, 우리는 여전히 사랑의 에너지에 대한 갈증을 느낄 것이다. 그러므로 우리는 환경 속의 다른 에너지보다 이 에너지를 더 많이 연구하고 더 많이 이용해야 한다. 왜냐하면 그것이 다른 힘들처럼 환경에 빌려준 것이 아니라 우리에게 빌려준 것이기 때문이다. 사랑과 사랑을 활용하는 것에 관한 연구는 우리를 사랑이 솟아나는 샘으로 안내할 것이다. 바로 아이이다. 이 길이 바로 인류가 따라야 할 새로운 길이다.